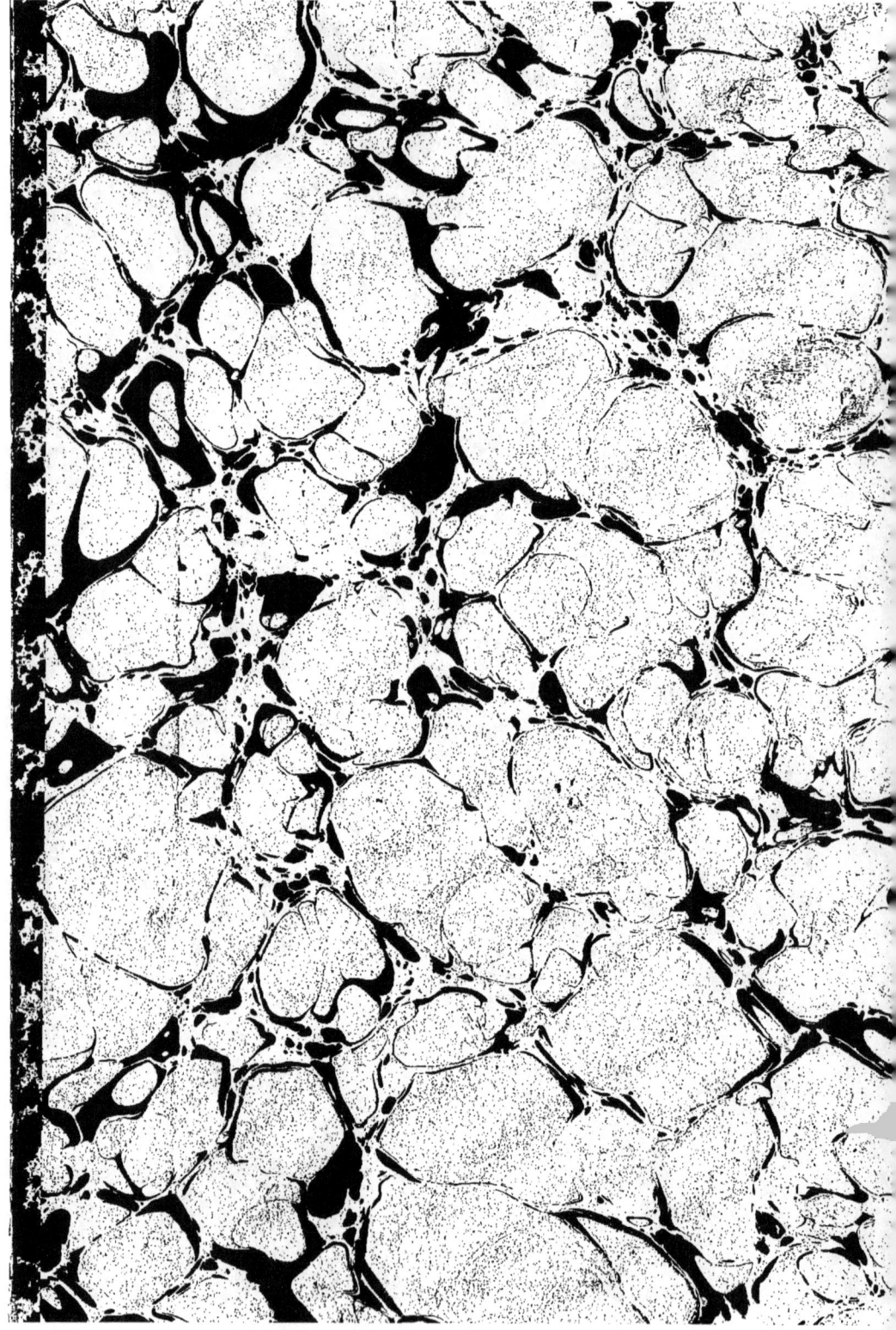

MÉMORIAUX
DU
CONSEIL DE 1661

PUBLIÉS

POUR LA SOCIÉTÉ DE L'HISTOIRE DE FRANCE

PAR

JEAN DE BOISLISLE

TOME TROISIÈME

A PARIS
LIBRAIRIE RENOUARD
H. LAURENS, SUCCESSEUR
LIBRAIRE DE LA SOCIÉTÉ DE L'HISTOIRE DE FRANCE
RUE DE TOURNON, N° 6

M DCCCC VII

Exercice 1907
1ᵉʳ volume.

MÉMORIAUX

DU

CONSEIL DE 1661

IMPRIMERIE DAUPELEY-GOUVERNEUR

A NOGENT-LE-ROTROU.

MÉMORIAUX

DU

CONSEIL DE 1661

PUBLIÉS

POUR LA SOCIÉTÉ DE L'HISTOIRE DE FRANCE

PAR

JEAN DE BOISLISLE

TOME TROISIÈME

A PARIS
LIBRAIRIE RENOUARD
H. LAURENS, SUCCESSEUR

LIBRAIRE DE LA SOCIÉTÉ DE L'HISTOIRE DE FRANCE
RUE DE TOURNON, N° 6

M DCCCC VII

EXTRAIT DU RÈGLEMENT.

Art. 14. — Le Conseil désigne les ouvrages à publier, et choisit les personnes les plus capables d'en préparer et d'en suivre la publication.

Il nomme, pour chaque ouvrage à publier, un Commissaire responsable, chargé d'en surveiller l'exécution.

Le nom de l'éditeur sera placé en tête de chaque volume.

Aucun volume ne pourra paraître sous le nom de la Société sans l'autorisation du Conseil, et s'il n'est accompagné d'une déclaration du Commissaire responsable, portant que le travail lui a paru mériter d'être publié.

Le Commissaire responsable soussigné déclare que le tome III des Mémoriaux du Conseil de 1661, *préparé par* M. Jean de Boislisle, *lui a paru digne d'être publié par la* Société de l'Histoire de France.

Fait à Paris, le 15 janvier 1908.

Signé : A. DE BOISLISLE.

Certifié :

Le Secrétaire adjoint de la Société de l'Histoire de France.

NOËL VALOIS.

MÉMORIAUX

DU CONSEIL DE LOUIS XIV

AOÛT ET SEPTEMBRE 1661.

M. C. — Du 1ᵉʳ août.

M. de Saint-Luc s'étant plaint de ce que le sieur de Saint-Quentin, commandant dans le Château-Trompette[1], avoit refusé d'y recevoir deux gentilshommes qu'il y avoit envoyés pour quelques querelles, S. M. a ordonné à M. de La Vrillière d'écrire audit sieur de Saint-Quentin de faire en cela, à l'avenir, ce que M. de Saint-Luc lui ordonnera, et d'envoyer prendre l'ordre de lui par son major comme il est accoutumé[2].

1. Tome II, p. 49, 52 et 249.
2. Le gouverneur de la place s'appelait Marin, et le major Descudre ou Descadre, chacun ayant une compagnie de cinquante hommes : B. N., ms. fr. 22641, fol. 251 v°.

M. C. — Du 2 août 1661.

Le Roi, ayant entendu la lecture d'un mémoire envoyé par le sieur Talon sur les affaires de son emploi[1], a ordonné ce qui s'ensuit :

Que le Magistrat de Bourbourg et de Gravelines[2]

soit réduit de douze personnes à six : a ordonné à Le Tellier d'en faire les expéditions ;

Qu'il[a] sera fait fonds de la somme de quatre mille livres tournois pour le feu des corps de garde de la place[3] ;

Qu'il sera écrit au sieur Reterfort, gouverneur de Dunquerque pour le roi de la Grande-Bretagne, pour lui donner avis que S. M. a fait payer, depuis la prise de cette place[b], quelque argent aux pauvres catholiques qui y sont habitués, par chacune semaine, et encore distribuer du pain aux couvents par chacun jour, par forme d'aumône, ce que S. M. a résolu de continuer, ne doutant pas que lui, Reterfort, ne contribue de ses soins à faire que ses intentions soient exécutées ponctuellement[c] : le dessein de S. M. est, en cela, d'empêcher que le roi de la Grande-Bretagne ne prenne jalousie de la distribution des ces aumônes-là dans une place qui est si considérable ; lesdites aumônes montent en argent à 30 livres par semaine, et en 300 livres par an de pain de munition[4] ;

Qu'il sera fait une ordonnance du Roi portant règlement du logement et des ustensiles des officiers-majors des places conforme à la réponse qui a été faite aux cahiers des députés d'Arthois[5] ;

Que Le Tellier expédiera toutes les dépêches nécessaires pour obliger les officiers des troupes à payer à leurs soldats les 5 sols qui leur sont ordonnés par jour lorsqu'ils sont malades, et même aux hôpitaux des villes lorsqu'ils y seront reçus pour y être traités[6].

a. *Que* corrigé en *qu'il*.
b. Après *place*, Le Tellier a biffé *du pain*.
c. Lecture douteuse.

S. M. ayant entendu la lecture d'une lettre du sieur Courtin à Le Tellier sur les difficultés qui se rencontrent au règlement des limites du comté d'Arthois[7], S. M. a approuvé la proposition dudit sieur Courtin de persévérer à demander toutes les paroisses du comté d'Arthois qui ne sont point des bailliages d'Aire et de Saint-Omer et de leur appartenances et dépendances[8]; et, sur ce que les Magistrats des villes d'Arthois continuent les levées que le roi d'Espagne leur avoit accordées par[a] forme d'octrois pour les affaires desdites villes, bien que le temps porté par lesdits octrois soit expiré et qu'ils aient cessé par la Paix, S. M. a commandé qu'il sera expédié une ordonnance portant défenses de faire aucune levée sans sa permission[9].

Elle a aussi ordonné qu'il sera expédié des ordres à l'abbé de Saint-Éloy portant permission de vendre la maison de Douay, à condition d'en employer le prix en l'acquit des dettes légitimes de ladite abbaye[10];

Qu'il ne sera point pourvu à la charge de grand voyer d'Arthois[11],

Et qu'il sera fait fonds de six mille sept cent et tant de livres, par chacun an, pour les bois et chandelle des corps de garde d'Arras, et employé dans les états des troupes[12].

Le Roi a approuvé la proposition faite par le président Colbert de faire retenir les deniers levés par l'autorité de M. le duc de Lorraine sur les trente villages de la prévôté de Cirq réservés à S. M. par le dernier traité du dernier jour de février de la pré-

---

a. Le Tellier a corrigé *pour* en *par*.

sente année, et d'en user de même sur les autres lieux délaissés par ledit traité[13].

S. M. a aussi ordonné qu'il sera expédié des ordres à un exempt des gardes de son corps pour mettre Mme de Montendre en la possession des terres appartenantes à son fils, et dont elle doit jouir par son contrat de mariage[14].

Sur ce que les gentilshommes de Béarn se sont plaints de ce que le parlement de Pau, ayant vérifié la déclaration du Roi sur la défense de porter des armes à la campagne[15], veut désarmer les gentilshommes en leur ôtant les armes qu'ils ont dans leurs maisons contre la teneur d'icelle déclaration, S. M. a ordonné que ladite déclaration ne pourra être étendue à ôter les armes des maisons des sujets du Roi de l'étendue du ressort dudit parlement de Pau, et que M. du Plessis-Guénegaud fera toutes les expéditions nécessaires pour cela[16].

1. Cf. tome II, p. 234-235, 25 juillet.
2. *Ibidem*, p. 198-199. M. d'Estrades, gouverneur de Gravelines, était venu visiter cette place en partant pour l'Angleterre (*Gazette*, p. 702-703 et 726).
3. Il a été parlé le 25 juillet, tome II, p. 234, de l'entretien des corps de garde dans d'autres places de l'Artois. A Nancy, la dépense a été réglée à 2,000 livres (A. G., vol. 168, fol. 462, 31 mai).
4. La place de Dunkerque, reprise aux Espagnols à la suite de la victoire des Dunes, avait été aussitôt livrée aux Anglais conformément au traité passé avec Cromwell, et nous avons vu que le roi Charles II en a confié le gouvernement au lord Rutherford, qui est en même temps officier au service de la France. Mazarin y a envoyé le P. Cavoye pour examiner quel appui les habitants catholiques pourraient offrir en cas de recouvrement par la France, et Louis XIV, aspirant plus que

jamais à racheter la place, se sert de M. de Rutherford, de l'ambassadeur Saint-Albans et de l'abbé de Montagu pour obtenir le rétablissement des Jésuites, en même temps qu'il continue ses aumônes de peur que la misère ne pousse certains catholiques à se faire protestants (*Mémoires de Louis XIV*, tome II, p. 419; A. G., vol. 169, fol. 58, 60 et 70). Le 26 mai, Le Tellier avait écrit à M. Talon (A. G., vol. 168, fol. 447) : « ... S. M. a tant à cœur l'observation du traité fait avec les Anglois lors de la reddition de Dunkerque, touchant le libre exercice de la religion, qu'Elle a eu beaucoup de joie d'apprendre que les habitants catholiques n'ont point de sujet de se plaindre d'aucune contravention que les Anglois y aient faite. Elle contribuera volontiers de ses aumônes pour faire subsister ceux qui se trouvent dans la nécessité, pour empêcher que cette extrémité où vous marquez qu'ils sont réduits depuis la cessation de la fourniture du pain et de la distribution des aumônes de la Reine mère et du Roi ne les porte à écouter les propositions des ministres françois que les Anglois ont fait aller à Dunkerque à dessein de les corrompre... »

Le comte d'Estrades avait été gouverneur de Dunkerque depuis 1650 jusqu'à ce qu'on remît la place aux Anglais. Rutherford et lui ont échangé des visites d'apparat quand le second est allé prendre son poste d'ambassadeur en Angleterre (*Gazette*, p. 629, 634, 702 et 703), et Rutherford se faisait si bien voir du pays environnant, que, au dire de la *Gazette* (p. 1061), les Français d'alentour y portaient volontiers leurs contributions pour se délivrer des incursions de sa garnison. Le gouvernement de la place revint au comte d'Estrades après la restitution de 1662.

5. Il a été décidé le 14 juillet (tome II, p. 177-178), sur l'instance des députés du pays d'Artois, que les officiers des garnisons contribueraient aux impositions comme les autres habitants des villes, puis, le 25 juillet (p. 235), conformément à la requête des États de 1660, que les gentilshommes et ecclésiastiques resteraient assujettis aux mêmes droits que sous la domination espagnole, avant la déclaration de guerre de 1635, et que les Français naturels du pays et tous étrangers ou gens de guerre qui occupaient des maisons dans les villes supporteraient l'obligation du logement, mais que les bour-

geois et manants seraient exempts de l'ustensile et des étapes.

6. Voir le tome IV, p. 195-313, du *Code militaire* de Briquet (1747).

Le 12 août, le Roi fera adresser cette lettre de cachet à Servient, comme intendant à Pignerol (A. É., vol. Turin 56, fol. 299) : « Monsr de Servient, ayant été informé qu'aucuns capitaines et officiers de mes troupes d'infanterie n'ont point payé les soldats de leurs compagnies qui sont tombés malades, sous prétexte de ce qu'ils ne faisoient point de faction, et voulant empêcher un abus si contraire à la charité et à ce qui est de mes intentions, ceux qui sont ainsi malades ayant beaucoup plus de besoin d'être assistés que les autres, je vous fais cette lettre pour vous dire que vous ayez à prendre soin que les officiers de mes troupes d'infanterie étant dans l'étendue de votre département payent aux soldats de leurs compagnies qui tomberont malades, soit qu'ils demeurent chez leurs hôtes, ou qu'ils soient portés dans les hôpitaux, les cinq sols par jour que je leur ai ordonnés, et tout ainsi que ceux qui sont en santé et servent actuellement dans les compagnies, sans permettre qu'il y soit apporté aucune difficulté; vous recommandant d'y avoir l'œil et de prendre pour cela toutes les précautions que vous verrez nécessaires. »

7. Tome I, p. 105, 106 et 233-234, et tome II, p. 109-110.

8. Le Tellier a écrit à M. Courtin, le 24 juillet (A. G., vol. 165, p. 109) : « ... Il ne se peut rien de mieux que ce que vous avez fait et dit dans vos dernières conférences pour défendre les droits du Roi sur les limites... On ne peut soutenir la justice ni plus fortement, ni avec de meilleures raisons que celles dont vous vous servez : aussi vous puis-je assurer que le Roi est tout à fait content... Pour ce qui est à faire sur les octrois, même pour soulager les habitants de la fourniture du bois et des chandelles des corps de garde des places, j'en rendrai compte au Roi, et vous ferai aussitôt savoir ses intentions. » Il écrira encore, le 23 août (p. 120-124) : « Il est facile de connoître, par tout ce que vous me marquez de la conduite du commissaire d'Espagne, qu'il affecte autant qu'il peut de tirer en longueur l'expédition de votre commission, et c'est ce qu'il faut que vous redressiez autant que vous le pourrez, comme vous avez fait jusques ici, puisque c'est une affaire qui ne se

peut abandonner en l'état qu'elle est, observant toujours de ne rien relâcher et de demeurer dans les termes des articles du traité, qui nous donne tout l'Artois à la réserve de Saint-Omer et Aire et ce qui en dépend... »

9. Voir le passage des *Mémoires de Louis XIV* cité dans notre tome I, p. 128.

10. L'abbaye Saint-Éloy, à Noyon, possédée en commende par un fils de Brienne, appartenait aux Bénédictins de Saint-Maur, et l'abbaye augustine de Saint-Éloy-aux-Fontaines, entre Chauny et Ham, avait pour abbé, depuis le mois de mai 1658, Eustache Le Secq, qui y resta jusqu'en 1662 (*Gallia christiana*, tome IX, col. 1128).

11. Le Tellier à Courtin, 4 août (A. G., vol. 165, p. 115) : « Le Roi n'a point désiré accorder la charge de grand voyer, apprenant par ce que vous m'en avez mandé qu'elle a été supprimée durant la domination d'Espagne. »

12. Ci-dessus, 3 et 7. Le 4 août, Le Tellier écrivit que la dépense serait prise sur les deniers du Roi, puisqu'il n'y avait rien à espérer de la ville (A. G., vol. 165, p. 116).

13. Ci-après, p. 40 et 103.

14. Charles de La Rochefoucauld de Fonsèque, marquis de Montandre, descendant direct du parrain de François Ier, avait épousé, le 27 septembre 1633, Renée Thévin, fille d'un maître des requêtes, et il en avait eu un fils nommé Louis-Charles. Tallemant des Réaux a fait une historiette sur cette dame, connue à Paris pour ses belles mains, ses habits et son train de reine de théâtre, et pour des prodigalités contre lesquelles son mari luttait sans succès.

15. Deux déclarations générales interdisant le port des armes à feu et tranchantes avaient été rendues le 18 décembre 1660 et le 15 mars 1661; mais une exception a été faite, le 25 mai suivant, en faveur de tous gens chargés des affaires du Roi et du recouvrement de ses deniers : A. N., AD + 354, n° 14; E 345[B], fol. 426.

16. Le Béarn attendit encore plus de vingt ans avant de devenir une intendance; quand une affaire spéciale se présentait, comme pour présider les États, c'est l'intendant de la généralité de Montauban qui en recevait la commission.

M. C. — Du 3 août[1].

Le Roi a ordonné à Le Tellier d'avertir MM. les Secrétaires d'État de ne plus expédier des arrêts en commandement sans en avoir reçu l'ordre du Roi[2].

1. *Gazette* du 4 août, p. 752 : « Le 30 [juillet], le ballet des *Saisons* fut encore dansé, ainsi qu'hier au soir, ce ravissant spectacle s'étant trouvé des plus capables de divertir agréablement la cour par les diversités galantes et merveilleuses de toutes ses entrées, dans la huitième desquelles le Roi représente le Printemps, accompagné des Jeux, des Ris, de la Joie et de l'Abondance, et, dans la dernière, est suivi d'Apollon, des Muses, de l'Amour, des Arts libéraux et de tous les Plaisirs, qui terminent ce divertissement avec une excellente symphonie, comme pour marquer qu'ils sont désormais inséparables du règne de S. M., qui, ayant banni le siècle de fer par la fin d'une longue guerre, les a rappelés pour établir dans ses États cet âge délicieux qui n'a, jusques ici, été connu que dans la Fable. » Pendant le reste du mois jusqu'au départ pour Nantes, et sauf le temps du séjour à Vaux, la troupe royale française, les comédiens et musiciens italiens, et les comédiens espagnols de la chambre de la Reine alternèrent leurs représentations, dont la dépense figure au compte de l'Épargne de ce quartier : B. N., ms. fr. 22641, fol. 195 et 202.

2. On a vu, au tome I, p. 46, 60-61 et 142, les mesures déjà prises pour restreindre l'indépendance des quatre secrétaires d'État en ce qui concernait leurs départements respectifs et les expéditions dont ils étaient chargés. Les arrêts en commandement se rédigeaient dans leurs bureaux, en style indirect, avec la formule initiale : « Vu par le Roi, » ou : « Le Roi étant informé, » ou quelque autre analogue, suivie de l'indication des actes de procédure et des pièces produites, ou bien des considérations politiques qui motivaient l'acte du pouvoir royal. Puis, cet autre dispositif : « Le Roi étant en son Conseil, » indiquait que la décision était émanée du Roi lui-même après délibération du Conseil, ainsi que la formule finale : « Fait au conseil d'État du Roi, S. M. y étant. »

M. C. — Du 5 août.

Sur ce que M. de Mérinville a écrit au Roi que les communautés du pays de Provence ont prêté leur consentement à l'établissement de l'augment du sel suivant la déclaration adressée à la cour des comptes et des aides de Provence et l'arrêt du Conseil dont l'exécution a été commise à M. de Machault, maître des requêtes, aux conditions portées par un mémoire que ledit sieur de Mérinville a adressé à M. de Brienne[1], S. M. a ordonné à M. le Surintendant d'examiner ledit mémoire en présence des fermiers des droits y mentionnés, pour lui en rendre compte ensuite et y être pris résolution par S. M.[2].

Sur ce qu'on a rapporté au Roi que, les curés des paroisses de la ville de Paris ayant été assemblés naguères en présence des vicaires généraux de l'archevêché de Paris, ou de l'un d'eux, pour y traiter des matières concernant l'administration de leurs paroisses[a], ils ont traité[b] d'autres affaires, et notamment ont résolu de signer un acte portant approbation du mandement desdits grands vicaires[3] : sur quoi S. M. a ordonné qu'il sera écrit auxdits grands vicaires d'envoyer ledit acte à S. M. incessamment[4].

Sur ce qu'on a dit au Roi qu'il s'est passé quelque chose d'extraordinaire aux faubourgs Saint-Germain de Paris, dans la maison de La Planche, tapissier[5], lorsque le[c] curé de Saint-Sulpice[6] s'y est transporté pour administrer le sacrement de l'extrême-onction

---

a. Le Tellier a biffé *et que la* après *paroisses*.
b. Le Tellier avait d'abord écrit : *résolu*, qu'il a biffé et remplacé par *traité*.
c. Il avait d'abord écrit : *Roi*, puis l'a biffé, et a écrit : *curé*.

au sieur Feideau, docteur en théologie de la Faculté de Paris[7], S. M. a ordonné qu'il sera écrit audit curé de lui envoyer une relation, signée de lui, de ce qui s'y est passé[8].

Le Roi a ci-devant fait écrire à M. Pelot d'informer de quelques violences commises dans le Limousin, et, depuis, ayant vu que le parlement de Bordeaux a envoyé des commissaires pour y travailler, S. M. a ordonné qu'il sera écrit audit sieur Pelot de discontinuer sa procédure et de l'envoyer au parlement de Bordeaux[9].

Les tonneliers de la Rochelle y ayant fait quelque émotion, le Roi a ordonné qu'il sera procédé contre eux par les juges ordinaires[10].

Pour aider à empêcher les duels[11], le Roi a ordonné qu'il sera dressé une déclaration portant que ses procureurs généraux pourront demander des décrets de prise de corps contre[a] ceux qui se seront battus, et ce sur la notoriété publique, sans aucune information, ou bien requérir[b] qu'ils se rendent à la Conciergerie, et qu'à faute de satisfaire, ils pourront être condamnés par contumace, et leurs maisons et hauts bois abattus[c] à hauteur d'hommes, sans attendre les cinq ans[12].

Le Roi ayant reçu plainte que plusieurs personnes de la religion prétendue réformée, originaires du royaume, se sont habituées dans la ville de la Rochelle depuis la déclaration faite par le feu Roi après la réduction de ladite ville en son obéissance, comme

---

a. Avant *contre*, Le Tellier a biffé un autre *contre*.
b. Avant *requérir*, il a biffé *de*.
c. Avant *abattus*, il a biffé *ra[sés]*.

aussi plusieurs autres étrangers, S. M. a ordonné que ladite déclaration sera de nouveau publiée, et que ceux qui s'y sont habitués au*ᵃ* préjudice d'icelle seront tenus d'en sortir dans deux mois, si ce n'est qu'ils obtiennent des lettres du Roi du grand sceau qui leur permettent d'y continuer leur séjour[13].

1. A la suite des incidents résumés dans notre tome II, p. 112-113, l'assemblée extraordinaire s'est ouverte à Saint-Remy le 2 août. Après une mûre discussion, les commissaires royaux enverront la soumission des Communautés à l'édit du sel, mais accompagnée encore d'un cahier de doléances et de supplications, dont une partie seulement seront agréées, et, le courrier étant revenu le 19 août à l'assemblée, elle remettra entre les mains de M. de Mérinville sa capitulation pure et simple, avec un seul vœu en plus, pour le rappel de M. de Bandols. MM. de Mérinville, d'Oppède et de Machault en donneront acte (Arch. des Bouches-du-Rhône, reg. C 39, fol. 358-369; *Gazette*, p. 761; B. N., mss. Mélanges Colbert 103, fol. 437-438, et 104, fol. 616-618).

2. Le règlement rendu en conséquence, et dont il a été parlé dans notre tome I, p. 349, note 5, sera notifié par lettres patentes du 10 août, et la cour des comptes, maintenue en séance pour cet effet, l'enregistrera le 7 septembre. Ainsi « les affaires de S. M. seront entièrement affermies nonobstant les intrigues de quelques-uns qui tâchoient de nous jeter dans de nouveaux troubles » (*Gazette*, p. 1035). La seule victime fut le procureur du pays, Antoine de Laurans, qu'une lettre de cachet du 12 août exila à Issoudun; ses collègues votèrent pour lui une indemnité de 12 livres par jour jusqu'à ce qu'il fût fait droit à leurs remontrances (reg. C 39, fol. 385-386); mais Colbert fit rendre par le Conseil, le 9 août, un arrêt défendant toute assemblée de clergé, de noblesse ou autre, et un second arrêt évoqua au Roi lui-même toutes oppositions à l'édit du sel (A. É., vol. France 911, fol. 135 et 136). Brienne fut chargé de remercier MM. d'Oppède, de Machault

---

a. Avant *au*, Le Tellier a biffé *en*.

et de Mérinville des résultats obtenus par eux (B. N., ms. fr. 15612, fol. 226-228, 258 v°, 260 v°, 262, etc.), et Le Tellier annonça au dernier, le 30 novembre, sa nomination pour recevoir l'Ordre à la prochaine promotion (A. G., vol. 170, fol. 333). La correspondance directe des commissaires avec Colbert sur l'enregistrement, pendant le mois de septembre, est dans le ms. Mélanges Colbert 106. M. de Machault demanda à revenir le 18 septembre, mais n'en obtint pas la permission pour l'instant.

3. Tome II, p. 235, 236, 244 et 251. Dévoués pour la plupart à la cause du cardinal-archevêque, les curés de Paris avaient déjà fait paraître de 1656 à 1659 divers factums sur la morale et les casuistes. Quelques chanoines du chapitre de Notre-Dame, Séguier, Ventadour, Bourvallière, se sont ligués pour détruire l'effet de l'acte nouveau.

4. M. de Lionne écrivit, le 6 août, à d'Aubeville (A. É., vol. Rome 141, fol. 283, minute autographe, et vol. Rome 143, fol. 266-267, transcrit) :

« Monsieur, j'ai répondu à votre dernière lettre par le courrier Héron, que le Roi a jugé à propos de dépêcher par delà pour y chercher le remède au mal et aux derniers efforts que fait la secte des jansénistes pour s'empêcher d'être entièrement abattue. Mgr le cardinal Antoine, à qui tous les mémoires ont été adressés, vous les aura communiqués, et j'ai depuis reçu ordre du Roi de vous faire savoir, afin que vous en informiez aussi ledit seigneur cardinal, qu'il est d'autant plus nécessaire que ce remède vienne promptement, et bien efficace, qu'après le courrier parti, il est encore arrivé de deçà une nouveauté qui peut accroître le mal, si le Pape ne se résout tôt à décider et trancher court tous ces embarras par une déclaration qui porte la cognée à la racine. Le fait est qu'à l'instigation de M. le cardinal de Retz, et par le crédit qu'il a sur ses grands vicaires, les curés de Paris, dans une assemblée qu'ils ont tenue sous prétexte de quelques résolutions qu'ils avoient à prendre pour la discipline ecclésiastique, ont délibéré de faire un acte par lequel ils témoignent que, bien loin que le mandement des grands vicaires ait scandalisé l'Église (qui est le terme dont ont usé les évêques dans leur avis sur ledit mandement), il avoit, au contraire, fort édifié tous les fidèles, comme contenant le meilleur moyen de les réunir tous et d'établir la paix dans l'Église et dans les consciences d'un chacun. On croit même qu'ils peuvent avoir envoyé ledit acte à Rome. Je vous réplique là-dessus ce que je vous ai déjà mandé, que le Roi ne prend autre intérêt en cette affaire que celui que le Pape jugera à propos qu'il y doive prendre pour le mérite et les conséquences de la chose, afin qu'on ne pense pas faire valoir à S. M. ce qu'on fera comme une grâce faite à Elle. Il y a bien plus de lieu, s'agissant d'un fait qui regarde purement la religion, de faire valoir au Pape l'offre que le Roi lui fait, et que j'ai charge de S. M. de vous confirmer, qu'Elle fera exécuter tout ce que S. S. trouvera bon d'ordonner sur la matière.

« Après cela, je vous dirai que S. M. a été fort surprise d'apprendre, par les derniers avis venus de Rome, que la raison pour laquelle la proposition de l'évêché de Bayeux a été différée par ordre exprès du Pape pouvoit être la répugnance qu'a S. S. de passer la pension accordée par S. M. à M. le cardinal Maidalchini sur ledit évêché. Il ne lui paroît juste que le Pape s'accoutume à de semblables refus, particulièrement quand il ne fait pas informer le Roi d'aucune cause raisonnable qu'il ait de le faire, ce qui est ajouter au refus un certain mépris du droit et de l'autorité de S. M. Le Roi a droit, par les Concordats, que l'usage a autorisé sans contredit aucun depuis qu'ils ont été faits, d'établir de pareilles pensions en faveur de qui il lui plaît, sans distinction d'étrangers ou de François. Le cardinal Maidalchini est sujet plus que capable de la posséder, puisqu'il possède même la seconde dignité de l'Église, sans que ses mœurs, dont le Pape n'est pas satisfait, soient un juste sujet pour lui contester cette grâce et l'en exclure. C'est pourquoi, si la chose étoit encore au même état lorsque vous recevrez cette lettre (ce que l'on ne peut croire), S. M. désire que vous vous employiez efficacement pour faire cesser cette nouveauté, qui est une formelle contravention aux Concordats, et cela par les moyens que vous pourrez concerter avec M. le cardinal Antoine, appelant, s'il le juge nécessaire, les avocats du Roi en cour de Rome pour avoir leur avis sur la matière, et enfin n'omettant rien pour faire promptement expédier les bulles de Bayeux avec la clause de pension pour ledit cardinal Maidalchini. En mon particulier, je vous en aurai obligation, parce que je suis fort serviteur de M. le premier président et de M. le président de Nesmond, dont la famille souffre innocemment pour cette prétention du Pape, qui même, jusqu'ici, ne paroît pas, car je ne vois pas, par vos dernières dépêches, qu'il se soit expliqué du sujet de ce retardement... »

Le 8, le Roi adressera au chapitre de Notre-Dame cette lettre de cachet (A. N., LL 205, p. 446) :

« Chers et bien amés, nous avons eu avis de la résolution que vous avez prise de vous assembler pour délibérer sur le sujet du mandement des vicaires généraux de l'archevêché de Paris pour la signature du formulaire de profession de foi dressé par l'assemblée générale du clergé de France; mais, comme nous vous avons fait savoir par le théologal de l'église de Notre-Dame de Paris que notre intention étoit que toutes choses fussent sursises à l'égard dudit mandement, nous vous faisons cette lettre, par laquelle nous vous défendons de délibérer en aucune manière sur le sujet dudit mandement, ni de ce qui le concerne. Et, nous assurant que vous vous conformerez à ce qui est en cela de notre volonté, nous ne vous ferons la présente plus longue... »

Le Pape avait signé le 1er août un bref autorisant à procéder en justice contre les grands vicaires. A la fin du mois, le Formulaire à signer par tous les ecclésiastiques sera envoyé dans chaque évêché, et les gouverneurs des provinces recevront ordre de tenir la main à l'exécution par une lettre de cachet du 29 août débutant en ces termes (B. N., ms. fr. 15612, fol. 191 v°; A. É., vol. France 295, fol. 167 v°) : « Monsieur, comme j'ai estimé qu'il étoit de mon devoir de maintenir la paix de l'Église, aussi bien que celle de l'État, parmi les peuples qu'il a plu à Dieu de soumettre à ma couronne, j'ai eu soin, sur les avis des nouvelles opinions qui se semoient touchant la doctrine de Jansénius, d'exhorter les évêques de mon royaume d'y prendre garde afin de prévenir de bonne heure le trouble des consciences qui en pourroit arriver, et d'empêcher le progrès de ces nouveautés, sur lesquelles les décrets et censures du Saint-Siège étant intervenus, qui condamnent les cinq propositions du livre de Jansénius intitulé : *AUGUSTINUS*, et, sur icelles, ayant été dressé par l'assemblée du clergé de France un formulaire de profession de foi contre la secte de Jansénius conforme aux constitutions des papes Innocent X et Alexandre VII qui condamnent lesdites propositions, j'ai ordonné qu'il seroit envoyé à tous les évêques de mon royaume pour être suscrit par toutes les personnes ecclésiastiques de leur diocèse; ... et je vous écris cette lettre pour vous dire que vous ayez à tenir la main à ce qu'en ce faisant, il leur soit obéi sans aucune difficulté... »

Nous avons déjà donné dans le tome I, p. 203-204, le récit de cette affaire consigné par Colbert dans son *Journal du Roi*. Le ms. BALUZE 114, fol. 161 et suivants, contient les originaux de la correspondance de M. de Marca avec Rome et une relation de ce qui se passa à Fontainebleau du 12 septembre au 4 octobre, lorsque fut rapporté le bref pontifical. Les grands vicaires se soumirent enfin par un second mandement du 31 octobre, qu'on eut soin de faire parvenir à toutes les paroisses, et la *Gazette* l'annonça en ces termes (p. 1254) : « Le 20 novembre fut publié à tous prônes le deuxième mandement révoquant le premier qui donnoit moyen aux jansénistes d'éluder leur condamnation par des circuits et par la distinction du droit et du fait, de laquelle ils abusent. »

Nous donnerons à l'Appendice une dépêche de Brienne au P. Duneau, 9 octobre. La correspondance de M. de Lionne avec d'Aubeville est dans le volume ROME 143.

L'affaire du chapitre de Rouen et de l'archidiacre Paris dont il a été parlé au tome II, p. 156 et 158, et qui est racontée en détail dans les *Mémoires du chanoine Hermant*, livres XXV et XXVI, fut également arrangée par les soins du duc de Longueville, gouverneur de la province, et l'archidiacre rappelé de sa relégation moyennant qu'il obtînt révocation des arrêts du Conseil.

5. Les Flamands François de La Planche et Marc de Comans, sous Henri IV, avaient introduit à Paris la fabrication des tapisseries de basse lisse façon de Flandres. Raphaël de La Planche, fils et successeur de François, se sépara de Comans pour transférer sa manufacture, en 1641, auprès de l'hôpital des Teigneux, dans une partie du faubourg Saint-Germain très peu habitée alors, et où une rue a porté son nom jusqu'en 1850. Par contrat du 15 novembre 1661, Raphaël cédera à son fils Sébastien-François, aussi trésorier général des bâtiments du Roi, la direction de cette manufacture de tapisseries, que la concurrence des Gobelins fera disparaître.

6. Antoine Raguier de Poussé, de la congrégation des Missions, déjà mentionné dans notre tome I, p. 47.

7. Mathieu Feydeau (1616-1694), d'une famille de magistrats parisiens très connue, avait été théologal à Beauvais, puis à Alet. Ses opinions jansénistes l'ayant fait exclure de la Sorbonne et exiler de Paris, Mme de La Planche, son amie, lui avait offert l'hospitalité en 1658, et il se tenait très secrètement renfermé; mais son hôtesse est morte le 29 janvier 1661, alors qu'il rédigeait pour elle des *Méditations sur la concorde évangélique*, puis lui-même est tombé malade le 7 juillet, et a été en danger de mort le 14. Le curé a été appelé le mardi 19 juillet.

8. Au cours de cette descente, que Sainte-Beuve a racontée, on saisit tous les papiers du malade jusque dans la ruelle de son lit. Le curé adressa son rapport, le 9 août, à M. Le Tellier, et dénonça que, sous prétexte de visites, des gens mal pensants tenaient leurs assemblées dans cette retraite, et que, de plus, les ouvriers flamands et huguenots de la manufacture travaillaient le dimanche. La pièce est en original dans les Papiers de l'archevêque Marca, avec une réponse de celui-ci, 27 août : B. N., ms. BALUZE 114, fol. 255-286; cf. A. É., vol. FRANCE 911, fol. 107-132. Feydeau se relèvera de cette maladie, ira prendre asile chez l'abbé de Hautefontaine, puis deviendra curé de Vitry-le-François de 1669 à 1676, mais finira sa vie en relégation à Annonay. Le chanoine Hermant a raconté sa vie dans le livre XXV, chap. XXVI, de ses *Mémoires* en cours de publication, et M. Ernest Jovy vient de faire paraître en 1906 le texte des *Mémoires de Feydeau* lui-même, que Sainte-Beuve avait utilisés d'après les originaux conservés à la Bibliothèque nationale.

9. Pellot obtint la cassation de l'arrêt par lequel le parlement de Bordeaux, en date du 19 janvier 1661, avait accueilli le pourvoi des séditieux (A. G., vol. 171, n° 350).

10. Les tonneliers protestants de la Rochelle s'étaient soulevés à propos d'une taxe, et on prétendait qu'ils avaient écorché vif un partisan; l'intendant, ayant reçu un renfort de troupes, exercera une répression sévère (Benoist, *Histoire de l'édit de Nantes*, tome III, p. 435-436; lettre de Guy Patin, 2 septembre 1661; ms. fr. 22641, fol. 31 v°; B. N., ms. MÉLANGES COLBERT 103, fol. 305, ms. 104, fol. 43, 521 v°, 556,

588-591, 622, et ms. 106, fol. 125 et 353). Voir ci-après, p. 35-37.

11. Tome II, p. 215 et 220-223.

12. « A certaine hauteur suivant les ordres que nous en donnerons, » dira l'article 23 de l'édit d'août 1679.

La circulaire suivante fut envoyée le 17 août 1661 aux gouverneurs, intendants, premiers présidents, procureurs généraux, et aux lieutenants criminels des présidiaux (A. É., vol. France 911, fol. 144) : « Depuis la dépêche que je vous ai faite le 8ᵉ juillet dernier sur le sujet des duels, et par laquelle je vous ai mandé de me donner avis de ceux qui se seroient battus, afin de leur faire sentir mon indignation en les privant des charges tant de guerre que de ma maison, et de tous les avantages qu'ils pourroient espérer, ayant considéré qu'il y a plusieurs gentilshommes à qui cette punition donnera peu d'appréhension et ne fera pas grande impression sur leur esprit, n'ayant d'autre pensée que de demeurer dans les provinces et d'autre application que celle de la culture de leurs terres et d'y faire valoir leur bien, je vous écris cette lettre pour vous dire qu'à l'endroit de ceux-là, lorsque vous me ferez savoir qu'ils se seront battus, et que le duel ne sera pas avéré, je leur ordonnerai, pour punition, de sortir, eux et leurs familles, des provinces où ils sont habitués et où ils ont leurs biens, pour aller demeurer en d'autres éloignées et où ils n'auront aucune habitude, et ce jusques à ce qu'ils se soient purgés du crime de duel en la manière portée par ma précédente dépêche : ce que je désire que vous publiiez autant que vous pourrez dans l'étendue de votre gouvernement, afin de retenir par la crainte de ce châtiment ceux qui auroient dessein de se battre. Et, me remettant à ma précédente dépêche de ce qui se pourroit ajouter à celle-ci sur ce sujet, je ne vous la ferai plus longue que pour prier Dieu, etc... »

Écrivant au premier président de Fieubet le 30 septembre suivant, le Roi se félicitera d'avoir ordonné de décréter sur simple notoriété, « car on ne déracineroit jamais cette peste de faux honneur, si l'on vouloit s'attacher trop scrupuleusement aux formes » (A. É., vol. France 414, fol. 71; *Œuvres de Louis XIV*, tome V, p. 55-56).

13. L'article 22 de la déclaration de novembre 1628 accordée aux Rochelais après la réduction avait interdit aux étran-

gers, même naturalisés, de demeurer à la Rochelle sans avoir obtenu des lettres du grand sceau, et l'article 4 du règlement du 10 février 1630, comme l'article 34 de 1628, avaient garanti la résidence aux habitants qui étaient domiciliés dans la ville antérieurement à la descente des Anglais dans l'île de Ré, mais non à ceux qui l'avaient quittée pour faire la guerre contre le Roi (A. N., TT 263 *bis*, nos 42 et 43). Voir la suite p. 97.

A. É. — Ordinaire du samedi 6ᵉ d'août.

Mander à M. de Lumbres[1] :

Qu'il n'échet point de faire réponse à sa lettre du 26ᵉ juin[2] puisque S. M. a vu celles que Monsieur le Prince a reçues de M. Caillet, qui sont de quinze jours plus fraîches[3], et a dit de bouche audit sieur Prince ce qu'il auroit à y répondre, à quoi on se remet[4].

A M. d'Estrades[5] :

Que l'on est bien aise que toutes choses se soient si bien passées, et avec tant de dignité pour l'honneur du Roi, dans la première audience publique qu'il a eue du roi de la Grande-Bretagne : qu'il ne pouvoit mieux parler qu'il a fait audit roi[6] ;

Qu'il a témoigné sa prudence accoutumée à éviter le piège que lui vouloit tendre le baron de Watteville[7] dans l'occasion de l'entrée des ambassadeurs extraordinaires de Venise[8] : qu'on ne croit point ce qu'il lui avoit supposé du concert fait avec Monsieur le Comte[9] et de celui de M. de Thou avec don Estevan de Gamarre[10], qui auroient eu, l'un et l'autre, grand tort d'y entendre ;

Que les ambassadeurs du Roi doivent faire savoir que le Roi ne se contente jamais de l'égalité, mais doit avoir la prééminence sur tous autres rois, et en est en possession; que S. M. s'attend bien à apprendre par les premières nouvelles de Londres que ledit sieur d'Estrades aura hautement soutenu son droit et cette possession[11].

A M. de Thou :

Qu'il a bien fait de renouveler ses instances dans l'occasion qui étoit arrivée pour faire avoir une compagnie au fils de M. Brasset, et que MM. les États n'auroient pas fait un grand effort d'avoir accordé cette bagatelle à S. M.[12];

Que M. d'Estrades mande que le chancelier d'Angleterre avoit envoyé ordre au sieur Downing de ne prétendre autre rang ni qualité que celle que tous les résidents des couronnes ont eu[e] par le passé[13].

M. C. — Du sixième août.

Le Roi, en considération de ce que M. l'électeur de Trèves a signé un traité d'alliance avec S. M.[a], a trouvé bon que le château de Monclair, dont la moitié, par indivis avec ledit sieur électeur, lui a été cédée par M. le duc de Lorraine par le traité du dernier février de la présente année, sera présentement démoli, à condition que la moitié de la place où il est bâti demeurera en propriété à S. M.; et, en considération de cette alliance, Elle a accordé quarante-cinq mille livres de pension, par chacun an, audit sieur électeur[14].

1. Lionne à Lumbres, 6 août : A. É., vol. POLOGNE 16, fol. 249-251, et 7 août, vol. 15, p. 112-113; Brienne fils au même, 6 août : B. N., ms. fr. 15612, fol. 133.

a. Ici, Le Tellier, par mégarde, a écrit : *Elle*.

2. Lumbres à Lionne, 26 juin : A. É., vol. Pologne 16, fol. 171-172.

3. Caillet à Monsieur le Prince, 11 juillet : A. C., série P, tome XXIV, fol. 458-461.

4. Monsieur le Prince à Caillet, 7 août : A. C., série P, tome XXV, fol. 21-22. Voir ci-après l'Appendice.

5. On a vu, dans le tome précédent, p. 265 et 280-281, de pareils compliments et témoignages de satisfaction pour l'audience particulière et secrète qui avait précédé l'entrée.

Le recueil des *Ambassades et négociations* publié à Amsterdam en 1718 et 1719 comprend les lettres des 21, 25 et 28 juillet, 1er, 4, 11 et 15 août, par lesquelles l'ambassadeur rendit compte au Roi lui-même de ses premières conférences avec Charles II ou avec le chancelier Hyde sur Dunkerque, le mariage portugais, l'application des clauses de la Paix, la liberté de la pêche réclamée par les Hollandais, les affaires de la maison d'Orange, la négociation qui se continuait à Paris avec les plénipotentiaires de la République, etc. Le recueil imprimé comprend aussi trois réponses du Roi; mais, outre les originaux ou duplicata de six des lettres de d'Estrades et les minutes des trois lettres du Roi préparées par Lionne, le dépôt des Affaires étrangères possède, dans les deux volumes 75 et 76 du fonds Angleterre, du 21 juillet au 6 septembre, neuf autres lettres de l'ambassadeur au Roi, huit à Lionne, huit à Brienne père, et une à Brienne fils, avec six autres minutes de réponses du Roi et cinq de Lionne.

De plus, dans la série Mémoires et Documents, les volumes Angleterre 23 et 27 comprennent un transcrit de l'entière correspondance de d'Estrades, et le volume 28 une analyse exacte de cette négociation. Enfin le luxueux transcrit fait pour Lionne, et conservé aujourd'hui à la Bibliothèque nationale sous le n° 334 du fonds des Cinq cents de Colbert, contient un recueil analogue à celui du n° 23 des Mémoires et Documents.

6. La *Gazette* du 27 juillet (p. 762) rend compte de l'audience publique. Le discours de l'ambassadeur est dans le recueil des *Ambassades*, p. 136-138.

7. Charles, baron de Watteville, — qu'on écrivait plus souvent Batteville en France, — d'une très noble famille franc-comtoise, avait été chargé par Philippe IV d'une mission à Bordeaux auprès des Frondeurs en 1650, puis envoyé en 1651

au prince de Condé alors rebelle. En 1652, il a occupé Bourg en Guyenne, avec deux mille hommes, pour le compte de la Fronde de Bordeaux; en 1654, il a été fait gouverneur de Saint-Sébastien pour l'Espagne et capitaine général de la province de Guipuzcoa. En août 1660, la cour de Madrid l'a nommé ambassadeur en Angleterre; mais elle le rappellera à la suite de la querelle qu'il va avoir, en octobre 1661, avec le comte d'Estrades. Il finira en 1670, ambassadeur à Lisbonne.

8. Ange Cornaro et Nicolas Morosini, qui eurent leur première audience le 4 août (*Gazette*, p. 763). Voir ci-après, p. 85, la lettre de Brienne fils.

9. Le comte de Soissons, que nous avons vu relégué en mai à la suite d'un défi adressé au duc de Navailles, avait rempli une mission à Londres en octobre 1660, y était arrivé le 3 novembre, et avait eu son audience publique le 5. L'*Abrégé de sa Vie* publié par Montfalcon en 1677 parle de cette ambassade (p. 108-123), mais non d'aucun « concert » avec les Espagnols.

Quand le conflit du 10 octobre entre M. d'Estrades et Watteville se sera produit, la *Gazette* rappellera (p. 1131) que, du temps où le président de Bordeaux était ambassadeur, l'Espagnol Cardenas s'était dispensé d'envoyer ses carrosses à l'entrée d'un ambassadeur danois.

10. Cet épisode de l'ambassade du président à la Haye, antérieur à la conclusion de la Paix, est raconté dans le petit livret déjà cité de 1710, comme justification de sa conduite en Hollande : don Estevan de Gamarra, se trouvant à la promenade publique en même temps que le président, mais avec une escorte plus forte et mieux armée, prétendit passer le premier à la sortie unique et prendre le pas; M. de Thou refusant de céder, il fallut l'intervention de la troupe locale et quatre heures de négociation, jusqu'à ce que l'on pratiquât une seconde issue à l'usage de l'Espagnol. Depuis la Paix, le président avait encore eu un conflit de même nature avec le résident impérial Friquet, dans une entrée d'ambassadeurs danois.

11. Comme on vient de le voir, l'ambassadeur dont le souverain réclamait la prééminence sur tous autres avait droit à faire passer ses carrosses immédiatement après celui « du corps » où figurait le nouvel arrivé. Sachant que M. de Wat-

teville n'entendait pas reconnaître ce droit à la France, M. d'Estrades lui fit proposer de conclure un accommodement en vue de la prochaine entrée des Vénitiens ; mais l'Espagnol ne s'y prêta point, et d'Estrades en écrivit ce qui suit, dans sa lettre au Roi du 28 juillet :

« Après m'avoir fait valoir la civilité qu'il prétendoit me rendre en laissant, dans notre audience, passer ses carrosses après le dernier des miens, au lieu de les faire marcher immédiatement après le carrosse du corps, il vint à s'expliquer de ce qu'il croyoit que nous devons faire tous deux dans l'entrée des ambassadeurs de Venise, et, en m'exagérant à sa manière les précautions qui avoient été prises à Saint-Jean-de-Luz par feu M. le Cardinal pour partager la terre, l'eau, le soleil, et généralement toutes choses également (ce sont ses termes), il voulut rendre, par cet exemple, le sieur Battailler et moi, par son rapport, persuadés qu'il n'y avoit nul doute que, dans l'occasion qui se présentoit, nous ne dussions nous abstenir d'envoyer l'un et l'autre nos carrosses pour éviter les prééminences de l'un des deux rois, et soutint ce discours de l'exemple de M. le comte de Soissons qui, à l'entrée des ambassadeurs de MM. les États, étoit convenu avec lui de la même chose. Il chargea le sieur Battailler de me faire cette proposition, et ensuite de lui faire rapport de mes sentiments : ce qu'il a fait aujourd'hui en ce sens que je n'avois pas moins à cœur que lui l'entretien de la bonne intelligence entre les deux couronnes, et que c'étoit la première chose qui m'étoit recommandée par mes ordres ; que je cherchois, pour y obéir, à éviter tous les obstacles qui la pouvoient troubler, mais que je n'avois pas cru qu'il me pût faire une contestation sur la prééminence en l'occasion présente ; que mes ordres étoient si exprès de la maintenir en faveur de V. M., que même je ne pouvois écouter aucun tempérament là-dessus, et qu'après l'exemple qui en établissoit le droit dans tous les siècles, je ne recevrois aucunes raisons au contraire ; que l'exemple de M. le comte de Soissons ne m'étoit pas connu ; que, depuis, j'avois reçu mes ordres, et qu'ainsi j'étois obligé de m'y conformer quand même cet exemple seroit véritable. L'affaire en est demeurée là, et j'estime qu'après l'honneur que m'a fait V. M. de me confier ses intérêts, je ne puis mieux lui marquer mon zèle et ma fidélité qu'en les portant hautement dans la première occasion que j'ai de faire voir dans mon ministère, à toute l'Europe, les avantages qui vous sont dus par-dessus tous les rois de la Chrétienté. Ce sera samedi que se décidera ce différend ; je fais mes préparatifs pour cela, comme l'ambassadeur d'Espagne fait les siens, et j'espère que je ne commettrai V. M. à aucun événement fâcheux. »

Une copie de la lettre écrite par Watteville le même jour 28, à l'ambassadeur, et de la réponse laconique de celui-ci, est intercalée dans le volume ANGLETERRE 75, fol. 83-84.

Dans une seconde conférence, d'Estrades finit par proposer à son collègue d'agir comme cela se faisait à Rome et à Venise, où l'ambassadeur espagnol n'assistait jamais à un cortège plutôt que de passer après le Français ; mais Watteville allégua encore les deux exemples contraires du comte de Soissons, à Londres, et du président de Thou, à la Haye.

« Au premier exemple, dit d'Estrades dans sa lettre du 1er août au Roi (p. 147-152, et vol. 76, fol. 92), je répondis que la raison pour laquelle M. le comte de Soissons n'avoit pas envoyé ses carrosses à l'entrée des ambassadeurs de MM. les États ne venoit pas d'aucune convention qui eût été arrêtée avec lui, mais de ce que, se trouvant chargé de visites et pressé de s'en retourner, il n'en eut pas le temps ; et ce fut l'excuse qu'il prit auprès de ces ambassadeurs lorsqu'il leur en envoya faire compliment, dont même ils demeuroient d'accord à présent ;

« Pour ce qui étoit de M. de Thou, que MM. les États, pour empêcher le désordre qui pouvoit arriver d'une pareille contestation, étoient intervenus et avoient prié tous les ambassadeurs de ne pas envoyer leurs carrosses, ce qui ne se trouvoit pas dans la rencontre présente ; mais que, quand ces deux exemples seroient formels, mes ordres ayant été expédiés depuis, il falloit que je m'y conformasse.

« Il me témoigna que, puisque j'étois dans cette résolution, il la prenoit toute semblable en cas que MM. les ambassadeurs de Venise lui envoyassent notifier leur entrée, ce qu'ils n'avoient pas encore fait comme c'est la coutume ; et, parce que je n'avois eu, non plus que lui, aucune visite de leur part, et qu'il est constant qu'en ce cas il n'est pas de la bienséance d'envoyer rendre aucun honneur, nous convînmes, pour nous éclaircir de leur intention, d'envoyer chercher sur l'heure le résident, qui nous assura que MM. les ambassadeurs n'envoieroient point faire de notification ni pour leur entrée, ni pour leur audience, et qu'en cela ils se vouloient conformer à l'exemple de M. le comte de Soissons et de M. le prince de Ligne, qui étoient ambassadeurs extraordinaires comme eux, et qui en avoient usé de même. Là-dessus, nous convînmes de n'envoyer ni l'un ni l'autre, vu même que, m'étant éclairci ensuite avec MM. les ambassadeurs de MM. les États, je trouvai qu'il ne leur avoit été fait aucune notification non plus qu'à nous.

« Je ne déciderai pas à V. M. si l'ambassadeur d'Espagne, cherchant tous les moyens pour éviter une concurrence qui, sans doute, lui devoit être périlleuse par les grands préparatifs qu'il pouvoit savoir que j'avois faits, a obligé MM. les ambassadeurs de Venise d'en user ainsi par l'entremise de leur résident, qui est son ami particulier, et que je sais qui dîna ce jour-là chez lui, ou si la vanité de suivre l'exemple de M. le comte de Soissons et de M. le prince de Ligne ne leur a point fait prendre ce parti.

« Le lendemain, à midi, le roi d'Angleterre m'envoya un gentilhomme, officier de sa maison, me prier de sa part de n'envoyer point mes carrosses ni à l'entrée, ni à l'audience de MM. les ambassadeurs de Venise, me disant que la même prière se devoit faire à tous les ambassadeurs. J'ai su que le grand nombre de gens armés des deux partis qui avoient leur rendez-vous dans les cours et places de Whitehall pour aider nos carrosses à prendre leur rang immédiatement après ceux du roi, lui avoit fait appréhender une affaire qui eût de la suite dans le peuple, et que même, pour prévenir les désordres qui arrivent de ces contestations, il s'étoit porté à en user ainsi d'après l'exemple qu'il avoit vu pratiquer à la Haye, par MM. les États, à son occasion.

« Je supplie très humblement V. M. de me faire savoir si Elle approuve la conduite que j'ai gardée en cela, afin que, dans les occasions qui se présenteront de cette nature, et que j'attends chaque jour par l'arrivée des ambassadeurs de Danemark, de Suède, de Gênes et de l'Empereur, j'y ajoute ou diminue ce que V. M. jugera à propos pour le bien de son service et pour sa plus grande gloire.

« Dans les audiences publiques que j'ai eues de M. le duc

d'York et du chancelier, je pris mon temps de leur parler en particulier des droits de prééminence de V. M. par-dessus le roi d'Espagne, et de l'injuste prétention de son ambassadeur dans l'occasion présente ; que ces avantages lui avoient été conservés plus exactement dans cette cour que dans pas une autre où V. M. avoit des ambassadeurs, et qu'ainsi je ne voulois point leur alléguer l'usage de Rome ou de Venise, où le Pape et la République avoient employé jusqu'à leurs gardes pour empêcher qu'elle ne fût pas troublée dans ses droits par les Espagnols, qui, par là, avoient été obligés de ne se trouver jamais aux cérémonies ; que j'espérois que le roi d'Angleterre, demeurant dans les mêmes sentiments de ses prédécesseurs, ne me refuscroit pas les mêmes secours, si j'en avois besoin. Ils me répondirent tous deux en termes fort généraux, et de telle manière, qu'après avoir vu depuis intervenir le roi, je comprends bien que, dans de pareils rencontres, il interviendra toujours, principalement par l'intérêt qu'il a d'éviter un désordre qui pourroit apporter de la sédition dans Londres. Dans la contestation présente, si nous en étions venus aux mains, je crois que l'affaire se fût terminée à mon avantage, parce qu'ayant prévu que d'ordinaire, dans les commencements, ces concurrences arrivent, j'ai amené avec moi nombre d'officiers de mon régiment d'infanterie et de la compagnie de cavalerie de mon fils, et quelques-uns de la garnison de Gravelines. J'ai rassemblé ici tout ce que les colonels Douglas, Rutherford, Dillon, Naper et Mousqueri ont eu d'amis, et, avec ce que je prenois de ma maison, je me voyois assurément en état de repousser tout l'effort de l'ambassadeur d'Espagne ; mais, Sire, je considère que ces colonels qui heureusement se sont rencontrés en cette cour n'y seront pas toujours, que le roi d'Espagne a, aussi bien que V. M., nombre de colonels irlandois attachés à son service, que toute cette nation lui est particulièrement dévouée, qu'il a beaucoup de crédit sur tous les catholiques des trois royaumes, et que Batteville n'épargne ni argent ni promesse pour engager tout le monde ; qu'il reçoit pour cela de grandes pensions du roi son maître, et qu'ainsi il pourroit arriver qu'après avoir eu l'avantage une fois, l'ambassadeur d'Espagne pourroit bien l'emporter une autre.

« V. M. fera là-dessus telles réflexions qu'Elle jugera à propos, et me donnera tels ordres qu'il lui plaira; je les exécuterai très ponctuellement. »

Louis XIV blâma l'expédient adopté et écrivit à d'Estrades, le 13 (vol. ANGLETERRE 76, fol. 73) : « J'avoue qu'après ce que vous m'aviez mandé par vos précédentes sur le sujet de l'entrée des ambassadeurs extraordinaires de Venise dans Londres et sur les préparatifs que vous faisiez pour maintenir en ce rencontre-là les prérogatives dues à ma couronne par-dessus toutes les autres, il ne m'auroit pu tomber dans l'esprit que cette affaire-là dût se passer et finir comme j'apprends qu'elle a fait. Je ne vous célerai pas que j'ai été fort touché de deux choses : l'une, que le roi mon frère se soit mêlé là-dedans sans nécessité, et assez désobligeamment, puisqu'il semble avoir voulu décider une entière égalité entre moi et mon frère le roi catholique, quoiqu'il ne pût ignorer par combien de raisons la prééminence m'appartient, et que j'en suis de tout temps en possession en tous lieux; l'autre, que vous ayez déféré à ce qu'il vous a envoyé dire, n'ayant même été qu'une prière de sa part, de n'envoyer pas vos carrosses, vu que, quand même c'auroit été un ordre exprès comme il lui est libre de les donner tels qu'il veut dans ses États, vous auriez dû lui répondre que vous n'en receviez que de moi; et, s'il eût, après cela, résolu d'user de violence, le parti que vous aviez à prendre étoit de vous retirer de sa cour attendant ma volonté sur ce qui se scroit passé. Je n'ai pas procédé ici de la même manière quand l'ambassadeur de Suède a fait son entrée dans ma cour, ayant pris soin qu'il n'en fît savoir ni le jour ni l'heure aux autres ambassadeurs... »

Avant que deux mois se soient passés, l'entrée du comte Brahé, ambassadeur extraordinaire de Suède, donnera lieu, non seulement à un nouveau conflit, mais à une vive bagarre où la suite de l'ambassadeur français aura le dessous, mais dont Louis XIV tirera une revanche éclatante en exigeant que Watteville soit rappelé et que les Espagnols s'abstiennent désormais de figurer avec les Français dans les cérémonies publiques. Il eut soin de donner un grand retentissement à cet acte de réparation. Nous reproduirons les textes principaux à l'Appendice.

12. Nous avons vu, dès le mois de juin (tome II, p. 229), avec quelle vivacité Lionne s'exprima sur cet incident. Quoique

MM. de Turenne eussent fait entendre, avec lui, que le roi de France serait très blessé de ce manque de déférence à ses désirs en une chose si peu importante, et qu'il prendrait sa revanche aux dépens du commerce hollandais, les États persistaient à ne pas céder, sous prétexte qu'ils devaient auparavant, et de préférence, replacer leurs propres officiers réformés. Néanmoins, la *Gazette* du 30 juillet a annoncé (p. 724) que le fils Brasset était proposé pour un commandement vacant. Le 5 août, M. de Lionne écrivit à Wicquefort (A. É., vol. HOLLANDE 66, fol. 254) : « ... Je ne puis bien comprendre la conduite de MM. les États en l'affaire de la compagnie du fils de M. Brasset, qui est une bagatelle telle que le Roi leur a cent fois demandée, et qu'ils ont accordée à la première instance des rois d'Angleterre et de Danemark. Cela nous doit faire voir le fondement que l'on peut faire sur le crédit que les ambassadeurs protestent que S. M. a et aura dans leur État. Tout habile qu'est M. Beuning, il ne trouvera pas ici ses dupes, et la fin de la négociation fera voir si ce procédé est soutenable. » Et, à l'ambassadeur lui-même, Lionne écrivit le 6 (A. É., vol. FRANCE 295, fol. 112) : « Le Roi a vu, par votre dépêche du 28 du passé, le soin et la peine que vous avez pris auprès des États-Généraux pour tirer d'eux une résolution finale sur les instances que vous aviez ci-devant faites..., et, par le même moyen, la lenteur insupportable de ces Messieurs à accorder au désir de S. M. une chose de si peu de conséquence. Ce procédé lui a semblé si étrange et de si mauvaise grâce, qu'Elle est pour s'en faire une leçon à pratiquer à leur égard en temps et lieu... » Dans l'intervalle, M. de Witt avait pu obtenir pour Brasset une expectative de la première compagnie française qui viendrait à vaquer; mais M. de Thou en a renvoyé le brevet aux États, et cela avec un mémoire tellement violent, que le Pensionnaire n'a plus osé mettre l'affaire en délibération et a supplié Beuningen d'obtenir que la cour de France acceptât quand même le brevet d'expectative (*Lettres et négociations*, éd. 1725, tome II, p. 144-148 et 153-154, 158, 165-169, 177-178, 194 et 203). Nous verrons, au 13 août, p. 59 et 62, le Roi agréer le compromis. En octobre, la mort d'un capitaine français permettra de donner sa compagnie à Brasset et de clore l'incident, comme la même correspondance (p. 229, 232-233, 309, 323 et 324) le fait connaître.

13. Il a été dit plusieurs fois en juillet (tome II, p. 225, 229-231, 264 et 276) que le chevalier Downing prétendait avoir les qualités d'ambassadeur et d'envoyé extraordinaire. Son mémoire aux États se terminait ainsi (A. É., vol. HOLLANDE 66, fol. 248) : « Si ledit envoyé extraordinaire ne pourra pas accommoder ces affaires, néanmoins il sera capable de satisfaire au roi son maître que Leurs Seigneuries n'ont point été la cause que le traité ne se fait pas, et, ce pendant, que ledit ambassadeur pourra demeurer ici avec toute la liberté et l'honneur qu'il lui appartient. »

14. Tome II, p. 114-117. Comme on l'a vu au tome I, p. 94-96 et 99, Louis XIV tenait d'autant plus à obtenir l'adhésion de Monsieur de Trèves à l'Alliance, que celui-ci venait de recevoir en avril l'investiture de terres mouvantes de l'Empire. Le 5 août, M. de Lionne, ayant vu ses mémoires, l'a avisé que le Roi répondrait favorablement dès que le duc de Lorraine aurait promis sa garantie, et, en même temps, il en a écrit à Gravel (A. É., vol. ALLEMAGNE 151, fol. 39 v° et 59-61). Le 8, Lionne pour le Roi, Heiss au nom de l'Électeur, conviendront que ce dernier favorisera les intentions du Roi en Allemagne, et que, moyennant cette assurance, la possession indivise de Montclair lui serait assurée, le château démoli, la garnison retirée. Le 18, le Roi lui écrira cette lettre de la main (ms. Arsenal 3568, fol. 84; lettre publiée dans le recueil de Morelly, tome I, p. 48-49, et dans les *Œuvres de Louis XIV*, tome V, p. 37-38) : « Mon cousin, j'ai été bien aise de vous assurer par cette lettre de mon affection et de mon estime, et de vous faire savoir que, pour vous donner une preuve effective de l'une et de l'autre, je vous ai accordé une gratification annuelle de 15,000 écus, dont je ferai payer la première année à celui qui m'apportera les ratifications du traité d'alliance; que vous pouvez faire état certain de la même ponctualité pour le payement des années suivantes durant la durée dudit traité, et qu'enfin j'aurai un soin particulier de vos États et des avantages de votre famille... » Trois jours plus tard, annonçant le succès de la négociation à Gravel, le Roi dira (A. É., vol. ALLEMAGNE 148) : « Cette affaire m'a paru de grande considération, et pour le solide, et pour la réputation et l'éclat dans l'Empire et partout ailleurs. » Le traité fut signé à Fontainebleau le 12 octobre et ratifié par l'Électeur quelques jours plus tard

(*Corps diplomatique*, tome VI, 2ᵉ partie, p. 382-384). Outre les stipulations relatives à Montclair et à l'Alliance, Louis XIV reconnaissait non seulement la juridiction métropolitaine de Trèves sur les Trois-Évêchés, comme cela avait déjà été proclamé à Münster et en 1657, mais aussi sa juridiction diocésaine sur toutes les terres nouvellement acquises à la France dans le duché de Luxembourg, le comté de Chiny et la prévôté d'Ivoy, et sur les évêchés de Lorraine et de Barrois. Enfin, pour mieux entretenir des relations de bonne intelligence et de bon voisinage entre leurs sujets respectifs, il était convenu que tous différends à naître entre Trèves et la France seraient décidés, « s'il se peut, » à l'amiable, leurs procès jugés par les juges ordinaires, et les litiges sur juridiction, rentes ou autres intérêts les regardant immédiatement, remis à la décision d'arbitres. Voir les lettres expédiées par Brienne fils le 8 novembre. C'est à propos de cette affaire que les *Mémoires de Louis XIV* disent (tome II, p. 414-415) : « Après une négociation de quelques mois, je levai toutes les difficultés qui l'arrêtoient et fis entrer l'Électeur dans l'Alliance du Rhin. »

A. É. — Du VIIIᵉ d'août.

Le domaine de Saint-Hubert, consistant en l'abbaye avec sa forêt et trente petits villages, a toujours été tenu en souveraineté par ses abbés et en neutralité entre les deux couronnes.

Néanmoins, quand ses habitants appellent de quelque jugement, il leur est loisible de relever l'appel ou à Liège ou à Luxembourg, et le font par privilège et par subjection.

Cette abbaye est de fondation des rois de France; néanmoins, elle a toujours demeuré neutre entre les deux couronnes pendant la guerre, de laquelle elle a senti toutes les incommodités, comme il arrive ordinairement aux terres d'Église.

Depuis la Paix, le gouverneur de Luxembourg y a envoyé demander contribution, laquelle ayant été refusée, il l'a menacée de logement de gens de guerre. Sur quoi, le maréchal de Fabert y ayant envoyé quatre soldats en sauvegarde, ils en furent chassés par une troupe de cavalerie du Luxembourg, qui se logea dans la terre de Saint-Hubert avec nombre de cent cavaliers. Le maréchal Fabert les enleva le 5° juillet 1660 et emmena le commandant prisonnier à Sedan.

L'affaire étant en cet état, ceux du Luxembourg de les ranger à la subjection d'Espagne, et même de les obliger, la mort de l'abbé arrivant, de recevoir un abbé de la nomination du roi d'Espagne, ainsi qu'il se pratique dans les monastères des Pays-Bas, l'abbé de Saint-Hubert réclame la protection de France, comme de son ancien fondateur, contre cet attentat au préjudice de sa souveraineté et de la neutralité, et, pour cet effet, supplie S. M. d'ordonner à ses commissaires ordonnés pour l'exécution de la paix des Pyrénées dans les frontières d'appuyer les droits de ladite abbaye et de les maintenir à l'abbé[1].

M. C. — Du 8 août.

Sur ce que M. de La Barre a mandé à M. de La Vrillière que le sieur d'Espinchal, ayant su que le Roi lui avoit commandé de le faire arrêter, a quitté l'Auvergne et s'est retiré en Limousin, S. M. a ordonné qu'il sera envoyé un ordre[a] à M. Pelot, intendant en Limousin, de faire arrêter ledit sieur Espinchal[2].

Le sieur de Teron ayant fait savoir qu'il étoit besoin

a. Le Tellier a biffé *audit sieur* avant *à M*.

de troupes dans la Rochelle pour faire exécuter ce qui sera ordonné contre les tonneliers qui se trouveront coupables de la sédition qu'ils y ont excitée[3], S. M. a ordonné qu'il y sera envoyé des troupes d'infanterie et de cavalerie logées et demeurant en cette ville-là, qu'on avertira tous les officiers de se rendre à leurs compagnies, et qu'on choisira quelqu'un pour en prendre le commandement et exécuter ce que M. Pelot leur fera connoître être du service du Roi[4].

Sur ce que M. de Besons a mandé que le synode tenu à Nîmes a député vers le Roi le sieur de Vignolles[5] et un autre vers S. M., sans avoir expliqué de quoi lesdits députés ont été chargés, Elle a ordonné qu'il sera écrit audit sieur de Besons de leur défendre de partir attendu que les synodes ne peuvent députer, ne devant se mêler des[a] affaires politiques, mais seulement de la discipline de leurs églises, pour raison de laquelle ceux desdits synodes peuvent s'adresser au Député général[6].

M. de Champigny-Sarron ayant fait savoir que ceux de la religion prétendue réformée de la province de Dauphiné ont député un ministre pour faire instance au Roi de révoquer la commission expédiée pour ledit sieur de Champigny et le sieur de Monclar[7] pour travailler à l'exécution de l'édit de Nantes dans l'étendue de ladite province[8], et qu'à cette députation la chambre de l'Édit de Grenoble[9] y avoit contribué : sur quoi, S. M. a ordonné à M. de La Vrillière d'écrire audit sieur de Champigny qu'Elle n'entendra point ce ministre-là, et qu'Elle entend que ladite commission soit exécutée sans aucun retardement[10].

a. Avant *des,* Le Tellier a biffé *q*[*ue*].

Ledit sieur de Champigny ayant aussi proposé[a] qu'il lui soit écrit de la part du Roi que, S. M. voulant maintenir à ceux de la religion prétendue réformée la liberté de conscience suivant les[b] édits, Elle désire aussi qu'ils la laissent à tous ceux qui voudront se séparer d'eux pour se convertir, autrement qu'Elle fera châtier ceux qui y contreviendront : ce que S. M. a ordonné audit sieur de La Vrillière de faire.

M. de Champigny ayant envoyé un mémoire contenant les difficultés qu'il rencontroit dans l'exécution de ladite commission, avec les expédients qu'il croyoit bons pour les terminer, le Roi a ordonné à M. de La Vrillière de lui écrire que S. M. se remettoit à lui de faire ce qu'il estimera être de la justice, et qu'en cas qu'il ne convienne pas avec ses[c] collègues, qu'ils envoient ses raisons, avec celles dudit sieur de Monclar, pour y être pourvu par S. M.

1. Le 10 août, Brienne écrira à Courtin (A. É., vol. FRANCE 295, fol. 125-126) : « L'abbaye de Saint-Hubert en Ardenne, de fondation royale, a été tenue de temps immémorial, avec son territoire, qui contient environ de trente villages, en neutralité entre la France et les Pays-Bas. Depuis la paix publiée entre les deux couronnes, le gouverneur de Luxembourg a prétendu en tirer contribution comme si elle dépendoit de sa province, et, sans égard aux remontrances de l'abbé, l'a menacé d'exécution militaire en cas de refus. Celui-ci, pour s'en garantir et être maintenu en ses droits, a eu recours à la protection du Roi son fondateur : ensuite de quoi M. le maréchal de Fabert y mit quatre soldats en sauvegarde dans l'abbaye selon l'ordre qu'il en eut de S. M. Le gouverneur de Luxembourg, peu de temps après, envoya environ de cent cavaliers

---

a. Avant *qu'il*, Le Tellier a biffé *de lui é[crire]*.
b. *Ledit* corrigé en *les*.
c. *Ses* est écrit en interligne, au-dessus de *leurs*, biffé, *qu'ils envoient* corrigeant *qu'il envoie*.

loger dans la terre pour y vivre à discrétion, lesquels furent enlevés par la cavalerie du maréchal, et le commandant mené prisonnier à Sedan. La prétention des Espagnols est vraisemblablement fondée sur l'usage des habitants de ladite terre de pouvoir appeler des jugements qui y sont rendus ou par-devant la justice de Liège, ou celle du Luxembourg, à leur choix, et l'abbé prétend que cet usage doit être plutôt une marque de la liberté de ses sujets que de leur dépendance, puisque ni le prince de Liège, ni le duc du Luxembourg n'ont jamais prétendu ni d'hommage, ni de reconnoissance de ladite terre, ni de supériorité sur son abbé, lequel est élu par les libres suffrages du chapitre, qui s'assemble, après la mort de l'abbé, de sa propre autorité, fait l'élection, et l'abbé ainsi créé reprend celle que son prédécesseur avoit, en mourant, laissée au monastère. Néanmoins, il semble que le Conseil des Pays-Bas veuille s'impatroniser de cette abbaye sous prétexte des appellations qui se relèvent à Luxembourg en la manière qu'il a été dit, et s'attribuer l'autorité des élections et confirmations dans ladite abbaye; mais, outre que c'est une nouveauté qui ne se doit pas souffrir, il est à considérer que, cette terre ayant été tenue et réputée libre et neutre jusques à présent, s'il y devoit arriver quelque changement au préjudice de cette liberté, il seroit plus raisonnable que ce fût à l'avantage du fondateur, que d'un usurpateur. Néanmoins, S. M. aimera mieux qu'elle demeure toujours libre et neutre, que de se prévaloir du droit de sa fondation.

« Et, comme toute cette affaire doit se régler par les titres et enseignements de ce monastère, et que S. M. y prend intérêt, vous jugerez bien qu'il importe que vous les revoyiez bien exactement afin de vous en servir pour combattre les prétentions nouvelles des commissaires espagnols et les réduire à résoudre avec vous toute cette affaire le plus à l'avantage de ce monastère que faire se pourra.

« Il seroit superflu de vous envoyer le mémoire que M. l'abbé de Saint-Hubert m'a présenté sur ce sujet, puisque M. Le Tellier en a mis un pareil dans sa dépêche. Je suis, etc... »

Le 23, M. Le Tellier écrira à Courtin (A. G., vol. 165, p. 121) :

« ... Le raisonnement que vous faites sur l'intérêt de l'abbé de Saint-Hubert est très judicieux, et il sera bien à propos que vous nous fassiez savoir ce qui résultera des titres qu'il vous doit envoyer, afin que l'on ne s'engage à rien, de deçà non plus que de votre côté, qui puisse commettre le Roi ni blesser sa dignité. Il sera bon aussi que vous lui inspiriez ce qu'il devra faire pour mettre S. M. en état d'appuyer ses intérêts : à quoi Elle a assez d'inclinations, pourvu toutefois que son autorité n'en souffre point... »

Selon Vuoerden (*Journal*, fol. 45 v° et 46), l'abbé, de caractère inquiet et brouillon, s'était entendu avec l'évêque de Liège pour que celui-ci déclarât Saint-Hubert dépendance de son diocèse; ses sujets résistant, il avait provoqué l'enlèvement de leur capitaine par le maréchal de Fabert : d'où le conflit dont il est question ici. Courtin fut d'avis qu'il n'y avait pas lieu de s'engager imprudemment.

Le ms. 157 des Cinq cents de Colbert contient (fol. 194-209) plusieurs mémoires historiques sur cette abbaye, dont un de Varillas sur son indépendance, et les remontrances au Roi dans lesquelles l'abbé exposa les faits qui font l'objet de l'article de notre Mémorial.

La *Gallia* dit que le monastère avait été fondé par un chapelain du roi Pépin, et que l'abbé envoyait chaque année au roi de France un présent de chiens et de faucons. Celui qui est en fonction en 1661 s'appelait, selon la *Gallia*, Benoît de Leschius de Lessive et eut un règne très agité. Voir la correspondance de Le Tellier : A. G., vol. 165, p. 112-114, 120, 251, et vol. 169, fol. 231, 294, etc.

Il a déjà été parlé de différends et de conflits de mitoyenneté avec le Luxembourg dans le mois de mai (tome I, p. 238 et 242-243). Vuoerden rapporte le fait suivant dans son *Journal*, fol. 45 : « M. le comte de Brienne le fils, faisant l'exercice de secrétaire d'État, fit de grandes plaintes à Monseigneur (Fuensaldagne) de la voie de fait qu'avoient mise en œuvre ceux de la garnison de Luxembourg à l'égard d'un village nommé Servigny qui est en controverse s'il est du Luxembourg ou du Messin, ayant fait prisonniers les habitants et emmené leur bétail; et, sur ce que le lieutenant de roi de Metz demanda en cour la permission de représailles, Monseigneur adoucit enfin l'affaire, donnant parole que désormais toutes voies de fait cesseroient, et il la reçut de même du comte de Brienne, et ce différend fut remis à la discussion qu'en feroient les commissaires. » Cf. Emmanuel Michel, *Histoire du parlement de Metz*, p. 151.

2. Tome II, p. 233, 237 et 238.

3. Ci-dessus, p. 16-18. Terron avait écrit de la Rochelle, le 4 juillet (B. N., ms. Mélanges Colbert 104, fol. 521 v°) :

« ... Les officiers de police de cette ville émeuvent souvent des affaires contre les huguenots, et beaucoup plus que par le passé. Jusques ici, j'ai assez tempéré les choses, de sorte que la cour n'a point entendu parler de nous, et néanmoins les huguenots ont plus perdu que gagné. Présentement, ces Messieurs de police ont entrepris de faire sortir un ministre nommé du Mesnil comme étant nouvellement habitué en cette ville au préjudice de la déclaration. C'est attaquer toute la religion prétendue réformée en une partie fort sensible, et ils ont envoyé à la cour le sieur Prioleau, un autre de leurs ministres, qui est fort honnête homme et avec lequel j'entretiens quelque amitié, pour implorer la clémence du Roi. Cependant j'ai fait en sorte que la poursuite seroit tirée en longueur, pour donner le temps de savoir par eux et par nous-mêmes ce qui est à faire. Je vous envoie un mémoire des raisons que nous avons contre eux; ledit sieur Prioleau, qui prétend avoir l'honneur de vous voir, vous dira les siennes. J'ai cru qu'il étoit à propos que ma conduite en une affaire comme celle-là fût fortifiée de vos ordres et instructions. J'en écris aussi à M. de La Vrillière et lui envoie le même mémoire qu'à vous, afin que, si vous veniez à en conférer ensemble, étant instruit des mêmes raisons, que vous pussiez facilement convenir de ce qui est à me faire savoir... »

Le 4 août, des lettres royales ont été expédiées pour rappeler à l'observation des clauses de 1628; le texte en est reproduit dans le tome III de l'*Histoire de l'édit de Nantes* par Élie Benoist.

4. La lettre suivante, sans date, se trouve dans le ms. Mélanges Colbert 104, fol. 43-44 : « Si vous n'aviez eu la bonté, Monseigneur, d'assister les habitants de cette ville de la Rochelle en plusieurs occurrences, je ne hasarderois pas si volontiers ce billet. Je sais, Monseigneur, que j'en aurois pu discourir avec M. du Terron; mais, étant vu lui parler, l'on pourroit m'avoir pour suspect dans les lieux où je me trouve

d'ordinaire, et où j'agis en bon François. Il ne vous faut point déguiser, Monseigneur : il y a encore parmi nous de ces anciens esprits turbulents qui ne peuvent se rendre à raison, et le pis est que, de ceux-ci, il s'en voit toujours quelqu'un, par brigue, être nommé à la direction des affaires de la ville, et qui, de leur mauvaise humeur, ne manquent point d'en infecter d'autres; au lieu qu'il est de la dernière conséquence qu'en de telles assemblées il n'y paroisse que des esprits doux et judicieux qui, en servant la cause commune, ne fassent rien qui puisse déplaire aux dieux.

« Si les prévenus de la dernière émotion sont pressés en leur donnant espérance de grâce s'ils veulent avouer qui les a induits à ce grand mal, je ne fais nul doute qu'ils ne les nomment nonobstant les sollicitations qui leur sont faites de n'accuser personne. A moins de cela, les gens d'honneur ne pouvant devenir dénonciateurs, force sera de voir toujours aller les choses de mal en pis.

« Il seroit à désirer, Monseigneur, qu'aux précédentes émotions l'on eût eu un peu moins d'indulgence; car j'entends dire, comme en ce temps-là, qu'on sortira de celle-ci pour de l'argent, et, en cette sorte, les esprits vindicatifs se vengent facilement, et les doux et pacifiques ne sont jamais sans souffrance. Si ceux-là n'avoient en main la disposition des deniers de l'octroi qui se lève sur nous, et lesquels aussi ils divertissent au lieu de les employer au payement de nos anciennes et légitimes dettes, qu'il fallût, Monseigneur, prendre sur eux et dans leurs bourses de quoi réparer les fautes que leurs mauvais mouvements ne causent que trop souvent, ils changeroient d'humeur et deviendroient plus souples et plus soumis à l'obéissance. Le remède seroit donc, Monseigneur, de leur faire perdre l'espérance de pouvoir plus, à l'avenir, disposer de ces fonds. Cela étant su du public, l'on verroit élever contre eux les esprits plus timides, et se plaindre de leur mauvaise conduite et fâcheux déportements.

« Vous pouvez, Monseigneur, faire dire par arrêt du Conseil qu'en attendant qu'il ait été informé contre les auteurs, adhérents et complices de ces derniers incendies et voies de fait, la levée de l'octroi cessera, ou seulement ordonner qu'elle sera doresenavant faite par des personnes que M. l'intendant pourra commettre, lesquels en compteront à qui et ainsi que par S. M. sera ordonné.

« Il ne seroit pas à désirer, Monseigneur, que l'effet d'un tel arrêt eût suite pour plus d'un an, et cela seroit en réservé à votre bonté et prudence; mais l'on verroit à quoi cet octroi peut aller par an, et l'on ne nous duperoit pas. Le remettant après, il faudroit que ce fût de grâce, sous des conditions d'une aveugle obéissance à l'avenir, et à la charge d'employer les deniers à l'effet de sa destination, et pour ce qu'il sera donné à ferme à l'extinction de la chandelle au plus offrant, au lieu qu'ils se lèvent par des mains qui s'en donnent d'une partie par les barbes; et n'est pas cet octroi si peu considérable, qu'il ne passe à plus de quarante mille livres par an. Les comptes de l'emploi se devroient aussi rendre en la présence de M. l'intendant : cela étant, je pourrois vous assurer qu'il ne surviendroit plus rien dans la ville qui pût avoir mauvaise suite, que le Magistrat et le bon habitant n'y courût pour faire faire justice; au moins c'est la pensée, Monseigneur, de votre très humble et très obéissant serviteur L. P. »

Le 7 août, Terron écrivait encore de Brouage (B. N., ms. MÉLANGES COLBERT 104, fol. 576) :

« Je partis de la Rochelle avant-hier sur le midi, après avoir calmé, autant qu'il me fut possible, les dispositions qu'il y avoit à s'émouvoir, et je convins avec les officiers du présidial, de l'aveu de M. Pellot, que, ne pouvant nous assurer des habitants pour garder les trois hommes constitués prisonniers par ledit présidial, qu'il falloit, pour prévenir d'autres émotions, recevoir la requête desdits prisonniers et les élargir sous la garde d'un huissier, pour ce qu'autrement la détention de ces gens-là auroit pu être le motif d'une suite de violences dans laquelle le peuple se seroit engagé dans de plus grands crimes; et, au fonds, l'affaire va que, quand il plaira au Roi de donner main-forte à la justice, on ne manquera point de coupables pour en faire exemple : il faudroit, pour cela, établir dans la Rochelle les compagnies qui sont à Niort et Fontenay; elles ne seront pas à grande charge à la ville, et elles y seront bien plus utilement qu'en quelque autre lieu que ce soit, pour maintenir l'autorité du Roi dans toute l'étendue de la province. »

Voir ci-après, p. 96 et suivantes.

5. Sans doute Jacques de Vignolles, sieur de Prades, ancien major au régiment de cavalerie d'Aubais, qui, ayant embrassé la religion protestante, était devenu un des membres les plus importants du consistoire; son grand âge l'empêchera d'émigrer lors de la révocation de l'édit de Nantes, et il mourra le 26 août 1686, à soixante-dix-sept ans. Ses enfants quittèrent la France. Voir *les Églises calvinistes du Midi*, par Augustin Cochin, *passim*.

6. Cf., dans le tome II, p. 69, l'affaire du sieur de Combes. Un arrêt du Conseil du 6 août (A. N., E 1714, n° 104, imprimé) explique quel incident s'était produit dans le synode :

« Sur ce qui a été remontré au Roi, étant en son Conseil, qu'au mois de mai dernier, le synode des religionnaires du Bas-Languedoc s'étant tenu par permission de S. M. en la ville de Nîmes, il y auroit été, entre autres choses, proposé par les sieurs Noguier, Pujolas et Roure, pasteurs, qu'il y avoit un bruit répandu dans la province que l'on parloit de l'union des deux religions, que plusieurs pasteurs avoient été sollicités pour y donner leurs consentements, mais qu'aucun ne pouvoit pas avoir cette pensée sans être criminel et se déclarer coupable d'une faute qui mériteroit une peine exemplaire par l'impossibilité qu'il y a d'unir la lumière avec les ténèbres et Dieu avec Bélial : ce qu'ayant été ouï par le commissaire audit synode, il auroit représenté que les termes étoient dignes de censure, et qu'étant injurieux à la religion de S. M., ils devoient être rejetés, et que les actes dudit synode n'en devoient pas être chargés, lui faisant défenses de s'en servir à l'avenir et de les écrire dans lesdits actes : au préjudice desquelles défenses ladite proposition auroit été reçue contre le sentiment de plusieurs, et ensuite délibéré qu'on ne peut faire l'union de religion par l'impossibilité d'unir la lumière avec les ténèbres et Dieu avec Bélial. A quoi étant nécessaire de pourvoir, vu copie de ladite délibération et le procès-verbal dudit commissaire, ouï le rapport, et tout considéré, le Roi, étant en son Conseil, a cassé et casse ladite délibération, ordonne qu'elle sera tirée des actes dudit synode et envoyée à S. M. pour être par Elle ordonné ce que de raison. Et, attendu que le ministre Claude, modérateur dudit synode de Nîmes, est celui qui a autorisé ladite délibération au préjudice des défenses dudit commissaire, Sadite M. l'a interdit de toute fonction de sa charge de ministre à Nîmes, et lui enjoint de se retirer de la province de Languedoc dans deux mois à compter du jour de la signification qui lui sera faite du présent arrêt; et, en cas de désobéissance, y sera contraint par toutes voies, même par corps; le tout jusques à ce qu'il en soit autrement ordonné par Sadite M., laquelle enjoint à ses gouverneur, lieutenants généraux en Languedoc, intendant de justice, et tous autres ses officiers et sujets qu'il appartiendra, de tenir la main à l'exécution du présent arrêt. SÉGUIER. »

Cet arrêt a été reproduit dans l'Appendice du livre de Benoist, tome III, p. 84. Cf. *la France protestante*, nouv. édit., tome IV, p. 450-451.

Le 10, M. Le Tellier écrivit à l'intendant. Un autre arrêt, du 30 septembre (A. G., vol. 171, n° 338, imprimé), cassera les trois délibérations qui suivent, prises en juin dans le synode des Cévennes et du pays de Gévaudan qui se tenait à Anduze : 1° Introduction d'un ministre du synode du haut Languedoc dans celui d'Anduze; 2° Injonction aux ministres de se suppléer les uns les autres contrairement à la déclaration du 2 décembre 1634, pour « assister les annexes de conseil et de consolation »; 3° Refus d'avoir aucune communication avec les représentants de la religion catholique, religion de mensonge et de ténèbres.

7. Charles Arbalestier, seigneur de Montclar, Beaufort, etc., maréchal de camp, dont le père avait été gentilhomme servant du roi Henri IV et lieutenant de roi en Dauphiné.

8. M. de Montclar a été adjoint en avril, comme commissaire protestant, à l'intendant de Champigny-Sarron (tome I, p. 59), et il touche de ce fait une indemnité de 1,800 livres par semestre (B. N., ms. fr. 22641, fol. 211 v°); mais nous avons vu, le 17 juin (tome II, p. 61), qu'il avait été obligé de solliciter la protection du Roi contre les magistrats de la chambre de l'Édit.

9. Il s'agissait donc, en juin, de la chambre de Grenoble, et non de celle de Castres, comme nous l'avons cru alors (tome II, p. 68, note 31).

10. Il est parlé de cette députation dans l'*Histoire de l'édit de Nantes*, tome III, p. 236. Le Roi écrivit au prince de Conti,

le 28 août (B. N., ms. fr. 23203, fol. 73), que les députés, déjà arrivés dans Paris, eussent à en sortir sous huit jours, et que les plaintes fussent soumises au député général de la R. P. R., qui était depuis 1653 le marquis de Ruvigny, Henri II de Massué (1605-1689), lieutenant général des armées.

Une pareille députation de la chambre de Castres sera interdite le 16 décembre suivant.

M. C. — Du 9 août.

Le Roi, ayant entendu la lecture des mémoires que MM. de Saint-Pouanges et président Colbert ont envoyés sur le choix des trente villages qui sont réservés à S. M. par le traité du dernier février de la présente année, et ce à prendre dans les dépendances de Cirq[1], S. M. a ordonné au sieur Le Tellier d'écrire auxdits sieurs commissaires que son intention est qu'ils choisissent pour lesdits trente villages ceux qui sont sur le chemin de Cirq à Thionville et de Cirq à Metz, et principalement ceux qui sont sur la rivière de la Moselle, préférant les villages situés au delà, du côté de Luxembourg, aux autres, et de prendre pour un demi-village seulement ceux qui seront à partager avec les Espagnols et M. l'électeur de Trèves; et, au cas que les villages ainsi situés ne fassent pas le nombre de trente, qu'ils choisissent pour supplément les meilleurs qui se trouveront contigus aux villages ci-dessus exprimés, dérogeant pour cela à l'article de leur instruction qui porte ordre[a] de choisir les villages du côté de Luxembourg et de la rivière de Sare, par préférence aux autres[2].

a. Avant *ordre*, Le Tellier a biffé *qu'ils.*

1. Ci-dessus, p. 3. Saint-Pouenges et le président Colbert ayant rendu compte à Colbert du choix à faire des trente villages, le président était parti le 18 juillet pour reconnaître les lieux (B. N., ms. Mélanges Colbert 102, fol. 665, et 103, fol. 174); l'opération définitive commencera le 29 août (*Gazette*, p. 1011). Ces villages composèrent une prévôté qui fut créée par édit de novembre suivant, ressortissant au bailliage de Thionville, et leurs noms sont donnés dans le *Grand Dictionnaire* d'Expilly, tome VI, p. 719.

2. Ci-après, p. 43.

M. C. — Du 10 août[1].

Sur la proposition faite par lesdits sieurs de Saint-Pouanges et Colbert de former une lieue commune de celles de Nancy à Sechan[2] et à Saint-Nicolas pour régler la demi-lieue qui doit composer le chemin réservé au Roi par le traité du dernier février de la présente année, du[a] pays Messin à Phalsbourg[3], le Roi a ordonné à Le Tellier de leur écrire qu'ils fassent mesurer la lieue de l'entrée et de la sortie dudit passage, et puis qu'ils composent une lieue commune de celle-ci et des deux autres des environs de Nancy, et qu'ils règlent ensuite ladite demi-lieue sur cela[4].

1. Ce jour-là, Brienne écrivit ces nouvelles de l'extérieur et de l'intérieur à M. du Houssay, l'ancien intendant des finances, un des correspondants de Bussy-Rabutin (A. É., vol. France 295, fol. 126 v° et 127) :

« La gabelle de Provence m'a tellement occupé depuis le dernier courrier qui nous en est venu, avec ce qu'il nous restoit à faire pour la tenue des États de Bretagne, qu'il ne m'est pas resté de temps pour vous entretenir.

a. Avant *du*, Le Tellier a biffé *pour*.

« L'entrée de la négociation d'Angleterre paroît fort belle, et nous avons sujet d'en bien espérer, la personne de l'ambassadeur se trouvant fort agréable au roi de la Grande-Bretagne.

« Celle qui se fait par sa médiation en Hollande, entre le Portugal et les États, pour leur accommodement, ne va pas si vite qu'on se l'étoit persuadé; il y a néanmoins tout sujet de croire qu'il réussira.

« La Suède a fait sa paix avec la Moscovie avec satisfaction, les Moscovites lui ayant restitué toutes les places qu'ils tenoient en Livonie.

« La grande affaire de Pologne se remet à une autre diète, et la maison d'Autriche n'oublie rien pour la traverser.

« Les avis que nous avons de Vienne nous apprennent qu'en Hongrie l'armée Ottomane et celle de l'Empereur sont campées en présence l'une de l'autre.

« Il y a une autre puissante armée de Turcs qui a déjà commencé à ravager la Transylvanie, à laquelle se doit opposer le nouveau duc dudit pays avec le secours que l'Empereur s'est obligé de lui donner moyennant les places qu'on lui a remises, où le prince Ragotsky avoit ses garnisons.

« Le Pape continue en sa manière à l'égard de la France, et il commence à devenir bizarre à l'égard des Espagnols, jusques à s'être laissé entendre que sa conscience l'obligeoit à ne différer pas plus longtemps à donner des évêques au Portugal.

« M. du Harlay a l'agrément de la charge de procureur général sur la démission de M. le Surintendant, qui lui en fait cent mille écus de meilleur marché qu'à M. Fieubet; les provisions lui en furent hier remises entre les mains.

« Le comte de Guiche a reçu ordre de se dispenser de la cour jusques à ce qu'il plaise à S. M. de l'y appeler. Je ne vous dirai pas qu'il a été si malheureux que l'on a cru qu'il importunoit Madame.

« Après avoir, ainsi que vous avez vu, fait ici le circuit de la terre, trouvez bon que j'en revienne à vous assurer que je suis entièrement à vous... »

2. Séchamps, dans le canton actuel de Nancy.

3. Tome II, p. 204, 207 et 239.

4. Le 26 août, le président Colbert écrira de Nancy à son frère (B. N., ms. MÉLANGES COLBERT 103, fol. 464 v° et 465) :

« ... Je crois que nous partirons demain ou après-demain

pour aller du côté de Sierck; mais je ne sais si ce voyage-ci sera plus utile que celui de Sogne, ne voyant guère de disposition de la part des commissaires de M. le duc de Lorraine à terminer aucune affaire. Hier, l'un d'eux vint chez M. de Saint-Pouenges avec les *Commentaires de César* sous le bras, et débuta par nous dire qu'il nous alloit faire voir quelle étendue la demi-lieue devoit avoir; et, comme j'avois déjà vu l'endroit dudit *Commentaire* qui en traite, je pris la parole, et dis à M. de Saint-Pouenges tout haut que je voyois bien que ledit sieur commissaire nous vouloit faire voir dans les *Commentaires de César* que la lieue commune d'Allemagne ne devoit avoir que 3,333 toises, et la forte 4,166, celle de France 2,000 toises, et tirer de là ses conséquences pour la Lorraine, mais que, si l'on comptoit de cette manière du temps de César, on pouvoit bien avoir changé, depuis environ dix-sept siècles, la manière de compter, aussi bien que toute autre chose : de sorte que, M. de Saint-Pouenges ayant appuyé ce que je disois, la dispute ne fut pas longue. Cependant, comme on pourroit parler dans le Conseil du Roi de l'étendue que doivent avoir les lieues, j'ai cru devoir vous envoyer le petit extrait ci-joint; ce n'est pas que la plupart de ceux qui ont traité de cette matière n'en aient parlé différemment... »

Ce « petit extrait » est certainement le tableau des mesures de distance dans tous les temps et tous les pays que nous avons reproduit au tome II, p. 204-207.

La lettre suivante (B. N., ms. MÉLANGES COLBERT 103, fol. 470-471) est encore du président, mais ne porte pas de date précise (vers le 26 août) :

« Monsieur, les commissaires de M. le duc de Lorraine ne voulant point tomber d'accord de fixer la lieue lorraine à quatre mille toises, ni d'en faire une commune entre celles qui se treuvent aux deux extrémités de notre route et aux environs de Nancy, ainsi que M. de Saint-Pouenges s'est donné l'honneur de vous écrire, nous avons jugé à propos, pour ne point perdre de temps, en attendant qu'ils prennent une résolution conforme aux intentions du Roi, de proposer au sieur de Serre, l'un d'eux, d'aller dans la prévôté de Sierck pour y convenir des trente villages que S. M. a droit d'y choisir; et, quoiqu'il ne nous ait point encore donné de parole positive à cause de l'absence du sieur baron d'Alaumont son collègue, néanmoins nous croyons que l'un et l'autre y consentiront, et que nous pourrons partir demain ou après pour ce voyage, qu'il est très nécessaire de faire bientôt pour ôter ces peuples de l'embarras où ils sont pour ne savoir quel maître ils doivent reconnoître et à qui payer. Nous pourrons bien ensuite aller prendre possession de toutes les villes et villages qui sont expressément cédés à S. M. par ledit traité.

« Vous verrez, Monsieur, par le mémoire ci-joint, que notre sentiment est que le Roi est bien fondé à prétendre la souveraineté sur les ville et marquisat de Nomény, ban de Desme et châtellenies de Hombourg et Saint-Avout, et lieux en dépendants. Nous avons joint audit mémoire des copies des investitures, transactions et autres actes que nous avons treuvés tant dans la chancellerie de Vic que dans le greffe du bailliage de l'évêché, lesquels nous croyons que vous jugerez suffisants pour bien prouver que la souveraineté sur lesdits lieux doit appartenir à S. M.; mais, comme nous nous sommes principalement attachés à rechercher ce qui s'est fait sous le gouvernement du feu duc Henry, si vous désirez, Monsieur, encore d'autres éclaircissements sur cette affaire, nous espérons vous en pouvoir donner, et même recouvrer encore des pièces convaincantes, du temps dudit duc Henry, contre les prétentions de M. le duc de Lorraine. Cependant, Monsieur, comme le premier pays qui se rencontre sur notre route au sortir de Sogne est le ban de Desme et autres lieux du marquisat de Nomény, nous vous supplions très humblement de nous faire savoir si le Roi désire qu'avant toutes choses nous nous expliquions sur cette affaire avec les commissaires de S. A., sur quels points nous nous devons tenir fermes, et en quels autres nous relâcher. Nous prenons cependant la liberté de vous dire, Monsieur, qu'il nous semble devoir demander que M. le duc de Lorraine se contente des droits et revenus seigneuriaux ordinaires, et qu'ainsi les habitants desdits lieux soient déchargés du payement des sommes que les officiers de S. A. leur ont imposées, tant pour leur quote-part du million de francs barrois que S. A. lève sur ses États, que pour l'entretien de la garnison de Nomény ou autres, et généralement de toutes autres impositions souveraines, à la réserve de celles qui leur seront faites par ordre du Roi ; qu'à cet effet, il leur sera signifié de ne payer doresenavant qu'en conséquence desdits ordres de S. M.; que S. A. se contente de mettre seulement dans ledit château de Nomény et dans les châtellenies de Hombourg et Saint-Avout des concierges ou châtelains, et qu'il en ôte les garnisons qu'il y pourroit avoir mises, attendu qu'il n'appartient qu'au souverain d'y en établir; qu'il soit enjoint aux juges des lieux de déférer aux appellations qui seront interjetées de leur sentence et jugement au bailliage de Vic pour sommes excédantes 200 francs barrois, jusques à la concurrence de laquelle seulement les officiers du marquisat de Nomény doivent avoir pouvoir de juger, puisque ceux de l'évêque de Metz, qui est sans contredit le seigneur direct, n'en a pas davantage ; et qu'ensuite nous fassions prêter le serment de fidélité à S. M. par les officiers et habitants desdites villes et villages. Nous croyons aussi qu'il n'est pas à propos de planter des bornes pour marquer la demi-lieue lorraine dans toute l'étendue du ban de Desme et marquisat de Nomény...

« Vous jugerez mieux, Monsieur, de tout ce qu'il est à propos que nous fassions pour l'avantage du service du Roi, que nous ne le pouvons concevoir. Ainsi, nous attendrons les ordres qu'il vous plaira nous prescrire.

« L'un de nous, ayant fait arpenter en sa présence la distance qu'il y a de Lixin au grand chemin qui va de Sarrebourg à Phalsbourg, a trouvé qu'il y avoit treize cent soixante-quinze toises de France, de six pieds de roi chacune; mais, comme les bois, broussailles et marais l'ont empêché pour lors de tirer une ligne droite, je crois que, la tirant en angle droit audit grand chemin, il n'y aura guère plus de onze ou douze cents toises. Mais, comme nous croyons être obligés de prendre notre demi-lieue moitié à droite et moitié à gauche du chemin, il se treuvera que, quand même les commissaires de M. le duc de Lorraine tomberoient d'accord de fixer la lieue lorraine à quatre mille toises, à quoi il n'y a pas d'apparence, néanmoins ladite ville de Lixin ne pourroit être comprise dans notre route.

« Nous vous envoyons aussi, Monsieur, la réponse de M. le duc de Lorraine à M. de Saint-Pouenges sur les plaintes qu'il lui a faites touchant les violences exercées contre le nommé Chasteau, avocat au bailliage de Bar et adjoint audit lieu... »

On trouve dans le volume A. É., Lorraine 38, fol. 212, la minute de cette lettre du Roi au duc Charles, classée au mois d'août 1661, mais sans date de jour :

« Mon frère et cousin, je reçois de continuelles plaintes, par les commissaires que j'ai députés pour régler avec ceux que vous avez aussi nommés les lieux qui me doivent demeurer en vertu du dernier traité que j'ai conclu avec vous, des longueurs que les vôtres y apportent, et à planter les bornes qui doivent servir de séparation à mes États et aux vôtres. J'aurois sujet de croire que c'est par votre ordre qu'ils agissent de cette sorte, et je me le persuaderois aisément, n'étoit que je sais qu'il vous est avantageux de finir et terminer les affaires que vous pouvez avoir avec moi, et il vous sera aisé de me faire perdre l'opinion que j'en pourrois avoir, en commandant, une fois pour toutes, à vos commissaires, de ne proposer point de faits qui ne pussent être soutenus, et de ne s'arrêter pas en sorte, à leur sens, que les affaires s'en rendissent difficiles. Comme j'ai su que le parti que mes députés ont proposé pour donner une juste étendue à la demi-lieue de large qui me doit demeurer pour pouvoir aller de mon royaume dans les États dont il est voisin sans passer sur les vôtres, avoit été rejeté par vos commissaires, qui semblent vouloir s'en faire accroire, et, en quelque sorte, m'en donner la loi, je désire surtout que vous leur expliquiez nettement votre pensée sur ce sujet, et que vous vous régliez sur la modération avec laquelle j'agis en cette rencontre. Que si, après vous en avoir convié, j'apprends que l'on continue, par des raisonnements qui n'ont aucun fondement, à éluder l'exécution de ce qui a été arrêté, j'ordonnerai à mes commissaires de planter les bornes sans rien prendre du vôtre, et seulement ce qui m'appartient; et, après qu'elles auront été élevées, si quelqu'un entreprend de les abattre, je les ferai remettre, et défendrai fort bien le mien. Je serois bien fâché que vous m'y réduisissiez, et que, faute d'y envoyer les trois mille paysans qui doivent travailler à la démolition de Nancy, j'eusse aussi sujet d'y trouver à redire. Si ce nombre y eût été employé comme il le devoit être, et qu'on n'eût pas affecté de n'y en faire aller qu'un moindre, qui, bien souvent, n'étoit que de six cents hommes, cet ouvrage seroit achevé. Je vous prie, afin qu'il ne survienne rien qui puisse me forcer à diminuer l'amitié que je vous porte, de faire que l'on termine ce qui a été commencé, et de demeurer persuadé que, ces choses achevées, j'aurai vos intérêts en la même considération que les miens, par l'estime que j'ai de votre personne et par la proximité de laquelle vous me touchez. La présente n'étant à autre fin, etc. »

Cette lettre ne fut pas envoyée telle quelle, puisqu'on la retrouve presque identiquement rédigée, mais datée du 3 octobre, dans la correspondance de Brienne fils : B. N., ms. fr. 15612, fol. 269-271; A. É., vol. France 295, fol. 238 v° à 240. La lettre du Roi est accompagnée d'une lettre au procureur général de Metz.

M. C. — Du 11 août.

Sur[a] ce que lesdits commissaires ont représenté qu'ils ne pourront faire démolir les fortifications de la Vieille ville de Nancy avant l'hiver[1], et qu'il leur semble qu'il seroit plus utile d'employer le reste du beau temps à abattre les terres de la Nouvelle ville, le Roi a ordonné qu'il leur sera écrit de surseoir la démolition de ladite Nouvelle ville pendant huit jours, dans lesquels ils auront les ordres du Roi de ce qu'ils auront à faire[2].

Sur ce que M. de Saint-Luc, lieutenant général de Guienne, a écrit que, le sieur de La Vie, avocat général au parlement de Bordeaux[3], s'étant porté pour appelant de l'élection des trois jurats faite suivant l'usage de la ville et les règlements sur ce faits ci-devant, ledit parlement auroit cassé cette élection et ordonné que les anciens jurats continueront la

---

a. Avant *Sur*, Le Tellier a biffé *Et;* puis, après coup, il a écrit au-dessus du paragraphe : *Du 11 août ;* mais cet article n'est que la continuation de celui du 10.

fonction de leurs charges[4] ; et, S. M. ayant considéré que le sieur Malet[5] et ses deux collègues élus ont toujours été fort affectionnés à son service, et que ledit parlement de Bordeaux n'a point droit de connoître des élections desdits jurats qu'en cas que quelques particuliers habitants en eussent interjeté appel, S. M.[a] a ordonné qu'il sera expédié un arrêt en commandement portant que, sans avoir égard audit arrêt, les jurats depuis élus exerceront leurs charges, avec défenses audit parlement de plus prendre connoissance de l'élection des jurats qu'en cas d'appel interjeté par aucuns des habitants de ladite ville[6].

1. Nous avons vu, au 5 juillet, le progrès de la démolition des remparts de la ville Neuve. Quant à la Vieille, qui était séparée de la Neuve par une enceinte et renfermait, avec le palais ducal, les églises Saint-Epvre, Notre-Dame et Saint-Georges, on avait sursis depuis le mois de mai (tome I, p. 315). Voir ci-après, p. 58.

2. Lettre de Le Tellier à M. de Pradel : A. G., vol. 169, fol. 270. Voir ci-après, p. 52-53.

3. Thibaud de La Vie, qui a succédé à son père dans la charge de premier président du parlement de Pau, en récompense de son attachement de jadis à la cause royale, ainsi que le racontent les *Mémoires de Lenet*, conservait en même temps, par une dispense spéciale, sa propre charge de premier avocat général à Bordeaux (A. N., E 1714, n° 31). « Fort capable, très éloquent, estimé, mais peu aimé dans le parlement, ayant toujours été opposé à MM. de Lalane, qui sont plusieurs parents » (B. N., ms. Mélanges Colbert 7, fol. 76). « Très haï à Bordeaux, » disent aussi les *Mémoires de La Rochefoucauld*, il finira par quitter sa charge de cette ville en 1664. Il mourut à Pessac le 29 septembre 1684.

4. L'animosité du parlement venait de ce que plusieurs de ses membres, ayant été forcés récemment de rendre compte

a. Les initiales *S. M.* ont été intercalées après coup.

des deniers publics maniés par eux, voulaient n'avoir que des gens à leur dévotion dans la jurade.

5. Appelé Étienne de Mallet de Durans dans la liste des jurats donnée au tome XXXIV des *Archives de la Gironde*.

6. Le 3 août, M. de Saint-Luc avait écrit de Bordeaux à M. de Lionne (A. É., vol. France 912, fol. 55) : « Monsieur, vous soutenez avec tant d'honneur l'autorité du Roi, que je ne doute point que vous ne la vouliez appuyer fortement dans une rencontre qu'il n'y en eut jamais de plus juste. L'on a nommé trois jurats de la ville de Bordeaux selon la coutume, qui mériteroient plutôt des récompenses que la persécution qu'ils souffrent présentement. Le premier, nommé Mallet, se mit dans Rions, proche de Bordeaux, qu'il défendit vigoureusement, et leur prit plusieurs prisonniers jusque dans les portes de cette ville, parmi lesquels il se trouva quatre conseillers du parlement : c'est ce qui lui a attiré leur haine, et que depuis, étant jurat il y a cinq ans, il a servi fidèlement dans la fonction de cette charge sans appréhender les suites. Pour les deux autres, ils ont été chassés de Bordeaux, et leurs maisons pillées et brûlées. Ce sont les véritables causes d'opposition que M. de La Vie, avocat général, qui s'est mis à la tête de quelques restes de frondeurs du parlement, donne pour empêcher cette élection. Il est du service du Roi que vous donniez votre protection à ceux qui ont demeuré fermes dans leur devoir. En mon particulier, j'ai agi sans autre intérêt que de garder ma parole que j'avois donnée à feu M. d'Épernon d'appuyer des gens de bien et de fidèles et passionnés serviteurs du Roi. Toutes les plus importantes affaires de l'État ayant été de votre connoissance, vous savez que M. de La Vie a été le seul cause de la première et seconde guerre de Guyenne ; il me hait pour avoir envoyé à M. de La Vrillière, pendant les troubles passés, une lettre que Batteville lui avoit écrite, qui étoit la réponse à la sienne. Il est important que vous sachiez qu'il a fait son opposition au nom de M. le procureur général, son collègue, qui le désavoue par une lettre qu'il écrivit à M. de La Vrillière, et l'assure que la nomination est remplie de gens d'honneur. M. le premier président en dira autant, et généralement tous ceux du parlement qui sont demeurés attachés au service de S. M... »

Le 4, le lieutenant général Salomon, dont il a été parlé au tome I, p. 265, a écrit (A. É., vol. France 912, fol. 58) :

« ... Pendant mon absence, il y a eu quelque bruit pour l'élection des nouveaux jurats, et, comme les suffrages avoient suivi les ordres de M. d'Épernon, la nouvelle de son décès a fait naître des oppositions en l'exécution. On m'a dit même qu'on avoit fait des placards contre M. La Vie, avocat général, dont je suis fâché, car, nonobstant l'ancienne inimitié qu'il avoit avec mon beau-père, il m'a donné de bonnes conclusions pour ma réception en sa charge de président. Je n'ai contre moi que les mêmes qui ont frondé depuis 1649, et qui, après avoir appelé Monsieur le Prince, conjuroient tous les jours contre toute sa maison, tant ils ont en haine la domination et le bon ordre. Ils m'accusent d'avoir été toujours contre eux, d'avoir rompu leur union avec le parlement de Toulouse, enfin de tout ce que j'ai fait ou voulu faire pour le service du Roi, et même de ce que je me suis mêlé de faire exécuter tous les arrêts du Conseil et déclarations de S. M. qui n'étoient pas vérifiées pour les recouvrements des droits qu'il ordonnoit être levés, et d'avoir même pris part et fait des avances pour les affaires du Roi. Pour l'un, je réponds que l'amnistie doit être pour le moins égale, et, pour l'autre, que les affaires du Roi ne sont point de leur connoissance, qu'il n'y a point de règlement en ce parlement pour exclure les traitants ou leurs enfants ; et, quand nous serions dans les termes de ce règlement, étant reçu je pourrois passer en d'autres charges quand ils pourroient justifier que j'aurois été assez heureux pour pouvoir faire de grands prêts à S. M.... »

Le 7 août, M. de Saint-Luc a écrit, de Langon (A. É., vol. France 912, fol. 63) :

« ... M. le premier président de ce parlement m'a dit qu'il avoit écrit à M. de La Vrillière que lui, ni aucun serviteur du Roi de cette compagnie, n'avoit aucune part en la conduite de M. de La Vie touchant l'élection des jurats, qu'il prétend violenter par l'autorité du parlement, qui sert, en cette rencontre, de prétexte aux factieux. Son autorité sera fort peu de chose dans Bordeaux, pourvu qu'elle ne soit pas unie avec celle des jurats. Leur union a été de très dangereuse conséquence durant les derniers troubles ; le désordre que les frondeurs ont soutenu dans Bordeaux a été suivi, en quelques villes de la province, par ceux de leur ancien parti, contre ceux qui ont demeuré fermes dans leur devoir, et qui ont souffert la persécution pour se maintenir dans l'obéissance. Il n'est pas juste de les abandonner, et surtout lorsqu'il s'agit de conserver leurs privilèges... »

L'arrêt du Conseil qui fut rendu le 12 conformément à la décision du Roi (A. N., E 1714, n° 109) cassa l'acte du parlement par lequel, le 2, à la requête de M. de La Vie pour le procureur général absent, l'élection de Mallet et des deux autres avait été annulée comme faite au mépris des arrêts de la Cour, encore que le scrutin eût eu lieu dans les règles et que les trois élus fussent des gens très fidèles au Roi. Interdiction fut signifiée aux magistrats de s'immiscer dans cette affaire, sauf si la Ville en appelait, et de troubler la jurade dans ses fonctions.

Le 17, M. de Saint-Luc écrira encore (A. É., vol. FRANCE 912, fol. 81) : « M. de La Vie continue de persécuter avec emportement les jurats de Bordeaux. M. le premier président, M. le procureur général, ni les autres serviteurs du Roi n'ont pu résister à la cabale des anciens frondeurs. Je ne doute point que vous n'ayez pourvu à cette violence... »

Un autre arrêt, du 3 octobre (E 1714, n° 131), très dur pour le parlement, évoquera tous les différends au Grand Conseil.

M. C. — Du 12 août[1].

Le Roi ayant vu les mémoires qui lui ont été présentés par le sieur de la Bosquette, capitaine au régiment de Normandie, contenant plusieurs chefs qui concernent la conduite de M. de Piennes, gouverneur de Pignerol[2], S. M. a ordonné que le sieur de La Bosquette sera convié de signer comme dénonciateur contre ledit sieur de Piennes, et qu'ensuite ladite requête sera envoyée à M. Servient, ambassadeur en Piémont et intendant de la ville de Pignerol, pour en informer; et, au cas qu'il refuse de signer, qu'il en sera rendu compte à S. M. pour y prendre la résolution qu'Elle estimera la meilleure³.

Le sieur président Morel⁴ a eu ci-devant ordre de se transporter à Jametz⁵ pour s'informer du nombre des familles de la religion prétendue réformée étant audit Jametz et quels exercices ils y ont : à quoi ledit Morel ayant obéi, il a adressé son procès-verbal à Le Tellier, duquel le Roi ayant entendu la lecture, a commandé que défenses seroient faites audits religionnaires de s'assembler à Jametz, ni d'y faire aucun exercice de ladite religion, se conduisant en cela comme ils faisoient du temps qu'ils étoient en l'obéissance de M. le duc de Lorraine et avant que M. de Vandy⁶ leur eût permis de s'assembler et faire ledit exercice; et, outre, qu'il sera ordonné auxdits religionnaires qui se sont habitués depuis 20 ans dans Jametz [qu'ils] seront tenus d'en*a* sortir dans un an, avec*b* défenses au gouverneur de souffrir qu'il s'en habitue d'autres à l'avenir⁷.

Sur ce que le sieur Bret, ci-devant pourvu durant la guerre de la charge de président au conseil souverain d'Arthois⁸, a formé opposition à la réception du sieur de Logne, que S. M. a fait pourvoir*c* depuis la paix de ladite charge⁹, Elle a ordonné qu'il sera expédié un arrêt du Conseil portant que, sans avoir égard à ladite opposition, il sera passé outre à la réception dudit sieur de Logne¹⁰; et, d'autant que ledit Le Bret*d* n'a point été reçu en ladite charge,

---

a. Les mots *d'en* sont récrits en interligne, au-dessus de *d'en*, biffé.
b. Avant *avec*, Le Tellier a biffé *et*.
c. Le manuscrit porte : *pour avoir*.
d. Ainsi écrit ici.

et qu'il en a reçu les gages, S. M. a ordonné qu'il sera contraint à la restitution de ce qu'il en a touché.

M. le duc de Lorraine ayant supplié très humblement le Roi d'ordonner que ceux qui travailleront à la démolition de la Vieille ville de Nancy[11] n'endommagent[a] point les maisons adossées[b] contre les remparts, ni son palais et jardins, S. M. a ordonné qu'il sera écrit à M. de Saint-Pouanges et Colbert de tenir la main à ce qu'autant qu'il se pourra faire sans conserver les fortifications de la Vieille ville, il[c] ne soit fait de préjudice aux maisons des particuliers, ni au palais et jardins dudit sieur duc[12].

Et[d], sur l'avis qu'on a donné au Roi que M. le duc de Lorraine a fait chasser de la ville de Bar M[e] Jehan Chasteau, adjoint au bailliage de Bar-le-Duc, avec toute sa famille, à l'occasion d'un appel par lui interjeté au parlement de Paris de la sentence rendue audit bailliage par laquelle ledit Chasteau a été débouté de l'opposition par lui formée à l'établissement d'un autre officier en sa place et sa destitution, et qu'il n'a pu avoir la liberté de retourner à Bar dans sa maison, ni de jouir de ses biens jusques ad ce qu'il ait eu renoncé audit appel, S. M. a ordonné à Le Tellier d'écrire à M. de Saint-Pouanges de s'informer secrètement, par l'entremise de ceux qu'il connoît à Bar, si le contenu audit avis est véritable, et de mander promptement ce qu'il en apprendra[13].

M. de Champigny-Saron, intendant en Dauphiné et commissaire député pour les affaires des religion-

---

a. La négation *n'* a été substituée à un *d*.
b. Avant *adossées*, Le Tellier avait commencé à écrire : *endoss*.
c. Cet *il* est en interligne, au-dessus d'*à ce qu'il*, biffé.
d. Cette dernière partie a été écrite après coup par Le Tellier.

naires, avec le sieur de Monclar, en l'exécution de l'édit de Nantes[14], ayant désiré recevoir les ordres du Roi sur la difficulté qui se rencontrera en la ville de Grenoble entre les catholiques et les religionnaires, ceux-là prétendant que le temple qui étoit autrefois dans les faubourgs, et qui se trouve à présent dans l'enceinte de la ville à cause de son accroissement, doit être transféré dans les faubourgs, et ceux-ci au contraire : sur quoi S. M. a résolu qu'il sera écrit audit sieur de Saron qu'il ne soit rien changé audit temple, lequel doit être conservé dans la ville[15].

Et, d'autant qu'il se rencontrera quelque difficulté dans le Briançonnois pour savoir si l'intention[a] du feu roi Henry IV a été de comprendre les habitants de la vallée du Château-Dauphin et celles de Pragela et d'Oux, le Roi a aussi ordonné qu'il soit prescrit audit sieur de Champigny de différer de se transporter auxdites vallées[16].

1. Ce jour-là, on écrivit de Fontainebleau à la *Gazette* (p. 763-764) : « Le 3 du courant, le Roi, accompagné de grand nombre de seigneurs, alla prendre le divertissement de la chasse aux environs de ce château, et, le soir de ce jour-là ainsi qu'hier, l'on dansa derechef la ballet des *Saisons*, qui parut encore plus agréable que toutes les autres fois, par ses changements de scènes, la délicatesse de ses concerts, la pompe des habits, et la grâce des danseurs. Le 4, on fut à la promenade sur le canal, dans un bateau des plus magnifiques qui n'avoit été mis à l'eau que depuis deux jours, et tout le beau monde de la cour s'y trouva en un équipage des plus galants, ainsi qu'il paroît aux autres promenades en cavalcade ou sur les calèches, qui sont les divertissements ordinaires, où la parfaite santé de la Reine ne répand pas moins de joie que la beauté du lieu les rend délicieux. Le Roi continuant aussi

a. Avant *l'intention*, Le Tellier a biffé *tout*.

d'appliquer ses soins au bien général et particulier de ses sujets, sur ce que S. M. a su qu'il y avoit beaucoup de malades, Elle a donné ses ordres au grand prévôt de l'hôtel de les envoyer aux villages des environs afin qu'ils puissent plus aisément recouvrer leur santé. Tout se prépare pour le voyage que Sadite M. a résolu de faire en Bretagne, l'ordre ayant été donné aux gardes de se tenir prêts à partir le 16 de ce mois. »

2. Antoine de Brouilly, marquis de Piennes (1611-1676), qui, en place du gouvernement d'Ardres, avait reçu celui de Pignerol en 1651, est devenu lieutenant général et mestre de camp du régiment de Mazarin, et il vient d'épouser, le 14 février 1661, une tante paternelle du futur évêque de Chartres Godet des Marais, veuve du très riche partisan Launay-Gravé, dame fort à la mode et aimée de Colbert (*Mémoires de Saint-Simon*, éd. nouvelle, tome XIV, p. 118-119).

3. Ce capitaine, dont le nom est écrit La Bousquette dans les autres documents, fut mis en demeure de justifier ses dénonciations (lettres de Le Tellier : A. G., vol. 169, fol. 287, et vol. 170, fol. 47 et 117). L'intendant Servien eut ordre, si le capitaine n' « administrait des témoins, » de délivrer un certificat comme quoi il n'y avait lieu de donner suite à la dénonciation. Puis, La Bousquette fut enfermé dans la citadelle de Perpignan, et de là, le 19 août 1662, envoyé à la Bastille, où il resta jusqu'en janvier 1665, refusant toujours de faire une réparation d'honneur (Ravaisson, *Archives de la Bastille*, tome III, p. 324-327).

4. Tome I, p. 243.
5. Tome I, p. 196, 199 et 200.
6. Tome II, p. 88 et 90-91.
7. Nous avons déjà parlé de ces religionnaires au tome I, p. 200, d'après les *Mémoires de Louis XIV*. La lettre au président Morel fut expédiée le 22 : A. G., vol. 169, fol. 292. En juillet (tome II, p. 257 et 259), une pareille mesure avait été prise contre les protestants de Marville, à la requête des autres habitants, et précédemment, en mai, ceux de Stenay avaient été désarmés (tome I, p. 312 et 316).

8. Ce Bret, ou plutôt Brethe de Marivault, prétendait avoir été pourvu de la charge de président du conseil provincial par des lettres patentes du 30 décembre 1658.

9. Tome II, p. 30, 45 et 47.

10. Arrêt du 23 août : E 1712, fol. 315.

11. Ci-dessus, p. 47-48, et ci-après, p. 53.

12. Comme nous l'avons déjà vu au tome I, p. 160 et 315, et au tome II, p. 82, on aurait aimé que le duc de Lorraine offrît de céder Marsal pour que les fortifications de la Vieille ville fussent conservées, et le duc François de Lorraine demanda à Monsieur le Prince, le 23 août, d'appuyer une négociation en ce sens, par la lettre qui suit (A. C., série P XXV, fol. 54) :

« Monsieur, encore que je n'aie pas été assez heureux, ni mon fils, pour pouvoir mériter de V. A. l'honneur de ses bons offices, si est-ce que, nous confiant en sa générosité, nous croyons qu'Elle voudra bien nous en départir une preuve particulière en l'affaire que le Roi, à ce que j'apprends, va mettre en délibération touchant la ville Vieille de Nancy ; et ce d'autant plus que, S. M. pouvant trouver sa satisfaction dans l'échange que l'on lui propose à cet égard, V. A. aura plus de moyen de nous y obliger de sa faveur, ainsi que nous l'en supplions très humblement, et de donner créance au sieur abbé d'Hordal, que j'ai dépêché par delà à ce sujet, et d'assurer V. A. que, comme les offres qu'elle m'a faites de ses bonnes volontés en d'autres occasions me tiennent lieu d'une étroite obligation, elle augmentera la reconnoissance que je lui en dois par l'effet que je m'en promets en une rencontre de cette importance, et où il s'agit de l'une des plus grandes satisfactions que je puisse recevoir après celle du service de Roi, et de témoigner à V. A. en particulier que je suis, Monsieur, votre très humble serviteur et cousin. »

Un mémoire du même mois, sur les prétentions et réclamations du duc régnant, se trouve dans le ms. MÉLANGES COLBERT 103, fol. 466-469. Les incidents de cette négociation ont été exposés dans notre tome II, p. 65-66.

13. Il a été parlé de cette affaire dans une lettre donnée ci-dessus, p. 45.

14. Ci-dessus, p. 39.

15. Le temple primitif était situé dans l'enceinte de la ville épiscopale et sur le bord d'une courtine, entre le couvent des Minimes et celui des Ursulines ; mais, à l'arrivée du cardinal-évêque, les réformés avaient commencé à en construire un nou-

veau dans le faubourg du Pré-Vallier, bien que la capitulation de 1591 n'eût accordé l'exercice du culte protestant que dans le faubourg des Trois-Cloîtres, et que le Pré-Vallier fût, au contraire, enclos dans la nouvelle enceinte. L'affaire fut soumise aux commissaires mi-partis, en 1664, par le syndic du clergé diocésain, demandant que l'exercice fût restreint aux termes mêmes de cette déclaration : le commissaire catholique opina pour que la restriction réclamée fût appliquée aussi aux petites écoles où s'enseignaient la lecture, l'écriture et l'arithmétique, et que le temple fût rasé et reconstruit audit faubourg sans aucun insigne, ni du Roi, ni du duc de Lesdiguières, que le port du costume à l'extérieur fût interdit aux ministres, et que celui qui était en exercice, Fabrice Burlamachy, de Genève, cessât ses fonctions; au contraire, le commissaire protestant réclamait le maintien des usages et le renvoi des parties devant le Roi lui-même. Le Conseil ayant conclu en conformité de l'avis de l'intendant, le nouveau temple fut construit en 1671. En avril 1685, les couvents et les habitants du faubourg se plaignirent derechef qu'il ne fût pas dans la région convenue, mais près de l'entrée de la ville et au milieu d'établissements religieux. Il y eut encore partage entre les commissaires; mais c'était à la veille de l'édit d'août 1685 qui ordonna la destruction de tous temples existant dans les villes épiscopales. Les documents relatifs à ceux de Grenoble sont dans le carton TT 245, dossiers 85-119, des Archives nationales, et ils ont été utilisés en partie par Mgr Bellet dans sa *Vie du cardinal Le Camus*, p. 333, 334 et 340-346.

En septembre 1661, le sieur Cappus, avocat du roi dans la vallée de Pragelas, ayant commis un abus de justice contre les réformés de la communauté d'Uxeaux, le président de La Berchère transmit à M. Le Tellier copie de cette lettre qu'il avait écrite à Cappus (A. G., vol. 516, n° 73) : « L'on m'a fait des plaintes de votre procédé de delà, qui sont d'une telle nature, et particulièrement au sujet de la voie de fait dont on prétend que vous vous êtes servi pour déposséder ceux de la R. P. R. d'un temple dans la vallée de Pragelas, que je ne puis douter que, sur l'avis que je vous en donne, vous prendrez conseil de venir à Grenoble les dissiper par votre présence; car il est certain que, si vous aviez été capable de ce dont on vous accuse, vous n'en seriez pas seulement blâmé de zèle indiscret et emporté, mais que vous en seriez encore responsable au Roi pour avoir mis, par un tel procédé, son autorité et le repos de ses peuples en compromis en ces quartiers-là, et d'avoir abusé de votre emploi et du nom de sa justice : ce que ne pouvant aussi croire de vous ni de votre conduite, je veux croire plutôt qu'incontinent la présente reçue, vous viendrez nous informer de la vérité de toutes choses, soit pour nous donner les moyens de fermer la bouche à ces plaintes qu'on fait contre vous, soit pour nous donner, par telle connoissance, celui d'employer, en ce qui reste à exécuter par delà, l'autorité qu'il a plu au Roi nous faire l'honneur de nous confier, autant que les véritables intérêts de la religion et le service de S. M. nous le pourront permettre. Je vous attendrai donc incessamment... »

16. Les comtes d'Albon avaient obtenu de l'Empereur que les vallées d'Oulx, Césanne, Bardonnèche et Valclusion ou Pragelas fussent rattachées au Briançonnais ou vallée de la Haute-Durance; mais elles continuaient à faire partie de l'archevêché de Turin, qui en déléguait l'administration au prévôt ecclésiastique d'Oulx, tandis que Château-Dauphin était sous sa juridiction immédiate et directe.

Voir les cartes du Dépôt de la guerre cotées J 10ᴮ, nᵒˢ 150-154, et surtout celles que M. Louis Jacob a jointes à son étude toute récente de 1906 sur *la Formation des limites entre le Dauphiné et la Savoie* (1140-1760).

M. C. — Du 13 août.

Le Roi a[a] commandé à Le Tellier d'écrire à M. de Saint-Pouanges et Colbert de faire travailler à la démolition des fortifications de la Vieille ville de Nancy suivant les premiers ordres qui leur ont été adressés, et sans en attendre d'autres[1].

Le Roi a résolu que les États de Languedoc seront convoqués au 1ᵉʳ jour de l'an[b] prochain[2].

a. Avant ce verbe auxiliaire, Le Tellier a biffé le pronom élidé *m'*.
b. Par mégarde, Le Tellier a écrit une seconde fois : *de Languedoc*.

A. É. — Ordinaire du 13.

Il peut être répondu à M. de Thou[3] :

Que le Roi loue son zèle dans l'affaire de la compagnie du fils de M. Brasset[4], mais que S. M., considérant que, si nous faisions introduire par le crédit du Roi que des François entrent dans des corps flamands, il est à craindre qu'ils ne se servent après de cet exemple, dans les occasions de vacance, pour mettre des Flamands dans les corps françois, ce qui seroit, à la fin, leur destruction, S. M. juge qu'il pourroit se contenter de l'expectative qui lui avoit été offerte, particulièrement si elle avoit été accompagnée d'une autre offre de payer audit Brasset fils les mêmes appointements en attendant la vacance[5] ;

Que ce qui a été mis dans la lettre de MM. les États au roi d'Angleterre sur l'affaire de Cabverde[6] est véritable, et que le Roi a chargé M. d'Estrades de faire la même plainte[7] ;

Qu'il y a grande apparence que, dans l'impression du livret qui porte si haut les avantages et les prérogatives de la maison d'Orange, le Pensionnaire a eu la mauvaise intention, qu'a remarqué[e] M. de Thou, de la laisser faire des pas qui la rendissent odieuse[8] ;

Qu'on attendra avec curiosité de savoir la dernière résolution qu'auront prise les États sur le mémoire de l'ambassadeur de Portugal par lequel il demandoit qu'il lui fût accordé du temps pour écrire en Portugal[9].

Pour M. de Lumbres[10] :

Il n'y a que quatre mots à lui faire, pour lui dire

qu'en même temps qu'on a reçu ses lettres du 3°[11], le roi en a vu du 17, du sieur Caillet à Monsieur le Prince[12], qui donnent avis de la séparation de la diète sans y avoir rien conclu sur le point de l'élection[13].

1. Ci-dessus, p. 53. Le Tellier écrivit au duc et à Pradel (A. G., vol. 169, fol. 277-278), conformément à la décision du 13, que le palais ne serait pas endommagé. Quatre cents hommes, payés au compte du Roi, commencèrent la démolition le 19 août, et, au milieu d'octobre, il ne restait plus à renverser que trois bastions (*Gazette*, p. 958 et 1156). Voir ci-après, p. 103-104. Le démantèlement et le désarmement une fois terminés, M. de Pradel recevra ordre de faire sortir les huit compagnies d'infanterie le 10 décembre, et la *Gazette* annoncera, le 13 (p. 1349), que M. de Saint-Pouenges, après avoir fini la délimitation, allait continuer la démolition des terrasses de la Vieille ville et de la citadelle jusqu'à ce que le président Colbert revînt achever l'opération. Loret la présentera, dans sa *Muse historique*, tome III, p. 381, comme une garantie de la paix.

2. La tenue de 1661 s'était close le 10 avril, après avoir voté le don gratuit de 1,200,000 livres, et le cahier de doléances sera arrêté le 18 août (tome I, p. 73 et 139). Le prince de Conti promettant de « faire merveilles » pour l'assemblée prochaine, l'intendant Bezons fut avisé de « faire quelque distribution aux députés pour les porter à accorder ce que l'on désirait d'eux » (A. G., vol. 170, fol. 216). Tous deux ouvriront la session le 3 janvier 1662, parlant au nom d'un « Roi qui gouverne. »

3. La lettre de l'ambassadeur manque; mais nous en avons deux de Wicquefort : A. É., vol. HOLLANDE 66, fol. 249-251, 258 et 261. Brienne répondit le jour même, à M. de Thou (A. É., vol. FRANCE 295, fol. 136 v° à 138), ce qui suit, sur les différents points qui sont énumérés dans notre Mémorial :

« Monsieur, dès le commencement de la lecture de votre dépêche au Roi du 4ᵉ de ce mois, S. M. s'est arrêtée sur ce que vous y dites, comme en passant, de l'instance que vous avez faite auprès de MM. les États en son nom en faveur du fils de M. Brasset; et, après y avoir fait réflexion, Elle a dit qu'il y auroit moins d'inconvénient de se contenter de l'expectative pour la première compagnie qui viendroit à vaquer dans les régiments françois, pourvu qu'en attendant la vacance il eût les appointements de capitaine, que de faire entrer un François dans les corps hollandois ou wallons, et, par ce moyen, leur donner un exemple pour mettre des Hollandois dans des corps françois; mais, sur ce que j'ai représenté que le fils dudit sieur Brasset étoit né en Hollande et réputé de leur nation, et que d'ailleurs ces sortes de retenues n'ont pas leur effet bien certain, on a remis à votre prudence d'en user ainsi que vous jugerez le devoir faire pour le mieux à l'avantage dudit sieur Brasset et à l'honneur du Roi.

« S. M. attend avec curiosité de savoir la dernière résolution que les États auront prise sur le mémoire de l'ambassadeur de Portugal par lequel il demandoit qu'il lui fût donné du temps pour écrire à son maître et pour recevoir ses ordres sur ces derniers incidents, dans lesquels ce seroit témérité à lui de passer outre à la signature de son traité, puisqu'il ne se doit conclure que de concert avec l'Angleterre, dont la médiation a été acceptée.

« Le Roi, ayant de la certitude de ce qui a donné sujet aux États d'écrire au roi de la Grande-Bretagne pour se plaindre des nouveautés que les siens veulent introduire sur les places, passages et rivières du Cabrifdo (sic), dont ils prétendent s'emparer au préjudice de la liberté de la navigation et du commerce, où la France a intérêt, S. M. a donné ordre à M. d'Estrades de faire aussi de sa part la même plainte à S. M. Britannique.

« Par la lecture qui a été faite du livre qui porte si haut les avantages et les prérogatives de la maison d'Orange, il a été jugé que le Pensionnaire, en le mettant au jour, l'a fait à dessein de toucher la vanité. La douairière d'Orange s'enfle d'orgueil en sorte qu'elle se rend odieuse parmi les États, ou à faire des démarches dont la nouveauté la rende ridicule ou la fasse passer pour extravagante parmi eux, si elle donne dans ce panneau, ainsi que vous l'avez très bien remarqué.

« Il ne s'est rien passé ici de nouveau entre les commissaires du Roi et les ambassadeurs extraordinaires des États depuis ce que je vous en ai écrit par ma précédente dépêche, par laquelle vous pourrez juger qu'ils attendront des ordres de leurs supérieurs sur nos dernières propositions avant que de demander une nouvelle conférence.

« Nous nous disposons cependant à partir avant la fin de ce mois pour le voyage de Bretagne, que le Roi fera avec la plus grande diligence qui lui sera possible, pour en être de retour dans le mois de septembre; mon père restera auprès des Reines.

« Je me suis chargé de faire le rapport à S. M. de l'affaire du capitaine Dupré et de toutes les injustices qu'on lui a fait souffrir, afin qu'il plaise à S. M. y pourvoir par les effets de sa protection et de sa justice. Je suis, etc. »

Dans une lettre particulière, Brienne ajoutait :

« Vous verrez, par la réponse que j'ai eu ordre de faire à votre dépêche du 4ᵉ de ce mois, que l'affaire du fils de M. Brasset retourne tout entière à vous pour la terminer en la manière que vous estimerez le plus convenable. Vous trouverez ici le brevet de M. Bernard en la forme qu'il lui a fallu donner pour qu'il pût avoir le scel du secret, ceux que MM. les secrétaires d'État ont pour des pareilles charges n'étant pas autrement, et je vous prie d'être persuadé que les choses qui dépendront de mon ministère ne manqueront jamais à votre désir, quand vous me le voudrez témoigner, et que j'y pourrai satisfaire... » C'est le secrétaire Bernarts nommé dans notre tome I.

4. Ci-dessus, p. 27. Ce même jour, 13 août, Beuningen écrivit au Pensionnaire (recueil de 1725, p. 158) que le prince de Turenne et M. de Brienne père avaient paru agréer l'accommodement proposé, que M. de Lionne avait également « goûté les raisons » exposées de la part des États, mais que l'absence de M. de Brienne fils, « chargé des dépêches pour M. de Thou, » avait retardé l'expédition de la dépêche. La *Gazette* du 30 juillet (p. 724) a seulement annoncé que les États venaient d'accorder, le 21, une compagnie d'infanterie.

5. Voyez ci-dessus, p. 60-61, le texte de la réponse de Brienne.

6. C'est le Cap-Vert, sur la côte de Guinée. Les Français y avaient des établissements depuis quatre-vingts ans, et les Hollandois y tenaient quatre postes fortifiés : Saint-Georges-de-la-Mine, enlevé par eux aux Portugais en 1637, Fort-Nassau,

Saint-André et Cormautin. Voir le *Theatrum Europaeum*, année 1661, p. 502-504, et l'*Histoire des Provinces-Unies*, par Wicquefort, tome III, p. 43-47.

7. C'est le mémoire des États au roi d'Angleterre dont Wicquefort avait envoyé copie à M. de Lionne le 4 août (A. É., vol. HOLLANDE 66, fol. 252-253), et que Basnage a résumé ainsi dans ses *Annales*, tome I, p. 634-635 :

« Le capitaine Holmes, à qui le duc d'York, grand amiral d'Angleterre, avoit donné une commission, parut au mois de mars à la rade du Cap-Vert, avec deux frégates et trois vaisseaux de guerre, et demanda fièrement au commandant du fort de lui céder la place parce que le roi d'Angleterre avoit seul le droit de navigation et de commerce sur la côte d'Afrique jusqu'au cap de Bonne-Espérance. Il accorda au commandant du fort quelques mois pour se déterminer, pendant lesquels il iroit faire d'autres expéditions. En effet, il entra avec ses vaisseaux dans trois grandes rivières qui sont des écoulements du Niger, et qui portent les noms de Gambia, de Saint-Domingo et de Rio-Grande. Il prit aussi Buona-Vista, qui est une des îles du Cap-Vert, et, après son expédition, il vint sommer le commandant hollandois de se rendre; mais, comme on avoit eu le temps d'avertir le roi Charles de cette infraction au droit des gens, il désavoua le capitaine, disant qu'il avoit passé ses ordres. Cependant on le reçut à son retour comme un héros. »

Le 12 août, cette lettre du Roi est partie à l'adresse du comte d'Estrades (A. É., vol. ANGLETERRE 76, fol. 210 v°) : « ... Ce ne sont pas les Hollandois seuls qui ont intérêt à ce que le roi d'Angleterre a commencé d'entreprendre en Afrique, à la rivière de Gambia. J'ai donné charge qu'on vous adresse la copie d'une lettre que le surintendant de mes finances a reçue de Rouen, par laquelle vous verrez que l'on veut troubler mes sujets dans un trafic dont ils sont en possession depuis plus de quatre-vingts ans : ce qui seroit bien éloigné des protestations que ledit roi me fait continuellement de vouloir lier avec moi une étroite union. C'est pourquoi je ne doute pas qu'on ne me fasse raison sur les premières plaintes que vous en ferez de ma part, comme je vous l'ordonne bien précisément... » A la même date, Lionne a écrit à Wicquefort (A. É., vol. HOLLANDE 66, fol. 261 v°) : « ... La France a le même intérêt que les Provinces-Unies en cette prétendue donation faite par les Portugais aux Anglois de la côte d'Afrique depuis le Cap-Vert jusqu'à celui de Bonne-Espérance. Je juge bien qui est cette personne de votre connoissance qui doit écrire en Angleterre au nom de MM. les États... »

En Angleterre, les choses se racontaient ainsi (*Gazette*, p. 795-796) : « Les quatre navires qui étoient allés par l'ordre de S. M. à la côte de Guinée... ont rapporté que l'amiral avoit envoyé avertir les gouverneurs du Cap-Vert et de quelques autres places tenues par les Portugais le long des côtes d'Afrique, qu'ils les devoient quitter à la compagnie des Indes orientales dans le mois de décembre prochain, et que, jusque-là, ils pourroient continuer leur commerce avec une entière liberté : ce qu'ils acceptèrent de si bonne grâce, que tout se passa sans aucun acte d'hostilité ; mais que le gouverneur d'une forteresse commandée par les Hollandois fit tirer sur une de nos frégates et souffrit, après avoir été sommé deux fois, que les vaisseaux anglois se disposassent pour battre la place, avant que de la remettre à condition qu'il en feroit transporter ses munitions. Les nôtres l'ont nommée l'île de Jacques et ont bâti un fort dans son voisinage, qu'ils ont nommé l'île de Charles... »

Il y a une allusion à cette affaire dans la lettre que Beuningen avait écrite au Pensionnaire le 30 juillet (recueil de 1725, p. 150) : « Nous sommes informés sous main que les Anglois tâchent de nous contreminer ici, et l'on a écrit ici d'Angleterre, sous le nom d'un ministre portugais, une lettre dont on a fait lecture au Roi, et qui marque que le Portugal a cédé au roi d'Angleterre ses droits sur les places conquises par la compagnies des Indes. Quelque peu de vraisemblance qu'il y ait dans cette nouvelle, qui devroit paroître incroyable puisque ce seroit un moyen de rendre impraticable toute négociation de paix avec LL. HH. PP., ou de les attirer sur les bras des Anglois par une pareille injustice, pendant que ceux-ci n'ont déjà que trop d'embarras ailleurs, cependant le procédé insultant de M. Downing, qui fait du bruit ici, pourroit bien nous coûter et de la peine et du temps pour effacer les impressions que cette nouvelle aura faites. »

Malgré le désaveu de leur roi, les Anglais s'emparèrent du

pays après en avoir massacré les occupants, et les indigènes consentirent à les conduire aux mines d'or ; mais Ruyter leur reprit la côte dans sa campagne navale de janvier à mars 1665.

8. On a vu à mainte reprise, dans les tomes I et II, avec quelle sollicitude le Conseil suivait la résistance des États-Généraux aux prétentions que les tuteurs du jeune héritier d'Orange s'efforçaient de faire prévaloir, et quelle difficulté la France trouvait à se prononcer. Les *Mémoires de Louis XIV* disent (tome II, p. 381) : « Toute la politique des Hollandois et de ceux qui les gouvernoient n'avoit alors pour but que deux choses : entretenir leur commerce, et abaisser la maison d'Orange. La moindre guerre leur nuisoit à l'un et à l'autre, et leur principal support étoit mon amitié. » C'est ce que Brienne fils a exposé dans son *Discours au Roi* (B. N., ms. fr. 15965, fol. 36) : « ... Pour ceux qui conduisent les affaires de Hollande, il est manifeste qu'ils craignent la France, non seulement pour ce qu'ils s'imaginent que V. M. favorisera toujours le prince d'Orange pour rentrer en la dignité et aux charges de ses pères, tant pour ce qu'il a l'honneur d'être son parent fort proche, que pour la commodité qui lui reviendroit de pouvoir remuer tout leur État par le moyen d'un capitaine général plus facilement qu'Elle ne le peut maintenant que l'autorité est dispersée en plusieurs têtes de plusieurs conseils ; mais ils l'appréhendent encore pour plusieurs raisons. Ils s'imaginent que les six provinces s'appuient du pouvoir de la France pour modérer cette autorité souveraine que la Hollande s'attribue dans les délibérations. Ils ont peine à croire que V. M. n'ait plus de ressentiment de leur manque de foi au traité de Münster. Ils jugent que, si nous demeurons en paix, nous voudrons prendre part au commerce et à la navigation, qui sont l'âme et la vie de leur État. D'autre part, si nous rentrions jamais en guerre avec l'Espagne, et que nos conquêtes approchassent de leurs frontières, ils ne se tiendroient point en sûreté auprès de voisins qu'ils estiment inquiets et entreprenants. Enfin les prises que nos armateurs ont faites autrefois sur eux les ont de sorte irrités, qu'ils n'en peuvent revenir ; mais il se peut dire que leur injustice a surtout paru en cela, car ils vouloient que tout leur fût permis à la mer, et que nous souffrissions qu'ils fissent impunément le commerce pour nos ennemis. Ces craintes

et ces défiances ont eu deux effets : le premier, que les Hollandois voyoient avec plaisir les troubles domestiques, quand il s'en est élevé en France ; et, sur ce qu'ils se sont figuré que les huguenots faisoient un grand corps dans le royaume, capable d'y exciter des tempêtes, ils se sont montrés fort zélés partout à la protection de leurs frères les P. R... »

Comme le roi Charles insistait pour que l'on réclamât de concert avec lui le rétablissement du prince d'Orange dans ses charges, le Roi indiqua à d'Estrades qu'outre ses réponses prudentes et judicieuses, il eût dû faire valoir la mauvaise attitude des autres tuteurs, l'électeur de Brandebourg et la princesse douairière. « ... J'ai été bien aise, lui écrit-il le 26 août (A. É., vol. Angleterre 76, fol. 87 et 215 v°), que vous m'ayez rendu un compte aussi particulier et exact de tout ce qui s'étoit passé entre le roi mon frère et vous dans un entretien de plus de deux heures. Je vois qu'il s'étoit préparé à vous attaquer avec beaucoup d'adresse sur deux points bien importants, et que vous vous en êtes défendu comme je le pouvois souhaiter. J'aurois seulement désiré, sur le premier, par lequel il vouloit m'engager à me joindre à lui pour presser auprès des États-Généraux le rétablissement du jeune prince d'Orange dans ses charges, qu'en lui disant toutes les raisons que vous avez alléguées pour m'en excuser, et que j'ai trouvées fort prudentes et judicieuses, vous n'y eussiez pas omis d'y toucher un mot de l'électeur de Brandebourg et de la douairière d'Orange, qui sont si avant engagés contre mes intérêts et y témoignent tant d'aversion, que, ce jeune prince étant comme il est en leurs mains, je ne puis pas me promettre que fort incertainement qu'il eût jamais aucune reconnoissance de ce que je ferois pour ses avantages, quoique cette raison, sans les autres que vous avez dites, ne seroit pas capable de me retenir à m'y employer avec chaleur, et cela par la seule considération de l'amitié que j'ai pour le roi mon frère ; mais, connoissant bien, comme vous l'avez remarqué, que nos offices et instances communes ne feroient que gâter davantage l'affaire, qui n'est pas encore mûre à cause du bas âge du prince et de l'exemple du feu prince Maurice, qui n'eut ses charges qu'à seize ans, j'estime que, ne pouvant pas aujourd'hui l'avancer, il est de l'intérêt du prince même qu'au moins on ne la ruine pas pour un autre temps... » Cf. le fragment d'une lettre précédente donné dans notre tome I, p. 304.

Le 1er octobre, les États-Généraux décideront de refuser et la tutelle du jeune prince et la pension de vingt mille écus qu'on leur demandait d'ajouter pour son entretien; immédiatement, le roi Charles II, son oncle et tuteur, ripostera en ordonnant la construction de vaisseaux pour enlever la pêche du hareng à la marine hollandaise, et notre *Gazette* l'annoncera, p. 1060, 1081, 1107 et 1153.

Le livret dont il est parlé dans le Mémorial peut être la « *Relation courte et véritable des plus remarquables actions des Stathouders de Hollande,* avec un traité sur la nécessité ou l'inutilité de cette charge, » qui parut en 1662 à Amsterdam, en langue hollandaise (B. N., Inventaire M 21521).

9. Nous avons suivi jusqu'à la première quinzaine de juillet (tome II, p. 106, 157 et 161; recueil imprimé des lettres du comte d'Estrades, p. 155-156 et 169-170; *Histoire des Provinces-Unies,* par Wicquefort, tomes I, p. 346-358, et II, p. 668-680; *Jean de Witte,* par Ant. Lefèvre-Pontalis, tome I, p. 264-276) la marche de cette négociation, retardée tout à la fois par le chevalier Downing, sous prétexte de soumettre le projet à son maître, et par l'ambassadeur portugais Miranda, qui demandait répit sur répit; le 30, les États ont signifié à ce dernier d'avoir à en finir sous dix jours, ou à quitter la Haye, et, le 2 août, il leur a présenté un mémoire concluant qu'il lui était impossible de terminer à si bref délai.

C'est sur quoi Wicquefort a écrit, le 4 (A. É., vol. HOLLANDE 66, fol. 251 v°) : « ... Incontinent après midi, l'on a envoyé à l'ambassadeur de Portugal la réponse au mémoire qu'il présenta devant-hier. On lui a fait dire que MM. les États persistent en la résolution prise samedi dernier, de sorte qu'il sera obligé de partir, comme, en effet, l'on sait qu'il commence à démeubler sa maison et à donner ordre à ses affaires. Downing a été ce matin en conférence avec des députés des États-Généraux pour tâcher à les disposer à donner du temps à l'ambassadeur; mais, comme sa personne n'est pas fort agréable, l'office qu'il a voulu faire ne l'a pas été non plus... »

Ne pouvant lutter contre une assemblée qui voulait se séparer sans retard, M. de Miranda a signé, le 6, un projet de traité et s'est chargé d'en obtenir la ratification dans un délai de trois mois. Nous avons déjà indiqué d'avance, au tome I, p. 332 et 344, les principales clauses de cet acte, dont le texte est dans le *Corps diplomatique*, tome VI, 2ᵉ partie, p. 366-370. Le correspondant de la Haye, qui avait tenu la *Gazette* au courant des péripéties de la négociation, lui exposa comme il suit, le 8 septembre (p. 1012), le sens et la portée du traité dont il ne restait plus qu'à recevoir la ratification de Lisbonne :

« Les États-Généraux ayant prévu que le traité du roi d'Angleterre avec le Portugal pourroit être contraire en quelques articles à celui qui a été conclu entre la même couronne et les Provinces-Unies, en sorte que S. M. Portugaise auroit peine à exécuter les clauses du dernier, il a été convenu qu'en ce cas Sadite M. y satisferoit par un équivalent, et que le reste seroit observé ponctuellement de part et d'autre; et l'ambassadeur de Portugal s'est chargé, s'il y a aucun article de cette nature, de le déclarer, quinze jours après son arrivée à Lisbonne, au commissaire que les États y ont envoyé, en lui communiquant l'original du traité fait avec S. M. Britannique, pour prendre l'extrait des choses qui nous concerneront : à faute de quoi, et ledit temps passé, les Portugais seront exclus d'alléguer aucune contrariété pour s'empêcher d'accomplir notre traité. Et même, s'il arrive qu'il se passe une année après la signature sans que lesdits États reçoivent l'équivalent, ils auront les mêmes droits à l'égard de S. M. et de la nation portugaise qu'ils avoient avant cet accommodement... »

Selon l'article 5, les hostilités devaient cesser en Europe deux mois après la signature et, dans les autres parties du monde, à partir du jour où la publication aurait eu lieu.

L'ambassadeur portugais prit congé le 9 août et s'embarqua le 30 au port de la Brille; mais la ratification par son maître ne put être obtenue avant le mois de décembre 1662.

Brienne fils annonça la conclusion à Monsieur d'Embrun par cette lettre du 15 octobre (A. É., vol. France 295, fol. 272 v°) : « Monsieur, il se voit assez, par le soin que les Espagnols prennent à cacher l'état auquel est la négociation, combien l'union de ces deux États leur tient au cœur, et combien ils appréhendoient qu'elle ne se conclût. Dans les discours que le duc d'Avevio vous a tenus sur ce sujet, il n'avoit point d'autre dessein que de vous insinuer qu'elle étoit encore fort éloignée de sa perfection; cependant les ratifications de Portugal sont arrivées en Angleterre, et ainsi cette alliance est tout à fait achevée. C'est un artifice qui leur est assez ordinaire, que d'embrouiller en apparence les affaires dont le succès leur est désavantageux, afin que l'on n'ajoute pas si fort créance à ce qui s'en publie, et votre prudence le vous fera souvent découvrir et éviter en négociant avec eux... »

Quoiqu'il ne soit plus parlé ni ici, ni dans les dernières pages de nos Mémoriaux, de l'autre négociation qui se poursuivait depuis six mois à Paris, entre les ministres de Louis XIV et les plénipotentiaires hollandais, nous tenons à reproduire les pages du *Journal pour l'histoire du Roi* rédigé ou écrit par Colbert, où la conclusion en est racontée (A. É., vol. FRANCE 296, fol. 97-99).

Les articles de défense et assistance mutuelles, de liberté du commerce et des lois de la mer étaient déjà arrêtés; restaient ceux de la vente des huiles de baleine en France, du droit de 50 sols par tonneau, et de l'addition du mot de *pêche* à la garantie générale et réciproque. Les Hollandais finirent par céder sur les huiles de baleine, dont le privilège resterait ainsi à la compagnie française, mais non sur le second, comme contraire à l'égalité de commerce maintenue jusque-là.

« Comme cet État ne subsiste que par le commerce, continuait le *Journal*, et que toute sa grandeur et sa puissance ne consistent pas en l'étendue du pays de sa domination, mais en l'application que ceux qui l'ont gouverné ont eue de ruiner par toute sorte de moyens le commerce de toutes les autres nations dans l'un et l'autre monde, pour l'attirer tout entier dans leur pays, en quoi ils ont heureusement réussi et sont parvenus jusqu'au point de puissance qu'il se trouve qu'ils ont perpétuellement jusqu'à dix et douze mille vaisseaux en mer, et plus de quatre cent mille de leurs sujets, et que la seule compagnie des Indes orientales, composée d'un petit nombre d'entre eux, met sur pied des armées de terre et de mer, assiège et prend des places, et fait la guerre et la paix,... ils protestèrent qu'ils ne pouvoient jamais consentir au second article parce qu'ils s'apercevoient que, tout leur commerce, particulièrement celui du dedans de l'Europe, ne se faisant que par la grande œconomie et parcimonie de leurs maîtres de navire, qui, par cette raison, donnoient le fret de leurs vaisseaux à beaucoup meilleur prix qu'aucune autre nation, si ce fret venoit à être surchargé d'un si grand droit que celui de 50 sols pour tonneau, et que les vaisseaux françois en fussent déchargés, non seulement les François regagneroient par ce moyen la perte qu'ils font et sur le nombre et sur la consommation des vivres, n'étant pas accoutumés à naviguer leurs vaisseaux qu'avec un plus grand nombre d'hommes que les Hollandois, et ceux-là étant accoutumés à boire du vin, à manger de la viande, au lieu que ceux-ci ne boivent que de la bière et mangent du fromage, mais même ils pourroient donner le fret de leurs vaisseaux à meilleur marché, au moins pour le dedans du royaume, c'est-à-dire de port en port, ce qui leur seroit d'un préjudice presque irréparable, et qui pourroit insensiblement attirer la ruine entière de leur commerce. Le Roi, au contraire, considérant combien il lui importoit de se servir du bon état de ses affaires pour donner quelque moyen à ses sujets de rétablir le commerce par mer, qui avoit été presque entièrement abandonné depuis plusieurs siècles, et auquel, pour mieux dire, jamais les Rois ses prédécesseurs ne s'étoient appliqués, et ayant examiné tous les avantage qu'il en pouvoit retirer, toutes les réflexions faites sur cette matière par les ambassadeurs lui étant connues, il demeura ferme à la levée de ce droit, et les ambassadeurs furent obligés, après dix-huit mois de conférences et de contestations, d'y donner les mains.

« Le Roi accorda l'expression du mot de *pêche* dans la garantie générale, en sorte que le traité fut signé [le 27 mai] 1662. »

Wicquefort a longuement raconté la négociation de ce traité en même temps que celle du traité parallèle entre l'Angleterre et la Hollande, dans son *Histoire des Provinces-Unies*, éd. nouvelle, tome III, p. 2-51, et nous en suivons aussi les péripéties dans la correspondance imprimée de Beuningen avec le Pensionnaire. Plus tard, Louis XIV se décidera à dénoncer ou du moins modifier le traité du 27 mai.

10. Ci-dessus, p. 18-20.

11. Cette lettre est au volume Pologne 16, fol. 186-189.

12. *Ibidem*, fol. 211-216. — 13. Voir ci-après l'Appendice.

M. C. — Du 19 août[1].

M. le maréchal de Grandcé[2] s'étant plaint de la mauvaise conduite des habitants de la ville de Thionville envers les gens de guerre[3], leur refusant du pain pour leur argent, et d'ailleurs lesdits habitants ayant prétendu ici que ledit sieur maréchal [de] Grandcé leur fait de mauvais traitements, S. M. a commandé à Le Tellier d'écrire à M. Colbert, intendant en ce pays-là, de se transporter à Thionville pour prendre connoissance de ce qui s'y passe, et d'en rendre compte à S. M.[4]

Sur ce que M. le maréchal de Schulenberg a écrit que les habitants d'Arras sont tenus de fournir aux frais de l'entretènement des fortifications de la ville et cité, et non pas des dehors[5], S. M. a ordonné à Le Tellier qu'il en sera écrit au sieur Courtin pour en traiter avec lesdits habitants et régler la chose.

Il y a contention entre les commissaires du Roi et ceux d'Espagne députés pour les limites sur le pays de l'Allœu[6], chacun d'eux y prétendant droit, et cependant ils ont arrêté qu'il ne s'y feroit point d'entreprise de part et d'autre jusques à ce que le différend fût terminé : à quoi ayant été contrevenu par M. le marquis de Caracène par la provision qu'il a donnée à un Flamand de la charge de baillif dudit pays de l'Allœu, S. M. a ordonné qu'il sera expédié aussi des provisions de ladite charge au nom[a] de quelqu'un de ses sujets autres que des gouverneurs d'Arthois[7].

a. Avant *nom*, Le Tellier a biffé *mo[yen]*.

Le sieur président Morel[8] ayant fait arrêter le greffier de Champneuville près de la Meuse[9] à cause qu'il avoit agi pour soustraire les habitants de ce lieu-là de l'obéissance du Roi, qui tient encore garnison dans une tour bâtie proche de ce bourg, le Roi a trouvé bon qu'il soit écrit audit sieur Morel de le faire mettre en liberté, et ce pour satisfaire aux instances de M. le comte de Fuensaldagne, à condition pourtant qu'il ne sera rien innové dans Champneuville jusques à ce que les limites soient réglées de ce côté-là.

M. Courtin ayant proposé de faire un règlement dans Arras portant que les officiers des troupes y étant en garnison auront le vin et la bière au même prix qu'ils valoient avant les impositions, et ce en considération de ce [qu']avant la guerre il n'y avoit point de troupes dans ladite ville d'Arras, et qu'ainsi les habitants profiteroient de la dépense de celles qui y sont présentement, si on leur faisoit payer ladite imposition, le Roi a ordonné que les gens de guerre payeront lesdites impositions ainsi que dans le reste des places du royaume[10].

A. É. — [Du 19ᵉ août.]

Répondre à M. d'Estrades[11] :

Premièrement, sur le sujet de ce qui s'est passé avec Batteville dans l'occasion de l'entrée des ambassadeurs extraordinaires de Venise[12], ce que M. le comte de Brienne le père dira et conseillera, car je ne le sais pas assez bien pour vous en rien marquer[13] ;

Pour l'autre lettre du 4ᵉ août[14], sur les deux premiers articles, que le Roi a été bien aise d'apprendre que ces deux points-là eussent été ajustés[15] ;

Sur le 3ᵉ, que le Roi a ordonné à M. le duc de Saint-Simon[16] de remettre les choses dans l'ancien ordre, c'est-à-dire d'obliger les vaisseaux anglois à décharger le canon à Blaye[17];

Sur le 4ᵉ, que le Roi y a le même intérêt que les Hollandois, et qu'il doit faire plainte de cette nouveauté que le roi d'Angleterre veut introduire en Afrique, où les François ont commerce, et même des habitations, depuis plus de quatre-vingts ans[18];

Sur le 5ᵉ, que le Roi ne juge pas à propos d'écrire les lettres qu'il propose en Angleterre et en Hollande[19];

Que le Roi croit que le vaisseau anglois arrêté à Boulogne a été aussitôt relâché après que les Boulennois se sont fait dédommager de la perte de leurs filets qu'on leur avoit pris sans aucune justice, et que les mémoires qu'on lui a donnés de delà sur le fait de la pêche ne s'accordent pas avec ceux que les habitants de Dieppe ont envoyé[s] à S. M.[20];

Qu'il a bien fait de protéger l'intérêt des Jésuites, et a rendu en cela un service agréable à S. M.[21];

Que le Roi ne juge pas à propos qu'il introduise la coutume de traiter par écrit avec le chancelier, parce qu'il pourroit s'en ensuivre divers inconvénients[22].

1. Le 17 (*Gazette*, p. 798), « le Roi, ayant avec lui dans sa calèche Monsieur, la comtesse d'Armagnac, la duchesse de Valentinois, la comtesse de Guiche, alla à Vaux, comme aussi la Reine mère, accompagnée dans son carrosse de plusieurs dames, et Madame pareillement, en litière. Cette auguste compagnie, et sa suite, composée de la plupart des seigneurs et dames de la cour, y fut traitée par le surintendant des finances avec toute la magnificence imaginable, la bonne chère ayant été accompagnée du divertissement d'un fort agréable ballet, de la comédie, et d'une infinité de feux d'artifices dans les jar-

dins de cette belle et charmante maison : de manière que ce superbe régal se trouva assorti de tout ce qui se peut souhaiter dans les plus délicieux, et que Leurs Majestés, qui n'en partirent qu'à deux heures après minuit, à la clarté d'un grand nombre de flambeaux, témoignèrent en être merveilleusement satisfaites. »

2. Tome II, p. 163, 164 et 259. — 3. *Ibidem*.

4. Le 27 octobre (B. N., ms. fr. 15612, fol. 354 v°), on ordonnera au maréchal de ne plus mettre d'entraves au commerce des blés de Metz. Sur cette affaire, voir les lettres de Brienne, des 27 et 28 octobre : *ibidem*, fol. 352 v° à 355, et 359-361.

5. Tome II, p. 92 et 94. Ce maréchal a écrit que la ville était obligée d'entretenir le corps et les dedans de la place, et qu'il restait à pourvoir aux fossés, ponts, portes, digues, écluses et dehors (A. G., vol. 165, p. 123).

6. Tome II, p. 33 et 79.

7. Voir, au tome II, p. 235 et 240, ce qui a été décidé pour le Hainaut.

8. A. G., vol. 169, fol. 292 et 297, lettres de Le Tellier à Courtin et Morel. Cf. notre tome I, p. 243, note 10, et une lettre de Le Tellier, 12 avril, dans A. G., vol. 168, fol. 252.

9. Champneuville, actuellement commune de l'arrondissement de Verdun-sur-Meuse. Voyez tome I, p. 243.

10. Nous avons déjà vu à plusieurs reprises (tome I, p. 128, et tome II, p. 178 et 235, et ci-dessus, p. 2, 5 et 6) que le Roi voulait que les officiers des garnisons d'Artois, aussi bien que le corps de la noblesse et que les ecclésiastiques, supportassent leur part des impositions selon l'usage du pays.

Outre les dix compagnies de Piémont qui étaient en garnison à Arras pendant le premier quartier, il y est venu quatre compagnies du régiment du Roi (B. N., ms. fr. 22641, fol. 226 v°).

Le 6 septembre, Le Tellier écrira au commissaire Courtin cette lettre sur les octrois d'Arras (A. G., vol. 165, p. 127-128) :

« ... Le Roi ayant examiné en quoi consistoit la levée de 2 s. 6 d. qui se faisoit anciennement sur chaque lot de vin qui entroit dans Arras, laquelle avoit été accordée aux habitants, et la dépense qu'ils étoient obligés de faire en cette considération pour les feux et chandelles des corps de garde qui étoient en ce temps-là, et pour l'entretènement du corps de la place, et S. M. ayant fait réflexion sur la différence qu'il y a entre la faculté présente de ces habitants et celle où ils étoient alors, S. M. a jugé que le parti que vous avez pris de les obliger à fournir seulement le bois et la chandelle des corps de garde sans augmenter les droits qui se lèvent sur le vin, étoit le meilleur qui se pouvoit prendre. En attendant que S. M. prenne résolution sur la réfection entière des dehors d'Arras, Elle trouve bon aussi, suivant votre avis, de faire la dépense de 3,000 livres pour employer à rétablir les endroits qui sont les plus endommagés. Cette partie sera envoyée au premier jour sur les lieux, et elle sera dépensée par les ordres de M. Talon, ou, en son absence, par ceux du président du conseil d'Artois. Il a été fait le fonds mentionné au devis que le commissaire Moscron m'a envoyé, et en la lettre que vous m'avez écrite, pour la réfection des corps de garde, comme étant une chose absolument nécessaire.

« Puisque vous ne trouvez pas de justice à obliger ceux d'Hesdin à fournir le feu et la chandelle des corps de garde, et que cette dépense n'est pas considérable, le Roi y pourvoira. »

11. Le 4, à la suite d'une seconde conférence préliminaire, d'Estrades a annoncé que le roi Charles s'était ouvert secrètement à lui, en toute confiance et en dehors des propositions générales émises à Paris par son ambassadeur, sur la nécessité de secourir le Portugal par une action combinée, soit en lui donnant de l'argent, ou y envoyant des troupes, comme Mazarin l'avait promis, soit en offrant d'obtenir une trêve de l'Espagne. Sa pensée et celle de son chancelier étaient que l'ambassadeur français allât rendre compte des choses en France, sous prétexte de visiter son gouvernement de Gravelines. Le Roi a répondu le 13, par une lettre qui est imprimée dans le recueil de 1719, p. 162-169.

12. Ci-dessus, 6 août, p. 18 et 20-26.

13. A noter ce passage, qui est de Lionne s'adressant à Brienne fils. L'ambassadeur écrivait chaque fois un simple billet à Lionne, une lettre en forme à Brienne, et une dépêche chiffrée au Roi. Ici, il s'agit de la lettre du 1er août imprimée dans le recueil de 1719, et dont le texte a été reproduit, ci-dessus, p. 23-26.

14. Imprimée dans le recueil, p. 152-154.

15. C'est seulement le 25 que fut envoyée la réponse imprimée dans le recueil de 1719, p. 175-180, mais qui s'appliquait en même temps aux lettres écrites par l'ambassadeur le 11 et le 15. Les deux premiers articles concernaient la restitution des meubles et pierreries de la cour d'Angleterre restés en Hollande et l'expulsion des régicides qui pouvaient s'y être réfugiés.

Quant aux ouvertures secrètes faites à d'Estrades, la lettre du Roi, du 12-13, avait répondu (p. 165-166 de l'imprimé, et vol. ANGLETERRE 76, fol. 208) :

« Sur les trois propositions qu'on a voulu vous charger de m'apporter, ou, pour mieux dire, les trois questions qu'on me fait, dont la première est de savoir si on ne doit pas, pour le bien et avantage des deux couronnes, faire tous efforts possibles pour conserver le Portugal et empêcher qu'il ne tombe entre les mains des Espagnols; la seconde, les moyens qu'on prendra pour cela, et si, pour cet effet, je donnerai quelque somme d'argent considérable; la troisième, en cas que ce que dessus ne se puisse faire, si on acceptera la médiation que les Espagnols offrent pour une trêve :

« Je vous dirai, pour la première, qu'autre chose est mon intérêt, que je connois fort bien, et peut-être mon désir, et autre chose s'en expliquer et y agir ayant les mains liées par un traité que mon honneur ni ma foi ne me permettent pas de violer en rien; et, si j'en usois autrement, le roi d'Angleterre lui-même n'auroit pas grand sujet de s'assurer en ce que je lui pourrois promettre aujourd'hui. Quand donc on parle de faire tous les efforts possibles en commun pour conserver le Portugal, et que le roi d'Angleterre prétend mettre sur moi une partie du poids dont il s'est chargé en résolvant son mariage, duquel il tire d'ailleurs des avantages indicibles, et qui lui sont particuliers sans que j'y participe, vous voyez bien que la chose n'est ni juste ni honnête à mon égard, et que par conséquent je ne puis ni ne dois y entendre.

« La seconde question se résout par la réponse à la première.

« Et, pour la troisième, qui regarde la trêve, il faut que vous demeuriez aux termes de ce que vous leur avez déjà fort prudemment représenté sur cette matière; et, si on vous réplique, comme a fait le chancelier, que, ne pouvant de leurs seules forces soutenir le Portugal, ils seront nécessités d'accepter l'ouverture d'une trêve, vous témoignerez, de ma part, y acquiescer comme à un mal nécessaire qui doit arriver au Portugal et à eux, dont j'aurai grand déplaisir, mais que je ne saurois empêcher ni prévenir par les voies qu'ils le désirent... »

Le Roi revint encore plus délibérément sur la première proposition dans cette lettre du 25-26, répondant à celles du 11 et du 15 (recueil de 1719, p. 177, et vol. ANGLETERRE 76, fol. 216 v°) :

« ... Vous ne pouviez répondre mieux à mon frère selon mes intentions sur le point de l'assistance du Portugal où il voudroit m'engager, et, quoique je vous aie déjà écrit fort amplement sur cette matière, je ne puis pourtant m'empêcher d'y ajouter encore, sur l'exemple que mondit frère vous a allégué du feu roi Henry le Grand mon aïeul, lequel, étant très prudent et exact à tenir sa parole, n'avoit pourtant pas hésité d'assister les Provinces-Unies d'hommes et d'argent nonobstant l'article du traité de Vervins qui le lui défendoit, que, comme je me propose pour principal modèle de ma conduite et de mes actions celles de ce grand prince de qui j'ai la gloire de descendre, je ne ferai jamais de difficulté de l'imiter en toutes choses autant qu'il sera en mon pouvoir, et qu'ainsi, sans alléguer, comme vous avez fait, des raisons de la différence des temps et de l'état des affaires pour me défendre de suivre son exemple, je veux bien encore aujourd'hui faire le même, à l'égard du Portugal, que le Roi mon aïeul fit pour les Hollandois, si les Espagnols m'en donnent la même occasion qu'à lui; mais, pour cela, il est nécessaire que le roi mon frère soit informé de quelques circonstances que peu de gens savent. Quand on fut sur le point de conclure en 1598 la paix de Vervins, le Roi mon aïeul fit déclarer par ses plénipotentiaires à ceux d'Espagne que MM. les États l'avoient considérablement assisté de troupes, de vaisseaux et d'argent pour lui aider à recouvrer son royaume, sur les promesses qu'il leur avoit données de les rembourser de toutes ces dépenses aussitôt que l'état de ses affaires le lui permettroit; qu'il ne prétendoit pas que la paix qu'il alloit signer lui fît faire banqueroute à ses bons amis, et que, plutôt que leur faire perdre un sol des sommes qu'ils avoient avancées pour son service, il aimoit mieux continuer la guerre; enfin, qu'il étoit résolu de les rembourser chaque année de la somme que ses finances pourroient supporter, et qu'il étoit bien aise de le déclarer par avance au roi catholique afin qu'il ne le prît point après pour une contravention du traité, et qu'il sût que c'étoit le payement d'une dette, et non pas une assistance volontaire contre la teneur dudit traité. Il est vrai que ce grand Roi put considérer que ce remboursement pourroit tenir lieu d'assistance à ses amis pour les empêcher de tomber sous les armes du roi catholique qui devoient fondre sur les Provinces-Unies aussitôt que la paix l'auroit dégagé de la guerre de France; mais la cause de ce payement étoit si juste, qu'il ne put être contesté par le roi catholique, qui y acquiesça. Le Roi mon aïeul fournit donc, en cette conformité, aux Hollandois, plusieurs sommes si considérables, que, peu d'années après, il alloit être quitte de toute la dette, et le prétexte légitime de leur en fournir d'autres étoit prêt à cesser, lorsqu'en l'année 1602, qui fut quatre ans après la paix signée, le Roi découvrit la conjuration du maréchal de Biron tramée par les Espagnols, qui lui avoient même promis de le faire duc de Bourgogne en lui faisant épouser la fille du duc Charles-Emmanuel de Savoie. Comme ce dessein de brouiller le royaume et d'en détacher une province de cette considération, s'il leur eût réussi de faire entrer en même temps les armes du duc de Savoie en Provence, étoit une manifeste contravention au traité de paix et tout à fait insoutenable, le Roi mon aïeul donna, à la vérité, au bien des peuples de ne prendre pas sujet sur cette entreprise d'en rompre effectivement la paix, quoique déjà violée de la part des Espagnols; mais, voyant bien qu'il ne se pouvoit plus confier à leur bonne foi puisqu'ils ne s'appliquoient qu'à lui jeter sur les bras des affaires fâcheuses, et que, sans manquer à ce qu'il devoit à son État et à soi-même, il ne pouvoit s'empêcher de prendre d'autres mesures qu'il n'avoit point prises jusques alors, il ne fit plus de difficulté, et avec raison, d'assister hautement et ouvertement les Hollandois : en quoi aucune personne sensée et raisonnable ne lui sauroit donner le moindre blâme. Je veux donc dire que, si les Espagnols me donnoient jamais une pareille occasion de me plaindre de leur mauvaise foi en l'observation de ce qu'ils m'ont promis par la paix que nous avons faite ensemble, je ne ferois aucune difficulté, non plus que le Roi mon aïeul, d'assister hautement et ouvertement le Portugal; mais, tant que cela ne sera point, je ne puis entendre avec honneur à des propositions de cette nature.

« Je me suis un peu étendu sur cette matière au delà des bornes d'une lettre, par le plaisir que j'ai eu à justifier la mémoire d'un prince à la valeur et à la prudence duquel je dois tout ce que je possède de grandeur, d'États et de gloire, et je serai bien aise que vous fassiez naître quelque occasion de défendre cette mémoire dans l'esprit du roi mon frère... »

On remarquera que c'est à cette lettre et à ce raisonnement que l'abbé de Choisy fait allusion dans le passage de ses *Mémoires* qui a été reproduit par nous au tome I, p. 42-43.

Une lettre suivante du Roi, du 23 septembre, comme celle du 16 que nous avons donnée dans l'Appendice du tome II, p. 324, mérite encore d'être reproduite intégralement (A. É., vol. ANGLETERRE 76, fol. 100, minute de la main de Lionne; copie dans le ms. 334 des CINQ CENTS DE COLBERT, fol. 296-298) :

« NOTA. Cette lettre sera déchiffrée par M. d'Estrades lui-même.

« Monsr le comte d'Estrades, je vous fais encore cette lettre à part afin de séparer toujours cette matière des autres, pour vous dire que, depuis mes dernières, la personne qui avoit correspondance secrète avec le chancelier Hyde a eu une de ses lettres du 5e du courant, par laquelle je vois que le roi mon frère a reçu avec beaucoup de témoignages d'agrément et de reconnoissance les offres que je lui ai faites d'une somme d'argent considérable. J'y ai seulement remarqué que le chancelier a l'adresse de parler de l'offre en termes un peu différents de ceux dont j'ai usé quand je l'ai faite. Vous savez que je vous ai mandé que ce seroit dix-huit cent mille ou deux millions de livres de cette monnoie, en deux ou trois ans selon que mes finances le pourroient permettre; cependant le chancelier ne parle que des deux millions comme d'une somme fixée là, et ne dit mot du temps et du terme de deux ou trois ans, qui sont pourtant des circonstances bien essentielles, et principalement le dernier point.

« Je dois aussi vous informer que, quand cette négociation a commencé, la première demande que fit le chancelier fut d'une somme seulement de 200,000 écus en prêt, le mariage de Portugal étant encore incertain. Comme je n'avois pas alors pris ma résolution touchant cette affaire, je fus quelque temps sans y répondre, me défendant sur l'épuisement de mes finances. A la fin, pour donner le coup à la déclaration dudit mariage, je fis écrire que j'accordois ladite somme en prêt, comme elle avoit été demandée. Le chancelier ne répliqua rien à cela, et laissa passer un mois ou six semaines sans dire qu'on l'acceptât ou qu'on la refusât, jugeant peut-être qu'il s'étoit trop avancé de ne parler que d'un emprunt, et qu'en temporisant le roi son maître en pourroit tirer un plus grand avantage. En effet, au bout desdites six semaines, il remit comme une nouvelle négociation sur le tapis, et, représentant le grand fardeau que le roi son maître alloit s'engager de supporter, et laissant même entrevoir que, s'il n'étoit considérablement aidé et appuyé, il seroit mal conseillé de s'y embarquer plus avant, il demanda quelle sorte d'assistance il pouvoit espérer de moi, sans plus parler d'emprunt. Sur quoi, après y avoir mûrement délibéré, je lui fis faire l'offre que je vous ai mandé, sans m'expliquer non plus si j'entendois que ce fût un prêt ou une assistance purement gratuite. La raison pourtant veut, ce me semble, que nous agissions sur le premier fondement que le chancelier lui-même avoit posé, d'autant plus que j'ai depuis passé bien au delà de la somme que le roi mon frère avoit désirée, et qu'il s'obligeoit de me rendre.

« Le chancelier, dans la même lettre dont j'ai parlé ci-dessus, dit qu'afin que le secret des remises que je voudrai faire soit mieux gardé (comme vous voyez qu'il m'importe extrêmement), il estime que la voie la meilleure et la plus sûre sera de faire remettre l'argent à Amsterdam, où ils seront obligés de faire la plupart de leurs préparatifs, et je suis du même avis; mais encore, pour cela, il faut bien concerter quelles mesures nous devrons prendre afin d'en ôter, s'il est possible, toute connoissance aux marchands mêmes, et, tant pour cette raison que pour les autres ci-dessus touchées, je juge d'autant plus nécessaire qu'après vous être bien informé de tous les sentiments du roi mon frère et de ceux du chancelier sur cette affaire, vous ne perdiez point de temps à venir faire jusqu'ici la course que je vous ai permise.

« Le chancelier, dans la même lettre, assure que le roi son

maître n'entend point que mes sujets reçoivent aucun empêchement dans leur pêche, et promet qu'il s'étendra davantage sur cette matière par l'ordinaire suivant, n'ayant alors encore pu parler au duc d'York sur ce que son secrétaire avoit écrit à Dieppe. S'il avoit oublié d'écrire, ou qu'il s'en fût abstenu sur l'avis qu'il aura eu de l'arrêt du sieur Foucquet, vous tirerez de lui, là-dessus, tous les éclaircissements possibles, afin que cette affaire-là n'en embarrasse pas de plus grandes.

« Ledit chancelier dit encore que c'est sur vos instances que le roi mon frère a achevé son traité avec les Hollandois. A dire vrai, je n'aurois pas désiré que ce traité-là eût précédé le mien.

« Il finit sa lettre par une prière audit sieur Foucquet de s'employer auprès de moi pour me faire donner ordre à mon ambassadeur à la Haye que, si la douairière d'Orange juge à propos, de l'avis du roi d'Angleterre et de l'électeur de Brandebourg, de faire instance aux États-Généraux pour les obliger d'accorder au jeune prince d'Orange les mêmes charges que son père possédoit, mon ambassadeur se joigne à cette instance : sur quoi je n'ai rien à vous mander que ce que je vous ai déjà écrit sur la même matière, les mêmes raisons qui doivent m'empêcher d'y entrer subsistant toujours. Sur ce, je prie Dieu, etc. »

16. Claude de Rouvroy, duc de Saint-Simon (1607-1693), l'ancien favori de Louis XIII, premier gentilhomme de sa chambre, son grand louvetier, son premier écuyer, etc., père de l'auteur des *Mémoires*.

17. Le duc de Saint-Simon possédait ce gouvernement depuis 1630, et, en raison de la situation de Blaye sur la rive droite de la Garonne, en aval et au nord de Bordeaux, il y avait pu rendre de grands services à la cause royale pendant la dernière période de la Fronde. La garnison était, en 1661, de trois compagnies de cent hommes chacune, avec un état-major composé d'un lieutenant et un sous-lieutenant au gouvernement, un major et deux capitaines appointés.

Nous avons, dans le volume ANGLETERRE 75, fol. 45-46, un « Mémoire touchant la sujétion et le tribut auxquels les Anglois étoient anciennement obligés envers la couronne de France. » C'est en vertu d'une ordonnance de Charles VII, en

1454, que les vaisseaux anglais devaient déposer à Blaye leur artillerie et leurs munitions de guerre, et la marine d'Angleterre s'y était soumise plutôt que de rompre son commerce avec Bordeaux. Il n'y avait eu que deux cas de dérogation sous Henri IV, et sous Louis XIII, en 1610 ; mais Cromwell a obtenu la suppression de cette contrainte en 1655, et c'est par représailles de leur conduite actuelle que Louis XIV veut la faire revivre. Il a fait écrire à d'Estrades, le 14 août (recueil de 1719, p. 166-167 ; minute de Lionne, dans vol. ANGLETERRE 76, fol. 75 v°) : « ... Comme je vois que l'on trouble les François dans le fait de la pêche que le feu Protecteur leur avoit laissée libre, ce qui est une atteinte au traité que signa avec lui le feu sieur de Bordeaux, laquelle je n'aurois point voulu commencer le premier, j'ai cru que, le roi mon frère ne l'exécutant pas en un point si important, je ne devois pas être plus retenu sur un autre point du même traité qui m'est désavantageux, et j'ai, ce matin, ordonné à mon cousin le duc de Saint-Simon, gouverneur de Blaye, de remettre les choses au premier état qu'elles avoient accoutumé d'être touchant la décharge des canons à Blaye des vaisseaux anglois qui viennent à Bordeaux, dont j'ai cru vous devoir donner avis, et du motif qui m'y a porté, afin que vous ayez de quoi répondre, et même avec grande justification, s'il vous en est fait quelque plainte à l'avenir. »

Beuningen écrivit au Pensionnaire, le 20 août (recueil de 1725, p. 163-164) : « ... Le comte de Saint-Albans a ordre de solliciter que l'on n'inquiète pas les Anglois sous le présent roi en vertu d'un droit que le roi de France a, et qui est fondé sur les traités, d'obliger tous les vaisseaux anglois qui font voile pour Bordeaux de décharger leurs armes et munitions à Blaye et de les y déposer, surtout puisque le Roi a renoncé à ce droit par le dernier traité fait avec Cromwell ; mais les ministres à qui l'ambassadeur d'Angleterre en a parlé lui ont répondu que Cromwell avoit reconnu que les prétentions de l'Angleterre sur cette couronne, et en particulier sur les provinces de Guyenne et de Normandie, étoient mal fondées, et qu'en conséquence il avoit ôté les armes de France de l'écusson d'Angleterre ; qu'ainsi, dès que M. l'ambassadeur auroit ordre de faire la même déclaration et renonciation de la part du roi son maître, on pourroit entrer en négociation sur l'affaire de Blaye... »

En effet, le Roi lui-même fit semblable réponse à M. de Saint-Albans, et M. de Lionne donna à entendre qu'on iroit à l'impossible pour satisfaire le roi Charles du jour où il cesserait de prendre un titre vain (A. É., vol. ANGLETERRE 76, fol. 77-78).

En attendant, on suspendit l'exécution de la mesure, et le roi Charles en remercia par une lettre du 26 septembre : A. É., vol. ANGLETERRE 75, fol. 169, et vol. FRANCE 412, fol. 63 et 68.

18. Cette affaire du Cap-Vert et de la Gambie a été exposée à propos de la séance du 13 août, p. 62-64. Comme Beuningen l'écrivait à cette date (recueil de 1725, p. 161-162), les Anglais enjoignirent aux sujets hollandais d'abord, puis aux français, de ne plus relâcher ni négocier à la côte de Guinée; les diplomates hollandais qui étaient à Londres s'étant plaints, le roi Charles a déclaré que cela s'était fait sans son ordre et a promis de faire punir les auteurs de l'attentat (*Gazette*, p. 796-797 et 910).

19. Le Roi a répondu, dans sa lettre du 14 (recueil imprimé, p. 168, et minute, vol. ANGLETERRE 76, fol. 76 v^u) :

« ... Je ne tombe point dans votre sens que je doive écrire ni audit roi, ni en Hollande, pour inviter et presser les deux parties de renouveler leurs alliances; je juge, au contraire, qu'il faut laisser aller l'affaire comme elle pourra : quand ils vivront en quelque jalousie, et mal satisfaits l'un de l'autre, j'en serai d'autant plus considérable à tous les deux. Je vois bien que, le roi d'Angleterre s'engageant à soutenir le Portugal, il ne seroit pas bien qu'il lui survînt des embarras du côté des Hollandois; mais, comme il n'est pas à craindre qu'ils les commencent s'ils n'y sont provoqués par de très grands préjudices qu'on leur veuille faire, à quoi j'estime que ledit roi d'Angleterre, qui voit son intérêt comme nous, ne se portera pas, je juge qu'il importe beaucoup plus que ces deux puissances, dont la jonction les rendroit formidables sur mer, ne vivent pas en état de s'unir étroitement, qu'il n'est à craindre que je reçoive du préjudice quand ils vivront entre eux en quelque petite désunion qui n'ira pas à une rupture... »

Downing, à la Haye, voulait que les Hollandais se contentassent d'une tolérance verbale plutôt que de s'exposer à une rupture catégorique, pensant au fond que, si les Français recouvraient la liberté de pêcher, cela formerait pour eux une marine et de bons matelots capables de faire un jour la guerre à l'Angleterre de compte à demi avec la Hollande. Quant à Louis XIV et à Lionne, sur lesquels Beuningen agit habilement, ils persistèrent à refuser de garantir le succès d'un accord en forme d'alliance : voir les lettres de Beuningen imprimées dans le recueil de 1725, p. 159-160, 248 et 275-288. Le roi Charles répondit en faisant construire des vaisseaux pour la pêche du hareng, comme nous l'avons vu p. 66, et en renforçant la surveillance des côtes.

20. Le Roi a dit, dans sa lettre du 13 (vol. 76, fol. 76 v°) :

« ... Pour vous faire voir que ce qu'on vous a dit de delà touchant la pêche ne s'accorde pas bien avec la vérité de ce qui s'est de tout temps pratiqué, je vous envoie un mémoire bien exact qui m'a été adressé certifié des magistrats principaux et habitants de Dieppe, et, en même temps, un acte fait depuis peu par le duc d'York, amiral d'Angleterre, pour faire rendre de certains filets de pêcheurs, qu'il dit n'avoir accordé que par pure grâce, dont j'ai grand sujet de me plaindre. Je fis, il y a quelque temps, mettre les mêmes pièces entre les mains du comte de Saint-Albans, qui, les ayant vues, déclara d'abord qu'il les tenoit insoutenables, et qu'il ne doutoit point qu'on ne me donnât là-dessus toute satisfaction comme je vous ordonne de la poursuivre.

« J'ai jugé, comme vous, que ceux de Boulogne ont eu tort d'user de représaille, ce qui ne se devoit que par mon ordre après m'avoir porté leurs plaintes de la prise de leurs filets ; mais, puisque la chose est arrivée, et que j'apprends que le vaisseau a été relâché après que les Boulonnois ont été dédommagés de leur perte, il n'est pas mal que les Anglois aient connu par là que nous ne demeurions pas d'accord de leurs prétendus droits au fait de la pêche... »

Wicquefort parviendra à faire conclure la convention de la garantie de la pêche, comme il l'a raconté dans son *Histoire*, tome III, p. 11-12, 16 et 46-47.

21. Brienne a écrit, le 13, au cardinal Antoine (B. N., ms. fr. 15612, fol. 154) : « ... Le roi de la Grande-Bretagne ayant

fait connoître à son parlement ses sentiments pour le soulagement des catholiques, et même pour les prêtres, on a déjà levé les lois sanguinaires qui avoient été faites contre les ecclésiastiques; mais on avoit réservé les PP. Jésuites de cette grâce : sur quoi, M. d'Estrades, ambassadeur de France, se sentant obligé d'en parler au roi d'Angleterre au nom de S. M., il a répondu qu'il le feroit, et que, comme il avoit trois mois à travailler cette affaire, il la disposeroit en sorte que le Roi en seroit satisfait. »

Les catholiques réclamaient, avec l'appui du roi Charles et malgré la résistance du chancelier, la liberté de conscience et l'abrogation des lois pénales; au commencement d'octobre, selon les nouvelles que Labastide continuait à recevoir (vol. ANGLETERRE 76, fol. 126), « le Conseil apporta quelque tempérament en faveur des catholiques d'Irlande, révoquant les concessions accordées au préjudice de ceux qui ont suivi son parti, et même les ventes qui ont été faites de leurs biens. C'est un grand sujet de mécontentement pour les presbytériens, et même pour quelques-uns du Conseil qui y sont intéressés. »

M. d'Estrades, par une lettre du 12 septembre, rendit compte à Colbert (B. N., ms. MÉLANGES COLBERT 106, fol. 222-224) de ce qu'il avait fait pour les catholiques par l'intermédiaire de l'abbé d'Aubigny, sur le compte duquel Louis XIV était revenu.

C'est seulement le roi Jacques II qui assurera l'établissement des Jésuites en 1687, et il y perdra sa couronne.

22. Le Roi avait dit, à la fin de sa lettre du 13 (vol. 76, fol. 76 v°) : « Je ne juge pas à propos que vous traitiez par écrit avec le chancelier, qui est l'expédient que vous avez proposé pour éviter la nécessité d'un truchement entre vous. On dit beaucoup de choses de vive voix, qu'on feroit difficulté de mettre sur le papier, et souvent, pour faire réussir une affaire, vous seriez obligé d'employer des raisons dont, en d'autres occasions qu'on n'auroit pu prévoir, on se prévaudroit contre nous-mêmes. »

Nous avons déjà annoncé que M. d'Estrades avait mission de continuer la négociation secrète confiée à Labastide sous la direction immédiate du Surintendant; Lionne fera signer, le 16 septembre (A. É., vol. ANGLETERRE 75, fol. 162 et 223 v°), des lettres accréditant l'ambassadeur auprès du chancelier, et c'est de leurs conférences que sortira le rachat de Dunkerque en juillet 1662.

Sur tous ces points, le jeune Brienne avait rédigé, dès le 13 août, la lettre qui suit, pour M. d'Estrades (A. É., vol. France 295, fol. 134 v° à 136) :

« Monsieur, le Roi m'ayant chargé de faire savoir à mon père de vous écrire ce qui échet à dire sur ce qui s'est passé entre vous et M. de Batteville à l'occasion de l'entrée des ambassadeurs extraordinaires de Venise à Londres, je ne doute point qu'il n'ait amplement satisfait au désir de S. M. sur ce sujet.

« Elle a été bien aise de voir, par votre dépêche du 4ᵉ de ce mois, que, dans l'audience que vous avez eue du roi d'Angleterre, il ait consenti que le commissaire de S. M. pour le renouvellement de la Loi à Dunkerque y aille tous les ans faire cette fonction, et que, dans le traité qui se fera entre la France et l'Angleterre, il y soit mis un article de n'assister pas les [un blanc] et de la restitution des biens qui ont été usurpés dans l'Acadie. Néanmoins, comme ce dernier point est un acte de justice qui s'est pratiqué en de semblables occasions, il seroit plus à propos d'en faire instance au roi d'Angleterre, que de le remettre à en faire un article de traité.

« Pour ce qui touche la rivière de Bordeaux, le Roi ayant ordonné à M. le duc de Saint-Simon d'obliger les vaisseaux anglois à décharger leurs canons à Blaye ainsi qu'il se pratiquoit avant le traité de feu M. de Bordeaux, nous attendons dans la suite ce qu'ils auront à dire.

« Le Roi ayant le même intérêt que les Hollandois à la liberté du commerce et de la navigation des Indes, S. M. désire que vous fassiez plainte au roi d'Angleterre de cette nouveauté qu'il veut, sous prétexte des droits cédés du Portugal, introduire en Afrique, où les François ont commerce, et même des habitations, depuis plus de huitante ans.

« S. M. ne juge pas à propos d'écrire les lettres que vous proposez en Angleterre et en Hollande pour la promotion du traité des Hollandois avec l'Angleterre : non que S. M. ne veuille bien qu'il se fasse ; mais Elle ne voit pas d'avantage de s'en mêler, ni d'inconvénient à leur voir essuyer la malice des affaires, pour leur apprendre à s'entre-connoître les uns et les autres, et à nous savoir gré de notre facilité dans nos traités.

« Le Roi croit que le vaisseau anglois arrêté à Boulogne a été aussitôt relâché après que les Boulonnois se sont fait dédommager de la perte de leurs filets qu'on leur avoit pris contre le droit commun et toute justice, y ayant beaucoup à dire que les mémoires qu'on vous a donnés de delà sur le fait de la pêche s'accordent avec ceux que les habitants de Dieppe ont envoyés à S. M.; néanmoins, comme, des criailleries et des querelles de ces sortes de gens de mer, il s'en peut former de l'aigreur entre les parties, cette affaire se pourroit remettre à discuter en un traité entre les parties et en faire un article, et c'est où il vaudroit encore mieux conduire les choses, que de souffrir qu'elles s'aigrissent.

« S. M. a fort approuvé l'office que vous avez passé en son nom auprès de S. M. Britannique en faveur des PP. Jésuites, et vous sait très bon gré du service que vous lui avez rendu en cette occasion.

« C'est un bonheur d'avoir rencontré un gentilhomme affectionné aux intérêts de S. M. pour vous servir de truchement auprès de M. le chancelier Hyde, et Elle aime bien mieux que vous vous communiquiez ainsi par un organe que vous estimez sincère, que par écrit, parce que cette voie a ses divers inconvénients, qui sont fâcheux au dernier point.

« Du surplus, Monsieur, S. M. ne trouve rien à redire à ce que vous conf ériez avec toutes sortes de personnes et de cabales, parce qu'Elle se confie entièrement en votre prudence, et se persuade bien qu'il n'en peut revenir que de l'avantage à ses affaires par votre dextérité; mais vous savez aussi qu'il y a des personnes qui sont absolument à éviter en tiers... »

A. É. — Du xx⁰ août 1661, à Fontainebleau[1].

Ce qui a été répondu à M. le cardinal Antoine de la part du Roi, sur sa dépêche du 19 juillet[2] :

Que, pour les bénéfices de Roussillon, le Roi continue à juger qu'il n'en soit présenté aucun mémorial qu'on n'ait vu le bref accordé à Philippe IIe[3];

Que, pour ceux d'Artois, ledit sieur cardinal peut s'y conduire comme il est porté par l'instruction du sieur d'Aubeville, qu'il a eu ordre de lui communiquer, et n'y rien faire que sous ses ordres[4];

Qu'en la dernière audience que S. M. donna au Nonce, Elle lui parla des bulles de l'archevêché de Reims, et continuera de le faire pressamment en toutes jusqu'à ce qu'on les ait obtenues[5];

Que, sur l'avis qu'il a donné, le Roi a fait expédier et envoyer le brevet de 20,000 livres de pension à M. le duc de Bracciano, mais qu'on lui peut dire en confidence que S. M. ne sait pas si Elle aura toujours le moyen de le faire payer de toutes les sommes aussi ponctuellement qu'Elle auroit fait si elle eût été réduite à la moitié[6];

Qu'on loue les soins qu'il prend d'avertir le Roi de ce qui se passe à Naples[7];

Que, pour les avis de Pologne, on en a de plus certains et plus particuliers ici qu'il n'en peut avoir à Rome[8].

1. Cet article du Mémorial manque dans le ms. A. É. 415; mais la minute, écrite de la main de Lionne lui-même, se trouve à sa date dans le volume ROME 141, fol. 344, suivie d'une minute de lettre de ce ministre à d'Aubeville, du même jour, et, en outre, dans la copie de la correspondance de Brienne, ms. B. N. CINQ CENTS DE COLBERT 334, fol. 79, il précède la réponse à l'ambassadeur Servient, du même jour, qui suivra ci-après, p. 90.

Sur toutes ces affaires de Rome, voir ci-après l'appendice III.

2. Sur ce que le Pape ne consentait pas à recevoir d'Aubeville, Lionne répondit à celui-ci, le 27 (A. É., vol. ROME 143, fol. 275), qu'on ne pouvait accepter un compromis. « ... Si cette conduite avoit à durer, disait-il, on en feroit ici sentir le contrecoup au Nonce... Je me trouvai présent, il y a trois jours, à la dernière

instance qu'il a fait faire au Roi pour le voir : S. M. répondit qu'Elle attendroit les lettres de l'ordinaire prochain, et que, si Elle apprenoit par leur contenu que vous eussiez vu le Pape, Elle le verroit le jour suivant; sinon, qu'il pourroit attendre au retour de Bretagne... »

3. Cette affaire a été exposée le 25 juin (tome II, p. 101-102 et 107-108). Le Roi eût voulu que la faculté de disposer des bénéfices dans les Pays cédés lui fût reconnue comme une conséquence du Concordat de 1516, temps où l'Artois appartenait à la France; mais M. de Marca avait toujours assuré que Rome ne s'y prêterait point, puisque ce serait, pour le Saint-Siège, renoncer aux « huit mois du Pape » non inscrits dans le Concordat. D'autre part, le Roi était fort piqué que le Pape se refusât à recevoir d'Aubeville lui-même pour traiter la question et exigeât qu'elle fût soumise, en forme de mémorial, à son ministre le cardinal Chigi. « Jamais, disait-on, aucun pape n'a prétendu traiter si indignement l'envoyé d'un grand roi. » Mais c'était la conséquence nécessaire du fait que la France n'entretenait plus d'ambassadeur à Rome; il fallait donc se résigner au mémorial, et le Roi voulait préalablement se rendre compte, sur les pièces, des conditions et des termes où Philippe II avait obtenu l'indult pour l'Artois.

4. L'archevêque Marca recevra ordre, le 30 septembre, de rédiger une demande d'indult telle que le Roi consentait à la présenter pour l'Artois et pour le Roussillon (B. N., ms. BALUZE 112, fol. 32-42, original; A. É., vol. ROME 143, fol. 203-205, copie mise au net par Baluze), et, des modèles ayant été proposés en octobre et en novembre par l'abbé de Bourlémont et par d'Aubeville (vol. ROME 142, fol. 113, 126, 243, 245 et 258), Brienne écrira à ce dernier, le 23 décembre (B. N., ms. fr. 15612, fol. 490 v° à 492) : « Je n'ai point répondu à vos dernières dépêches à cause d'un accablement extraordinaire qui nous est survenu d'envois et d'expéditions de toutes parts sur la naissance de Mgr le Dauphin. Celle du 23e (novembre) est une fort belle et fort judicieuse dissertation sur les indults obtenus par Charles V[e] et les autres rois d'Espagne pour la nomination des bénéfices du Roussillon et de l'Artois, et les contradictions qui s'y rencontrent sur le fait du juspatronat attribué auxdits rois par les indults sur les

bénéfices desdits pays, et les bizarres exceptions et réserves qui y sont faites à l'égard des vacances *in curia*. Vous avez, Monsieur, si bien examiné ces pièces, et vous en possédez si parfaitement la matière, qu'il vous sera facile, ne vous aidant que de vos propres lumières, de donner une forme d'indult très avantageuse à S. M., pourvu que le Pape, envers lequel on se relâche de son plain droit pour obtenir d'Elle par grâce ce qui appartient à S. M. fait par justice, au moins en ce qui touche l'Artois, considérant en cette occurrence la soumission volontaire de S. M., la veuille recevoir favorablement... »

Pierre Clément a publié dans les *Lettres de Colbert*, tome VI, p. 87-89, d'après la minute autographe, un mémorandum de 1662 conforme à la thèse de l'archevêque Marca.

5. Tome II, p. 34 et 38-40. Sur de nouvelles instances présentées par d'Aubeville, le 4 septembre, au Pape lui-même, celui-ci répondit qu'on ne lui en parlât plus, et, sur l'affaire du chapeau demandé pour M. de Mercœur, il la renvoya à un autre temps.

6. Le Roi écrivit à ce duc, le 26 août 1661 (B. N., ms. fr. 15612, fol. 180; A. É., vol. France 295, fol. 156 v°) : « Mon cousin, la générosité avec laquelle vous vous êtes porté, incontinent après qu'il a plu à la Providence divine de disposer de feu mon cousin le duc de Bracciano votre père, à donner des démonstrations publiques de la continuation de l'attachement qu'il professoit à mes intérêts et à ceux de ma couronne, et les offres que vous me fîtes aussitôt de vos affections par vos lettres ne me purent être que très agréables, non seulement pour la considération en laquelle j'ai toute votre maison, mais pour l'estime que je fais du mérite de votre personne; et, comme, de mon côté, je suis en volonté d'y correspondre par les effets de ma bienveillance, j'ai désiré aussi les continuer en votre personne de la même sorte qu'il avoit été fait à vos père et aïeul. C'est pourquoi, ayant fait expédier sous votre nom le brevet de la pension de vingt mille livres qui leur avoit été accordée, j'ai chargé mon cousin le cardinal Antoine Barberin, grand aumônier de France, de vous le présenter de ma part, et l'ai prié de l'accompagner des assurances particulières de ma protection. Il vous dira aussi ce qu'il échet de vous faire entendre sur ce sujet, dans lequel il ne sauroit

assez vous exprimer mon affection à votre égard et à ce qui touche les avantages de votre maison. Et, sur ce, je prierai Dieu qu'il vous ait, mon cousin, en sa sainte garde. » Le cardinal Antoine répondit par une lettre du 26 septembre qui est au volume Rome 142, fol. 107.

7. Tome I, p. 79. La noblesse napolitaine continue à se plaindre que le vice-roi ne cherche qu'à ruiner ses privilèges (*Gazette*, p. 905).

8. Voir ci-après l'appendice sur la succession de Pologne.

A. É. — Ordinaire du xxe d'août 1661, à Fontainebleau.

Il peut être écrit une lettre du Roi à l'ambassadeur Servien pour lui dire[1] :

Que, S. M. ayant appris que la dame de Belloy[2], à son passage à Turin, avoit manqué à rendre à l'ambassadrice de S. M.[3] la visite et les devoirs qu'elle étoit obligée, S. M. a fort désapprouvé son procédé, qui est une suite [de la conduite] qu'elle avoit tenue à Florence, où toute la cour l'avoit trouvée dans des prétentions ridicules; que S. M. témoignera à son mari et à elle, quand ils seront arrivés, le sentiment qu'Elle a de leur faute, et se souviendra aux occasions de ceux qui lui ont conseillé ce manquement de respect, que S. M. tient fait à Elle-même;

Que cet incident donne occasion à S. M. d'ordonner audit ambassadeur de faire ses diligences pour obliger les chevaliers de l'Annonciade[4] à se déporter de l'innovation qu'ils ont témoigné vouloir faire au traitement de ses ambassadeurs qui résident et passent en Piémont, contre ce qui a été par eux pratiqué du temps des ambassadeurs qui l'ont devancé, et avec lui-même, croyant peut-être, par une mauvaise et peu raisonnable politique, qu'à cause que, depuis quelques années, S. M. a de beaucoup augmenté les honneurs qu'on faisoit auparavant en France aux ambassadeurs de Savoie, on ait droit, de delà, de le diminuer aux siens, ce qui seroit la dernière injustice en termes d'honneur et de tant soit peu de bienséance, et pourroit même, à la fin, obliger S. M. à faire cesser de sa part les innovations qui, depuis son avènement à la couronne, ont été faites à l'avantage des ambassadeurs de Savoie, s'ils en vouloient établir au préjudice de ceux de France[5];

Que ledit sieur Servien fasse savoir à Madame et à M. de Savoie, comme aussi aux sieurs de Marolles et de Senantes[6], qui ont accepté ce collier sans sa permission quoique ses sujets, que, si, au lieu de fomenter semblables nouvelles et injustes prétentions, ils n'y procurent une fin et ne rendent à ses ambassadeurs ce qu'ils leur doivent, Elle en usera en leur endroit comme leur procédé l'y conviera, et de même, au marquis de Saint-Germain[7], à l'abbé de Saint-Germain[8] et au comte Philippe[9], que S. M. se promet d'eux que, jouissant des bienfaits considérables de S. M., ils voudront y correspondre, et non seulement en bien user pour ce qui les touche, mais y porter les autres, puisqu'on ne souhaite d'eux que la continuation de ce qui a toujours été pratiqué, quoique l'on dût plutôt prétendre augmentation d'honneurs envers les ambassadeurs eu égard à ce que S. M. a accordé[10].

1. La minute de ce second article du 20 août, préparée par Lionne comme celle du premier, se retrouve dans la correspondance de Turin, vol. 57, fol. 60; mais on en a aussi le

texte dans le transcrit des lettres de Brienne, ms. Cinq cents
de Colbert 334, fol. 81-83. Les lettres écrites à Servient le
19 août et le 20 sont dans A. É., vol. Turin 56, fol. 300
et 301 (orig.), et vol. France 295, fol. 147-148 (cop.). Il faut
remarquer que celle du 19 débute ainsi : « Je me sers du
loisir que je trouve ici (à Paris), plus grand que je ne ferois
aujourd'hui à la cour (à Fontainebleau), pour vous dire que,
dans le dernier conseil où j'ai fait rapport de votre dépêche,
S. M. ayant appris que la dame de Belloy, etc. » Ainsi les décisions avaient été prises antérieurement au 20 août, et cette
date est celle de leur envoi par l'ordinaire, de même que les
décisions indiquées ci-dessus, p. 73 et 75, sous la date du 19,
remontaient au 13.

2. Sans doute Hercule, comte de Belloy par érection de 1652
et marquis de Montaiguillon, capitaine des gardes de Gaston
d'Orléans en 1651, gouverneur du Pont-Saint-Esprit en 1656,
lieutenant général au gouvernement de Champagne en 1666. Il
avait épousé en 1649 une fille de l'intendant Villemontée. Le
comte et la comtesse avaient été chargés par la duchesse d'Orléans de conduire sa fille jusqu'à Florence, et le Grand-Duc les
a fait ramener par Turin, où ils ont été reçus le 28 juillet avec
de grands égards (*Gazette*, p. 747 et 760). Il y avait eu rupture
parce que Mme de Belloy, après s'être fait donner les meubles,
vaisselles, tapisseries, etc., emportés de France pour le service
de la Princesse, avait, en outre, prétendu au même traitement
que la duchesse d'Angoulême.

Servient a écrit à Brienne, le 30 juillet (A. É., vol. Turin 57,
fol. 51) : « ... Mme de Belloy arriva jeudi au soir en cette ville, et,
une heure après, Mme l'ambassadrice l'envoya visiter par un
gentilhomme, et, le lendemain au matin, je l'allai voir moi-même
avec toutes les civilités que je pus. Je ne sais pas si elle a prétendu d'être visitée la première; mais elle ne l'a point vue pendant les deux jours qu'elle a été ici, et même elle est partie
sans lui envoyer faire le moindre compliment du monde quoique
M. son mari m'eût assuré chez moi, ce matin, qu'elle s'habil-
loit pour la venir voir : ce qui l'a obligée à l'attendre tout le
jour chez elle. Cela m'a d'autant plus surpris que nous ne
pouvons pas lui avoir déplu en quoi que ce soit, ne l'ayant
jamais vue que cette fois-là, et que même j'avois dessein de la
loger chez moi, si Madame ne m'eût fait savoir qu'elle la vou-

loit loger... A la vérité, elle est grosse; mais cela ne l'a pas empêché qu'elle n'ait vu le Valentin et le palais Neuf de S. A. R., et fait d'autres choses plus pénibles qu'une pareille visite. »

3. Justine de Bressac, fille d'un bailli de Valence et femme de M. Servient, mourra en 1685.

4. L'ordre de l'Annonciade, qui donnait le titre de cousin du duc de Savoie, n'était conféré qu'aux plus grands seigneurs du pays, et, par exception, à quelques étrangers. On avait déjà écrit à l'ambassadeur, le 7 janvier précédent, sur les prétentions de ces chevaliers (A. É., vol. Turin 56, fol. 254). Ils refusaient de laisser la droite aux ambassadeurs en les reconduisant.

5. Ce duc de Savoie « pièce à pièce obtint pour ses ambassadeurs les honneurs particuliers de ceux des têtes couronnées, sur sa prétention de roi de Chypre,... et prit chez lui l'*Altesse Royale* après son mariage avec la fille de Monsieur, qui l'avoit par elle-même... Peu à peu, il l'obtint des cours étrangères, et ce qu'il y a de rare dans cette usurpation, c'est que son grand-père, avec la même prétention de Chypre, fils d'une fille de Philippe II roi d'Espagne et mari d'une fille d'Henri IV sœur de Louis XIII, n'y avoit jamais songé. » (*Mémoires de Saint-Simon*, édit. nouv., tome XVI, p. 305.)

C'est seulement à l'occasion du mariage du duc de Bourgogne, en 1697, que l'ambassadeur de son beau-père aura le traitement complet des ambassadeurs de tête couronnée.

6. François Mesme, seigneur de Marolles et comte de Chiavasso en Piémont, était mestre de camp des gardes du duc, lieutenant général de son armée et gouverneur de Saluces; ses enfants ont obtenu en 1660 la naturalisation française. — François de Havard, marquis de Senantes, gentilhomme de Gaston d'Orléans, était passé en Piémont à la suite d'une détention à la Bastille, mais avait reçu un brevet de maréchal de camp français en 1646, et il était en outre capitaine des gardes de la duchesse; sa fille, née à Turin, eut la naturalisation française en 1661. Lui et Marolles ont reçu le collier de l'Annonciade le 2 mai 1660.

7. Octavien de Rivarolles de Saint-Martin d'Aglié, marquis de Saint-Germain, chevalier de l'Annonciade depuis 1639, gouverneur de Turin depuis 1656, était grand écuyer du duc régnant, et sa femme gouvernante de la princesse de Savoie. Il recevra le collier du Saint-Esprit à la promotion de 1661.

8. François d'Aglié, frère du précédent, avait été fait ambassadeur en France en 1650, et y possédait l'abbaye de Saint-Jean-des-Vignes. Il reçut ensuite celles de Sainte-Marie de Pignerol et de Staffarde en Piémont. Il fut fait chancelier de l'ordre de l'Annonciade en 1663.

9. Le comte Philippe d'Aglié, troisième frère, qui était revêtu du grade de maréchal de camp en France, jadis favori de la duchesse Marie-Christine et gouverneur du prince héritier, avait été fait en septembre 1650 ministre d'État et grand maître de la maison du duc, après avoir été surintendant de ses finances.

Tous trois eurent la naturalisation française en 1669.

10. On trouve dans le volume Turin 57, fol. 39-40, entre la minute, préparée par M. de Lionne, de l'article de notre Mémorial France 415 en date du 2 juillet, qui a été donné dans notre tome II, p. 138, et une copie de la lettre adressée par Servient au Roi le 2 juillet, le projet, sans date, d'une lettre « qui ne fut pas envoyée, » dit une annotation marginale de Lionne, mais dont le dernier paragraphe, relatif aux chevaliers de l'Annonciade, reproduisait la fin de l'article du 20 août que nous avons ici. Le projet de la lettre non envoyée (vol. 57, fol. 39) commençait par ce paragraphe, qu'on ne retrouve pas ailleurs :

« Il pourroit être écrit par M. le comte de Brienne fils à M. le président Servien en la manière suivante, qui est l'intention de S. M. Les fréquentes plaintes que les habitants des côtes de Provence continuent de faire à S. M. sur les vexations qu'on y pratique journellement sous prétexte de l'impôt de Villefranche, l'obligent à souhaiter qu'on y mette une fin, tant pour le bien de ses sujets et de ceux qui y trafiquent, que pour celui de M. le duc de Savoie, et d'en rechercher à sa considération les moyens plus doux qui lui seront possibles ; et, pour cet effet, quoique les villes de Marseille et de Toulon lui fassent des instances continuelles de leur permettre de repousser à leurs seuls frais les barques qui viennent de Villefranche sur les mers de France, contre le droit des gens, pour y prendre celles qui n'ont pas payé lesdits impôts, et qu'Elle leur accorde la liberté de les suivre et prendre de même sur celles de Nice jusques au port de Villefranche, néanmoins Elle ne veut pas encore accorder cette permission, qui seroit accompagnée d'autant de justice qu'il y en a peu ou point dans l'entreprise d'enjamber sur son État et d'y faire des captures sans sa permission expresse, tant par mer que par terre, dont la considération est égale, n'y voyant pas raison de différence, ni pourquoi on puisse pratiquer des voies de fait au préjudice de la couronne plutôt sur la mer que sur la terre, quoi qu'il vous ait été dit au contraire pour favoriser l'impôt, lequel n'étant fondé que sur cet abus insupportable à tout prince (puisque, sans cela, il seroit anéanti), l'injustice en est si évidente, qu'elle n'est pas soutenable... »

M. C. — Du 2 septembre, à Nantes[1].

M. de La Vrillière ayant voulu faire la lecture d'un partage arrivé entre M. de Saron-Champigny et le commissaire de la religion prétendue réformée pour l'exécution de l'édit [de] Nantes, sur quelques affaires qui concernent la province de Dauphiné, le Roi a ordonné qu'il sera sursis au jugement dudit partage jusques à ce que tous les autres partages qui pourront arriver en ladite province aient été envoyés à S. M., et que lors ils seront tous jugés conjointement[2].

Sur ce que M. de Saint-Luc et de Fontenay ont fait savoir que les troupes du Roi avoient [été] reçues[a] à Montauban[3], que l'obéissance y avoit été rétablie, et que les religionnaires exécutoient les ordres dudit sieur de Saint-Luc touchant leur désarmement, le Roi a ordonné que le procès sera fait aux coupables de la sédition, par contumace ou autrement, par ledit sieur de Fontenay, avec les officiers du présidial de Montauban, s'il se peut et si on juge qu'ils soient pour se porter à en faire justice, sinon avec les officiers qui seront tirés des plus prochains sièges, et, ce pendant,

---

a. Ainsi au manuscrit, où la fin du mot *reçue* porte une correction, et le verbe auxiliaire est omis.

que les gens de guerre y continueront leur séjour[4].

Et, sur ce que le sieur de Teron a écrit qu'il n'avoit point dépossédé les officiers de la Religion qui ont le commandement des compagnies qui forment la milice de la ville de la Rochelle, à cause de leur âge avancé et que, par leur mort, on pourroit supprimer ladite milice, le Roi a ordonné que lesdits officiers religionnaires seront dépossédés présentement, et que, pour conserver ladite milice, qui a servi utilement en plusieurs rencontres, il sera établi en leur place des officiers catholiques pour en avoir le commandement[5].

Le Roi a aussi ordonné que la déclaration faite lors de la réduction de la ville de la Rochelle en l'obéissance du feu Roi sera exécutée, et qu'en ce faisant tous les religionnaires qui s'y sont établis en sortiront dans le temps prescrit ci-devant par S. M., et ce nonobstant les lettres dudit sieur de Teron qui portent qu'il y a près de quatre cents familles de cette condition dans la ville de la Rochelle, avec lesquelles les autres habitants de la ville sont entièrement intéressés par des alliances ou autrement[6].

1. Les journées du 20 au 24 août, à Fontainebleau, furent remplies par les divertissements ordinaires. Le 25, en l'honneur de la fête du Roi, on représenta le ballet déjà dansé à Vaux. « Le 29, sur les neuf heures du matin, le Roi partit à cheval, accompagné du prince de Condé, du duc d'Enghien, du duc de Beaufort, du comte d'Armagnac, du maréchal de Turenne, du comte de Saint-Aignan, et de grand nombre d'autres seigneurs, et alla coucher à Saint-Dyé, S. M. ayant de là continué sa marche vers la Bretagne, où Elle a voulu aller en personne porter ces précieux soins qu'Elle applique tous les jours à l'établissement de la bonne fortune de ses sujets, avec si peu de relâche que l'on peut dire qu'il n'y a jamais eu de sou-

verain qui ait tenu si infatigablement le timon de l'État » (*Gazette*, p. 936).

Le 1er septembre, la cour est arrivée à Nantes.

2. Ci-dessus, p. 31, 32 et 39. Voir, sur de pareilles difficultés dans la province voisine, l'*Histoire du Languedoc*, éd. Roschach, tome XIII, p. 424-427.

Il existe nombre de mémoires ou factums relatifs aux conflits de partage qui se produisirent dans les provinces à partir de 1661 et de l'institution des commissaires : voir le tome V du *Catalogue des Imprimés de l'Histoire de France à la Bibliothèque*, p. 678-698 et 704-709, et, aux Archives nationales, le carton TT 464.

3. Il a été parlé de cette sédition en juillet, dans le tome II, p. 180, 183 et 186, ainsi que des mesures prises par M. de Saint-Luc et par l'intendant Hotman de Fontenay, de l'occupation militaire, et des exécutions faites sur les principaux séditieux.

4. M. de Saint-Luc fit démolir deux bastions propices aux émeutes, et, après une vingtaine d'exécutions, il put retirer ses troupes (*Gazette*, p. 1061, 1084 et 1156). L'intendant rendra compte à Colbert, le 4 décembre, de ce que l'occupation avait coûté : au total, 41,800 livres.

5. Ci-dessus, p. 30, 31, 35-38. Le 14 août, Colbert de Terron avait écrit, de Brouage, à son cousin (B. N., ms. MÉLANGES 104, fol. 590-591) :

« Par ma dernière, du 7 de ce mois, je vous ai remarqué que, pour prévenir une seconde émotion, on avoit été d'avis de donner la main à l'élargissement des trois prisonniers en les mettant à la garde d'un huissier, ou les donnant sous caution. Depuis ce temps-là, le corps des habitants, parmi lesquels les huguenots ont la principale action, ayant considéré que leur foiblesse prétendue pour la garde desdits prisonniers leur seroit imputée à crime, ils ont pris cœur et semblent avoir pris résolution de les garder, et les juges présentement balancent à faciliter cet élargissement sur une lettre du Roi que le lieutenant criminel a reçue par le dernier ordinaire, signée de M. de La Vrillière, par laquelle il lui est mandé, en réponse des procès-verbaux que le lieutenant général et lui avoient d'abord envoyés à la cour, de faire le procès à ces prisonniers et les faire exécuter :

de sorte que cette affaire demeure toujours en même état, c'est-à-dire qu'il est incertain si le peuple ne s'émouvera point pour retirer lesdits prisonniers, auquel cas l'on ne peut juger comment se comporteroient ceux qui se trouveroient en garde; et, pour ce qui est de l'exécution des coupables, il est constant qu'elle ne se peut faire sans l'assistance des troupes du Roi.

« M. de La Vrillière m'ayant fait l'honneur de m'écrire une lettre sur le même sujet, j'y trouve à discuter deux affaires fort importantes.

« La première concerne les officiers de milice, lesquels se trouvant presque tous de la religion prétendue réformée, le Roi met en question s'il est à propos de les destituer de leur fonction, fondé sur ce que cet emploi ne leur a été donné que verbalement par le comte du Dognon, et que, par la déclaration rendue sur la prise de la Rochelle, il est défendu aux huguenots d'avoir des armes.

« L'autre affaire est que le Roi m'ordonne de faire exécuter ladite déclaration contre tous ceux qui, au préjudice d'icelle, se sont habitués dans la ville, et cela sur le sujet du ministre du Mesnil, qui est dans ce nombre-là.

« Pour ce qui est des officiers de milice, il est vrai que c'est une chose assez étrange que le colonel et les trois quarts des officiers soient huguenots. Il y a longtemps que j'en aurois écrit au Conseil du Roi, si je n'avois cru que la paix et la mort des officiers anéantiroient leur fonction, et qu'ainsi cet ordre de milice se détruiroit sans autre application particulière de l'autorité du Roi. Ce colonel, qui est huguenot et doyen des conseillers du présidial, a soixante-quinze ans, et les capitaines sont aussi assez avancés en âge. Ainsi, je suis toujours dans la même pensée qu'il faut laisser anéantir cet ordre de milice, sans user d'autre moyen que du temps, en ne remplissant point les charges qui vaqueront.

« Pour ce qui est de l'évacuation de ceux qui se sont habitués dans la ville au préjudice de la déclaration, c'est une affaire assez forte et de grande conséquence. Il faut faire état de quatre cents familles de François originaires ou d'étrangers habituées au préjudice de la déclaration, lesquels sont présentement liés d'alliance ou de commerce avec les anciennes familles. Ainsi, c'est attaquer presque toute la ville.

« Si le Conseil du Roi a résolu de pousser les huguenots et de leur donner des mortifications, l'occasion est favorable et fondée sur une justice qui ne peut être contestée. En ce cas, il faut que l'exécution soit soutenue de la présence de quelques troupes, et considérer que l'on entreprendra une affaire d'importance dans un canton où les huguenots sont fort puissants par le nombre et par le crédit. Si on ne veut pas faire une chose de si grand éclat, il faut s'arrêter à ce que l'on pratique présentement, qui est de s'opposer par le ministère des officiers de police à l'établissement des nouveaux venus, et n'en souffrir aucun à l'avenir; et, si cela ne se fait avec autant de vigueur qu'il seroit à désirer, c'est la foiblesse qui en est cause : on appréhende de se commettre et de ne pouvoir soutenir les affaires auxquelles on se seroit engagé, et, pour cette raison-là et toutes les autres qui peuvent regarder le recouvrement des deniers du Roi et toutes les affaires de la province, il semble que, si le Roi a à tenir des troupes dans quelque lieu des provinces de Poitou et Xaintonge, qu'il les tiendra plus utilement dans la Rochelle qu'en aucun autre lieu; et sur le sujet de l'émotion dernière, il n'est pas à mettre en question, comme il a été dit ci-dessus, que l'on puisse exécuter les coupables sans l'assistance des troupes du Roi : on coulera le temps en attendant les résolutions qui se prendront sur les lettres et mémoires de M. Pellot, sur quoi, selon les apparences, on ne peut pas tarder d'avoir des nouvelles. »

Autre lettre du 31 (ms. 104, fol. 622) :

« M. Pellot s'en allant à la cour, il vous informera de ce qui s'est passé à la Rochelle pour le rétablissement de l'autorité du Roi. Je tâcherai de tirer, pour l'avenir, tout l'avantage qu'il se pourra de la correction qu'ont reçue les habitants pour les tenir dans la soumission. Les régiments de Gramont et Orléans y étant demeurés en garnison, nous avons cru qu'il étoit à propos de leur donner la garde de la tour de Saint-Nicolas, et d'en retirer les hommes détachés de cette garnison. Cette tour en sera gardée par un nombre d'hommes beaucoup plus grand, et, outre cela, ayant fait monter sur la plate-forme trois pièces de canon de douze livres, je crois que cela contribuera fort à tenir toute la ville dans le respect, et me donnera moyen de faire obéir le Roi sur tout ce qui regarde l'exécution de la déclaration de 1628, en cas que l'on veuille s'y attacher. Si vous n'approuviez point que l'on eût retiré nos vingt hommes détachés, je les ferai renvoyer, et j'attendrai d'en écrire à M. Le Tellier jusques à ce que j'aie su votre sentiment... »

Au moment de rejoindre la cour à Nantes, l'intendant Pellot a pu rendre compte à Colbert du rétablissement de l'ordre (B. N., mss. Mélanges Colbert 103, fol. 475, et 106, fol. 125 et 353).

6. Sur une réclamation des États-Généraux, le Roi fit répondre par Brienne, le 2 octobre (B. N., ms. fr. 15612, fol. 266 v°), que leurs marchands ne seraient pas troublés dans les opérations de commerce tant qu'elles les retiendraient sur les lieux, et il y eut effectivement des adoucissements pour les Flamands et autres étrangers, mais rien de plus. Les prescriptions du 4 août ayant été suivies avec succès à partir du 14 octobre, l'ambassadeur Beuningen écrivit au Pensionnaire, le 26 octobre (recueil de 1725, p. 214-215) : « J'ai appris, par les dernières lettres que j'ai reçues, que l'on murmure fort des ordres que le Roi a donnés à ceux de la religion réformée qui, malgré la capitulation de la Rochelle et les ordres du Roi émanés en conséquence, se sont établis dans cette ville. Nous avons parlé sur cela en faveur de ceux qui sont des Provinces-Unies, et l'on nous a répondu que, s'ils vouloient demeurer dans cette ville-là comme étrangers, ils n'étoient pas sujets à ces ordres, mais que, s'ils ont obtenu des lettres de naturalisation, et qu'ils voulussent s'en prévaloir, ils ne pouvoient être traités que comme sujets du Roi; et, dans la dernière visite que nous avons rendue à M. le comte de Brienne, il nous dit que son sentiment étoit que ceux qui étoient naturalisés devoient être libres dès qu'ils renonçoient à leur naturalisation. Cela étant ainsi, il ne me paroît pas que ces ordres intéressent LL. HH. PP. Bien loin de là, il est de leur intérêt qu'on ôte à leurs sujets les moyens de s'établir hors de la patrie tant que le séjour leur est permis *commerciorum causa*. Dans la province de Gueldre, on ne reçoit bourgeois aucun étranger catholique romain, et ces Messieurs-ci, qui peuvent ne pas ignorer cela, paroîtroient sans doute fort surpris qu'on se formalisât chez nous de ce que le Roi n'accorde pas la même chose aux réformés dans une ville suspecte, et en vertu d'une capitulation... »

Les mesures prises par Colbert de Terron furent confirmées

par un arrêt du Conseil du 11 novembre : voir l'*Histoire de l'édit de Nantes*, tome III, p. 425-426, et les Pièces justificatives du même volume, p. 85-88.

Plusieurs familles françaises ayant été expulsées, des membres parvinrent par la suite à obtenir des arrêts du conseil privé pour leur réintégration; mais le Roi fit casser ces arrêts par le Conseil le 16 octobre 1662 (B. N., Imprimés, F 47065).

Le 13 novembre 1661, à propos de la procédure d'Eymet, Le Tellier écrivit au président Caulet (A. G., vol. 170, fol. 197) : « ... Vous connoîtrez par là combien S. M. juge nécessaire la punition de ces sortes de séditieux qui semblent n'avoir autre chose dans l'esprit que de troubler par toutes sortes de voies le repos que le Roi a procuré à la France par la Paix et travaille tous les jours à lui affermir par une entière application à détourner les moindres choses qui la peuvent altérer... »

En semblable affaire, Le Tellier écrivit à Filleau, le même jour 13 novembre (A. G., vol. 170, fol. 196) : « Monsieur, lorsque le feu Roi, après avoir pris la Rochelle par la force de ses armes, lui imposa des conditions telles qu'il plut à S. M., celle de ne point recevoir de nouvelles familles de la R. P. R. en fut une des principales, en exécution de laquelle vous voyez que l'on en fait sortir présentement toutes celles qui s'y sont établies depuis ce temps-là; et, comme il est permis à ceux de cette croyance de s'habituer indifféremment dans toutes les autres villes du royaume, sans aucune exception, le Roi ne peut pas, avec justice, faire ce que vous proposez par votre lettre du 22e du mois passé à l'égard de ceux qui viennent s'établir dans Poitiers. S. M., néanmoins, n'a pas laissé de louer beaucoup votre zèle pour la religion. S'il se passe quelque autre chose qui la concerne, vous me ferez plaisir de m'en avertir. »

M. C. — Du 3 septembre[1].

M. de Saint-Pouanges et Colbert ayant écrit que les commissaires nommés par M. le duc de Lorraine ne veulent point convenir de la demi-lieue que doit avoir le chemin laissé à S. M. dans la Lorraine depuis Metz à Sarbourg[2], mais qu'ils consentent qu'après avoir mis leurs remontrances dans le procès-verbal, les bornes soient plantées tout du long du chemin sur le pied de quatre mille toises pour lieue, le Roi a ordonné qu'il sera écrit auxdits sieurs de Saint-Pouanges et Colbert de ne point recevoir aucune remontrance dans ledit procès-verbal, et de régler la largeur dudit chemin sur les dernières dépêches qui leur ont été adressées, du consentement des commissaires de M. le duc de Lorraine, et non autrement; et qu'en cas que lesdits commissaires n'en conviennent, ils cessent leur travail et envoient la dépêche du Roi ci-jointe à M. Brisacier, gouverneur de Cirq[3], par laquelle il lui est défendu de permettre qu'il soit rien levé sur tous les villages de la dépendance de la prévôté de Cirq jusques à ce que S. M. se soit déclarée du choix des trente villages qui lui ont été cédés par le traité du dernier février[4].

S. M. a aussi ordonné qu'il sera écrit auxdits sieurs de Saint-Pouanges et Colbert de faire renverser le bastion qui forme une partie du jardin du palais de M. le duc de Lorraine, et d'en tirer une partie de la terre en sorte[a] qu'il soit entièrement défiguré[5].

1. Les députés des États de Bretagne vinrent prendre les ordres du Roi le 3, au château de Nantes; mais il ne les reçut, ainsi que les députés du parlement, que le 6, après l'arrestation du Surintendant (*Gazette*, p. 958-959).
2. Ci-dessus, p. 41-46.
3. Tome II, p. 114 et 116.
4. Ci-dessus, p. 3, 4, 6 et 40-41. L'original du procès-verbal du travail de délimitation exécuté par les deux commissaires conjointement avec MM. Florimond d'Allamont, baron de Chauffour, gouverneur de Pont-à-Mousson, et François Clevant,

a. Avant *en sorte,* Le Tellier a biffé *afin.*

auditeur à la chambre des comptes de Lorraine, et terminé le 26 octobre 1661, fut remis le 27 octobre 1663, par les soins du procureur général Harlay, au Trésor des chartes, ainsi qu'on l'avait fait en 1635 pour les papiers apportés de Nantes et inventoriés par Théodore Godefroy. Il y en a un double, contresigné par M. Le Tellier, dans le ms. B. N. fr. 16893, une copie dans les mss. fr. 4244-4247, comme il a été dit au tome I, p. 38, et un extrait dans le ms. Clairambault 443, fol. 475-481. Les difficultés qui s'étaient produites au cours de cette opération amenèrent M. de Lorraine à signer, mais secrètement d'abord, le traité du 6 février 1662 (A. É., vol. LORRAINE 38, fol. 263-277), ainsi qu'il est raconté dans les *Mémoires de Brienne père*, p. 165-168, dans le Journal de Colbert pour l'histoire du Roi (*Lettres*, tome VI, p. 448-451), et dans l'ouvrage du feu comte d'Haussonville.

M. de Pradel avait fait célébrer la Saint-Louis le 24 août (*Gazette*, p. 934), et, le 6 décembre, les officiers aux gardes danseront, pour les dames, un ballet en l'honneur de la naissance du Dauphin (*ibidem*, p. 1322-1323).

5. Ci-dessus, p. 52, 53, 55, 56, 58 et 60. La démolition de l'enceinte de la Nouvelle ville avait été suspendue pour huit jours le 11 août. En décembre, quand Saint-Pouenges quittera Nancy ayant achevé le règlement des limites, il laissera des ordres pour continuer le travail de la Vieille ville et de la citadelle jusqu'au retour du président Colbert (*Gazette*, p. 1349). On trouve dans le ms. MÉLANGES COLBERT 108, fol. 132 et 296, à la date d'avril 1662, l'état de payement des frais du démantèlement. En 1663, le traité pour l'abandon de Marsal par M. de Lorraine permettra de clore à nouveau la ville de Nancy, mais d'une simple muraille, sans autres défenses. De la Vieille ville il subsista quelques tours et une partie du bastion qui portait le jardin ducal.

APPENDICE

I.

Lettre de Brienne fils au P. Duneau[1].

« De Fontainebleau, le 9 octobre 1661.

« Mon Très Révérend Père, votre lettre du 12ᵉ du mois passé, que j'ai reçue par le dernier ordinaire, me fournit, dans l'affaire des jansénistes, où il en est parlé, une ample matière de vous entretenir. Je vous dirai donc, après vous avoir loué de la modération que vous avez gardée dans le récit d'une cause où il semble que vous soyez partie par l'intérêt qu'y prend toute la Société, qu'il me paroît qu'il est nécessaire, pour répondre à ce que l'on objecte à Rome contre le Formulaire, de considérer cette affaire dans ses circonstances qui ont obligé les évêques de France assemblés de le dresser.

« Les jansénistes publioient par divers écrits qu'ils recevoient la constitution d'Innocent X et condamnoient, avec elle, les Cinq propositions dans le sens qu'elles avoient en elles-mêmes, mais qu'ils n'étoient point obligés de croire qu'elles fussent tirées du livre de Jansénius (qui étoit un fait, lequel ne peut jamais être objet de foi), et, par conséquent, qu'elles n'étoient pas condamnées. Quarante évêques qui étoient assemblés à la cour extraordinairement déclarèrent, après une longue discussion, par leurs lettres, que les propositions étoient

---

1. Ci-dessus, p. 15 et 87-89. Cette lettre résume l'esprit et la portée des mesures prises contre les jansénistes, et les arguments justificatifs de la cour. Comme les autres lettres de Brienne qui vont suivre, celle-ci est tirée du transcrit qui est aux Affaires étrangères, vol. France 295. Cf. trois lettres de Lionne à d'Aubeville, 6, 20 et 27 août.

extraites de Jansénius et condamnées au sens de cet auteur. Ils firent rapport au pape Innocent X de cette délibération, qui répondit, par son bref adressé à l'assemblée générale du Clergé, qu'il avoit condamné dans les Cinq propositions la doctrine de Jansénius contenue dans son livre; et, de plus, il exhorta l'assemblée d'apporter quelque remède suffisant pour établir la force de la constitution par l'usage : ce qui donna lieu à l'assemblée, appuyée de cet ordre du Pape et de la procuration de toutes les provinces qui portent que les députés peuvent traiter des matières spirituelles aussi bien que des temporelles, d'entrer en délibération touchant ce remède. Elle trouva que, pour éviter les fausses interprétations des jansénistes et leur distinction de fait et de droit, et pour garder l'uniformité dans les diocèses, elle devoit dresser le formulaire de la profession de foi conformément à la constitution d'Innocent et à son bref, et faire condamner nettement la doctrine et le sens de Jansénius dans les Cinq propositions. Depuis, au lieu du bref mentionné au premier formulaire, l'assemblée, ayant reçu la constitution du pape Alexandre VII, la substitua au lieu du bref, et réforma en ce point le premier formulaire. Ce narré fait voir la nécessité qu'il y a eu de le dresser pour une sincère et uniforme exécution des constitutions.

« Pour le regard de l'autorité de l'assemblée en ce point, outre ce qui a été observé ci-dessus de l'ordre du Pape et du pouvoir donné par les provinces, les évêques, assemblés au nombre de quarante, ne doutoient point de leur pouvoir pour ce qui concerne le diocèse d'un chacun, d'autant qu'étant exécuteurs de la constitution, ils ont le droit de choisir les moyens les plus propres pour obliger les fidèles à l'exécution sincère de la décision de foi, d'autant plus que ce droit d'exécuter ne leur appartient pas seulement par l'adresse de la constitution, mais encore par le droit de leur épiscopat, de sorte que ce qu'un seul pouvoit faire en son diocèse, quarante qui agissent de concert le peuvent faire avec plus d'autorité et de précaution, leur délibération ayant son exécution ouverte dans leurs diocèses ; et, pour le regard des évêques absents, ils n'agissent que par voie d'exhortation et de prière avec leur lettre circulaire : en quoi ils obligent leurs collègues, qui ne sauroient avoir un conseil plus nombreux, plus savant, ni plus autorisé que ce grand nombre d'évêques assemblés légitimement. Les jansénistes, voyant que leur secte recevoit beaucoup de dommage par l'exécution des souscriptions à ce formulaire, ont écrit plusieurs libelles au contraire, et enfin le Roi, pour éviter toute sorte de fuites et d'évasions, a ordonné, à l'instance de cette dernière assemblée, que la délibération de la présente et de celle-ci touchant la souscription au Formulaire, seroit exécutée. Toutes ces délibérations et arrêts du Roi ont été envoyés par l'assemblée à N. S. P. le Pape, qui a eu fort agréable cette procédure, ayant répondu, par son bref à l'assemblée des évêques, que leur zèle pour l'extinction de la secte de Jansénius par le moyen qu'ils avoient choisi eux-mêmes lui étoit fort agréable. *Verumtamen quod vestra sponte facitis,* dit-il, *ut in opus tam salu[ta]re Jansenismi radicitus extirpandi sedulo incumbatis,* etc. : ce qui n'est autre chose que la signature du Formulaire.

« Quant à ce que l'on objecte que l'on ne devoit pas avoir mis que la doctrine de Jansénius étoit condamnée par ces deux papes et par les évêques, il est juste d'expliquer la nécessité qu'il y a eu de faire cette addition. On est en France, et dans Paris, et non pas à Rome. Il n'y a rien de si fréquent dans la bouche des jansénistes que la doctrine de Gerson, Major et Almaine touchant les décisions de foi que font les Papes. Ils disent hautement que le Pape, *etiam docens e cathedra,* sans un concile général n'est pas infaillible, et, que pour le plus, il ne peut obliger les fidèles qu'à une obéissance extérieure, laquelle ils peuvent même refuser si la décision étoit manifestement contradictoire aux termes de l'Écriture sainte : en quoi ils sont applaudis par la plus grande partie des Pari[si]ens, qui sont nourris dans ces opinions, de sorte que, pour établir l'infaillibilité de la constitution d'Innocent, il a fallu se servir adroitement d'une autre partie de la doctrine reçue dans toutes les écoles, même dans celle de Paris, expliquée par feu M. Duval, professeur; car, outre l'*infaillibilité active* que plusieurs donnent au Pape, et que d'autres lui refusent, il y en a une autre, qui est nommée *infaillibilité passive*, qui compatit avec l'active, laquelle consiste en l'acceptation de tous les évêques de l'Église, qui ont l'autorité judiciaire, et des docteurs, qui ont la doctorale. C'est la cause pour laquelle on a fait glisser fort adroitement la clause que la doctrine du jansénisme est condamnée par ces deux papes et les évêques faisant conplux (?) l'argument que l'on appelle *ad hominem;* et néanmoins et la dignité et l'autorité tout entière du Saint-Siège est conservée par ses clauses précédentes, d'autant que l'on dit que l'on se soumet à la décision des constitutions auxquelles les évêques s'étoient déjà soumis par diverses délibérations, de sorte que, par leur acceptation et soumission, ils avoient manifesté l'infaillibilité de la foi qui étoit dans les constitutions, et donnent, par leur consentement à la condamnation, tout le poids de l'autorité que l'Église reconnoît entre eux. Ils ne vont point du pair avec le Pape pour la décision, qu'ils lui laissent entière; mais ils coopèrent avec lui par leurs soumissions, par leurs acceptations, et par leur exécution. Il faut enfin observer que, dans le Formulaire, on ne parle pas de l'évêque de France, mais des évêques de l'Église universelle. Pour ce qui regarde l'addition que la doctrine n'est pas celle de saint Augustin, elle n'a pas été faite pour en former un article de foi, mais pour donner une instruction pastorale aux fidèles contre la malice des jansénistes, comme la précédente assemblée l'avoit déclaré en sa relation, et la dernière encore, en termes exprès, dans sa délibération; car ils publient de vive voix et par écrit que qui condamnoit Jansénius condamnoit saint Augustin, ce qui causoit de grands troubles dans l'esprit de plusieurs, de sorte qu'il fut nécessaire d'agir en cette occasion comme fit le concile de Chalcédoine contre les Eutychiens qui disoient que leur doctrine étoit celle de saint Cyrille : il déclara que la doctrine de saint Cyrille étoit orthodoxe, et n'étoit point celle d'Eutychès. L'assemblée, de même, pour soutenir l'honneur de saint Augustin et la vérité, fut obligée de déclarer en termes exprès que la doctrine de saint Augustin n'étoit point condamnée, et que Jansénius l'avoit mal expliquée contre le sens de ce grand docteur. Cette clause a été extrêmement agréable, non seulement au peuple, qui a le nom de saint Augustin en vénération, mais encore à plusieurs savants. Les évêques de France ont, de plus, cet avantage dans cette addition, que le pape Alexandre a écrit depuis un bref à l'université de Louvain par lequel il loue ses professeurs de ce qu'en condamnant la doctrine de Jansénius ils embrassent celle de saint Augustin et de saint Thomas.

« Voilà à peu près, mon Père, ce qui me semble pouvoir être dit au sujet du formulaire de foi, et je crois avoir suffisamment prouvé l'autorité des évêques de France et la raison qu'ils ont eue de mettre que l'opinion de Jansénius n'est pas celle de saint Augustin, encore que cela ne soit pas dans la constitution des deux papes. Je vous prie de vouloir bien excuser les manquements que je puis avoir commis pour n'être pas théologien, et de ne regarder en tout ceci que la vérité des choses que j'avance, qui se sont passées de la manière dont je les rapporte, en sorte que vous le pouvez hardiment exposer au jugement de S. S. sur la parole que je vous donne, après celle que j'ai reçue de plusieurs prélats illustres d'avoir posé ce fait avec une entière sincérité... »

II.

Projet matrimonial du prince de Lorraine.

Le prince Charles de Lorraine à M. de Lionne[1].

« A Paris, ce 1 juillet 1661.
« Monsieur, vous m'avez témoigné tant de bonnes

1. A. É., vol. Lorraine 38, fol. 205, lettre autographe.

volontés jusques à présent, que ce seroit en douter si je ne m'en promettois la continuation particulièrement dans ce rencontre, duquel dépend toute ma fortune et mon établissement. C'est, Monsieur, qu'après quelques petits dilaiments de la part de Mademoiselle pour l'affaire que vous savez, les choses sont réduites présentement au point que, si le Roi avoit la bonté de lui faire connoître qu'il croit qu'elle peut passer outre, et qu'elle y rencontrera, avec son avantage, l'agrément de S. M., il y a apparence que Mademoiselle le feroit, ou que, le Roi ne m'accordant pas cette grâce, S. A. Monsieur mon oncle s'en retournera triomphant et publiera qu'il n'a pas tenu à lui qu'il ne m'ait fait justice et que je ne fusse parvenu au bonheur de ce mariage[1]. Vous y avez trop contribué, Monsieur, jusques à cette heure, pour ne pas espérer que vous continuerez jusques à la conclusion, par le moyen de laquelle S. M. me peut faire jouir aisément d'un bien qu'Elle sait qui m'appartient, et qu'autrement j'aurai néanmoins peine d'avoir sans la ruine de ma maison, que je ne puis pas croire que l'on souhaite à la cour, vu que le Roi a eu la bonté de la rétablir. Je vous en aurai, Monsieur, toute l'obligation après la première que j'en reconnoîtrai de S. M., à laquelle je me retiens par respect d'écrire sur ce sujet, me réservant à lui témoigner par mes très humbles services la gratitude que je veux faire paroître toute ma vie par mes soumissions et par mon obéissance à ses volontés, la mienne étant, [à] votre égard, de me témoigner de même,

« Monsieur,

« Votre très affectionné serviteur.

« Charles de Lorraine. »

1. L'autre proposition de mariage avec Mlle de Nemours fut présentée ce même mois, dans le voyage à Chevreuse avec la Reine mère (tome II, p. 82), qui se chargea aussitôt d'en charger le duc de Guise comme intermédiaire. Voir un mémoire italien, vol. Lorraine 38, fol. 207-210.

III.

Lettres sur les affaires de Rome[1].

Le Roi au cardinal Antoine.

« De Fontainebleau, le 1er octobre 1661[2].

« Mon cousin, je me suis résolu, pour témoigner au Pape combien je défère à ses avis, de vous faire expédier un pouvoir par lequel je vous autorise d'assister aux conférences qui se feront ou en la présence de S. S., ou de ceux qu'Elle députera, et auxquelles les ambassadeurs de l'Empereur, du roi catholique et de la république de Venise interviendront pour traiter des conditions de la ligue que S. S. a tant de désir de faire conclure entre les princes chrétiens pour opposer leurs justes armes aux efforts des Infidèles qui essaient d'assujettir des provinces où ils n'ont aucun droit. J'ai désiré que le sieur d'Aubeville y intervînt aussi, afin d'obliger le Pape à le mieux traiter qu'il n'a fait ci-devant, et que S. S. ne fasse pas de difficulté à lui accorder son audience toutes les fois qu'il l'en fera supplier et que le bien de mon service le requerra. Vous le mènerez à celle que vous prendrez pour faire savoir à S. S. la résolution que j'ai embrassée, et lui ferez entendre que le désir d'aider à la cause publique est si fort en mon esprit, qu'Il en verra des effets auxquels Il ne s'est pas attendu en faveur de l'Empereur, si il ne conclut la paix dans l'hiver avec le Grand Seigneur, étant d'ailleurs résolu, si les Vénitiens restent seuls en guerre, de les aider pourvu que, de leur part, ils se mettent en état d'exécuter ce qu'ils croient facile, qui seroit de chasser les Turcs de la Candie. Je vous ferois souvenir de

1. Voir tome I, p. 306, et tome II, p. 121 et 123-130.
2. Dans les transcrits de la correspondance de Brienne fils, les lettres qui vont suivre sont précédées, sous la même date, des pouvoirs du grand sceau envoyés au cardinal et à d'Aubeville pour négocier avec le Saint-Siège.

l'égalité avec laquelle je traite avec l'Empereur, afin de la faire observer, si cette affaire se portoit si avant qu'elle fût pour être conclue ; mais, parce que j'y prévois bien des difficultés, et que, d'ailleurs, je suis assuré que vous avez une parfaite connoissance de mes droits et de mes prétentions, je ne m'arrêterai pas sur cette matière, bien vous dirai-je en confiance que, quelque condition qui puisse être proposée, il n'y en sauroit avoir qui me puissent engager à ce pas ; mais je désire que ce soit un secret que vous ne lairrez pénétrer par personne, et que, sur les propositions qui seront avancées, vous fassiez naître des difficultés de la matière qui obligent enfin même les ministres du Pape, au lieu de continuer à me presser d'entrer dans cette ligue, de me demander du secours, auquel cas S. S. me trouvera disposé, et Elle en devra demeurer satisfaite, puisqu'Elle l'avoit désiré et m'en fit faire ouverture par le sieur Piccolomini, son nonce, jugeant bien sans doute, par la grande expérience qu'Elle a des affaires du monde, que l'autre proposition étoit dommageable à mon royaume, et bien plus à la Chrétienté. Un grand homme tel qu'il est, et qui a été employé à de très grandes affaires devant que d'avoir été élu au Pontificat, sait que les événements de la guerre sont très incertains, et qu'il est du bien public qu'il se trouve toujours quelqu'un qui puisse être écouté des deux parties quand il leur propose d'entendre à une juste paix, et la médiation duquel ne puisse être rejetée ; que les Saints-Lieux ne sont conservés que par le respect que les empereurs ottomans ont toujours eu pour les Rois mes prédécesseurs, et que, pour y maintenir les religieux catholiques, il n'y a pas peu à faire, les Turcs étant portés à les en chasser, les schismatiques offrant souvent des sommes considérables pour le faire. Je conclus de ses propositions qu'il est du bien de la Chrétienté que je conserve des mesures et des apparences avec le Grand Seigneur, dont les forces seront peu endommagées par une ligue qui aura été conclue sur le papier. Si, en son exécution, elle ne se trouve soutenue par de très puissantes forces, j'ai sujet de douter que S. S., qui crie la guerre, y veuille entrer tout de bon, c'est-à-dire y contribuer abondamment [selon] ses moyens, et proportionnément aux besoins qu'en a la Chrétienté. Pour l'Empereur, sa foiblesse paroît, demandant secours aux autres, et par les conditions qu'il a déjà voulu accepter pour avoir la paix, consentant que le prince de Transylvanie soit dépossédé, et sans avoir demandé la restitution de la place de Varadin. Pour le roi catholique, il se trouve engagé en une guerre contre le Portugal qui lui donnera plus d'affaires qu'il n'avoit imaginé, et sur lequel il n'a fait aucun progrès ni dans l'année que nous étions en trêve, ni dans celles qui se sont écoulées depuis notre paix conclue : ce qui fait voir le mauvais état de ses affaires et le peu qu'il pourra contribuer aux publiques. Quant à la République, attaquée dans ses entrailles, épuisée d'une longue guerre, elle offre d'entrer dans une ligue bien plutôt pour être assistée en ses besoins et être en état de s'accommoder, que de rien entreprendre de vigoureux à la campagne.

« Toutes ces considérations m'obligent de ne m'engager pas mal à propos; et pourtant il y en a d'autres qui défendent que je les déclare publiquement. Aussi c'est à vous seul et audit d'Aubeville auxquels je m'en suis ouvert. Il vous informera de tout ce que je lui ai répondu à la longue dépêche qu'il m'a faite le 3e du mois de septembre, et il vous dira les ordres que je lui ai réitérés d'appuyer vos intérêts et faire en sorte que le Pape vous pourvoie de l'archevêché de Reims. J'ai parlé au moins par deux fois de cette même affaire au Nonce, et en termes si pressants, que, s'il les a représentés au Pape, il l'aura obligé d'y faire considération.

« Je me suis enfin résolu de demander au Pape les indults desquels je puis avoir besoin pour nommer aux bénéfices consistoriaux des pays et comté d'Artois, de celui de Roussillon, du Conflent, et de la partie de la Cerdagne qui m'a été cédée. La raison principale qui m'y porte, c'est pour sortir d'affaires, et qu'on ne voie à Rome ceux qui en sont chargés faire de vaines poursuites, ayant bien conclu de plusieurs de vos dépêches, comme des discours que m'a tenus le sieur Piccolomini, que difficilement S. S. voudra avouer qu'en vertu du concordat passé entre l'un de ses prédécesseurs et l'un des miens, le droit m'en soit acquis en Artois. Je ne fais point de doute qu'Elle ne me les accorde, s'en étant assez expliquée au sieur d'Aubeville, et tout tels quels les rois d'Espagne, seigneurs de ces mêmes provinces, les avoient obtenus. Je vous en envoie la copie, à l'aide de laquelle vous en trouverez les minutes dans les archives du Pape. Que si, ce que je ne saurois croire, ni même je ne le dois pas appréhender, on vouloit que je me contentasse de moins qu'on a octroyé aux rois d'Espagne, vous refuserez d'en prendre les expéditions, et, afin qu'elles nous soient promptement délivrées, vous en prierez mon cousin le cardinal Chigi, sans vous oublier de lui insinuer que les neveux des Papes qui contribuèrent à faire réussir les choses qui étoient désirées par le roi de France ne s'en trouvèrent pas mal, et qu'il pourra faire état de mon amitié et de ma protection en toutes les affaires qu'il pourroit avoir.

« Je dois aussi vous faire souvenir que j'ai ci-devant désiré que le duplicata de deux brefs écrits au feu Roi mon aïeul, dont je vous ai envoyé la copie et la date, qui l'autorisent pour faire tels changements qu'il désirera bon être aux statuts de l'ordre du Saint-Esprit : je dis que je vous en dois faire souvenir afin que vous essayiez de les avoir, vous avertissant toutefois de ne me point faire une affaire d'une chose qui ne le vaut pas.

« Je mande au sieur d'Aubeville d'appuyer fortement l'intérêt de mon cousin le cardinal Maidalchini en la création de la pension que je lui ai accordée sur l'évêché de Bayeux, et de parler des différentes affaires que j'ai de par delà, mais de la vôtre par préférence, et y employer pour persuader les raisons et les plaintes que j'aurois sujet de faire, si on différoit à vous donner contentement. Je puis vous dire que l'une qui m'a convié de l'employer dans le pouvoir duquel il est ci-dessus fait mention, et que vous recevrez avec cette dépêche, c'est afin de faire que ce qu'il dira soit plus considéré. Je vous prie de l'assister de vos bons conseils afin qu'il puisse réussir ès choses qui lui ont été commandées.

« Et, sur ce, je prierai la divine bonté de vous avoir, mon cousin, en sa sainte et digne garde. »

Le Roi au cardinal Antoine Barberini.

« A Fontainebleau, le 1er octobre 1661.

« Mon cousin, bien que le pouvoir que je vous ai fait expédier pour la négociation de l'affaire de la ligue que le Pape a proposée contre le Turc, porte la faculté d'en conclure et signer le traité, néanmoins il y a tant de considérations à faire sur une matière de cette importance, que j'ai bien voulu ajouter encore cette lettre aux autres que vous recevrez par ce courrier, pour vous dire expressément que je ne désire pas que vous fassiez présentement autre chose qu'écouter et entendre les propositions et les ouvertures qui vous seront faites, et m'en rendre soigneusement compte et m'en informer, afin de prendre, sur ce que vous me manderez, les résolutions convenables, et vous les faire continuellement savoir. Il ne me reste donc qu'à vous prier de garder le secret en sorte que personne ne sache que vos ordres soient ainsi restreints, et que l'on voie que les difficultés et les longueurs qui naîtront procèdent de la nature de la chose même, et non pas de votre instruction. Votre soin sera donc d'en tenir le mystère si couvert, que l'on ne le puisse pénétrer, ainsi que je veux me le promettre de votre adresse et de votre affection. Et, sur ce, je prie Dieu, etc.[1]. »

Le Roi à M. d'Aubeville.

« A Fontainebleau, le 1er octobre 1661.
« Monsr d'Aubeville, ... je n'aurois nulle répugnance à

1. Suit une lettre de Brienne lui-même sur les diverses affaires recommandées par le Roi.

entrer dans cette ligue, si j'étois assuré que le Pape, l'Empereur, le roi catholique et les Vénitiens fussent dans le dessein de l'exécuter de bonne foi; mais, comme je suis informé que l'Empereur ne cherche qu'à s'accommoder avec le Grand Seigneur, et n'a témoigné se vouloir opposer à ses conquêtes que pour avoir un honnête prétexte d'être armé, en intention que, si ses armes lui procurent une paix raisonnable avec la Porte, de les tourner contre les princes de l'Empire qui ont signé la ligue pour l'observation du traité de Münster et d'Osnabrück pour le maintien de leurs droits, libertés et privilèges, et de la capitulation sous laquelle il a été élu empereur, qui tend à même fin, et à l'exécution particulière de quelques articles des mêmes traités. D'ailleurs, il y a lieu de douter que le roi catholique fût en état d'effectuer ce qu'il auroit promis, ayant une guerre intestine sur les bras, qu'il ne voudroit finir que par la réduction du Portugal, qui lui résiste opiniâtrément, et qui apparemment va être puissamment soutenu du dehors. Quant à la république de Venise, je sais qu'elle n'a pas moyen de se défendre contre le Grand Seigneur, et qu'elle demande d'être aidée : d'où l'on peut conclure son impuissance, et craindre que, si, de la part du Grand Seigneur, la paix lui étoit offerte, elle l'accepteroit d'autant plus qu'elle ne feroit que suivre l'exemple de ceux qui l'ont gouvernée par le passé. Ces considérations étant très véritables, il me semble qu'il est de la prudence d'éviter d'entrer dans un engagement si contraire à sa fin, qui ne doit regarder que le bien de la Chrétienté, et que, pour cette raison, il convient d'en éluder la signature par les difficultés qui se peuvent former sur aucuns articles de temps en temps, sur lesquels vous en demanderez pour être instruit de mes dernières résolutions, prenant soin ensuite de persuader que je suis en volonté de faire tout ce qui sera de plus avantageux au bien de la Chrétienté. J'ai donc, par ces diverses raisons, à éviter de m'engager mal à propos dans une longue guerre, de laquelle les événements pouvant même être incertains, il est, ce me semble, à désirer qu'il se trouve entre les princes chrétiens quelqu'un d'entre eux qui puisse proposer de nouer un traité et contribuer à le faire réussir à l'avantage de la Chrétienté : nul n'y sauroit être plus propre que moi, parce que, depuis plus d'un siècle, les Rois mes prédécesseurs et moi avons été en paix avec le Grand Seigneur, et qu'en notre considération les Saints-Lieux ont été conservés à la sollicitation des ambassadeurs de cette couronne, par les ordres qui en ont été souvent donnés aux bachas qui y commandent, non seulement de ne les pas ruiner, mais d'y conserver les Francs, c'est-à-dire les catholiques, et empêcher que ces lieux ne fussent pas usurpés par les Grecs, Éthiopiens, Arméniens, et autres nations schismatiques ou hérétiques. Et, bien que ces raisons dussent porter le Pape à désirer que j'embrassasse le conseil que j'ai résolu de suivre, il faut toutefois lui en céler le secret. Il me suffit que Dieu, qui connoît mes intentions, voie que je suis zélé pour le maintien de notre sainte religion, et que je suis en volonté d'aider l'Empereur si il rompt le traité de paix qui se propose de sa part au Grand Seigneur, de la même sorte et avec la même générosité que j'ai assisté la république de Venise, quelquefois par des flottes, d'autres par des corps d'infanterie et de cavalerie, et souvent par de l'argent. Je mande au cardinal Antoine de prendre audience du Pape et de vous y mener pour déclarer à S. S. les ordres que lui et vous avez reçus d'entrer en négociation avec ses ministres et ceux des autres princes qui sont à Rome avec pouvoir d'arrêter les conditions de cette ligue.

« Je désire aussi que vous preniez ensuite une autre audience de S. S., en laquelle vous lui répéterez ce que le cardinal Antoine lui aura dit : que, déférant à ses paternelles admonitions et à ses prudents conseils, je m'étois résolu d'entrer dans cette ligue, sur quoi je me serois d'abord expliqué, si je n'avois désiré de savoir auparavant si l'Empereur et le roi d'Espagne et la république de Venise y voudroient entrer. De plus, il me semble à propos qu'après que vous aurez ainsi flatté S. S. d'une chose qu'Elle témoigne avoir le plus à cœur, vous lui disiez que, bien que je n'eusse jamais douté que je ne fusse fondé, en vertu du Concordat, de nommer aux bénéfices consistoriaux du comté d'Artois, néanmoins, pour ne lui vouloir pas laisser croire que je ne voulusse lui être obligé, j'en demandois l'indult, pourvu (comme je n'en pouvois douter) qu'il fût semblable à celui accordé par l'un de ses prédécesseurs au roi Philippe IIe, et confirmé, même depuis augmenté à son fils, si mieux S. S. n'aimoit, comme je l'en supplierai volontiers, de donner ordre au sieur Piccolomini, son nonce, d'en ajuster les conditions avec quelqu'uns de mon Conseil : ce que je propose à l'effet qu'il soit conçu en des termes si clairs, qu'il ne puisse jamais naître aucune occasion d'avoir à les expliquer, et qu'ils soient tels que mon parlement de Paris ne puisse prendre la liberté de les interpréter; car, bien qu'il déplaise à Rome d'entendre parler des libertés de l'Église gallicane, je ne puis souffrir qu'on leur donne atteinte.

« Quant à celui que j'ai demandé pour nommer aux bénéfices du comté de Roussillon, du pays de Conflent, et ceux situés dans la partie de la Cerdagne qui m'a été cédée, je recevrai les conditions qu'on désirera, c'est-à-dire que le juge ecclésiastique seul connoîtra du pétitoire et du possessoire des bénéfices, si ce n'est que celui qui auroit été spolié eût recours à la justice ordinaire pour le rétablir, laissant après au juge la décision du différend qui est entre les parties. Je ne mets point en doute que S. S. n'accorde que l'appel de l'official d'Elna sera relevé à Rome selon ce que je l'en ai fait supplier pour des raisons importantes au bien de mon service; et toutefois vous ne lairrez de lui en parler, afin que, dans le bref qui me sera accordé, cette clause ne soit pas oubliée...[1]. »

---

1. La suite a trait aux autres affaires en cours, celles des grands vicaires de Paris, du cardinal de Retz et du cardinal Maidalchini, les bulles de Reims, le conflit des Minimes, le refus par l'Empereur de donner la qualification de *Majesté*, enfin le bonnet du duc de Mercœur.

IV.

La chute du surintendant Foucquet.

Nous réunissons ici une série de pièces qui, sans être toutes également nouvelles et inédites, formeront comme un tableau d'ensemble de cet événement si considérable d'où l'on peut dire que sortit, ne fût-ce que par l'élévation de Colbert au pouvoir sur les ruines de la Surintendance foudroyée, une des plus belles périodes du Grand Règne.

Ce fut, disons-nous, un coup de foudre, qui surprit presque tout le monde : à part deux ou trois confidents, la chute de Foucquet, bien souvent prévue et annoncée dans les mois précédents, avait cessé d'être attendue du public, qui le croyait plus que jamais installé solidement au faîte de la toute-puissance. Louis XIV semblait avoir pardonné ce qu'il lui était impossible de feindre d'ignorer, et cela à la seule condition qu'on ne lui dissimulât plus rien désormais des finances. Ce pardon fut-il réel et sincère pendant les premières semaines qui suivirent la mort de Mazarin[1] ? En tout cas, le Surintendant ne fit rien pour le justifier, puisque, plus que jamais, il renferma entre lui et son séide Bruant tout le maniement des finances, à tel point que presque rien n'en passa alors devant le conseil des Trois, et que les états de recette et de dépense continuèrent de plus belle à être faussés ; mais, cette fois, Colbert était « derrière la tapisserie » pour tout contrôler et révéler[2]. Lors même que la date de la chute du prévaricateur eut été arrêtée en principe[3], le secret fut étroitement gardé par Colbert, seul confident ou inspirateur du Roi, avant même Le Tellier. Les deux Brienne en savaient-ils quelque chose ? C'est vraisemblable ; mais eux aussi se turent. Tout au plus pouvons-nous supposer que le fils, si intime familier du Roi, et chargé, dès la fin de juillet, de tout préparer pour le voyage de Bretagne, pour le train de la cour et pour la tenue des États, eut quelque velléité, par compassion, au dernier moment, de faire comprendre à la victime désignée quels périls elle courrait en ce

---

1. La scène de pardon est racontée dans le tome XIII, p. 156-157, des *Défenses de Foucquet*.

2. Cf. le tableau sommaire des différentes administrations de Foucquet, depuis le jour où la mort de son collègue Abel Servient l'avait laissé seul maître, dans le tome II de ses *Défenses*, p. 81-102 et 292-351, dans le tome III, p. 17-45, 134, etc., et dans le tome XIII, p. 103-108.

3. Ce fut le 3 mai, comme nous l'avons dit, d'après l'aveu de Colbert lui-même, confirmé par celui du Roi au comte d'Estrades, tous les deux rapportés dans nos tomes I, p. 251-252, et II, p. 326. Cf. ci-après, p. 136-137.

voyage[1]. Il dit, comme certain romancier moderne, que l'exécution aurait eu lieu à Vaux même, au milieu des fêtes merveilleuses du nouveau Balthazard, si la Reine mère ne s'y était opposée par générosité; les organisateurs du coup d'État virent tout avantage à ce qu'il fût remis à un temps où la cour, restreinte en nombre et réduite aux plus sûrs et fidèles, se trouverait dans la province même de Bretagne, à portée des lieux où le Surintendant avait peut-être réuni les éléments d'une résistance à craindre[2]. Si Brienne fils, qui régla tout le voyage[3], connut enfin les vrais desseins du maître, après Le Tellier, du moins il garda encore le silence, et, lorsque Foucquet prit la même route, le public croyait toujours qu'il reviendrait premier ministre[4]. Bien entendu, la discrétion fut complète dans l'entourage de Colbert, où tous les fils étaient réunis en une seule main[5]. C'est sans doute par simple pressentiment que Foucquet eut comme un cri d'angoisse dans un conseil qui se tint, dit l'abbé de Choisy[6], à quatre jours du départ. C'était donc le 25 août; les trois ministres, le Chancelier, les autres secrétaires d'État se trouvaient présents. Le Roi exprima son intention de supprimer l'usage des ordonnances de comptant par lesquelles se dissimulait la destination des fonds secrets; sur quoi Foucquet laissa échapper une exclamation : « Je ne suis donc plus rien ? » qui frappa les assistants[7]. Au 27 août, nous trouvons encore la signature de Foucquet, avec des corrections nombreuses de sa main, sur un arrêt très important relatif au recouvrement des sommes que devait produire la Chambre de justice[8]; enfin, au 3 septembre, un arrêt dont parle la lettre de Brienne jeune qu'on lira plus loin[9], et le Roi fit signer celui-là, d'urgence, par le Surintendant, à Nantes, puis

---

1. Voir les deux chapitres de ses *Mémoires* consacrés au récit de la chute de Foucquet, et les expéditions qu'il fut chargé de faire à partir du 30 juillet, qui sont dans les transcrits de sa correspondance.

2. Voir plus loin, p. 123 et 128, les expressions du Roi lui-même.

3. C'est lui qui fit garnir les postes de relais et préparer l'itinéraire dont nous avons une carte aux Affaires étrangères, vol. FRANCE 911, fol. 239.

4. *Lettres de Mlle de Scudéry*, publiées par Rathery, p. 280.

5. *Lettres de Colbert*, p. CLXXIX-CXCIX. Cf. les mss. BALUZE 149 et 150, où est réunie la correspondance que Foucquet reçut pendant le mois d'août et les premiers jours de septembre.

6. *Mémoires*, tome II, p. 137.

7. Les deux Brienne étaient présents, et, lorsque cette exclamation sortit de la bouche du ministre déjà condamné sans rémission, Le Tellier poussa du coude le père, qui était à côté de lui. C'est Choisy qui raconte cela.

8. A. N., E 1712, fol. 335-337.

9. Ci-après, p. 124.

l'envoya à Fontainebleau, pour être signé par le Chancelier[1]. Cet arrêt, le dernier où Foucquet put intervenir, concernait le différend bien connu sous le titre de « Guerre de la Succession de Poissy » entre les prieures et leurs religieuses.

Brienne fils à son père[2].

« A Nantes, le 2ᵉ septembre 1661.

« Monsieur, j'arrivai avant-hier ici, sur les trois heures après midi, n'ayant pu faire plus de diligence à cause du vent qui nous a été contraire depuis Tours, où nous étions venus d'Orléans en un jour. J'ai descendu chez M. Boucherat[3], duquel je reçois tant de civilités, que je ne puis vous l'exprimer. Il a pris soin de faire faire une porte par où l'on passe de son logis au mien, pour une plus grande commodité. Si vous lui écrivez, Monsieur, je vous prie de le remercier de tous ses soins.

« Il y a eu quelques contestations dans la distribution des logements devant l'arrivée du Roi. Les fourriers de M. Le Tellier et de M. de Lionne en ayant eu ordre de tirer immédiatement après celui de M. le Surintendant, ceux de M. de La Vrillière et le mien s'y sont si bien opposés, que l'on n'a point marqué de rang, et que nous sommes tous logés comme suite du Roi, ces trois Messieurs ayant mieux aimé être confondus avec toute la cour que tirer à leurs rangs ordinaires. En tout ceci, je ne m'étonne que de M. Le Tellier, qui s'étoit efforcé jusques

---

1. L'original de cet arrêt, classé dans le conseil des finances, reg. E 348ᴮ, n° 219, fut signé par Foucquet, à Nantes, le 3 septembre, mais seulement trois ou quatre jours plus tard, à Fontainebleau, par le Chancelier, alors que Foucquet n'était plus rien. C'est un fait peut-être unique dans l'histoire des conseils. Quoique classé aux finances, cet arrêt porte la formule de ceux qui s'expédiaient en commandement : « Le Roi étant en son Conseil, » tout comme un autre arrêt du même jour, concernant la cour des aides de Guyenne ; mais celui-ci est classé dans le registre du secrétaire d'État, E 1714.

2. Correspondance de Brienne, ms. fr. 15612. Cf. le récit du voyage dans ses *Mémoires*.

3. Alors maître des requêtes, venu d'avance comme commissaire du Roi auprès des États de la province, avec une instruction du 15 août expédiée par Brienne.

ici pour persuader qu'il ne vouloit point se distinguer de ses confrères.

« Je ne fus pas plus tôt arrivé, que M. le maréchal de La Meilleraye, M. le prince de Tarente, M. le marquis de Coislin, Messieurs les évêques, et toutes les principales personnes qui sont ici me vinrent visiter. Nous conférâmes d'abord, Monsieur le maréchal et M. de Boucherat et moi, sur la contestation qui étoit entre le Clergé et la Noblesse pour le rang, ceux-ci prétendant devoir marcher côte à côte de l'Église, c'est-à-dire le président de la Noblesse à la gauche de Monsieur de Saint-Brieuc, et ainsi des autres. Nous promîmes à ces Messieurs de faire résoudre la chose aussitôt que le Roi seroit arrivé, et, en effet, il ne le fut pas plus tôt, hier sur les deux heures après midi, que nous l'en entretînmes, Monsieur le maréchal et moi : S. M. jugea en faveur de la Noblesse, avec cette condition seulement que, dans les défilés, comme à la porte du château et à la sortie des États, tout le corps de l'Église passeroit devant la Noblesse, et qu'ensuite celle-ci se remettroit à la gauche. Cela se fit néanmoins avec tant de confusion, qu'encore qu'il ne dût y avoir que le président de la Noblesse, comme je vous ai dit, à côté du président du Clergé, il se mit à côté de M. de Tarente autant de gentilshommes que là en pouvoit tenir. Le Clergé a témoigné n'être pas trop content de cette décision ; mais, néanmoins, elle a été enregistrée dans les États aussitôt que M. de Boucherat l'a fait entendre.

« Le Roi voulut recevoir dès hier même les harangues de tous les corps. La Ville, le Chapitre et l'Université parlèrent les premiers. Ensuite, le Roi s'étant mis sous les arbres de la cour du château, les États y vinrent saluer S. M., et ensuite la Chambre des comptes et le présidial. Le Roi fit entendre aux États qu'il étoit très satisfait de leur procédé et qu'il ne doutoit point que, s'étant portés à lui accorder deux millions quatre cent mille livres avant son arrivée, ils n'allassent volontiers jusqu'aux trois millions présentement qu'il les leur demandoit lui-même. Ils les eussent accordés sur-le-champ même hors qu'ils appréhendèrent de manquer au respect qu'ils devoient au Roi de délibérer en sa présence ; mais, ce matin, M. le maréchal de La Meilleraye et M. de Boucherat y étant entrés, tous les États, d'un commun consentement, se sont portés à ce que S. M. désiroit d'eux, et cela de si bonne grâce, que S. M. a dit Elle-même n'y avoir point d'exemple d'une soumission égale et d'une affection si générale que celle qu'ils ont témoignée. Aussi en est-Elle satisfaite au dernier point, et a trouvé très mauvais qu'on eût fait semer en cette province des bruits qu'Elle y venoit pour troubler les privilèges des États, puisque, pouvant même obtenir d'eux des sommes plus considérables, Elle n'a voulu que celle des trois millions dont on l'a assurée que la province ne seroit pas trop chargée, ayant même dit, depuis qu'elle lui a été accordée, qu'Elle en relâcheroit quelque chose pour peu que la province dût souffrir de cette imposition, n'étant venu la visiter que pour lui témoigner Elle-même la satisfaction qu'Elle aura de son zèle.

« S. M. m'a fait l'honneur de me dire ce matin l'ordre qu'Elle vous envoyoit de demeurer auprès de la Reine, et Elle me l'a dit d'une manière si obligeante, qu'Elle croit que cela vous fera beaucoup de plaisir, et d'autant plus quand vous saurez que la pensée qu'Elle a eue pour vous ne lui avoit été inspirée par personne. Je m'en réjouis avec vous de tout mon cœur, et suis avec tout le respect que je vous dois, etc.

« *P.-S.* — Le courrier de M. Le Tellier est si pressé de partir, que je ne puis écrire à ma mère, ni à ma femme. Je vous supplie de leur faire mander par quelqu'un des vôtres que le voyage sera si court, qu'on parle déjà de partir d'ici lundi prochain. »

Brienne fils à son père[1].

« Nantes, 3 septembre 1661.

« Monsieur,

« Il ne s'est rien passé depuis le départ du courrier qui fut hier dépêché par M. Le Tellier pour Fontainebleau,

---

1. B. N., ms. fr. 15612, fol. 198.

sinon que l'assemblée des États de cette province a présenté aujourd'hui son cahier de demandes au Roi, et qu'on est après à l'examiner suivant l'ordre qu'en a donné S. M., qui est dans la volonté de leur accorder le plus de grâces qu'il se pourra, en considération de la promptitude et de la bonne manière dont ils se sont portés à se conformer à ses intentions sur le fait du don gratuit, pour le payement duquel l'assemblée va travailler incessamment à trouver les fonds qui seront les plus prompts et les moins à charge à la province. Et, comme, dans peu de jours, cela sera fait, S. M. a pris résolution de s'en retourner la semaine prochaine, sans pourtant déclarer le jour qu'Elle partira; mais toujours on fait état qu'Elle pourra être à Fontainebleau dans le samedi de la même semaine.

« S. M. ayant été informée de ce qui avoit été entrepris par les religieuses de Poissy au préjudice des ordres qui leur avoient été envoyés pour leur faire surseoir l'élection d'une prieure jusqu'à nouvel ordre, au cas que celle qui l'étoit alors vînt à décéder, Elle m'a commandé de dresser l'arrêt que vous trouverez ci-joint, qu'il vous plaira d'envoyer à M. le Chancelier pour le sceller et en signer la minute, qui l'est déjà par M. le Surintendant; et, après que cela sera fait, S. M. désire que vous dépêchiez exprès un exempt des gardes pour le porter à Poissy et le faire signifier aux religieuses : ce que je me persuade que vous ferez bien volontiers par l'affection que vous avez pour tout ce qui peut toucher M. le maréchal de La Meilleraye, dont je reçois ici des civilités et des témoignages d'amitié si particuliers, qu'il ne se peut rien davantage. Mme la maréchale de La Meilleraye vient de m'envoyer un des siens pour me prier de vous avertir qu'en envoyant l'exempt à Poissy il seroit bon de le charger d'une de vos lettres pour le Père Farconnet, par laquelle vous lui mandassiez de ne point désemparer afin qu'il continuât à donner avis de tout ce qui se passera dans le couvent et de ce qui sera à faire pour l'avantage de Mme de Brissac; c'est une grâce dont Elle m'a fait dire qu'Elle vous seroit fort obligée si vous la lui faites. Je suis et serai éternellement, avec la soumission que je dois, etc. »

APPENDICE.   125

Foucquet était parti séparément pour gagner Nantes, et, comme le temps pressait, il se servit de la poste, puis d'un bateau à marche rapide. En proie, depuis longtemps déjà, à des accès d'une fièvre assez violente, il était sans force, mais sans appréhension aucune. Du 1ᵉʳ au 4 septembre, on fut tout aux réceptions, audiences ou divertissements. Les incidents qui interrompirent le lendemain la sérénité de ces premières journées étant comme la clôture des travaux du conseil dont nous avons retracé l'histoire et exposé les actes, il ne sera pas inopportun d'ajouter quelques textes nouveaux à ceux que les historiens de Foucquet ont publiés depuis deux siècles et demi, ou aux récits épistolaires de témoins oculaires qui parvinrent à Fontainebleau dès le 6, grâce à la rapidité des courriers, et précédèrent de quarante-huit heures le retour du Roi et de la cour. Parmi ces derniers récits, le plus digne de considération est la lettre de Louis XIV à sa mère[1] imprimée au cours du siècle suivant par Morelly, par Grimoard et d'autres. Celles du marquis de Coislin à son beau-père le Chancelier ont été publiées également par Chéruel, par l'éditeur des *Archives de la Bastille*, par feu Jules Lair. La principale lettre du Roi à son ambassadeur en Espagne, la relation de Joseph Foucault, les dépêches de Le Tellier à l'ambassadeur d'Estrades et à l'intendant Bezons, une des lettres du fils Brienne, ont vu également le jour. Nous croyons que quelques-unes des pièces qu'on va lire auront encore l'intérêt de la nouveauté; certaines d'entre elles surtout montreront comment Louis XIV fit expliquer en pays étranger le coup d'État préparé avec tant de suite et exécuté avec tant de secret.

Brienne fils à M. du Houssay[2].

« Nantes, 3 septembre 1661[3].

« J'allois me plaindre de votre silence et vous témoigner l'appréhension que j'avois qu'il ne vous fût arrivé quelque chose de fâcheux, à cause que je ne recevois de vous aucune réponse à trois de mes lettres, lorsque la vôtre du 23 du passé, écrite à Trichâteau, vient de m'être rendue. Elle m'auroit donné bien de la joie, sans l'indisposition de Madame votre femme et l'état où vous me la représentez depuis qu'elle est arrivée dans ce lieu; je puis vous assu-

1. A. É., vol. FRANCE 414, fol. 65-68.
2. Le même destinataire que ci-dessus, p. 41.
3. B. N., ms. fr. 15612, fol. 196.

rer, Monsieur, que j'en ai été sensiblement touché, et, si la part que je prends à votre peine pouvoit diminuer son mal, elle seroit guérie dans le moment. Je fais pour cette chère malade les mêmes vœux que vous ; je vous supplie de le trouver bon après toutes les obligations que je vous ai.

« Je partis samedi dernier de Fontainebleau, du matin, et, étant arrivé de fort bonne heure, le même jour, à Orléans, j'y pris le lendemain la voie de la rivière et allai coucher ce même jour à Tours, le vent nous ayant été entièrement favorable. Le lendemain lundi, le vent s'étant rendu contraire, je ne passai point Saumur, non pas que je n'y abordasse d'assez bonne heure pour pouvoir aller coucher plus loin ; mais, ayant voulu visiter le fils de M. de Cominges, qui est au château de Saumur, j'y fus retenu et régalé avec toute la courtoisie et la magnificence imaginable. Le lendemain, le vent s'étant encore rendu plus contraire, nous ne pûmes passer Saint-Florent, qui est un village sur la rivière où il y a une abbaye appartenante à M. le cardinal Grimaldi, de l'ordre de Saint-Benoît. Je logeai chez les moines, où je ne me trouvai pas mal pour cette fois, car ils nous firent très bonne chère. Le mercredi, malgré diverses injures de l'air, nous abordâmes en cette ville sur les trois heures après midi. J'y trouvai toutes choses autant bien disposées pour le service du Roi qu'on le pouvoit désirer... »

Brienne fils à son père[1].

« Nantes, 5 septembre 1661.

« Monsieur,

« Bien que j'aie sujet de croire que, par le courrier que j'ai su que M. Le Tellier avoit dépêché secrètement ce matin, par ordre du Roi, pour Fontainebleau, vous aurez appris, avant que cette lettre vous soit rendue, la nou-

---

1. B. N., ms. fr. 15612, fol. 204. L'original de cette lettre a passé dans un catalogue de vente de l'expert Charavay, 30 janvier 1891, n° 81.

velle de l'arrêt qui a été fait de la personne de M. le Surintendant, je ne lairrai pas néanmoins de vous informer des particularités que j'en ai pu apprendre, qui vous confirmeront sans doute dans le sentiment que vous avez toujours eu qu'il ne s'est jamais vu sur le trône un prince plus éclairé ni plus prudent que le Roi, et dont la conduite dans les rencontres les plus importantes ait paru plus sagement ménagée que celle que S. M. tient en toute sorte d'affaire, et qu'il a particulièrement observée en celle-ci.

« Comme Elle eut hier témoigné aux principaux de la cour qu'Elle avoit dessein d'aller aujourd'hui à la chasse après qu'Elle auroit tenu conseil, Elle donna ordre en même temps à ses gardes et mousquetaires et aux autres qui ont accoutumé de l'accompagner en ces occasions, de se tenir prêts, et ceux-ci n'ont pas manqué de se rendre de fort bon matin à leur devoir. MM. le Surintendant, Le Tellier et de Lionne sont aussi venus de bonne heure chez le Roi pour le conseil, qui n'a duré que fort peu de temps : de sorte qu'étant tous trois sortis, et M. le Surintendant, se faisant porter chez lui, n'étoit pas éloigné de plus de vingt ou trente pas de la porte du logis du Roi, que M. d'Artagnan, accompagné de quinze ou seize mousquetaires, l'a fait sortir de sa chaise, et, lui disant qu'il avoit ordre de S. M. de se saisir de sa personne, il l'a fait incontinent entrer dans la maison voisine, qui s'est trouvée être celle de M. Fourché, syndic des États de la province. Il ne s'est pas trouvé surpris de cette rencontre, et les discours qu'il a tenus à M. d'Artagnan sur ce sujet ont paru résolus et bien assurés, comme s'il avoit eu dessein de donner par sa fermeté des marques de son innocence.

« Sur le premier avis que j'ai eu de cette action, je me suis rendu chez le Roi, et j'ai trouvé que Monsieur le Prince s'entretenoit avec plusieurs personnes de qualité à la porte de la chambre de S. M., qui, l'ayant fait appeler, et MM. de Turenne, de Villeroy et quelques autres, du nombre desquels j'ai été, Elle nous a dit que nous devions être surpris de ce qu'Elle venoit de faire, à quoi Elle avoit été contrainte par des raisons très pressantes qu'Elle feroit connoître en son temps, voulant cependant que nous sussions qu'il y avoit plus de quatre mois qu'Elle avoit formé ce dessein sur l'information qu'Elle avoit eue des déportements du Surintendant, qui étoient tout à fait contraires à son devoir, mais qu'Elle n'avoit pas voulu l'exécuter que lorsqu'il se croiroit au plus haut point de sa fortune et dans le pays où il se flattoit d'être le plus considéré par les établissements et les amis qu'il y avoit, n'étant pas juste qu'on crût qu'Elle fût venue à Nantes pour obliger les États, par sa présence, à lui donner trois millions de livres, puisque, avant son départ, leurs députés lui avoient fait connoître qu'ils porteroient leurs offres jusques à cette somme. Elle nous a déclaré ensuite qu'Elle avoit donné les ordres nécessaires pour faire conduire le Surintendant au château d'Angers et sa femme en Limosin, comme aussi pour arrêter Pellisson et ses autres commis, même pour saisir et s'assurer de tous leurs biens et effets en quelques endroits qu'ils pussent être, et se rendre maître particulièrement de Belle-Isle, où Elle avoit envoyé huit compagnies des gardes françois et quatre de suisses, qu'Elle espéroit y devoir être dans deux fois vingt-quatre heures, puisqu'elles avoient ordre de marcher nuit et jour.

« Sur ces entrefaites, M. de Lionne est arrivé, qui s'est approché de S. M. pour la supplier de ne pas trouver mauvais qu'ayant toujours fait profession d'une étroite amitié avec le Surintendant, dont il ne s'étoit pas caché, il prît part à sa disgrâce ; et, comme il lui eut ensuite fait de très humbles instances à ce qu'il lui plût permettre que Mme la Surintendante ne fût pas séparée de son mari, il en a été refusé. Et, S. M. s'étant retournée vers nous, Elle a dit qu'Elle ne vouloit plus désormais de surintendant, et qu'Elle prétendoit administrer ses finances Elle-même, et avec telle œconomie et une si juste dispensation, qu'Elle espéroit dans peu se mettre en état de soulager ses peuples au delà de ce qu'ils pouvoient espérer, et ne pas laisser en même temps de faire payer à un chacun ce qui lui pouvoit être légitimement dû, même récompenser abondamment ceux qui l'ont fidèlement servi, en sorte qu'Elle obligeroit tout le monde à bénir son administration et son règne. Elle a pourtant fait connoître qu'Elle se serviroit de quelques personnes pour se faire soulager ; mais Elle s'est laissé entendre que, si Elle s'apercevoit que quelqu'un fût pour aspirer au poste d'où Elle a éloigné l'autre, et y tenir une semblable conduite, il devoit appréhender d'éprouver une même fortune. Ceux qui paroissent ici avoir le plus de part au choix que S. M. veut faire pour le maniement de ses finances sont M. de Villeroy et M. d'Aligre, et quelques-uns des plus éclairés y ajoutent M. le prévôt des marchands.

« Au reste, toute cette affaire a été menée jusqu'à l'exécution avec tant de secret, que personne n'en avoit rien découvert, et S. M. a bien assuré que qui que ce soit n'en avoit [connu] aucune chose que M. Le Tellier, à qui même Elle ne s'en étoit ouverte que depuis deux jours, pour lui faire dresser les ordres nécessaires pour cela ; et, afin que, de chez lui, on n'en pût rien pénétrer, ses commis qui y ont travaillé ont été enfermés sous la clef pendant ce temps-là. Au sortir de chez le Roi, j'ai rencontré M. de Gesvres, qui m'a témoigné avoir fort à cœur de ce que S. M. avoit donné à un autre qu'à lui la commission d'arrêter le Surintendant, en ce que c'étoit une marque de peu de confiance qu'Elle prenoit en lui ; que ce n'étoit pas pourtant que, d'un côté, il ne dût être bien aise de n'avoir pas été chargé de cet ordre, parce qu'il étoit ami particulier du Surintendant, mais que, lorsqu'il considéroit, d'une autre part, que le Roi avoit pu penser que cela l'auroit pu faire manquer à son devoir, et qu'il sembloit qu'il eût pu douter en cela de sa fidélité, il ne s'en pouvoit consoler, et avoit envie d'en faire ses plaintes. Je lui ai fait connoître, comme parent et ami, que je ne croyois pas qu'il dût sitôt faire éclater son ressentiment comme il prétendoit ; que le Roi, étant le maître, se pouvoit servir de qui bon lui sembloit sans qu'on y pût trouver à redire, et que S. M., qui faisoit toutes choses avec tant de prudence et de circonspection, et qui savoit l'amitié qu'il avoit [pour] le Surintendant, pour lui épargner le déplaisir d'être l'exécuteur de l'ordre d'arrêter son ami, Elle en avoit voulu charger un autre, et qu'il paroissoit que S. M. avoit eu même soin de sa réputation par le commandement qu'Elle avoit fait à M. d'Artagnan d'attendre que le Surintendant fût sorti de sa maison pour se saisir de sa personne; qu'au reste, il pourroit, avec le temps, trouver des occasions favorables pour en dire adroitement quelque chose au Roi et faire que ses plaintes en fussent mieux reçues. Si, après avoir goûté mes raisons et m'avoir promis qu'il y feroit réflexion, il s'étoit donné un peu de patience, sans se laisser emporter à la violence de son ressentiment, il se seroit sans doute épargné une nouvelle douleur que sa précipitation lui a attirée par une réponse fâcheuse de S. M., et qu'il s'en est assez inconsidérément découvert.

« Le Roi se dispose à partir dès demain d'ici pour se rendre au plus vite à Fontainebleau : ce qui confirme tout le monde dans le sentiment que l'on a que S. M. a dessein de pousser cette affaire jusqu'au bout. Au moins c'est la pensée de ceux qui croient la mieux connoître, qui attendent des suites très considérables de toutes ses résolutions. Pour moi, j'écoute tout avec beaucoup de modération, et je n'ai point d'empressement à m'enquérir des autres ce qu'il leur en semble, afin que ma trop grande curiosité ne leur fasse croire que je n'en sois pas tout à fait informé, et parce que je pourrai tout apprendre de vous, à qui je sais que S. M. s'est pleinement confiée, et connoître à fond toutes les choses qui se peuvent savoir de cette affaire.

« Les diligences qui se sont faites ici pour la recherche des papiers du Surintendant sont très grandes, et il s'en est trouvé, à ce qu'on dit, de très considérables, entre lesquels il y en a qui noircissent horriblement la conduite de certaines gens que vous avez crus vous être fort attachés, et dont la fidélité à votre égard vous a toujours paru à l'épreuve de tout. J'ai grande impatience d'avoir l'honneur de vous voir. Je suis, etc... »

Brienne père à Chassan[1].

« Fontainebleau, 9 septembre 1661.

« Monsieur, il pourroit être que, mon fils ayant trouvé à Nantes quelque vaisseau qui étoit chargé pour Hollande, vous auroit écrit, ou par la voie de la diligence qui va deux fois la semaine à Paris. Dans le doute qu'il s'en peut être oublié, pressé de suivre le Roi, qui, en onze jours, est allé de ce lieu à Nantes et en est revenu après avoir été pleinement satisfait par les témoignages d'obéissance qu'il a reçus de MM. des États de la province de Bretagne, et après y avoir fait arrêter M. Foucquet, je craindrois, dis-je, que mon fils se fût oublié de vous écrire, et c'est ce qui m'oblige de mettre cette lettre à la poste pour vous faire savoir ce qui est arrivé par delà. Je ne doute point que le comte Tott ne le mande en Suède, et peut-être d'autres choses qui pourroient troubler le Sénat, croyant que l'emprisonnement de M. Foucquet auroit pu faire le changement dans la cour que les affaires n'y [aient] pas été considérées comme au passé. Je ne puis vous dire ce qui y arrivera, mais bien vous assurer que la couronne de Suède y sera toujours fort considérée, et que S. M. en soutiendra les intérêts comme les siens propres, parce qu'elle y est engagée, et qu'elle connoît fort bien que cette couronne-là ne peut souffrir de diminution sans qu'il en rejaillisse quelque chose sur la sienne. Vous pouvez informer M. le comte de La Gardie de ce que je vous mande, surtout s'il y faisoit paroître quelque appréhension que les choses qui sont avenues de deçà puissent être d'aucun préjudice à la Suède. Je suis assuré que, lorsqu'il saura que le Roi veut lui-même prendre soin de ses affaires de finances, qu'il louera S. M. de la résolution qu'Elle embrasse, et tiendra les affaires de Suède en bon état quand il saura que celles de la France florissent et que le Roi veut prendre un pareil

1. B. N., transcrit de la correspondance de Chassan, ms. fr. 22654, fol. 16 v° et 17.

soin de ses finances qu'il fait des principales affaires de son État. Il ne peut pas être reproché au comte Tott qu'il n'ait bien observé les ordres qu'il a eus, ne s'ouvrant qu'à une seule personne des affaires qui lui ont été données à ménager, et, sans vous expliquer davantage, laissez concevoir à ceux auxquels vous parlerez qu'il eût pu avoir une conduite différente de celle qu'il a tenue et qui auroit avancé les affaires dont il est chargé, sans néanmoins donner lieu de croire qu'il y ait personne dans cette cour qui se plaigne de sa manière d'agir. Je suis votre affectionné serviteur[1]. »

Le Roi à M. l'archevêque d'Embrun.

« Fontainebleau, 16 septembre 1661[2].

« ... Pour revenir au sieur Foucquet, comme j'apprends qu'on a débité à Paris des relations de ce qui s'est passé en l'arrêt de sa personne toutes différentes de la vérité, et qu'il y en a même eu de si impertinentes qu'on a dit que je l'ai fait prendre moi-même dans Belle-Isle dînant chez lui, comme si Belle-Isle étoit à demi-lieue de Nantes quoiqu'il en soit éloigné de quatre journées, je vous dirai que, le 5e du courant, ayant mandé de bon matin ma compagnie de mousquetaires à cheval comme voulant aller à la chasse, je donnai ordre au sieur d'Artagnan, qui en est lieutenant, d'arrêter ledit sieur Foucquet quand, après le conseil que je tins ce matin-là, il sortiroit du château, où j'étois logé. Il l'arrêta dans sa chaire et le mena dans une maison où l'un de mes carrosses le fut prendre pour le conduire, escorté par mesdits mousquetaires, dans le château d'Angers, où il est présentement. J'avois, dès le soir

1. Cf. la lettre du même à l'ambassadeur Servient, 10 septembre : A. É., vol. Turin 56, fol. 304, original signé.
2. A. É., vol. Espagne 42, fol. 177, minute de la main de Lionne. Cette lettre est à comparer avec celle qui avait été adressée à la Reine mère le jour même de l'arrestation. La réponse de l'ambassadeur est au folio 212.

auparavant, fait tenir toutes mes dépêches prêtes pour faire partir, à l'instant qu'il seroit arrêté, un courrier avec mes ordres pour saisir tous les papiers dudit sieur Foucquet dans ses maisons de Paris, de Saint-Mandé, de Vaux et de Fontainebleau, ce qui a été exécuté comme je l'avois ordonné. Je fis partir aussi dans le même moment dix compagnies de mes gardes françoises et trois des suisses, pour aller prendre possession de Belle-Isle, et la relation que j'en ai eue depuis, c'est qu'y étant entrées, elles ont trouvé la place capable déjà de plus grande défense que ne seroit Sedan. Artagnan m'envoya d'abord les papiers qui se trouvèrent dans les poches dudit Foucquet, et, par ceux-là seulement, sans parler des autres qui se trouveront, et qui sont encore sous le scellé, je vois que rien n'étoit plus nécessaire pour mon service que la résolution que Dieu m'a inspiré de prendre sur son sujet. »

Le Roi au duc Mazarin[1].

« 5 octobre 1661.

« J'ai eu beaucoup de joie de votre réconciliation avec M. de Lionne, et je n'ai point douté des sentiments que vous avez eus sur la disgrâce de M. Foucquet. Ils sont dignes de votre vertu et de votre générosité; mais permettez-moi de vous dire que vous faites un jugement trop favorable de ma conduite, qui n'est louable que parce qu'elle est naturelle et sincère. L'approbation qu'il vous plaît d'y donner est ce qui m'en donne meilleure opinion... »

Considérations sur la chute de Foucquet[2].

« La part que le Roi avoit été obligé de prendre dans sa jeunesse aux affaires de l'État, sans s'y porter cepen-

1. A. G., vol. 170, fol. 26 v°.
2. Extrait du livre IV de l'*Histoire du Roi par les négociations de ses ministres* : A. É., vol. FRANCE 412, fol. 46 v°.

dant avec ardeur, n'avoit pas laissé de le disposer à régner par lui-même, et, si, après la paix des Pyrénées, il avoit continué au cardinal Mazarin cette même administration qui lui donnoit un si grand rang dans le monde, c'étoit moins désormais par envie de se soulager lui-même, que pour conserver au Cardinal cette considération qui fait tout l'honneur du ministre au dedans et au dehors de la monarchie, et qui, tel qu'un fil délié, ne se repose sur sa tête qu'autant que le souverain ne l'agite, ni ne le rompt de son souffle. Ainsi, la mort de Mazarin ne produisit en France d'autre nouveauté que celle de voir un jeune prince être tout à la fois et roi et premier ministre.

« Par là, ceux qui auparavant n'étoient que subordonnés eurent le plaisir d'être admis à une plus intime et immédiate familiarité avec celui en qui résidoit la toute-puissance, et les ordres furent donnés à tous les ambassadeurs et ministres de France dans les cours étrangères d'écrire directement au Roi, qui leur apprenoit aussi lui-même ses intentions et ce qu'ils devoient faire afin de s'y conformer. Une coutume si sage s'est toujours observée depuis et s'est étendue jusqu'aux simples résidents, qui ont le même privilège. De cette manière, les dépêches des uns et des autres aux secrétaires d'État, comme celles de ceux-ci à eux, quand elles accompagnent celle du Roi, ne sont souvent que de simples additions que le respect et le défaut de temps ne permettent pas de joindre à la lettre du Prince, ou des réflexions qui amplifient ce qui a été dit avec plus de précision. Quant aux lettres du Roi, il ne faut pas s'imaginer que toute dépêche souscrite : Louis, soit toujours de la main du Roi; car, quelque laborieux qu'il pût être, il ne suffiroit pas soit à les dicter, soit à les écrire, ni même à en entendre la lecture, qui souvent n'est pas nécessaire, une bonne partie de ces lettres n'étant qu'une suite de ses premiers ordres. Néanmoins, parce qu'il importe à celui qui les reçoit de distinguer celles que le Roi a dictées de celles qu'il a seulement souscrites de sa main, la paraphe du ministre ajoutée après le nom de Louis marque que S. M. a dicté ou au moins approuvé le contenu de la dépêche, ce que la simple signature ne dit pas.

« La puissance des États n'est qu'un effet de la sagesse et de l'ordre intérieur, et elle n'est considérable au dehors qu'à proportion que la justice et la règle en établissent la durée au dedans. Tout grand homme qu'étoit le cardinal Mazarin, il ignora cette maxime, ou la pratiqua mal. La première application qu'en fit le Roi fut par rapport aux finances du royaume. Personne n'ignore de quelle conséquence en est le bon ou le mauvais usage, qu'elles sont la substance de l'État et le vrai sang qui l'anime, et, partant, qu'il en faut rendre la circulation facile bien loin d'épuiser les vaisseaux qui le contiennent.

« Elles avoient passé par différentes mains pendant la minorité, ce qui prouvoit l'altération du gouvernement. Bouthillier de Chavigny, Émery, autrement Particelli, génois, chassés et rétablis, le maréchal de La Meilleraye, à qui elles furent laissées par intérim, et le comte d'Avaux en avoient eu successivement ou ensemble la direction, et tous, à l'exception du dernier, qui résigna volontairement cet emploi, confirmèrent par l'expérience que l'on ne préside point impunément à la source de la corruption, et que rarement les tentations y sont vaines.

« Le marquis de La Vieuville, que la Fronde appeloit avec mépris un des trois *barbons*, succéda à d'Avaux après l'avoir longtemps désiré ; mais, étant mort en 1653, le Roi, ou, pour mieux dire, le Cardinal, nomma en sa place Servient et Foucquet. Le premier, célèbre par des services rendus à l'État aux yeux de toute l'Europe, s'acquitta des finances avec la même habileté que de tous ses emplois précédents. Le second, resté seul par les longues maladies et enfin la mort de son collègue en 1659, au mois de janvier, ne satisfit pas si exactement l'attente du Roi, quoiqu'il contentât les trois ordres du royaume.

« Il étoit fils de François Foucquet, maître des requêtes et depuis conseiller d'État ordinaire. Sa famille, originaire d'Anjou, paroissoit avec honneur dans la robe il y avoit près d'un siècle. Il suivit la profession de ses pères, fut de bonne heure conseiller au Parlement, et enfin procureur général en 1650, par la démission de Molé. Le conseil qu'il donna quelque temps après de transférer le Parlement à Pontoise, où il se rendit des premiers, fut un coup aussi sage que hardi, et dont il reçut la récompense l'année suivante par son association au gouvernement des finances. Heureux s'il ne l'eût jamais méritée, ou s'il n'eût point perdu son collègue, homme impérieux, incompatible, mais qui, apparemment, auroit eu l'adresse d'arrêter la profusion qui bientôt devint si fatale à Foucquet.

« Il n'étoit pas le premier de son temps qui eût mal dirigé le trésor public, et il semble qu'il étoit moins coupable que divers de ses prédécesseurs; mais le Ciel a les moments marqués pour l'exemple des hommes, et être moins criminel n'est pas être innocent devant lui. L'on a cru qu'un des derniers conseils du Cardinal au Roi fut d'ôter les finances à Foucquet, qu'un intendant de la maison du premier ministre desservoit en toutes rencontres auprès de son maître, et que la présomption naturelle au Surintendant, qui affectoit de ne se point défendre, acheva de le perdre dans l'esprit de Mazarin.

« Je sais qu'un apologiste du Cardinal a cru prouver suffisamment que son héros n'étoit point l'auteur de l'infortune de Foucquet parce qu'il le nomma un de ses exécuteurs testamentaires; mais on jugera si c'est raisonner conséquemment à l'esprit et au caractère du testateur : si nous avions le testament de Mazarin que Foucquet apostilla de la main, et duquel on arrêta l'impression en Hollande sur les plaintes qu'en firent faire aux États, par l'ordre du Roi, ceux des ministres de France qui s'intéressoient encore à la gloire du Cardinal, on y trouveroit sans doute qu'un témoignage de bienveillance aussi équivoque n'avoit point imposé au Surintendant. Quoi qu'il en soit, il n'y eut que six mois d'intervalle entre la mort de l'un et la disgrâce de l'autre.

« Si tout ce que les secrétaires d'État écrivent au nom du Roi à ses ambassadeurs étoit exactement vrai, on auroit une époque certaine du temps où il prit la première résolution d'ôter les finances à Foucquet, car, dans une lettre de

APPENDICE. 137

M. de Lionne à l'archevêque d'Embrun à Madrid, et datée du 16ᵉ de septembre, il lui mande qu'il y avoit déjà « quatre « mois que le dessein en étoit formé, » et il ne s'agiroit plus que de concilier cette résolution avec l'honneur que fit le Roi au Surintendant d'agréer la superbe fête qu'il lui donna à Vaux-le-Vicomte le 17ᵉ d'août, parce qu'il n'est pas du caractère magnanime de couronner la victime déjà immolée dans l'intention, ni de couvrir de fleurs un affreux précipice; mais décider de si grandes choses n'est pas de notre ressort.

« Ceux qui ne se règlent que sur les apparences, ou qui ne soupçonnoient Foucquet que de quelque dissipation des finances, se persuadoient que le Roi commettoit sa dignité en allant lui-même, comme à une expédition, le faire arrêter en Bretagne. Nos ministres, mieux instruits, pensoient tout différemment, et représentent cette affaire plus sérieuse que le public ne l'imaginoit. Il ne faut qu'entendre là-dessus le marquis de Lionne écrivant à l'archevêque d'Embrun; empruntons ses propres expressions : « Le « Roi est de retour de Nantes; son voyage n'a été que de « douze jours. Les trois millions que la province lui a « accordés de la meilleure grâce du monde ne sont pas « ce qu'il a fait de plus avantageux : il y a achevé une « affaire de la plus grande importance, qui est la déten- « tion du sieur Foucquet. Il y a quatre mois que S. M. « avoit pris cette résolution, étant bien informé de la dis- « sipation des finances et de l'emploi qu'il en faisoit pour « s'assurer des établissements à sa mode. Comme on a « débité beaucoup de relations fausses et ridicules sur cela » (il veut parler d'une lettre écrite à don Louis de Haro, auquel on mandoit que Foucquet avoit été arrêté chez lui et dans le temps que le Roi y étoit allé dîner : lettre du 12 octobre, de l'archevêque d'Embrun au Roi), « il est bon « que vous sachiez que S. M. écrit du 5ᵉ de septembre « qu'il fit monter de bonne heure à cheval sa compagnie « des mousquetaires comme s'il eût voulu aller à la chasse, « et qu'il commanda au sieur d'Artagnan, qui en est le « lieutenant, d'arrêter après le Conseil le sieur Foucquet

« lorsqu'il sortiroit du château. Il l'arrêta donc en sa
« chaise, et le mena dans une maison où un carrosse du
« Roi l'alla prendre pour le conduire, sous la garde des
« mousquetaires, au château d'Angers, où il est à présent.
« Dès le soir précédent, le Roi avoit fait expédier les
« ordres afin de faire partir un courrier aussitôt que le sieur
« Foucquet seroit arrêté, pour aller saisir tous ses papiers
« dans ses maisons de Saint-Mandé, de Vaux et de Fon-
« tainebleau, ce qui fut exécuté. On fit en même temps
« partir dix compagnies de gardes françoises et suisses pour
« aller prendre possession de Belle-Isle. Le sieur d'Arta-
« gnan a envoyé au Roi les papiers qui se sont trouvés
« dans les poches du sieur Foucquet, et qui ont fait con-
« noître à S. M. qu'il étoit nécessaire de le faire arrêter. »

« Nous laissons à d'autres historiens les réflexions sur
les procédures employées contre Foucquet après l'enlèvement de ses papiers, et lequel il soutint, en ses Défenses,
contraire à toutes les formalités de justice ; mais nous
croyons être obligés de dire, au sujet de Belle-Isle et des
insinuations de M. de Lionne, qui donne à entendre que
le Surintendant prenoit des précautions contre la puissance
du Roi, que l'accusé demeura justifié de cette imputation,
et que le seul crime de péculat, bien ou mal prouvé, fit le
sujet de sa condamnation. Dans la supposition qu'elle a
été juste, il faut demeurer d'accord qu'elle fut moins rigou-
reuse que celle de Gérard de La Guette sous Charles le
Bel, d'Enguerran de Marigny sous le règne de Louis X
surnommé *Hutin*, et enfin de Semblançay sous François Ier.
Elle portoit une simple condamnation de bannissement
hors du royaume : punition trop légère au gré d'un ennemi
impitoyable, ordonnée avec plus d'équité que de sagesse,
et prudemment changée en prison perpétuelle par le Roi
même, qui se vit contraint d'oublier pour cette fois que
« la miséricorde est le partage des souverains, et qu'il ne
« leur convient point d'aggraver les peines des malheu-
« reux. »

« C'eût été punir un abus sans en détruire le principe,
si on eût encore laissé à un seul homme l'entière disposi-

tion du Trésor public. C'est pourquoi, après cet exemple de sévérité, le Roi commença à supprimer la charge de surintendant des finances, et ensuite à les diriger lui-même avec un conseil qu'il établit, et que l'on nomma *conseil des finances*. Il s'assembloit trois fois la semaine, et étoit composé, après le Roi, du maréchal de Villeroy, qui en étoit le chef, des sieurs d'Aligre et de Châtignonville, et du sieur Colbert comme principal commis; et toutes les expéditions en devoient être signées de la propre main de S. M.

« Depuis ce règlement, Jean-Baptiste Colbert, que nous désignerons ainsi pour cette fois, afin de le distinguer de ses frères qui ont eu part comme lui à la gloire de ce règne, eut l'administration du fisc sous le nom de contrôleur général, titre que le président Jeannin prit le premier, par modestie, en 1611, pour ne pas s'égaler au duc de Sully, son prédécesseur dans la même place, et qui a passé enfin depuis 1661 à tous ceux qui ont disposé en chef des finances. Dès le 16ᵉ de mars de l'année 1660, Colbert avoit pris séance au Conseil en qualité d'intendant des finances, aidé de la protection du Cardinal, dont il étoit domestique, et qui en connoissoit le mérite.

« On lui doit l'ordre merveilleux qui depuis a été assez longtemps aux finances, mais qui est tout perverti aujourd'hui par l'incapacité de deux hommes qui ont succédé au marquis de Seignelay, son fils. On lui a reproché d'avoir porté trop loin les revenus du Prince; cela pourroit être, quoiqu'il leur eût donné des bornes que l'on a bien passées dans ces derniers temps, et qui sont aujourd'hui arbitraires. Ainsi il faut convenir à sa louange que, s'il avoit beaucoup augmenté le fisc du Prince, il en rendoit, en récompense, la dispensation sage et noble, et que sa prudente œconomie a été le principal fonds de notre gloire.

« L'on verra dans le cours de cette histoire jusqu'où sa rare capacité porta la direction du commerce et de la marine en général quand le Roi lui en eut confié le soin, et comment, en peu d'années, il rendit l'un et l'autre si florissants, que les nations qui en font leurs forces et leurs délices en devinrent jalouses. Si elles ont maintenant cessé de l'être, c'est avec raison de leur part, et très peu de précaution de la nôtre. Que l'on souffre au moins cette vérité dans une histoire secrète ... »

Comme il vient d'être dit, Foucquet fut aussitôt remplacé par Colbert, et le conseil des Trois reprit ses réunions du lundi et du vendredi pour l'examen des affaires extérieures, celles du soir pour l'expédition et la signature. Une seule modification à signaler : Turenne prit chaque jour plus d'influence dans les conseils où l'on s'occupait de la Hollande[1].
Mais ce qui surprit généralement, c'est la conduite du Roi à l'égard de Hugues de Lionne. Celui-ci était présent, nous l'avons vu, lorsque Louis XIV annonça l'arrestation du Surintendant, et personne n'ignorait, — d'autant que Lionne lui-même ne s'en cachait point, — l'étroite liaison que rien n'avait pu altérer entre Foucquet et le ministre. Tout le monde le voyait atterré, demi-mort ; mais le souverain n'hésita pas un instant à lui assurer publiquement que toute sa confiance lui resterait quoique ayant été ami du disgracié. « Brienne, dit-il, vous continuerez de recevoir de Lionne mes ordres secrets ; » et il voulut le raccommoder lui-même avec Le Tellier, qui, au contraire, eût bien souhaité de pouvoir le remplacer par sa créature Claude Le Peletier[2]. Lionne tint tout de même à devoir d'adresser ses condoléances émues aux frères du Surintendant, sans d'ailleurs rien laisser percer de ses sentiments intimes dans la correspondance. Un commis des Affaires étrangères écrivit le 9 septembre à Gravel (?) : « Vous savez que M. Foucquet étoit ami de notre patron M. de Lionne ; mais je puis vous assurer qu'il n'y a de part que celle que l'amitié et la compassion l'y pouvoit faire prendre, étant autant bien que jamais dans l'esprit de S. M.[3]. » Nulle part plus qu'à Rome, le monde diplomatique ne fut surpris d'un coup de théâtre aussi inattendu et de la magnanimité de Louis XIV.

V.

Le conflit Estrades-Watteville et la préséance de la France.

De ce conflit de préséance qui, préparé de longue main par l'Espagnol Watteville, aboutit à la sanglante « bagarre »

---

1. Recueil de Beuningen, p. 227 et 253.
2. *Mémoires du jeune Brienne; Mémoires de l'abbé Arnauld; Lettres de Lionne à son père.*
3. A. É., vol. ALLEMAGNE 150, fol. 433.

du 10 octobre, nous n'avons vu que les préludes[1], et il ne sera pas sans intérêt de faire connaître ici quel en fut le caractère, quels en furent les incidents et les conséquences.

Dans la dernière rédaction des *Mémoires*[2], Pellisson, écrivant pour son royal maître, s'est étendu longuement sur tous ces points, et tout d'abord sur le fond, en ces termes :

« La préséance m'appartient légitimement. J'en étois en possession par toute l'Europe, et surtout à Rome, où les gardes mêmes du Pape ont été employés quelquefois à la conserver à mes prédécesseurs, et, ni là, ni à Venise, les ambassadeurs d'Espagne ne se trouvoient plus depuis longtemps aux cérémonies publiques où les miens assistoient. En nul temps, et même dans le plus florissant état de leur monarchie, elle n'est venue à bout d'établir l'égalité où elle aspiroit... Ainsi, je ne pouvois digérer de voir mon droit éludé par l'artifice de Batteville, et cet artifice, souvent répété, pouvoit former à la fin, non seulement la prétention, mais presque la possession d'un droit contraire. Au point où j'avois déjà porté la dignité du nom françois, je ne pouvois pas la devoir laisser à mes successeurs moindre que je ne l'avois reçue... »

On voudrait que l'historiographe, s'aidant de tant de savants traités sur les droits des rois de France[3], eût précisé nettement, par des preuves et des documents, plutôt que par des arguments vagues, déclamatoires, où remontaient et les droits de préséance de la France, et les prétentions opposées de la monarchie espagnole. Ceux-là ne dérivaient-ils pas d'une antiquité, d'une puissance et d'une gloire tant de fois déjà séculaires avant que la péninsule ibérique fût autre chose qu'un amas confus de petits royaumes chrétiens, mores, arabes, sans cohésion entre eux ? Les prétentions des successeurs de Charles-Quint à l'égalité, sinon même à la suprématie, étaient-elles autre chose qu'un reliquat des temps encore voisins où il avait joint au titre tout récent de roi des Espagnes la couronne impériale, dont la prééminence était reconnue dans tous les États européens[4] ?

Cela ressort principalement des conflits qu'eurent à soutenir en Italie, sous Henri II, notre évêque de Lodève, puis, successivement, François de Noailles, évêque de Dax, Philibert Babon de La Bourdaisière, M. de Lansac et Clutin d'Oy-

---

1. Ci-dessus, p. 20-26, 72, 75, 85. Cf. *Mémoires de Saint-Simon*, éd. nouvelle, tome III, p. 240, note 3.

2. Dans les Mémoires de l'année 1661 pour l'instruction du Dauphin, au tome II de l'édition Dreyss, p. 532-543.

3. Fr. Hotman, P. Poisson, Jérôme Bignon, André Duchesne, Claude de Rubis, Ch. Le Bret, Sainte-Marthe, etc.

4. L'Académie française adopta dans son *Dictionnaire*, comme exemple : « La prééminence des rois de France sur tous les autres rois. »

sel, contre les Espagnols Loyola, Vargas, Luna, Requesens. Charles-Quint venait alors d'abdiquer et de partager sa succession ; quoique la couronne impériale fût passée à l'héritier autrichien, il croyait pouvoir conserver à Philippe II la préséance dont lui-même avait joui grâce à ses deux couronnes. Pour garder le pas sur son concurrent, Monsieur de Dax voulut faire valoir que la France avait « plus de sujets et de richesse. » Pie V était alors sur le trône pontifical et redoutait les progrès du protestantisme en France : le sénat romain rejeta l'argument de Monsieur de Dax, mais proclama que, « les ambassadeurs français ayant toujours eu la préséance et le pas sur ceux de l'Espagne, sans opposition aucune, un changement de cet ordre de choses ne pourrait que troubler la concorde. » Vainement Philippe II se targua de son « magnifique » titre de « défenseur de l'Église catholique. » Il dut « avaler la pilule. » Néanmoins, ses successeurs ne laissèrent pas de maintenir le même mot d'ordre dans leurs ambassades, missions ou légations, sans faire aucun compte de la décision d'un tribunal aussi élevé et respecté que l'était celui de Rome, et les incidents se multiplièrent depuis lors, dont le dernier en date fut le ridicule conflit que nous avons raconté ci-dessus[1], entre le président de Thou et don Estevan de Gamarra.

Colbert n'a eu garde d'omettre l'incident de 1661 dans son *Journal fait par chacune semaine*[2]. La fin de l'article est seule à relever ici :

« Aussitôt que le Roi eut reçu cet avis (de Londres), il assembla son Conseil, où il appela M. de Turenne et le maréchal de Villeroy, et leur demanda à tous leurs sentiments. Tous opinèrent qu'il falloit conduire cette affaire par négociation, en donner part à l'archevêque d'Embrun et lui ordonner de demander réparation de cette injure au roi catholique, et d'autre part, demander justice au roi d'Angleterre contre ses sujets qui avoient assisté le sieur Batteville. Le Roi, après les avoir entendus, prit la parole, et leur dit qu'il avoit résolu de pousser cette affaire plus loin ; que peut-être jamais il ne se présenteroit une occasion si favorable pour décider la grande question de préséance entre les deux couronnes, ou, pour mieux dire, pour rétablir la dignité de la sienne au même degré de prééminence sur toutes les autres qu'elle étoit avant le règne de Charles-Quint, et pour faire quitter à la maison d'Autriche une prétention chimérique d'égalité que la vertu de ces deux rois Charles-Quint et Philippe II, la minorité de Louis XIII et

1. Tome III, p. 21.
2. Publié par P. Clément, d'après la copie de Clairambault, dans le tome VI des *Lettres et mémoires*, p. 489-490.

les grandes guerres qui l'ont suivie lui avoient donné moyen d'introduire ; que le florissant état de ses affaires, son âge et sa vigueur, comme au contraire l'âge avancé et les incommodités du roi catholique, et le bas âge du prince, ne permettoient pas de laisser passer cette occasion ; et, pour en profiter, qu'il étoit d'avis d'envoyer dire ce jour même au comte de Fuensaldagne, etc. »

En regard du texte de Pellisson et de celui de Colbert, on ne trouvera pas superflu que nous placions encore une page du *Siècle de Louis XIV* qui semblerait inspirée des *Mémoires de Louis XIV*, s'il était bien sûr que Voltaire eût déjà eu connaissance de ceux-ci par le maréchal de Noailles[1].

« Les anciens rois de l'Europe prétendent entre eux une entière égalité, ce qui est très naturel ; mais les rois de France ont toujours réclamé la préséance que mérite l'antiquité de leur race et de leur royaume, et, s'ils ont cédé aux Empereurs, c'est parce que les hommes ne sont presque jamais assez hardis pour renverser un long usage. Le chef de la république d'Allemagne, prince électif et peu puissant par lui-même, a le pas sans contredit sur tous les souverains à cause de ce titre de césar et d'héritier de Charlemagne. Sa chancellerie allemande ne traitait pas même alors les autres rois de *Majesté*. Les rois de France pouvaient disputer la préséance aux Empereurs, puisque la France avait fondé le véritable empire d'Occident, dont le nom seul subsiste en Allemagne. Ils avaient pour eux, non seulement la supériorité d'une couronne héréditaire sur une dignité élective, mais l'avantage d'être issus, par une suite non interrompue, de souverains qui régnaient sur une grande monarchie plusieurs siècles avant que, dans le monde entier, aucune des maisons qui possèdent aujourd'hui des couronnes fût parvenue à quelque élévation. Ils voulaient au moins précéder les autres puissances de l'Europe. On alléguait en leur faveur le nom de *roi très chrétien ;* les rois d'Espagne opposaient le titre de *catholique*, et, depuis que Charles-Quint avait eu un roi de France prisonnier à Madrid, la fierté espagnole était bien loin de céder ce rang. Les Anglais et les Suédois, qui n'allèguent aujourd'hui aucun de ces surnoms, reconnaissent le moins qu'ils peuvent cette supériorité. C'était à Rome que ces prétentions étaient autrefois débattues. Les Papes, qui donnaient les États avec une bulle, se croyaient, à plus forte raison, en droit de décider du droit entre les couronnes. Cette cour, où tout se passe en cérémonies, était le

---

1. Voir les notes de M. Émile Bourgeois, dans son édition de 1890, p. 126-129. Il faut observer que le maréchal de Noailles donna les manuscrits à la Bibliothèque du Roi en 1749, et que Voltaire fit ses éditions personnelles en 1752.

tribunal où se jugeaient ces vanités de la grandeur. La France y avait toujours eu la supériorité quand elle était plus puissante que l'Espagne; mais, depuis le règne de Charles-Quint, l'Espagne n'avait négligé aucune occasion de se donner l'égalité. La dispute restait indécise; un pas de plus ou de moins dans une procession, un fauteuil placé près d'un autel ou vis-à-vis la chaire d'un prédicateur, étaient des triomphes et établissaient des titres pour cette prééminence. La chimère du point d'honneur était extrême alors sur cet article entre les couronnes, comme la fureur des duels entre les particuliers. »

Il nous appartient d'autant moins de traiter à fond la question que ce point spécial de l'histoire diplomatique de la monarchie fut amplement et officiellement exposé, cinq ans après la bagarre de Londres, dans un *Traité sur les droits et les prérogatives des rois de France*[1]. L'auteur, Charles Sorel de Souvigny, historiographe royal, allait plus loin même que l'opinion publique, puisqu'il contestait à l'Empereur une préséance « dont la possession n'a fondement raisonnable en comparaison du roi de France. » Quant à l'Espagne, qui opposait aux mille ou douze cents ans de la monarchie française une antiquité remontant jusqu'au Déluge, jusqu'à Hercule et Tubal, Sorel démontrait, par les exemples historiques depuis le xve siècle jusqu'au xviie, que ses prétentions à la préséance, constamment et victorieusement combattues par nos rois, ne pouvaient plus exister après la déclaration solennelle du 24 mars 1662. Tout ce qui fut écrit depuis Sorel sur le même sujet[2] dérive de son livre, avec plus ou moins de développement. Mais ici nous ne voulons que présenter, en supplément au commentaire qui a été déjà donné sur la période préliminaire de l'affaire Watteville, quelques textes postérieurs empruntés aux mêmes sources diplomatiques et ne faisant pas double emploi avec ceux qu'ont déjà fournis les historiens. On y verra quel parti Louis XIV, secondé par Lionne et par les deux Brienne, s'empressa de tirer des circonstances qui s'offraient à lui; il y déploya, dans toute sa juvénile ardeur, un sentiment inébranlable de ses devoirs envers la couronne dont il avait hérité[3].

1. Publié en 1666.
2. Dans *les Ambassadeurs* de Wicquefort (1677); dans le petit livre publié à la Haye en 1738, sous le titre de : *Essai historique sur les querelles et les insultes faites aux ambassadeurs de France;* dans le tome II du Supplément de 1739 au *Corps diplomatique*, p. 203-214, etc. Cf. Flassan, *Histoire de la diplomatie française* (1808).
3. Voir le tome VII de l'*Histoire de France* par M. Ernest Lavisse, p. 225-228.

Le Roi au comte d'Estrades[1].

« A Nantes, le 6 septembre 1661.

« Monsr le comte d'Estrades, j'ai reçu, arrivant à Nantes, votre lettre du 22e du mois passé[2], et le sieur de Lionne, outre cela, m'a rendu compte de ce que vous lui mandiez de plus particulier sur l'incident de l'entrée des ambassadeurs extraordinaires de Venise[3]. Il est vrai que, comme il arrive ordinairement quand on n'est pas bien informé d'un fait, on en a tenu des discours, dans ma cour, qui ont passé bien au delà de mes véritables sentiments. Cela ne doit pourtant point vous faire la peine que je vois que vous vous en donnez. Le sujet que j'ai de plainte regarde le roi d'Angleterre en deux choses : l'une, de s'être mêlé là-dedans sans nécessité, par la prière qu'il vous a envoyé faire; et l'autre, que, bien loin d'un office de cette nature rendu aux Espagnols, j'aurois plutôt attendu de son amitié et de la raison qu'il n'eût pas permis que les ambassadeurs de Venise eussent fait leur entrée sans vous faire auparavant avertir du jour et de l'heure, afin que vous eussiez lieu de me conserver en cette action publique la possession de la prééminence qui m'est due. Et, après y avoir mieux songé, je crois qu'il auroit été bien à propos d'en témoigner d'abord du ressentiment auxdits ambassadeurs, à qui il n'appartient pas de changer les coutumes et l'ordre établi pour des inconvénients qu'ils ont pu appréhender, et qui ne les regardoient point. Pour ce qui vous concerne, je vois fort bien que, lesdits ambas-

---

1. A. É., vol. ANGLETERRE 76, fol. 221 v° à 223, copie. La minute manque.
2. L'ambassadeur a expliqué que sans doute il avait été prié par le roi Charles de ne point paraître à l'entrée des Vénitiens, mais que, ceux-ci n'ayant avisé personne, il ne pouvait se présenter seul, pas plus que répondre aux instances inopportunes du roi en se retirant de la cour.
3. On a dans le tome II du Supplément au *Corps diplomatique*, p. 495-496, le cérémonial d'arrivée et d'entrée des ambassadeurs étrangers à Londres.

sadeurs ne vous ayant point notifié leur arrivée, ni le jour de leur première audience, vous ne pouviez ni deviez envoyer vos carrosses à ces cérémonies-là ... »

Le Roi au comte d'Estrades[1].

« Fontainebleau, 23 septembre 1661.

« Monsr le comte d'Estrades, depuis les deux amples dépêches que je vous fis la semaine passée, j'ai reçu par la voie du comte de Brienne celle que vous m'avez écrite du 12º du courant, qui ne me fournit presque pas matière de rien ajouter à mes dernières lettres; il n'y a que l'éclaircissement que vous désirez avoir de mes intentions sur la conduite que vous devez tenir en cas que l'ambassadeur de l'Empereur que le roi d'Angleterre attend dans peu de jours, pour complaire aux Espagnols, et par l'induction de Batteville, ne notifie son arrivée à aucun des autres ambassadeurs. Sur quoi, je vous dirai en premier lieu qu'il n'est pas bien certain que le comte Strozzi, qui est celui que l'Empereur avoit destiné pour aller se conjouir avec le roi mon frère de son rétablissement, passe en Angleterre. La première nomination avoit été d'un comte de Collalto, lequel, arrivant à Bruxelles, fut surpris d'une maladie qui l'emporta. Le comte Strozzi lui fut aussitôt substitué; mais, ayant appris à son arrivée en Flandres la résolution du mariage de Portugal, les ministres d'Espagne et lui-même crurent qu'il avoit besoin de nouveaux ordres et de Vienne et de Madrid, avant que passer outre à l'exécution de sa commission; et, en effet, attendant lesdits ordres, il est venu se promener en France inconnu, et a même été en ce lieu. Secondement, je n'estime pas que ledit comte ait qualité d'ambassadeur, mais seulement d'envoyé : auquel cas je crois que le Roi mon frère ne le fera point recevoir en cérémonie et ne lui envoiera point ses car-

---

1. A. É., vol. Angleterre 76, fol. 98-99, minute autographe de Lionne. La copie de la correspondance de Brienne, ms. Cinq Cents de Colbert 334, ne comprend de lettres à d'Estrades qu'à partir du 29.

rosses à son arrivée, mais qu'il entrera comme feroit un autre particulier, hors peut-être que Batteville lui envoiera à Douvres ou ailleurs quelqu'un de ses carrosses afin qu'il s'en serve pour sa commodité comme étant envoyé par un prince de la maison du roi son maître, sans qu'aucun autre ministre s'en remue, ni doive même montrer de savoir qu'il vienne; et, en ce cas-là, il faut que vous en usiez comme feront tous les autres, c'est-à-dire que vous témoigniez d'ignorer sa venue.

« Mais, s'il a qualité d'ambassadeur, que le roi de la Grande-Bretagne le fasse recevoir en cérémonie et envoie à sa rencontre ses officiers et ses carrosses comme il en a été usé à votre égard et avec le comte de Batteville, lorsque vous êtes entrés dans Londres, je désire que, soit que ledit comte Strozzi vous ait notifié son entrée, ou qu'il vous l'ait celée pour complaire à Batteville, vous envoyiez vos carrosses au-devant de lui, et que vous vous mettiez en état qu'ils conservent la prééminence qui m'est due, précédant ceux de tous les autres ambassadeurs dans la marche. Autrement, vous voyez bien, après même ce qui s'est passé à l'entrée des ambassadeurs de Venise, que le monde auroit occasion de juger que l'ambassadeur d'Espagne se seroit mis en possession d'une préséance sur vous qui ne lui appartient pas, ni même l'égalité; car alors le public ne considéreroit guère si ledit comte vous a notifié ou celé son entrée, mais seulement que le carrosse et les gens de Batteville se seroient trouvés à cette cérémonie à votre exclusion.

« Il faut seulement, si le cas que je viens de dire arrive, qu'en envoyant vos carrosses, vous chargiez un de vos gentilshommes, lorsqu'il fera audit comte votre compliment ainsi qu'il est accoutumé, de le lui faire en ces termes : qu'encore qu'il ne vous ait point fait savoir son arrivée, l'ayant apprise par le bruit commun, vous n'avez pas voulu laisser échapper cette occasion de témoigner à l'Empereur, en la personne de son ministre, la parfaite amitié et liaison que j'ai avec S. M. Impériale.

« Je ne vous dis rien des mesures que vous aurez dû

prendre auparavant pour être bien assuré que vos gens seront en état de se conserver dans la marche le rang qui leur est dû, me promettant que vous n'y omettrez rien de possible, et même que la chose vous sera d'autant plus aisée que le baron de Batteville ne s'y attendra point, se confiant sur la connoissance qu'il aura que le comte ne vous ait point envoyé notifier son arrivée; outre qu'après ce que le roi mon frère vous a dit sur l'affaire des Vénitiens et sur la manière dont il en vouloit user à l'avenir en pareilles rencontres, je ne puis pas douter qu'il ne vous soit facile de remporter tout l'avantage que je puis souhaiter en celle-ci; remettant néanmoins à votre prudence de résoudre si vous devez ou non communiquer votre dessein audit roi mon frère, ce qui devra, ce semble, dépendre de la certitude plus ou moins grande que vous verrez à réussir dans l'exécution sans l'appui ou avec l'appui de mondit frère. Sur ce, je prie Dieu, etc. »

Le Roi au comte d'Estrades[1].

« Fontainebleau, le 5 octobre 1661.

« Monsr le comte d'Estrades..., j'ai jugé à propos de vous faire ce mot à la hâte, par l'ordinaire qui part aujourd'hui de Paris, pour vous dire que j'ai été très aise d'apprendre que vous vous disposiez à maintenir la prérogative qui m'est due dans l'occasion de l'entrée de l'ambassadeur de Suède, lequel étoit déjà arrivé à Gravesinde, et que le roi mon frère vous eût promis d'appuyer votre dessein en tout ce qui dépendroit de lui. Cela, avec les autres précautions que vous avez prises, m'empêche de pouvoir douter qu'il n'ait tout le bon succès que je puis désirer; mais, comme les préparatifs qu'il faut nécessairement qu'un ambassadeur fasse après son débarquement pour une pareille cérémonie l'obligent souvent à retarder le jour de son entrée beaucoup au delà de ce qu'on avoit cru, j'ai estimé à propos, à toutes fins, de vous donner un avis qui

1. A. É., vol. ANGLETERRE 75, fol. 242 v°, copie. La minute manque.

me vient de très bonne part, pouvant facilement arriver que vous le receviez assez à temps pour vous en prévaloir, si cet ambassadeur de Suède ne s'étoit pas pressé d'entrer dans Londres pour laisser un peu remettre ou raccomoder son équipage. L'avis est que le général Monck a promis au baron de Batteville de lui donner des soldats de son régiment écossois pour, avec quelques Irlandois, appuyer ses gens et son carrosse, et que, sur cette espérance, ledit Batteville s'étoit résolu d'envoyer à la rencontre de l'ambassadeur de Suède. Je le sais de science certaine, de la maison de Monck même, par un de ses plus intimes confidents, et que le carrosse partiroit pour aller à la place de la Tour de Londres sans que cette escorte parût, mais qu'elle se trouveroit ou dans ladite place ou dans d'autres rues par où l'on devra marcher : ce qui me fait juger que, quand votre carrosse aura pris d'abord dans ladite place le rang qui lui est dû immédiatement après celui de l'ambassadeur, les gens qui l'appuieront ne doivent pas l'abandonner qu'on ne soit arrivé au logis dudit ambassadeur, de crainte qu'au passage de quelque rue qui traverse celle où l'on marchera, ces Écossois ou Irlandois ne viennent le couper avec main-forte pour faire passer celui de Batteville. Si cet avis vous arrive à temps, j'estime que, de la manière que vous a parlé sur ce sujet le roi mon frère, vous devez d'abord lui en parler confidemment, et lui faire instance de ma part d'employer son autorité envers le général Monck pour l'empêcher d'assister Batteville en une prétention si injuste, et lui en faire même des défenses si expresses, comme aussi aux Irlandois, qu'on se puisse assurer qu'ils n'osent y manquer... »

Le Roi au comte d'Estrades[1].

« Fontainebleau, 7 octobre 1661.
« Monsr le comte d'Estrades, je vous écrivis avant-hier,

---

1. A. É., vol. ANGLETERRE 76, fol. 108, minute de Lionne, datée mal à propos d'août, mais bien classée au mois d'octobre.

150   APPENDICE.

par l'ordinaire qui part de Paris le mercredi, pour vous donner un avis que je souhaite être arrivé assez à temps pour vous en prévaloir... Je vous avoue que j'ai grande impatience de savoir comment cette cérémonie se sera passée, et d'autant plus que je ne puis presque pas douter que ce n'ait été à votre avantage et à ma satisfaction après les paroles que le roi mon frère vous avoit données d'appuyer votre dessein, et que, sans cela même, vous aurez pu, par le moyen de la garnison de Gravelines et du voisinage de France, vous mettre en état par vous-même d'ôter aux Espagnols l'envie de vous rien disputer[1]... »

A côté des nombreuses relations qui coururent de la journée du 10, voici d'abord un texte qui s'imprima alors en anglais, à Londres, et dont Labastide fournit et traduisit un exemplaire pour M. de Lionne[2]. Les tendances antifrançaises y sont plus que nettement accusées.

Relation véritable de ce qui s'est passé dans le sanglant et dangereux combat d'entre les Espagnols et les François, auprès de la Tour de Londres, à l'entrée de l'ambassadeur de Suède, le lundi 10 octobre/30 septembre 1661;

contenant le nombre des morts et blessés de part et d'autre, la déroute de la cavalerie et infanterie françoises et le grand et glorieux service rendu par le señor de Nalance, secrétaire de S. Exc. le seigneur ambassadeur d'Espagne, le señor don Diego, et divers autres;

avec quelques autres particularités de leur attaque et de leur retraite;

mise au jour pour la satisfaction du public et imprimée en 1661.

« Le lundi 30 de septembre[3] 1661, l'ambassadeur de la couronne de Suède descendit à terre auprès de la Tour de Londres, et fut reçu fort honorablement par ordre de S. M. le

---

1. Une petite affaire survenue dans les premiers jours d'octobre entre les domestiques de l'ambassade et la populace, lancée à la poursuite d'un gentilhomme (lettre de d'Estrades, 6 octobre, et réponse de Brienne le jeune, du 22), fit espérer jusqu'au dernier moment qu'on triompherait de toute tentative de ce genre.
2. Vol. ANGLETERRE 76, fol. 116-119 et 135-138.
3. Comput anglais.

roi de la Grande-Bretagne. Son régiment Royal étoit sous les armes aux environs de la Tour ; la compagnie de S. M. avoit le drapeau royal où il n'y a qu'une couronne, la seconde avoit la rose couronnée, la troisième la fleur de lys couronnée. La compagnie des gardes de S. A. R. le duc d'York y étoit aussi, et l'on y voyoit plusieurs milliers de spectateurs accourus sur le bruit qu'on avoit publié qu'il y auroit un furieux combat entre les Espagnols et les François, et comme un duel entre les deux ambassadeurs extraordinaires des deux illustres et chrétiens princes le roi d'Espagne et le roi de France ; mais, en peu d'heures, la scène de cette tragédie fut tout à fait changée, et il y eut une étrange effusion de sang, car, aussitôt que l'ambassadeur de Suède fut descendu à terre, voilà d'abord (suivant l'ancienne coutume) le point d'honneur qui se posa à qui ce seroit, de ces deux nobles patriotes, d'avoir le premier rang, et, ce différend ne se pouvant décider que par la vaillance de leurs héroïques champions, la prudence, valeur, adresse et bonne conduite du *señor* de Nalance, secrétaire de l'ambassadeur d'Espagne, fut telle, qu'ils vinrent à bout de leur entreprise ; les François succombèrent, leur cavalerie fut mise en fuite, malgré les efforts de cette belle brigade qui, ayant avancé jusqu'au delà du Pont, fut rechassée honteusement, leurs chevaux ayant été épouvantés du chamaillis des Espagnols, leurs têtes cassées de coups de tuiles, le postillon de l'ambassadeur mis par terre, trois chevaux tués, les harnois coupés, et plusieurs de ses domestiques blessés. Dans cette action, le *señor* don Diego se comporta en généreux héros et en sujet fidèle à son roi et à son pays. L'écuyer et sous-écuyer du même ambassadeur en firent de même : ce qui leur vaudra une gloire et réputation immortelle.

« Dans le temps de ce démêlé, plusieurs des gens de pied de l'Espagnol passèrent vite comme le vent au travers de la place de la Tour, leurs grandes épées nues à la main, pour environner et défendre le carrosse de leur ambassadeur, et, lorsqu'ils furent à l'entrée de la rue, il y eut encore une autre attaque, où un François fut tué. Après quoi, ils marchèrent en même ordre tout au long des rues, leurs épées nues en main, et ne trouvèrent plus que peu ou point de résistance.

« Peu après on vit passer le carrosse de l'ambassadeur de France avec deux chevaux seulement, en ayant eu trois de tués, et le quatrième étant hors d'état de servir. Et, tous ceux de la suite des deux ambassadeurs ayant passé, les gardes du roi se retirèrent aussi, et le peuple s'en retourna paisiblement chacun chez soi, sans qu'il y eût presque de mal que pour les François, la fortune des *Monsiers* (c'est ainsi qu'ils nomment les François par dérision, comme les Espagnols les *señors* ou les *don Diegos*) ayant été de souffrir la plus grande perte, y en ayant eu cinq qui ont passé de ce monde à l'autre, et bien plus de trente blessés, sans que, du côté des Espagnols, il y en ait eu qu'un de mort et peu de blessés. Il est certain que la valeur et magnanimité de ceux-ci leur a fait remporter la victoire, et, ce qui est remarquable, un vieillard espagnol a fait tête en divers endroits à cinq ou six François, les éblouissant des moulinets de son épée et leur faisant sentir les coups avant qu'ils les vissent venir, jusqu'à ce qu'il fût secondé d'un de ses amis.

« Enfin, si les François se fussent bien entendus, il y auroit eu beaucoup plus de tuerie; mais le nombre cède le plus souvent à la valeur, ce qui me fait souvenir de ce qui se passa du temps de Henri V[e] roi d'Angleterre. A la veille de la bataille d'Agincourt, quelqu'un ayant conté à ce roi les grands préparatifs des François, il en fut un peu étonné, jusqu'à ce qu'un capitaine nommé Garn, prenant la parole : « Si leur nombre, « dit-il, est aussi grand qu'on le fait, il y en aura assez pour « être tués, assez pour être pris, et assez pour mettre en « fuite. » Cette généreuse repartie rassura le roi, et le champ de bataille lui demeura.

« Ainsi, les Espagnols, par leur valeur et magnanimité, sont demeurés vainqueurs, et les *Monsiers* ont été repoussés nonobstant leur plus grand nombre. Au premier jour, on en verra une relation complète, le temps ne permettant d'en donner à présent que cet abrégé[1]. »

Pour le public de Paris, la *Gazette* du 22 imprima (p. 1130-1131) le bref récit qui suit, comme venant de son correspondant de Londres sous la date du 11 octobre; mais il avait été rédigé par M. de Lionne lui-même, ainsi que le prouve sa minute autographe, surchargée de corrections et de retouches, et classée au volume ANGLETERRE 75, fol. 222.

Gazette du 22 octobre.

« Nous eûmes ici hier (le 10 de ce mois) une espèce de combat en pleine paix entre les ministres de France et l'Es-

1. Dans un rapport postérieur (vol. 76, fol. 139), il fut affirmé à Labastide que Watteville avait loué des gens, qui furent revêtus de sa livrée, pour égaler le nombre des Français, mais qu'au fond les Anglais, même ceux de la cour, étaient favorables à l'Espagne, ce qui rendrait la répression comme impossible. C'est sans doute pour cette raison que Charles II et son frère, tout en faisant de leur mieux, avaient interdit à leurs troupes

pagne. L'occasion en arriva sur la cérémonie de l'entrée d'un ambassadeur de Suède, où le comte d'Estrades, ambassadeur de France, ayant envoyé à l'accoutumée ses carrosses pour honorer cette entrée, il se trouva que le baron de Batteville, ambassadeur d'Espagne, y avoit envoyé les siens, non seulement escortés de ses domestiques, mais appuyés de grand nombre de gens de la lie du peuple, comme brasseurs, bouchers, savetiers et bateliers[1], dont il avoit acheté l'assistance pour faire insulte aux François; et, en effet, cette canaille, attroupée au nombre de deux mille, enveloppe d'abord les domestiques de l'ambassadeur de France, en tua et blessa plusieurs, et tua aussi les chevaux de son carrosse pour le mettre hors d'état d'accompagner l'ambassadeur de Suède; et ainsi les Espagnols, à la faveur de cette même canaille, qui les escorta toujours, accompagnèrent seuls ledit ambassadeur, l'épée nue à la main comme triomphants, et avec de grands cris de joie en dérision des François. Cet incident fait ici grand bruit et fournit beau champ de discourir aux politiques sur la manière dont cette nouveauté sera prise en France : les uns disent que les François ont assez gagné de batailles en temps de guerre pour mépriser un petit avantage que le baron de Batteville s'est procuré par supercherie et mauvais moyens; les autres, que, s'agissant d'un point d'honneur, le Roi Très Chrétien ne le souffrira pas et voudra savoir si le baron de Batteville a entrepris cette nouveauté par les ordres du roi son maître, d'autant plus que, jusques à présent, aucun ministre d'Espagne n'avoit jamais songé à attenter ici pareille chose, et qu'ils s'étoient toujours abstenus de se trouver aux cérémonies et fonctions publiques[2], comme, en dernier lieu, don Alonso de Cardenas n'a jamais concouru en rien avec le sieur de Bordeaux pen-

---

d'agir contre les gens des ambassadeurs. Il fut imprimé peu après un libelle antifrançais, sous le titre de : *Dialogue entre Monsieur Pantalon et señor Sancho*, ainsi que des chansons qui se débitaient dans les carrefours.

1. Lionne avait ajouté ici *et autre canaille*, puis a biffé ces trois mots.
2. Ce qui suit est une addition marginale de Lionne.

dant leur ambassade commune, et nommément, aux entrées d'un ambassadeur de Danemark et d'un autre de Suède, ledit sieur de Bordeaux envoya ses carrosses sans que ledit don Alonso eut aucune pensée d'y faire trouver les siens. Un peu de temps nous éclaircira de ce qui arrivera de toute cette affaire[1]. »

On pense bien que Lionne et Brienne firent part à tous les ministres français près les cours étrangères des suites que Louis XIV entendait donner au conflit; ainsi, le cardinal Antoine en fut avisé à Rome par cette lettre[2] :

Brienne fils au cardinal Antoine Barberini.

« De Fontainebleau, 15 octobre 1661.

« ... Le roi d'Angleterre, qui prévoyoit le démêlé qui alloit arriver pour le rang des carrosses des ambassadeurs de France et d'Espagne en la réception du comte de Brahé, ambassadeur de Suède, et qui craignoit que la mauvaise volonté de la canaille de Londres envers la France n'éclatât en cette occasion comme elle avoit fait les jours précédents en deux autres où son palais en avoit été investi, fit publier des défenses à tous ses sujets de se mêler d'aucuns différends qui pourroient arriver entre les ministres des princes étrangers. Il commanda encore, le jour de la cérémonie, toute son infanterie et toute sa cavalerie pour garder les avenues du Port, où le cortège devoit commencer, pour réprimer davantage la populace. M. le comte d'Estrades, de son côté, bien averti des prétentions de Vatteville, s'étoit assuré des François qui étoient dans Londres, et ne doutoit point que, dans une occasion où il y alloit de l'honneur de la nation, et étant près de deux cents outre sa maison, ils ne retinssent facilement dans le devoir les Espagnols, qu'il croyoit d'ail-

1. Loret paraphrasa cet article et les suivants dans les plus prochaines feuilles de sa *Muse historique.*
2. Lettre du 15 octobre, dans les transcrits de la correspondance de Brienne.

leurs privés du secours du menu peuple par les défenses publiées. Toutes ces précautions n'empêchèrent pourtant pas que, le carrosse de M. le comte d'Estrades ayant voulu prendre son rang, les gens de Vatteville ne vinrent fondre sur son train, secondés d'une troupe de mariniers qui avoient été animés par l'argent de cet ambassadeur. Il fut impossible aux soldats de retenir un si grand nombre, ni aux François d'y résister. Ils commencèrent par une décharge de mousquetons sur les chevaux de M. le comte d'Estrades, qu'ils tuèrent, et ainsi il fut aisé au carrosse de Vatteville de prendre le devant. Il y a eu huit François de tués et plus de trente de blessés, et, du côté d'Espagne, on sait seulement qu'il y en a demeuré une quinzaine sur la place, sans ceux qui auront été blessés.

« Le Roi a été tellement indigné d'une entreprise si injuste faite par des voies si illégitimes contre le rang et la prééminence dont ses ministres sont en possession dans les États étrangers, et principalement en Angleterre, qu'il résolut d'en envoyer demander réparation au roi d'Espagne, se réservant, en cas de refus, de la faire soi-même par les moyens que Dieu lui a mis en main, en lui faisant encore ressentir l'effort de ses armes. Il dépêcha, pour cet effet, le sieur de Vouldy, gentilhomme ordinaire de sa maison, à M. l'archevêque d'Embrun. Il donna en même temps ordre à mon père d'aller trouver le comte de Fuensaldagne pour lui déclarer que, S. M. ne pouvant voir aucun ministre d'Espagne jusques à ce qu'Elle sût comme cet attentat s'y seroit reçu, il pouvoit se retirer sans prendre ses audiences de congé et avertir le marquis de La Fuente, qui venoit ambassadeur extraordinaire en cette cour, et le marquis de Caracène, qui devoit passer par ce royaume pour s'en retourner en Espagne, que S. M. révoquoit les passeports qu'Elle leur avoir accordés. Fuensaldagne désapprouva fort l'entreprise de Vatteville, et fit même comprendre qu'elle seroit désavouée du Roi son maître; et l'on n'aura pas de peine à le croire, si l'on regarde d'un côté l'extrême foiblesse où est l'Espagne, qui se voit assez en ce qu'elle n'a pu rien entreprendre cette campagne sur le Portugal, et de l'autre la joie avec laquelle S. M. embrasseroit une occasion aussi juste que celle-ci de lui faire ressentir encore son courage et les forces de son État en prenant vengeance de l'offense qui lui est faite en la personne de son ambassadeur. Je suis, etc. »

Dans un second article de la *Gazette*[1], Lionne fit connaître à l'Europe les premières mesures prises pour la réparation.

Gazette du 22 octobre.

« A Fontainebleau, le 16ᵉ octobre.

« L'avis étant venu ici de ce qui s'étoit passé à Londres le 10 en courant, entre le comte d'Estrades et le baron de Batteville, à l'occasion de l'entrée de l'ambassadeur de Suède, le Roi envoya sur-le-champ dire au comte de Fuensaldagne, ambassadeur d'Espagne, qu'il sortît de son royaume, qu'il fît savoir au marquis de Füentès[2], qui étoit en chemin dans l'Allemagne pour venir résider près de lui en la même qualité, qu'il n'entrât pas dans ses États, et qu'il avertît le marquis de Caracena que S. M. avoit révoqué le passeport qu'Elle lui avoit accordé pour traverser la France se retirant en Espagne. Le même jour, Sadite M. envoya ordre aux sieurs Courtin et Talon, ses commissaires députés pour le règlement des limites, de rompre leurs assemblées et conférences avec ceux d'Espagne, et de s'en revenir; et dépêcha en même temps le sieur du Vouldy à l'archevêque d'Embrun, à Madrid, pour lui porter ses ordres sur l'attentat dudit baron de Batteville, comme aussi le sieur du Cateux au roi de la Grande-Bretagne. »

Il ne faisait doute pour personne que l'avantage ne restât à la France, comme le prouve cette lettre de l'ambassadeur hollandais Van Beuningen au Pensionnaire[3] :

« ... Je vois bien que ce qui s'est passé en Angleterre entre

---

1. Même nº du 22 octobre, p. 1133. Cf. la minute de Lionne dans le volume 75, fol. 222 vº.
2. *Sic.* — 3. Imprimée dans le recueil de 1725, p. 208-209.

les ambassadeurs de France et d'Espagne, et les suites que cette affaire a eues ici ne manquera pas de faire du bruit, d'où il pourroit arriver qu'on fera quelques réflexions sur les engagements que l'on prend avec cette couronne ; mais, pour moi, je me persuade que cette affaire se terminera sans en venir aux extrémités et sans recourir aux armes, l'Espagne étant dans l'état où elle est présentement, et M. Watteville ayant entrepris une nouveauté. En effet, les ministres d'Espagne, tant à Münster qu'ailleurs dans l'Empire et dans d'autres endroits, ont toujours évité la concurrence et les rencontres telles que celle que M. Watteville a recherchée. M. le comte de Fuensaldagne dit, sur l'avis qu'on lui donnoit de Londres de ce qui s'y étoit passé, avec ordre de partir, que M. Watteville auroit bien pu se passer de leur rappeler ce souvenir. Ces marques de ressentiment naissent naturellement, selon moi, de la nature de cette affaire, d'autant que, lorsqu'il y va de quelqu'offense, on compte pour un avantage et pour un honneur toute la fierté qu'on a fait paroître, et, dans cette occasion, cela servira en Espagne, comme je l'espère, à hâter la résolution d'éviter les brouilleries. Ici, ils traiteront cette affaire en gens qui ont la force de leur côté et qui ne craignent point la guerre, mais, en même temps, en gens qui ne la cherchent pas mal à propos. Je crois que LL. HH. PP. doivent faire d'autant moins attention à cela par rapport à nos négociations, que, quand même on en viendroit à quelques démêlés, nous n'y serions pas engagés après la signature et la ratification. Vous me ferez plaisir de me faire part de ce que vous en pensez. »

Le récit de Brienne jeune qu'on va lire[1] se complète par cette lettre qu'il adressa au gouverneur de l'Alsace, en même temps qu'à beaucoup d'autres :

« ... Comme la cour étoit de retour à Fontainebleau après le voyage de Nantes, la bagarre de Londres arriva. Le carrosse de Batteville, ambassadeur d'Espagne, prit de force le pas sur le carrosse de M. d'Estrades, ambassadeur de France, à l'arrivée, je crois, de l'ambassadeur de Danemark. Cette fâcheuse nouvelle me fut apportée par un courrier extraordinaire, il étoit bien onze heures du soir. J'en allai donner avis à mon père : il me dit d'en courir sur l'heure avertir S. M., et de ne pas me laisser prévenir, car le courrier avoit des lettres pour M. de Lionne. J'y allai donc. S. M. soupoit, avec la Reine et

1. Ses *Mémoires*, tome II, p. 220-222.

Monsieur à la même table, chez la Reine sa mère. « Qu'y
« a-t-il de nouveau, Brienne? me dit le Roi dès qu'il
« m'aperçut. — C'est, Sire, un courrier de M. d'Estrades,
« et je rendrai compte à V. M. de l'affaire pour laquelle il
« le dépêche après qu'Elle aura soupé. » Le Roi, sans me
répondre, avance la tête, et, me prenant le bras, me commande de lui dire ce que c'étoit. Il fallut obéir; je le prévins pourtant, et lui dis à voix basse : « Ne soyez point
« surpris, Sire, s'il vous plaît, car il y a ici bien des spec-
« tateurs. » Après quoi, je lui contai que, les gens de Batteville ayant coupé les traits des chevaux du carrosse de son
ambassadeur, tué le postillon et coupé le jarret des chevaux,
le carrosse de Batteville avoit pris le pas devant l'autre, et
que le fils de M. d'Estrades avoit été blessé. Le Roi, sans
me répondre, se lève de table avec un tel mouvement de
colère qu'il pensa la renverser, et, me tenant toujours le
bras, me mène dans la chambre de la Reine sa mère pour
entendre la lecture de la dépêche. La Reine le suivit, et lui
dit : « Qu'y a-t-il donc? — C'est qu'on veut nous brouiller,
« le roi mon frère et moi, » reprit S. M. fort simplement
et en se calmant un peu, car je ne l'ai vu guère en colère
que cette fois-là. La Reine le pria d'achever de souper.
« J'ai soupé, Madame, dit-il en haussant la voix. J'aurai
« raison de cette affaire, ou je déclarerai la guerre au roi
« d'Espagne, et je l'obligerai à céder à mes ambassadeurs
« la préséance dans toutes les cours de l'Europe. — Ah!
« mon fils, dit la Reine en soupirant, ne rompez pas la
« paix qui m'a coûté tant de larmes. Songez que le roi
« d'Espagne est mon frère. » En ajoutant ces mots, elle ne
put s'empêcher de pleurer. « Laissez-moi, je vous prie,
« Madame; je veux entendre la lettre de d'Estrades. Allez
« vous remettre à table, et qu'on me garde seulement un
« peu de fruit. » La Reine sortit et se remit à table, voyant
que le Roi le vouloit. Je restai un bon quart d'heure avec
lui; puis, quand il m'eut donné ses ordres, je passai toute
la nuit à écrire, et ne laissai pas de me trouver à son
lever. On tint conseil extraordinaire sur cette affaire. Enfin,
le Roi obtint du roi d'Espagne ce qu'il voulut, le roi son

beau-père aimant mieux céder la préséance à son gendre, que de rompre la paix. On en prit acte, et l'ambassadeur d'Espagne fit cette déclaration à S. M., en pleine audience, dans le salon de son appartement du Louvre, où tous les ambassadeurs qui se trouvoient à Paris se trouvèrent : le Nonce, Venise, la Suède, le Danemark, la Hollande et Gênes. Je fis traduire en latin, par le P. Cossart, cet acte de renonciation, que l'abbé Le Tellier lui porta, et que le P. Cossart auroit fait encore plus volontiers pour moi que pour lui; mais j'eus ce petit déboire, et, à quelques jours de là, je fus exilé. »

Brienne fils au duc Mazarin[1].

« Fontainebleau, 21 octobre.

« ... Je ne doute point, Monsieur, que le bruit du démêlé arrivé à Londres... n'ait déjà volé jusques à vous. Le roi d'Angleterre, ayant prévu, par la résolution qu'avoit prise le baron de Batteville, ambassadeur extraordinaire d'Espagne, d'envoyer son carrosse et ses gens,... fit publier des défenses à tous ses sujets d'entrer dans les démêlés des ambassadeurs étrangers; et, après cette publication, pour ne rien omettre de ce qui se pouvoit faire pour les en empêcher le jour de l'entrée, qui fut le 9e[2] de ce mois, il fit monter ses gardes à cheval pour occuper les places qui se rencontroient aux lieux par où l'ambassadeur avoit à passer, et fit garder par son infanterie les avenues des rues, afin que... les bourgeois fussent contenus en leur devoir. Ces ordres donnés, il fut d'avis que le carrosse de l'ambassadeur de France suivît immédiatement le sien dans lequel devoit monter l'ambassadeur de Suède, pour ôter la pensée aux gens de Batteville de le traverser, chacun ayant accoutumé de suivre sa file. Ces précautions de la part du roi d'Angleterre ayant fait juger à M. d'Estrades que deux cents François armés et environ de soixante personnes de sa suite suffiroient contre la famille de Batte-

---

1. B. N., ms. fr. 15612, fol. 331 v°. — 2. *Sic.*

ville et ce qu'il pourroit avoir ramassé d'Espagnols, s'ils entreprenoient quelque nouveauté, il trouva bon que son fils fût de la partie; mais il en arriva autrement, tous les ordres que le roi d'Angleterre avoit donnés n'ayant su empêcher que la canaille que Batteville avoit apostée ne se jetât sur les François dans le temps que son carrosse s'avançoit pour couper celui de M. d'Estrades. Ils en tuèrent d'abord le postillon, les chevaux et le cocher, et, comme on en venoit aux mains de part et d'autre, les coups de pierre jetées des fenêtres sur les François et une milliasse de bateliers et autres telles gens les accablèrent : en suite de quoi, toute cette troupe marcha avec le carrosse de Batteville en triomphe, par les rues, les armes hautes. M. d'Estrades compte quinze ou seize des siens tués, et environ de trente de blessés; des autres, quinze ou seize tués sur la place, entre lesquels il se trouve deux bouchers habitants de Londres.

« Cette nouvelle fut plus tôt sue en cette cour par le bruit qui en vola, que par les lettres de l'ambassadeur, qui me furent rendues le 16e, au matin. Le Roi m'avoit envoyé querir le soir du 15e de ce mois, savoir si je n'avois rien de Londres, et je lui fis voir une lettre du 6e qui marquoit déjà un désordre arrivé entre les gens de son ambassadeur et les bourgeois, au sujet d'un étranger[1] qui s'étoit sauvé dans son hôtel, dont les sergents qui le poursuivoient quand il s'y jeta le vouloient tirer. S. M., qui avoit déjà entendu le bruit de ce qui s'étoit passé le 9e entre les ambassadeurs, bien qu'Elle ne vît point de lettres de M. d'Estrades, témoigna de l'impatience d'en être informée, et Elle le fut dès le lendemain, au matin, par la lecture de la dépêche dudit sieur d'Estrades du 10e. S. M., après un peu de silence, dit que cette nouveauté l'avoit fort surprise, qu'Elle n'attendoit rien de semblable de cette part; qu'il ne s'étoit point encore vu que les ambassadeurs d'Espagne se fussent présentés pour contester le rang aux siens, qu'ils se contentoient bien de s'absenter, et que c'étoit beaucoup pour faire dire qu'ils ne cédoient pas

1. Le baron de Cronenberg, danois.

un droit que tout le monde sait appartenir à sa couronne, mais que, puisqu'on commençoit par la violence à entreprendre de le disputer, qu'il sembloit qu'il ne lui restoit plus que la voie de la force pour le maintenir et se le faire valoir; que, cette entreprise ayant été faite par un ministre du roi d'Espagne, il ne vouloit point qu'aucun de sa part demeurât dans ses États et eût aucune communication avec les siens jusques à ce qu'on eût réparé cette nouveauté et cette insulte. Mon père eut commandement d'aller dire au comte de Fuensaldagne qu'il eût à se retirer sans paroître davantage à la cour, qu'il eût à donner avis au marquis de La Fuente, qui devoit succéder à sa place d'ambassadeur extraordinaire, de n'entrer pas dans le royaume; et je dépêchai aussitôt, selon l'ordre que j'en eus, divers courriers vers la frontière de Picardie pour mander aux gouverneurs de ne laisser passer le marquis de Caracène bien qu'il eût des passeports pour s'en retourner en Espagne par la France.

« Tout du même temps, on a contremandé les commissaires qui étoient sur la frontière de Picardie et de Champagne pour mettre les bornes en exécution du traité des Pyrénées. Le comte de Fuensaldagne, qui avoit fait une partie de ses adieux pour passer en Flandres en la place du marquis de Caracène, qui en revenoit, a pris le parti de retourner en Espagne autant que la foiblesse qui lui reste de sa grande maladie lui permettra de voyager. On a dépêché vers M. l'archevêque d'Embrun pour qu'il demande la réparation de cette nouveauté et de la mauvaise voie dont Batteville s'est servi pour l'entreprendre, et en Angleterre, pour demander justice de l'assassinat des gens de l'ambassadeur de France par ceux d'entre les habitants de Londres qui s'en trouveront coupables.

« Je crois, Monsieur, vous en avoir assez dit, à vous qui connoissez le cœur et l'esprit du Roi, pour vous obliger à disposer les choses du pays où vous êtes à tous événements, puisque la continuation de la paix ou la résolution de la guerre doit dépendre de la réponse que nous attendons du roi d'Espagne... »

Instruction pour le gentilhomme envoyé en Angleterre[1].

« A Fontainebleau, le 17 octobre 1661.

« Le Roi, ayant eu avis de trois divers attentats commis consécutivement en moins de dix jours par le peuple de Londres, au préjudice du droit des gens, contre la personne, les domestiques et le palais de son ambassadeur, a jeté les yeux sur le sieur [du] Cateu[2] pour s'en aller porter ses plaintes au roi de la Grande-Bretagne et lui demander la réparation de ces injures par le châtiment exemplaire des criminels, et, pour cet effet, désire que ledit sieur du Cateu se rende en toute diligence à Londres auprès du sieur d'Estrades, qu'il lui communique ce mémoire, et qu'ayant pris son avis sur ce qui pourroit encore y être utilement ajouté pour les fins que S. M. se propose, ledit sieur d'Estrades le conduise à l'audience du roi de la Grande-Bretagne, et que, lui ayant rendu la lettre de créance de S. M., il la lui expose en la manière qui suit :

« Que S. M. ne peut assez vivement lui exprimer de
« quels sentiments Elle a été touchée apprenant qu'en
« un lieu où le roi de la Grande-Bretagne, de l'amitié
« duquel elle se seroit promis toutes choses, a toute l'au-
« torité et la puissance qui lui sont dues, il soit néan-
« moins arrivé que non seulement l'ambassadeur de S. M.
« et ses domestiques, qui, parmi les nations même les plus
« barbares, sont personnes sacrées et inviolables, n'y aient
« pas trouvé de sûreté, que son palais ait été deux fois
« attaqué, ses gens assassinés, et sa propre personne ait été
« en grand péril, mais que, pour surcroît de tous ces mau-
« vais traitements, ce peuple ait encore eu l'audace et l'in-
« justice de vouloir s'en prendre à l'honneur même de
« S. M., s'attroupant pour appuyer à main armée la nou-

---

1. A. É., vol. ANGLETERRE 76, fol. 123, minute.
2. Henri de Catheux, d'une famille de Beauvais, était gentilhomme ordinaire du Roi. Il reçut douze cents livres pour ce voyage à Londres, le 9 novembre suivant.

« velle et injuste prétention du baron de Batteville dans
« l'occasion de l'entrée de l'ambassadeur de Suède, et
« qu'en effet, ayant, au nombre de deux mille hommes,
« enveloppé les gens du sieur d'Estrades, coupé les
« traits de son carrosse, tué tous ses chevaux et mas-
« sacré les François de sa suite, ils aient donné lieu audit
« Batteville d'usurper un rang qui ne lui appartenoit
« point, et qu'aucun autre ambassadeur d'Espagne n'a
« jamais disputé en lieu neutre, et nommément en Angle-
« terre, où la prérogative de cette couronne a toujours
« été conservée et maintenue sans la moindre contestation
« de cette nature;

« Que, pour preuve de cette vérité, et pour ne pas
« remonter aux temps de l'ambassadeur d'Espagne Gon-
« domar et des autres, qui se sont toujours abstenus de
« toutes cérémonies et fonctions publiques, il n'y a per-
« sonne aujourd'hui dans Londres qui n'ait vu et ne se
« souvienne que, pendant le dernier gouvernement, quoi-
« qu'illégitime, et même avant que la France eût fait
« aucun traité avec Cromwell, c'est-à-dire quand l'Es-
« pagne l'encensoit encore et venoit tout fraîchement de
« reconnoître le Parlement, don Alonso de Cardenas,
« néanmoins plus prudent et plus équitable que Batte-
« ville, s'abstint continuellement de toutes ces sortes de
« cérémonies, laissant paisiblement au sieur de Bour-
« deaux, ambassadeur de S. M., la possession du rang
« qui lui étoit dû en cette qualité, comme il arriva nom-
« mément en trois différentes rencontres, l'une de l'entrée
« d'un ambassadeur de Danemark, l'autre d'un ambassa-
« deur de Suède nommé Christian Bond, où les carrosses
« dudit sieur de Bourdeaux accompagnèrent immédiate-
« ment ceux desdits ambassadeurs, et la 3ᵉ en la cérémo-
« nie de la proclamation de défunt Cromwell, dont ledit
« Cardenas s'abstint quoiqu'il fît d'ailleurs à l'usurpateur
« tous les honneurs possibles jusqu'à la bassesse;

« Que S. M. a été d'autant plus surprise que pareilles
« violences aient pu être commises par le peuple de
« Londres dans le règne de l'autorité légitime et sous un

« roi pour qui Sadite M. a tant d'affection, de tendresse
« et de considération ;

« Que toutes ces raisons ne lui permettent pas de dou-
« ter que ledit roi n'ait déjà prévenu les plaintes de S. M.
« par la punition exemplaire de ces trois divers attentats,
« et que chacune de ces entreprises n'ait été réparée selon
« la qualité et l'énormité du crime plus ou moins grande.

« Mais, en cas que, contre l'attente de S. M., ce châti-
« ment eût été, par quelques raisons, différé jusqu'à l'ar-
« rivée à Londres dudit sieur Cateu, il demandera cette
« justice au roi de la Grande-Bretagne au nom de Sadite M.,
« et en termes que ledit roi puisse reconnoître combien
« Elle a la chose à cœur et quels inconvénients et fâcheuses
« suites pourroient arriver du refus ou du retardement de
« cette justice qu'on lui demande ;

« Que, pour la qualité de la réparation, S. M. se pro-
« met qu'il aura l'équité de la faire proportionnée à l'of-
« fense, et telle qu'il souhaiteroit de la recevoir lui-même
« en de pareils cas où sa dignité se trouveroit avoir été
« blessée de cette sorte. »

« S'il arrivoit, ce qu'on ne peut croire, que ledit roi se
voulût excuser de faire ce châtiment sur ce qu'il n'a pas
toute la puissance en main qui seroit besoin pour cela, et
qu'après tout ce qu'on lui pourra représenter là-dessus, il
persistât à se servir de cette raison ou prétexte pour gagner
temps et ne rien faire pour la satisfaction du Roi, ledit
Cateu reviendra aussitôt, en toute diligence, rendre compte
au Roi de l'état de toutes choses, afin que S. M. prenne
ses résolutions et juge si Elle estimera à propos de continuer à tenir son ambassadeur dans une ville qui a témoigné tant d'animosité contre la nation françoise, et où la
bonne volonté dudit roi ne peut lui donner sûreté, puisqu'il avoueroit lui-même de n'être pas en état de réprimer
son insolence[1]. »

---

1. Cf., dans les transcrits de la correspondance de Brienne fils, à la date du 17 octobre, lettres du Roi au roi d'Espagne, au roi d'Angleterre, au comte d'Estrades et à l'archevêque d'Embrun, et lettres de Brienne lui-

D'Estrades et Catheux se croisèrent, l'un débarquant, l'autre montant sur le paquebot d'Angleterre. Aussitôt arrivé à Fontainebleau, l'ambassadeur eut une audience, au sortir de laquelle Lionne prépara ce mémorandum[1] :

Mémoire du Roi pour le comte d'Estrades.

« Fontainebleau, le 1ᵉʳ novembre 1661.

« Le Roi ayant entendu la relation qui vient de lui être faite de vive voix par le comte d'Estrades, de tout ce qui s'est passé entre lui et le baron de Batteville, ambassadeur du roi catholique, dans l'occasion de l'entrée du comte Brahé, ambassadeur de Suède, S. M., nonobstant le succès désavantageux de l'action, est demeurée fort satisfaite de toute la conduite qu'y a tenue ledit sieur comte d'Estrades, et des diligences et efforts qu'il avoit faits pour soutenir le rang qui lui étoit dû, ayant fort bien reconnu que, par la supercherie dont avoit usé Batteville, de jeter sur les bras de ses gens une populace entière corrompue à prix d'argent, ledit sieur d'Estrades ne pouvoit que succomber en cette contestation quand même il auroit fait passer la mer à trois mille François pour en être appuyé, à moins qu'il eût voulu commettre la même lâcheté qu'a fait Batteville de lui susciter aussi de son côté cette populace par de mauvais moyens que S. M. est bien aise qu'il n'ait pas employés puisqu'il n'en pouvoit user sans se rendre coupable, comme a fait ledit Batteville, du violement des ordres du roi de la Grande-Bretagne, qui avoit expressément défendu à tous ses sujets de se mêler de ce différend.

« S. M. ayant aussi entendu dudit sieur d'Estrades de quelle manière s'y est comporté le roi de la Grande-Bretagne, tant avant l'action, pour favoriser ledit sieur d'Estrades en tout ce qu'il a pu le faire sans prendre formellement son parti, qu'après l'assassinat de ses gens, par les

même à ce dernier ambassadeur (très intéressants détails) et à M. d'Estrades, 21 octobre.

1. Minute autographe, dans vol. ANGLETERRE 75, fol. 226-229 ; transcrit dans vol. 76, fol. 251-255.

paroles qu'il lui a données d'en faire soigneusement la recherche et ensuite ordonner la punition de ses sujets qui se trouveront coupables de cette mauvaise action et d'avoir contrevenu à ses ordres, Sadite M., sur la présupposition de ce châtiment, et qu'il sera fait sincèrement et avec quelque éclat, n'est pas demeurée moins satisfaite de tout le procédé du roi son frère, et voit avec joie que l'artifice dont Batteville a usé pour tâcher de brouiller la France et l'Angleterre n'aura servi qu'à avancer une plus étroite liaison entre les deux rois, et qu'à la fin tout le préjudice ne sera tombé que sur les auteurs de tout ce fracas entrepris avec tant d'imprudence et d'injustice.

« S. M. reconnoît en outre que rien ne peut être plus obligeant que la déclaration que le roi son frère a donné charge au sieur d'Estrades de lui faire qu'il est prêt à chasser Batteville d'Angleterre, si S. M. témoigne de le désirer pour sa satisfaction, ou qu'elle le lui conseille pour son intérêt, la priant même de lui donner en cela ses bons avis. A quoi S. M. voulant correspondre avec la même affection et une entière sincérité, après avoir vivement remercié ledit roi son frère des marques qu'il lui donne en cela de son amitié et de sa confiance, Elle désire que ledit sieur d'Estrades lui fasse entendre qu'Elle s'est sentie très obligée de cette offre, et qu'il peut bien croire que S. M. l'auroit acceptée sur-le-champ, comme étant la chose qu'Elle peut le plus désirer pour sa satisfaction après ce qui vient d'arriver, et qu'en effet le sieur Cateu, qui a manqué le sieur d'Estrades en son passage de la mer, lui portoit des ordres de faire cette même instance, mais que, voyant depuis avec quelle franchise le roi son frère y procède, s'étant avancé à offrir si obligeamment tout ce qu'on pouvoit lui demander ou désirer de son affection, le Roi, pour y mieux correspondre de sa part, a jugé à propos et s'est résolu de considérer plus en ce rencontre et de préférer en effet l'intérêt du roi son frère à la satisfaction que S. M. auroit pu avoir présentement de voir chasser d'Angleterre un ministre qui a voulu attaquer son honneur si mal à propos : c'est-à-dire que, S. M. ayant fait une particulière réflexion sur ce que le sieur d'Estrades lui a dit de l'état présent de Londres et de la disposition de la plupart des esprits, les uns par une certaine propension qu'ils ont naturellement vers les Espagnols, artificieusement fomentée par les cabales de Batteville, et les autres par mauvaise volonté contre le roi de la Grande-Bretagne, ou par désir du trouble et des nouveautés, ou par la diversité et différence d'intérêt des religions, S. M. ne veut pas abuser de l'offre obligeante du roi son frère, et le prie Elle-même qu'en lui conservant cette bonne volonté, il en remette l'exécution à un temps où elle ne puisse porter aucun préjudice aux intérêts du roi sondit frère : ce qu'elle croit qui pourra bientôt arriver, et peut-être avant que le mois où nous entrons se passe, puisque, par la séance qui va se reprendre d'un parlement entièrement à la dévotion dudit roi, toutes les résolutions qu'il fera alors ne l'exposeront pas aux inconvénients qu'il pourroit craindre aujourd'hui d'une populace mal disposée d'elle-même, et poussée d'ailleurs à des nouveautés par les menées de Batteville.

« Ce n'est pas que S. M. ne croie dangereux pour le roi son frère d'avoir toujours, en la personne dudit Batteville, comme un serpent dans son sein, qui, sous prétexte d'amitié, souffle et inspire la révolte à ses sujets ; mais Elle estime qu'on doit dissimuler encore pour quelques jours, attendant que, par la séance du Parlement qui autorisera ses résolutions et tiendra le peuple en règle, il soit plus en état de se défaire de ce méchant hôte sans péril ni inconvénient, outre qu'alors les autres choses qui semblent devoir suivre immédiatement l'expulsion de Batteville, comme la flotte pour aller quérir l'Infante, se trouveront mieux préparées qu'elles ne le sont encore.

« Quant à l'autre point dont le sieur d'Estrades a entretenu le Roi de vive voix de la part du roi de la Grande-Bretagne, et qui regarde la négociation commencée par Labastide, S. M. a dit aussi de bouche audit sieur d'Estrades ses intentions, qu'il trouvera moyen de faire savoir audit roi avec le secret qu'il convient, et dont Elle se repose sur lui.

« Cependant, pour ne rien omettre de tout ce qui peut importer tant soit peu au bien du service dudit roi, S. M. désire que ledit sieur d'Estrades lui communique par cette même occasion quelques avis qu'Elle a reçus depuis peu, et qu'Elle a jugés de considération, le conjurant néanmoins de les ménager avec grande retenue, parce qu'autrement on risqueroit de se priver de l'avantage de savoir les choses qui se passent, si ceux qui y ont intérêt faisoient la recherche dans leurs maisons des personnes qui peuvent en informer le Roi. C'est pourquoi il priera le roi de la Grande-Bretagne d'en garder religieusement le secret.

« En premier lieu, on a su que Batteville s'est expliqué à une personne qu'il croit lui être fort assurée, comme par manière de raillerie du roi d'Angleterre, qu'il lui avoit joué un assez plaisant tour, lui portant une minute fausse d'une lettre qu'il disoit avoir écrite au roi son maître, comme s'il ne lui avoit mandé autre chose sur l'incident qu'il avoit eu avec le sieur d'Estrades, et que S. M. avoit été si persuadée qu'elle s'étoit mise sur les louanges de sa modestie, et dit même que ledit sieur d'Estrades ne devoit avoir écrit autre chose en France, au lieu de se plaindre des Anglois.

« En second lieu, parlant à cette même personne, il a tourné encore en moquerie ledit roi sur un tour que le chevalier Bennet lui a fait de lui avoir demandé permission de venir visiter ledit Batteville sous un prétexte apparent de certains consulats anglois en Espagne, dont il ne lui avoit pas dit un mot, mais que ledit Bennet lui avoit donné des avis très importants pour sa conduite et pour le bien du roi son maître, l'assurant qu'il conservoit toujours bien avant dans le cœur les obligations infinies qu'il avoit au roi catholique et à don Louis, qu'il n'apprendroit rien dont il ne l'avertît ponctuellement, mais qu'en apparence il étoit obligé de dissimuler : autrement, qu'il se perdroit lui-même. Touchant le mariage, Bennet lui dit qu'assurément il se feroit, parce que ceux qui avoient le plus de crédit dans l'esprit du roi le vouloient.

« En troisième lieu, que le comte de Bristol, sous un autre

faux prétexte de sa maladie, avoit aussi visité par permission extorquée du roi ledit Batteville, et, après de grandes protestations d'un attachement inviolable aux intérêts de l'Espagne, et lui avoir même fait valoir qu'il n'avoit jamais visité les ministres de Portugal quoique l'Infante dût être leur reine, il lui avoit donné un avis important, s'il est véritable, comme si le sieur d'Aubigny s'en étoit expliqué à quelque confident : cet avis étoit que le sieur d'Estrades venoit à Paris pour rendre compte au Roi de ce qu'il avoit négocié en Angleterre en faveur du Portugal, en quoi le Roi Très Chrétien s'intéressoit beaucoup, les François, au dire de Bristol, ne pouvant demeurer en repos ; et que tout cela étoit fomenté par le chancelier d'Angleterre. Enfin, que ledit Bristol voyoit avec un extrême regret que le mariage de Portugal ne pouvoit plus être traversé ni rompu, à moins que la place de Tanger vînt à manquer d'être remise par les Portugais : à quoi l'Espagne devoit faire tous ses efforts, si elle avoit quelque intelligence à Lisbonne, parce que, si on rompoit ce coup, toute cette alliance iroit en fumée. L'avis contenu en cet article est très certain comme tous les autres, c'est-à-dire que Bristol a parlé en cette conformité à Batteville ; mais on juge que c'est une supposition qu'il a forgée de sa tête, quoique, par bonheur, il ait en quelque chose trouvé la vérité, d'autant qu'il n'est pas à croire que le sieur d'Aubigny, qui n'a aucune connoissance de ce qui se passe, s'en soit expliqué aux termes que Bristol a dit.

« En quatrième lieu[1], le Roi a su de la Haye que don Estevan de Gamarra a assuré les principaux de la Hollande, et, entre autres, le pensionnaire Witt, que, si MM. les États veulent rompre avec l'Angleterre, le roi son maître les assistera puissamment ; et ensuite ledit Gamarra travaille et s'applique fort à faire envoyer ordre aux ambassadeurs qui sont à Londres de rompre toute négociation et de se retirer, à quoi les amis de la maison d'Orange s'op-

---

1. Dans la minute de Lionne, ce paragraphe et le suivant sont cotés par erreur 5° et 6°.

posent vivement, mais que ledit Pensionnaire se faisoit fort d'y porter la plupart des provinces par pluralité de suffrages.

« En cinquième et dernier lieu, S. M. croit devoir à l'amitié qu'il a pour le roi son frère de l'avertir de l'instance que lui fit ici fort pressamment le comte de Fuensaldaña, quelques jours avant son départ, de faire entrer et comprendre le roi son maître dans le traité qui se négocie de défense mutuelle entre la France et MM. les États, pour ce qui regarde les Pays-Bas de l'obéissance d'Espagne, offrant de contribuer pour sa portion ce dont il seroit convenu pour cette défense. On a su depuis que Gamarra a fait les mêmes instances aux Provinces-Unies, et que le pensionnaire Witt lui a témoigné que les États y consentiroient volontiers de leur part; mais, si ledit comte de Fuensaldaña ne fût pas parti si tôt, et quand même ce qui s'est passé à Londres ne seroit point arrivé, S. M. avoit déjà résolu de lui faire donner une réponse absolument négative de cette proposition. »

Dans sa ferme volonté de réussir, Louis XIV se plaignit de n'avoir trouvé tout ce qu'il espérait, comme concours actif et comme compréhension de ses désirs, ni dans le comte d'Estrades en Angleterre, ni dans l'archevêque d'Embrun à Madrid : l'un, soucieux avant tout de maintenir le roi Charles II dans les dispositions favorables où il l'avait trouvé en arrivant; l'autre, faible, incertain, inférieur à sa tâche. Ce dernier était en face du très habile don Louis, qui avait certainement tout machiné en dépit de ses dénégations, et il faut avouer qu'en outre le prélat français avait emporté de Fontainebleau des instructions fort lourdes et compliquées, remplies à déborder de plus de vingt griefs d' « inexécution de la Paix, » sans compter le versement de la dot de Marie-Thérèse et l'appui donné à l'Autriche pour la succession de Pologne. Six autres paragraphes lui prescrivaient le rang à tenir en toutes circonstances, les honneurs qu'il aurait le droit de réclamer, — nous avons vu qu'on avait fini par le satisfaire sur ce point, — et ceux qu'il pourrait concéder aux autres ambassadeurs. En ce qui concernait l'Empereur, il ne devait céder le pas qu'à l'ambassadeur impérial, et encore n'était-ce que « par une coutume dès longtemps établie (et que S. M. n'auroit pas commencée) pour le respect que tous les rois ont porté au seul nom de chef de l'Empire romain, quoiqu'il ne soit qu'imaginairement successeur des anciens Césars. »

Son tort fut de croire, sur le premier moment, que le Roi se contenterait des vagues excuses qui furent annoncées aux Parisiens en ces termes[1] :

Gazette du 19 novembre.

« Le 27, l'archevêque d'Embrun, ambassadeur de France, ayant reçu, par le sieur du Vouldy, la dépêche de S. M. Tr. Chr. touchant ce qui s'est passé à Londres entre les ambassadeurs de France et d'Espagne, il eut, les deux jours suivants, conférence avec don Louis d'Haro sur ce sujet, et, le 30, audience du roi, en laquelle il en représenta si fort les conséquences, que S. M. Cath., blâmant l'attentat du baron de Batteville et le danger auquel il avoit mis cette paix depuis si peu de temps conclue, fit aussitôt expédier des ordres pour le rappeler, et donner toutes les autres satisfactions à S. M. Tr. Chr., vers laquelle ledit sieur du Vouldy fut à l'instant dépêché. »

Van Beuningen au Pensionnaire[2].

« De Moret, le 9 novembre 1661.

« ... On saura dans trois ou quatre jours quelles nouvelles rapportera l'exprès que l'on a dépêché à Madrid sur ce qui s'est passé à Londres. Le Roi persiste dans le ressentiment qu'il se croit obligé de témoigner à cette occasion, et non seulement il n'a pas écrit au roi d'Espagne pour lui notifier la naissance du jeune Dauphin, mais même il n'a pas trouvé à propos que la Reine sa mère l'écrivît, et la poste pour l'Espagne n'y porte sur ce sujet qu'une seule

---

1. Pages 1224 et 1229, en date du 1er novembre, de Madrid. — Comme le nœud de l'intrigue était à Madrid, Le Tellier eut soin de faire faire un transcrit spécial de toute la correspondance du Roi avec l'archevêque, en y joignant les documents annexes, y compris les procès-verbaux de l'audience et de l'acte de réparation. C'est aujourd'hui le ms. fr. 4248 de la Bibliothèque.

2. Lettre imprimée dans le recueil de 1725, p. 213.

lettre d'une dame espagnole qui a servi la Reine, et qui est restée ici ; et l'on juge qu'étant dans les termes d'une offense reçue, on ne doit pas faire une civilité dont on s'est quelquefois acquitté lors même qu'on étoit en guerre. Quoi qu'il en soit, on croit généralement que la chose n'ira pas plus loin, que les Espagnols plieront dans cette conjoncture autant qu'ils le pourront raisonnablement et qu'ils le doivent en effet ; et, de ce côté-ci, on se contentera de ce qui sera raisonnable... »

Au gentilhomme du Vouldy, le roi Philippe fit répondre par don Louis qu'il allait révoquer et rappeler Watteville, et qu'ensuite un nouvel ambassadeur, le marquis de La Fuente, donnerait parole que les Espagnols s'abstiendraient désormais, comme par le passé, de figurer dans les cérémonies publiques, que ses ministres près la cour d'Angleterre se conduiraient comme avant la bagarre, c'est-à-dire ne feraient « ni concurrence ni compétence, » et se dispenseraient d'assister à aucune cérémonie publique, sinon en second rang. De fait, cette cour ne cherchait qu'à temporiser jusqu'à ce que les autres monarchies eussent fait connaître leur sentiment ; mais la Reine mère fit entendre à son frère qu'on exigeait une réponse aussi prompte que positive : c'était, fit savoir M. de Lionne, une déclaration officielle de ce que l'ambassadeur promis reconnaîtrait au profit de la France, et surtout que l'Espagne étendît le bénéfice de la préséance ou de l'abstention à tous les autres pays, puisque, d'ailleurs, les ambassadeurs du Roi régnant avaient eu déjà le pas à Münster. Pouvait-on mettre en question un droit absolument acquis et toujours exercé, ou chercher quelque « capitulation » ? Don Louis, « un des plus grands ministres et des plus parfaits gentilshommes qui soient en terre, et un ami à la probité duquel le Roi se confieroit aussi librement qu'à aucun des siens, comprendra que S. M. ne puisse rien abandonner. » Don Louis eût voulu prendre une revanche du mariage portugais où la France l'avait joué ; mais, par bonheur pour l'archevêque d'Embrun, ce ministre mourut le 17 novembre[1] et fut remplacé par le médiocre Médina de las Torres. Avec celui-ci, Pellisson raconte, ou plutôt fait raconter

---

1. Le comte de Fuensaldagne mourut quatre jours plus tard, à peine arrivé à Cambrai ; il eût été plutôt d'un bon secours pour notre négociation. Avant de mourir, il supplia son maître de ne pas compromettre les bénéfices de la paix en face des intentions nettement belliqueuses de son jeune gendre.

par Louis XIV lui-même, de quel artifice plus ou moins correct on crut pouvoir user : « Je me servis de la conjoncture. Je pris pour déjà décidées avec des ministres nouveaux, et encore incertains de leur conduite, toutes les conditions qui avoient été seulement proposées à don Louis de Haro, pour avoir encore moyen de leur en demander d'autres. Chacun de nos courriers portoit des ordres plus durs et plus pressants, et le Conseil d'Espagne, voyant que tous les instants de délai rendoient sa position plus mauvaise, se hâta lui-même de conclure aux conditions que je désirois. »

Le 23 décembre, Louis XIV pouvait écrire à Rome que le succès s'assurait de plus en plus :

Le Roi au cardinal Antoine Barberini[1].

« Je veux bien croire que mon frère le roi catholique me fera raison, et que tout le sujet de plainte retombera sur la tête de celui qui a fait le mal, et qu'ainsi les choses s'accommoderont. Au moins aurai-je toujours à dire que, pour me maintenir en la possession du plus sublime droit de ma couronne, je n'ai pu faire moins que de parler et d'agir selon un devoir auquel je n'ai pu manquer que par quelque espèce de pusillanimité, et indigne de mon rang et de la bonne opinion que le roi d'Espagne a déclaré avoir de son gendre, qu'il estimeroit peut-être moins, s'il en faisoit moins en une cause de cette nature... »

Deux jours plus tard, on reçut nouvelle que le successeur de don Louis consentait à étendre le bénéfice de la préséance aux autres cours et à faire faire la déclaration à Paris en présence du corps diplomatique; mais « l'inertie castillane, » avec laquelle il fallait compter, sut prolonger la négociation de plusieurs semaines encore : c'est seulement en janvier que Philippe IV, aussi peu disposé à subir une guerre qu'à la faire, céda sur les derniers points de détail et promit de donner de pleins pouvoirs au marquis de La Fuente pour aller consommer l'acte de soumission, en son seul nom il est vrai, et sans qu'il fût question de ses successeurs à venir [2].

1. Dans la correspondance de Brienne fils, ms. fr. 15612, fol. 485 v°.
2. Monsieur d'Embrun envoya, avec une longue lettre, l'écrit de ce que La Fuente dirait, écrit « ajusté » à Madrid entre l'ambassadeur et M. de Médina-las-Torrès : vol. ESPAGNE 42, fol. 475-488, 10 janvier 1662.

Le 24 mars, en plein Louvre, devant tous les ministres étrangers appelés pour en rendre compte à leurs souverains ou républiques, La Fuente accomplit cet acte de réparation[1], « bien près de l'amende honorable, » dit Wicquefort, et ce souvenir devait être consacré plus tard par un des bas-reliefs du monument de la place des Victoires :

> *Indocilis quondam potiori cedere Gallo,*
> *Ponit Iber tumidos fastus, et cedere discit;*

puis, par l'une des plus belles médailles de l'*Histoire métallique* :

Légende : *Jus præcedendi assertum;*

Exergue : *Hispanorum excusatio coram XXX legatis Principum*[2].

Dans l'orgueil de cette victoire, que pareille amende honorable du Saint-Siège en 1664 ne put jamais faire oublier, Lionne alla jusqu'à qualifier son maître de « très clément seigneur. »

A Londres, d'abord confiné dans son hôtel sous bonne garde comme s'il eût eu à craindre un retour offensif des Français, Watteville multiplia ses rodomontades, combla de traitements honorables les vils mercenaires du 10 octobre, prit à sa charge l'enterrement de celui qui avait été tué dans la bagarre, et voulut servir de père à l'enfant que sa femme venait de mettre au monde; et, pendant ce temps, les plus hauts personnages se pressaient chez lui comme s'il eût dû demeurer éternellement dans son poste. Leur manifestation répondait au sentiment populaire : les gens de Londres étaient tellement montés, qu'ils allèrent jusqu'à réclamer l'expulsion de tout ouvrier français; mais il fallait une fin : les lettres de rappel.

1. Voir la relation par Colbert dans son *Journal du Roi* pour 1663 (*Lettres*, tome VI, p. 489-490), la *Gazette*, p. 305-307, les *Lettres de Chapelain*, tome II, p. 181-182, les *Mémoires de Saint-Hilaire*, tome I, p. 18-26, les imprimés du temps et les textes recueillis dans le ms. fr. 4248, qui a été indiqué plus haut. Cf. *Mémoires de Saint-Simon*, éd. nouvelle, tomes III, p. 240-242, et IV, p. 99-100. Après cette réparation, le Roi consentit à notifier à son beau-père la naissance du Dauphin, qui remontait déjà à cinq mois.
2. Autre allusion encore dans le *Discours au Roi*, par Boileau, en 1665 :

> Quand je vois ta sagesse, en ses justes projets, ...
> Fouler aux pieds l'orgueil et du Tage et du Tibre...

arrivèrent à la fin de janvier, et Watteville quitta Londres au mois de février, sans que le roi Charles eût voulu le recevoir en audience de congé. Pour la forme, son maître le relégua momentanément en province; mais il reprit une place dès l'année suivante dans les Conseils, avec l'assentiment même de Louis XIV, puis fut pourvu de la vice-royauté de Navarre. Enfin, n'ayant été agréé ni pour l'ambassade de Vienne, ni surtout pour celle de Paris, il eut celle de Lisbonne une fois que se trouva terminée la guerre hispano-portugaise, et c'est dans ce poste qu'il mourut en septembre 1670, peu après avoir été honoré de la Toison d'or.

Quant au comte d'Estrades, sa visite en France se prolongea jusque dans les premiers jours de janvier 1662 : il retourna alors à Londres, où son fils fut envoyé quatre mois plus tard pour complimenter le roi Charles du mariage enfin célébré après tant de difficultés. Louis XIV continua de témoigner sa confiance à l'ambassadeur en le chargeant d'aller terminer les négociations de la Haye, ce dont le président de Thou eût été incapable. Là encore, comme si le sort eût voulu le poursuivre[1], il eut une « rencontre » avec le carrosse du jeune prince d'Orange et faillit être écrasé par la populace; mais Sorel et Wicquefort rapportent qu'il eut le dessus dans d'autres différends de cérémonial avec Gamarra, les Nassau et le prince de Tarente.

En somme, les résultats effectifs de tant d'agitation et de fracas restèrent loin de ce que Louis XIV avait voulu obtenir. Si, à la Haye, dès janvier 1662, le président de Thou eut le pas lors du retour de M. de Miranda rapportant les ratifications du Portugal[2], et, si, sept ans plus tard, La Fuente lui-même affecta de passer après l'ambassadeur de France dans l'église des Jésuites de Venise, nous pouvons dire que la solution resta négative puisque, presque partout, on dut s'en tenir à l'expédient ancien de l'abstention, dont Louis XIV n'avait pas voulu en 1661. Au congrès de Nimègue, des puissances secondaires, la Suède, le Danemark, osèrent proposer que l'on substituât à une préséance purement idéale le droit du premier arrivé. C'est précisément le principe qui devait être consacré au congrès de Vienne en 1815, et celui qui règle maintenant, en toute circonstance, la primauté du doyen du corps diplomatique, toute hiérarchie entre les nations étant reconnue impossible[3].

---

1. En décembre 1662.
2. *Gazette*, p. 146.
3. Pradier-Fodéré, *Cours de droit diplomatique* (1881), tome I, p. 76,

Quant au cérémonial des entrées d'ambassadeurs, le moyen terme adopté par Charles II à la suite de la bagarre de 1661 était encore d'usage à Paris sous le règne de Louis XV : les ministres en résidence envoyaient présenter leurs compliments au nouvel arrivant par un écuyer avec un carrosse ; mais celui-ci s'en retournait immédiatement sans prendre place dans le défilé, parce que « la concurrence pour les rangs causoit une infinité de désordres, qui ont cessé par ce moyen, non seulement parmi les ambassadeurs, mais aussi parmi les princes et princesses des maisons étrangères [1]... »

VI.

La succession au trône de Pologne.

(Suite et fin [2].)

Les opérations préliminaires de la diète [3] avaient semblé prendre une bonne tournure grâce à l'attitude du Sénat et des grands officiers de la couronne ; mais, au milieu de mai, le parti de l'opposition, représenté par Lubomirski et ses affidés, puis les ministres étrangers, d'Autriche, de Brandebourg, de Neubourg, de Suède, entrèrent en ligne. Lubomirski arriva le 17. Nous avons vu qu'outre ses prétentions personnelles, il demandait une promesse écrite que son fils, qui voyageait alors en France et en Espagne, aurait la main d'une des filles de Madame la Palatine. Cette combinaison matrimoniale plaisait assez à Caillet comme un moyen de tenir de court le grand maréchal, toutefois à la condition que les Polonais n'en sussent rien. Allant lui remettre une lettre de Condé, il ne manqua pas de s'étendre sur les qualités du jeune duc d'Enghien, faisant valoir qu'il avait été désigné par la reine elle-même et par ses amis, et que le Héros son père promettait de le conseiller et diriger [4]. Lubomirski

---

80, 188, 288-295, etc. Le conflit de 1661 est raconté dans cet ouvrage, p. 90-92.

1. *Corps diplomatique*, Supplément, tome I, p. 3-4, où l'éditeur a reproduit la dépêche du comte d'Estrades du 28 juillet 1661, avec la réponse de Louis XIV aux deux autres lettres du 1er et du 4 août. Cf. *ibidem*, p. 38, et, pour les autres cours, le tome II, p. 176.

2. La première partie a été donnée dans l'Appendice du tome II, p. 342-381.

3. *Ibidem*, p. 369-381.

4. Lettre du 22 mai, répondant à celle du 22 avril : A. C., P xxiv, fol. 316.

affecta d'apprécier ce choix; mais ensuite, ayant librement parlé des offres, — jusqu'à celle même de la couronne, — que l'Empereur lui avait fait faire personnellement, il déclara que les Polonais ne sauraient agréer une procédure d'élection anticipée radicalement contraire à leurs usages, aux lois de leur pays, et qui était presque sans exemple. Tout au moins, disait-il, serait-il nécessaire qu'une diète « de convocation » précédât et, par conséquent, retardât celle d'élection. Caillet n'ignorait pas que cette demande avait été présentée à l'instigation personnelle de Lubomirski lui-même, par les diètes particulières de Cracovie et de Sandomir, à seule fin d'avoir plus de temps pour s'entendre avec les autres candidats, ou pour rompre l'élection de M. d'Enghien par quelque autre contremine.

L'opinion de la reine était faite sur tous ces points. Elle envisageait d'un mauvais œil, pour sa nièce et filleule, un mariage qui eût fait du fils du grand maréchal le beau-frère de M. d'Enghien. Quant à la diète de convocation, on pourrait la comprendre dans la période de six semaines qui devait précéder celle d'élection. Au fond, elle espérait faire renoncer les Polonais à leur clause traditionnelle de *nemine dissentiente*, ou, mieux encore, enlever l'élection par un coup de force, au moyen de la seule Lithuanie, puisqu'on était absolument sûr des sentiments unanimes de ce grand-duché[1]. Dans le même ordre d'idées, Caillet discuta longuement avec Lubomirski ou les autres, mais sans aucun succès, n'ayant toujours aucune instruction précise de Fontainebleau ni de Chantilly, rien de plus que ces vaines et vagues invitations à tirer le meilleur parti de l'application de la reine, des embarras que l'Empereur éprouvait en Hongrie et en Transylvanie, de l'action tentée en Hollande contre M. de Brandebourg, de la répugnance même de ce prince à risquer une abjuration souhaitée par ses partisans polonais. Et toujours, pour lui comme pour Lumbres, « liberté pleine et entière d'agir selon leurs lumières[2]. »

Le 26 mai, alors qu'on en était encore aux nouvelles de la fin d'avril, Lionne analysait en ces termes la situation et les chances diverses[3] :

« ... S. M. croit qu'il ne faut rien oublier, et, quand, dans une grande affaire, il n'est question, comme il semble en celle-ci, que d'acquérir une seule personne, on ne la

1. A. C., P xxiv, fol. 364 v°, 370 v° et 385.
2. Tome I, p. 299-300 et 305, réponse aux lettres arrivées le 12 mai, mais qui étaient du 4 et du 11 avril.
3. A. É., vol. Pologne 16, fol. 78-81.

doit pas croire en mauvais état; car alors on y donne toute son application, on y fait ses plus grands efforts, et, à dire vrai, si l'affaire étoit réduite là, ce seroit un grand malheur que la France et la Pologne n'eussent pas en soi, conjointement, de quoi gagner un seul homme : ce qu'on ne diroit pas pourtant, s'il pouvoit concevoir des espérances raisonnables d'emporter la couronne pour lui-même; mais l'abbé Fantoni nous assure qu'il est impossible qu'il ne voie évidemment que jamais les autres grands seigneurs de Pologne ne consentiroient à se donner pour maître un de leurs compatriotes qui n'est que leur égal, et même inférieur à plusieurs en dignité, puissance et autorité. Nous savons qu'à Madrid, don Louis de Haro a affecté de faire de grands accueils et honneurs à son fils, et jugeons bien de là qu'il doit avoir déjà connoissance des pensées et des espérances que la cour de Vienne a de le gagner et de l'opposer aux desseins de la reine. L'abbé Fantoni a proposé au Roi, là-dessus, qu'il seroit peut-être bien à propos et utile que vous eussiez pouvoir d'offrir au nom de S. M. une pension au fils dudit Lubomirski, et Sadite M. m'a commandé de vous écrire qu'Elle vous donne ce pouvoir, et que, la reine se trouvant dans le même sentiment, vous en régliez la somme par l'avis de S. M. Le même abbé Fantoni a présenté aussi à S. M. un mémoire de certaines personnes principales du royaume à qui il seroit bon, dit-il, de pouvoir, dès à cette heure, assurer des pensions, tant pour les rendre plus échauffés à bien seconder S. M. dans les deux diètes générales prochaines pour le service de cette couronne même, que pour le réitérer en d'autres temps, si notre projet réussit, étant la plupart des gens qui peuvent, en un besoin, faire de leurs propres sujets ou adhérents des corps de troupe considérables. S. M. a approuvé l'ouverture, m'a ordonné de vous adresser la copie dudit mémoire, et de vous mander de sa part que vous pourrez encore, avec l'avis de la reine, promettre à son nom lesdites pensions, dont, sur ce que vous en manderez, on leur envoiera les brevets d'assurance, vous recommandant seulement que, comme S. M. reconnoît bien qu'il faut que lesdites pensions soient réglées honnêtement selon la qualité, pouvoir et dignité de chacune de ces personnes contenues audit mémoire, il faut aussi que l'on ait égard à la possibilité de satisfaire au payement de ce qui leur aura été promis : en quoi elle se repose particulièrement sur votre discrétion et votre prudence... »

Suivait le détail, tel qu'on le connaissait, des intrigues de la cour de Vienne et de celle de Berlin ; puis, cette addition de la dernière heure :

« *P.-S.* — Depuis ma lettre écrite jusques ici, j'ai assisté à la lecture que M. de Brienne a faite au Roi de vos dépêches du 16ᵉ et du 24ᵉ du passé[1]. Le Roi a été ravi de voir que toute la Lithuanie se puisse dire assurée à la reine, et, nommément, d'apprendre cette particularité qu'on se puisse, à une extrémité, servir de cette province pour entraîner la Pologne après soi en la menaçant de se séparer du royaume et de nommer un successeur pour le grand-duché. La condition que le grand maréchal impose, quand il assure la reine de sa fermeté pourvu qu'on se fie en lui, me paroît encore fort suspecte, et d'autant plus que c'est une excuse toujours préparée pour manquer en disant qu'on ne s'est pas confié à lui ; cependant il seroit peut-être bien dangereux de le faire. Cette affaire-là n'est pas encore en l'état qu'il faut la mettre pour être bien. Quelqu'un avoit dit ici qu'on l'avoit gagné en lui promettant l'autre princesse nièce de la reine pour son fils ; je ne sais avec quel fondement... »

Comme les dépêches de l'ambassadeur avaient, cette fois-là, devancé celles de Caillet, Lionne en communiqua la substance à Monsieur le Prince et demanda que la réponse qu'on vient de lire fût jointe au paquet qui serait adressé à Varsovie[2] ; mais, la lettre de Caillet du 9 mai étant arrivée sur ces entrefaites, Condé la fit lire en Conseil le 1ᵉʳ juin[3], et c'est seulement le 4 que le courrier partit emportant, outre la lettre expédiée dès

1. Voir tome I, p. 330-331.
2. A, O., P xxiv, fol. 327, original autographe du 27 mai.
3. Tome II, p. 3 et 374-379.

le 27 mai conformément aux indications du Roi, cette autre dépêche, minutée par Condé le 2 avec une ardeur que l'approche de la crise semble avoir surexcitée[1] :

« Je ne répondrai rien sur le premier article de votre lettre du 26 avril qui concerne ce que M. Fantoni a mandé à la reine sur ce que disoit le duc de Neubourg de la reine, parce que je crois bien que la reine ne vous a pas ordonné de me mander ce détail-là dans la croyance que j'en eusse besoin pour me détromper de ces calomnies[2], mais bien pour le dire à ceux auprès de qui cela auroit pu faire quelque impression. Je vous assure que cela n'étoit pas nécessaire ici, et que la reine y est dans une si grande estime et dans une si haute réputation, qu'elle est universellement honorée, et estimée plus que tous les princes du monde.

« Je vois que toutes les petites diètes se sont passées à la satisfaction de la reine, à la réserve de quatre, et que, des quatre, il n'y en a que deux qui fassent de la peine, à savoir : celle de Russie et celle de Posnanie ; mais, comme on connoît la cause de ce mal-là, j'espère qu'on pourra y trouver le remède, l'une en gagnant le grand général, à quoi je crois qu'il ne faut rien oublier, et l'autre en faisant connoître les artifices dont l'électeur de Brandebourg et l'Empereur se sont servis pour la porter dans cette résolution et tâcher de gagner les nonces. Il me tarde beaucoup que M. Morstin[3] n'ait vu le grand maréchal ; car, comme il est homme de grand esprit, et de ses amis, je m'assure qu'il lui fera connoître les grands embarras où il se jette, si il continue à adhérer aux sentiments de la maison d'Autriche et à ceux de l'électeur de Brandebourg, particulièrement ne pouvant pas obtenir la couronne pour

---

1. A. C., P xxiv, fol. 349-350, minute autographe.
2. Dans sa lettre du 25, et non 26 (P xxiv, fol. 226), Caillet avait protesté contre les gens de la cour de France qui représentaient la reine comme « intéressée et peu puissante. »
3. Le référendaire de Pologne, dont le rôle dans cette élection, et dans les événements qui suivirent jusqu'à la fin du siècle, a fait l'objet d'un appendice de la nouvelle édition des *Mémoires de Saint-Simon*, tome III.

lui, comme il lui est fort aisé de lui faire comprendre, et, de l'autre côté, lui faisant voir les grands avantages qu'on peut lui faire si il veut tout de bon s'engager avec nous ; et je suis d'avis qu'on fasse pour cela tout ce qui sera en notre puissance, et même le mariage de son fils avec une des filles de Mme la princesse Palatine. Si tout cela manque, et qu'il faille en venir à la force, vous pouvez assurer la reine que le Roi l'assistera de tout ce qui sera en son pouvoir. Il envoie les ordres pour cela à M. de Lumbres, et il m'en a parlé d'une sorte qui m'ôte tout lieu d'en être en aucune inquiétude. Pour l'argent, je puis déjà, par avance, vous assurer que rien ne manquera ; pour des troupes[1], la difficulté est plus grande, parce que le chemin par terre paroît impraticable, tant à cause des ennemis, que pour les Alliés même[2], qui auront peine à donner des passages sur leurs terres, ou tout au moins qui seront fort longs à l'accorder. Pour par la mer, le Roi le fera ; mais il faut que vous me mandiez de bonne heure le nombre qu'on souhaiteroit, les ports où ils pourront débarquer, le traitement qu'on leur fera à leur arrivée, quelles sortes de chefs on voudra pour les commander afin qu'il n'y ait point d'embarras avec les Polonois, si il y faudra des vaisseaux de guerre pour leur escorte, et le nombre ; et il faut savoir tout cela de bonne heure, car vous savez que tout cela ne se prépare pas en un moment. Pour de mon côté, vous pouvez tout offrir : qui dit tout n'excepte rien, ma personne, mon bien et mes amis. Après cela, je n'ai que vous dire qu'il me semble qu'on doit faire tout ce qui sera possible pour n'en venir pas à la force, et qu'il ne faut rien épargner pour faire réussir l'affaire sans cela, car, outre que le succès en est douteux, et que les ennemis ont leurs secours plus près que nous, c'est qu'il me semble qu'une élection de cette nature n'est jamais si sûre qu'une qui se fait *nemine contradicente*. Je

---

1. En cas d'intervention armée : tomes I, p. 121-130, et II, p. 358, 373 et 375-378 ; ci-après, p. 226-228.
2. Les princes de la ligue du Rhin.

182   APPENDICE.

vous envoierai les officiers que la reine demande au premier jour, avec toutes les précautions que vous me marquez...

« On ne sauroit trop travailler à la ligue de Suède de delà, et, si M. Tott vient bientôt, on y travaillera de deçà tout autant qu'il y aura jour de le pouvoir faire[1].

« ... Surtout instruisez-moi bien du détail de toutes choses, et particulièrement s'il faut recourir à la force. Je m'étonne que vous n'ayez pas reçu de mes lettres quatre ordinaires durant, car je n'en ai pas manqué un seul de vous écrire.

« *P.-S.* — Depuis ma lettre écrite, le Roi vient de m'envoyer querir pour me montrer une lettre qu'un courrier qu'il envoie en Poulogne a écrite de Prague à M. de Gravel, qui est à Francfort, du 14 mai, par laquelle il lui mande qu'arrivant à Prague, il a trouvé des marchands qui lui ont dit que le roi de Poulogne étoit mort et que les troupes de l'Empereur marchoient de ce côté-là. Jugez de l'étonnement où je me suis trouvé. Le Roi en est au désespoir; mais il ajoute que d'autres marchands lui avoient dit qu'ils avoient des lettres de Cracovie qui n'en disent rien, et cette nouvelle est si considérable, qu'il ne seroit pas possible qu'on oubliât de l'annoncer. De plus, M. de Lumbres et vous n'y auriez pas manqué... »

En confirmation du dessein si bien arrêté, le ministre ajouta au paquet de lettres une dépêche pour M. de Lumbres[2], sur l'idée de « diète armée » que nous avons vue se produire au commencement d'avril[3] :

« ... S. M. m'a commandé de vous mander qu'Elle connoît si parfaitement l'importance de l'affaire, a tant de passion de la voir réussir, y croit son intérêt et quasi[4] son honneur si avant engagés, qu'il n'est chose qui soit en son pouvoir qu'Elle ne fasse, non seulement de bonne foi, mais avec chaleur, pour assister efficacement la reine à

1. Tome I, p. 299.
2. A. É., vol. Pologne 16, fol. 90, 3 juin.
3. Tome II, p. 358.
4. Ce mot a été ajouté en interligne sur la minute.

venir à bout de son dessein. Si les deux royaumes n'étoient pas dans une si grande distance, on pourroit parler plus précisément de la qualité des secours, j'entends de troupes; mais, en cela, Monsieur le Prince lui-même sera témoin qu'il n'y sera rien omis qui soit dans la possibilité. Pour ceux d'argent, qui peuvent, en un besoin, suppléer aux autres, S. M. est très résolue de faire tous les efforts qui seront jugés nécessaires, et qui seront en son pouvoir, pour que notre parti n'ait pas le démenti et la honte d'avoir entrepris une si grande affaire sans en sortir à son honneur. Et vous-même, mandez-nous, s'il vous plaît, ce que vous estimez que l'on pourroit désirer du Roi. Il est à souhaiter que l'on ne fût pas obligé d'en venir à des extrémités, et que toutes autres voies soient employées avant que tenter celle de la violence; mais, si vous y reconnoissez une dernière nécessité, il faudra vous-même échauffer le grand courage de la reine et exciter cette belliqueuse nation à ne permettre pas que les cabales de Lisola et de quelques autres ministres les privent d'un si grand bien que seroit celui de la jonction de la France et de la Pologne en des intérêts communs... »

En Pologne, la diète continuait, mais sans qu'il fût question de la proposition principale; néanmoins, M. de Mailly écrivit de Varsovie, le 5 juin, à Monsieur le Prince [1], une lettre pleine de confiance, annonçant même qu'il arriverait à Fontainebleau le 2 ou 3 juillet, avec la bonne nouvelle d'une pleine réussite [2].

Une autre lettre, écrite par Caillet le lendemain 6 juin [3], donne des détails très intéressants sur la diète, sur l'état des esprits, les principaux personnages, la question pécuniaire, etc. :

« ... Tout cet État se divise en trois collèges, celui de

1. A. C., P xxiv, fol. 353, dépêche en partie chiffrée.
2. Condé se défiait de ce correspondant par trop empressé, car, le 11 juin, il recommanda à Caillet (A. C., P xxiv, fol. 377) de ne pas lui communiquer les réponses du prince lui-même, ni celles de son secrétaire Combaud d'Auteuil, sans avoir examiné avec la reine s'il ne valait pas mieux les dissimuler. Même précaution à l'égard du beau-frère de Mailly, le comte Paç, et de M. de Brezé, qui écrivait assez fréquemment en latin.
3. Original : A. C., P xxiv, fol. 357-365, 6 juin; copie : A. É., vol. Po-

la Grande-Pologne, celui de la Petite, et celui de Lithuanie. Les nonces de chacune ont commencé cette semaine à faire des assemblées particulières avec les palatins et les autres sénateurs de leurs collèges, pour commencer à convenir ensemble des résolutions qu'ils veulent prendre sur les points qui se traitent dans la diète. Ceux de la Grande-Pologne se sont assemblés chez M. l'archevêque de Gnesna, ceux de la Petite chez M. l'évêque de Cracovie, et ceux de Lithuanie chez M. l'archevêque de Vilna. L'on a parlé, dans ces assemblées-là, du point de la succession. Le collège de la Grande-Pologne n'a pas encore résolu ce point-là, quoique la plupart de ceux qui en sont en demeurent d'accord de la manière dont nous le souhaitons; mais, comme il s'est trouvé qu'il y manquoit quatre nonces de ce collège-là, qui ne sont pas encore arrivés ici, ils n'ont pas voulu se déclarer que ces nonces-là ne soient ici, parce que, quoi qu'ils fissent, ceux qui ne sont pas encore arrivés pourroient n'en pas convenir et rendre la chose nulle quand ils seront ici; et ce leur seroit un sujet de contrarier, si ils trouvoient que l'on eût pris quelque résolution sans eux. Celle de la Petite-Pologne s'est passée en de fort grandes contestations : le fils du grand général et deux nonces de la diète de Halis qui dépendent de lui se sont opposés directement à l'élection en suite de l'instruction qu'ils ont de leur diète, et ont déclaré qu'ils se sentoient obligés en honneur et en conscience de n'y point consentir. Le grand maréchal, qui y étoit, a demandé raison au grand général de ce que son fils et les deux autres nonces qui sont à lui faisoient au préjudice de la parole qu'il avoit donnée à la reine et à lui de consentir à l'élection, et le grand général lui a dit qu'il avoit promis de n'y être pas contraire, mais qu'il ne s'étoit engagé à rien de plus, et qu'il ne s'étoit pas obligé de répondre de son fils et des deux nonces qui étoient de même avis que lui. Celle de Lithuanie s'est mieux passée : tout le monde y a consenti

LOGNE 16, fol. 140. Le même jour, Caillet a écrit au duc d'Enghien de la part de la reine, en lui prodiguant les assurances les plus chaleureuses.

à l'élection, à la réserve de M. le palatin de Vilna, qui ne s'y est point opposé, et qui a dit seulement qu'il réservoit à donner son consentement jusques à ce qu'il vît ce que feroient ceux du royaume.

« ... Les gens d'ici sont si fort accoutumés à leur consentement unanime, qu'il n'y a point d'opposition, quelle qu'elle soit, qui ne les arrête tout court, et il ne leur vient seulement pas une pensée de passer outre. Nonobstant, il faut s'accommoder à cela malgré que l'on ait, car la plupart de ceux qui sont les plus zélés pour nous, et qui portent notre affaire avec plus de chaleur, se laissent entendre qu'il la faut faire dans les formes et selon les lois du pays, et que ce n'est que de cette façon-là qu'ils en sont partisans... »

La reine a été obligée de faire promettre bien des choses au grand général et à son fils par des intermédiaires, et de donner quelque argent pour les nonces : seul moyen de « réduire les gens ici. » L'archevêque de Gnesne, qui aime à rappeler ses relations avec Monsieur le Prince à Bourges, et même la prophétie qu'il lui fit sur M. le duc d'Enghien en 1646, témoigne beaucoup d'inclination pour ces deux princes, et son frère l'ancien châtelain de Posnanie, actuellement vice-chancelier, professe les mêmes sentiments, quoique ayant été auparavant pour l'électeur de Brandebourg. Les députés de l'armée, Sobieski, Potocki, Sapieha, Jablonowski, Coriski, à qui il a remis des lettres du prince, ont promis d'agir selon les volontés de la reine, et ce sont des gens sûrs.

Ensuite, Caillet rend compte d'une entrevue que Lubomirski leur avait demandée, à lui et à M. de Lumbres, dans sa défiance que, une fois l'affaire faite, on ne tînt pas les promesses de mariage pour son fils. L'ambassadeur a protesté que le Roi s'était engagé et n'y manquerait pour rien au monde ; il a multiplié les assurances les plus formelles.

« Je lui parlai après, un peu plus au long, de la part de V. A. Je lui dis que, avant que je partisse de Paris, vous aviez déjà su ce qui s'étoit passé entre la reine et lui touchant cette affaire-là, que vous m'aviez témoigné que vous la croyiez fort avantageuse pour Mgr le Duc, et que V. A. voyoit bien que ce lui seroit un grand appui, et un grand affermissement en ce pays-ci, si il y avoit une union et une alliance aussi étroite que celle-là entre lui et M. le grand maréchal, et qu'ayant ici le crédit et l'autorité que sa condition, son mérite et le poste où il est lui donnent, il ne se pouvoit pas que Monseigneur votre fils ne tirât des avantages fort considérables d'une liaison aussi grande que celle-là avec lui, et que V. A. m'avoit donné charge, non pas seulement de témoigner à la reine qu'il approuvoit ce mariage-là, mais même de le promouvoir, de l'avancer en tout ce qu'il se trouveroit que je pourrois le faire, et qu'ainsi je priois Son Exc. de voir ce qui se pouvoit faire de deçà et du côté de France pour rendre cette affaire-là entièrement sûre, afin que je m'y employasse suivant les ordres que j'en avois de V. A.

« ... J'ai déjà mandé à V. A. ce que je crois de cette affaire-là, et qu'il me semble qu'il sera avantageux au successeur en ce que M. le grand maréchal, qui a ici une fort grande suite, et bien du pouvoir et de l'établissement, donnera, par cette alliance-là, beaucoup de jalousie aux seigneurs d'ici et leur deviendra fort suspect, et que, ainsi, il sera attaché par nécessité aux intérêts de Mgr le Duc; et, à voir de quelle manière les choses vont ici, il me semble que le successeur n'a rien tant à craindre que la grande intelligence et la grande union entre ses sujets, et qu'il n'y a guère de choses dont le Roi ne puisse venir à bout, si tout le monde ne s'entend et ne s'accorde à s'opposer à lui. Quand on en viendra à l'exécution de ce mariage-là, le successeur pourra n'y paroître tremper qu'autant qu'il voudra. La chose se pourra faire à Paris et passer pour une affaire de Mme la princesse Palatine et de M. le grand maréchal, et l'on n'y prendra que la part que l'on jugera à propos. Comme il y a bien du temps encore avant qu'on en vienne là, V. A. aura le loisir de mander plus d'une fois ses sentiments sur cette affaire-là. Cependant, comme il peut arriver de nouvelles défiances à M. le maréchal, sur quoi il lui faudroit quelque chose de plus que mes paroles, il est à propos que V. A. m'envoie quelques-unes de ses lettres en blanc, où il y ait seulement en bas la souscription : *de votre très affectionné serviteur*, afin que je puisse remplir ici le corps de la lettre de la manière dont il le faudra. La reine m'avoit dit qu'il étoit à propos que V. A., et même Mgr le Duc, m'envoyassent de ces sortes de lettres-là en blanc, dont les unes fussent souscrites de votre main : *très affectionné serviteur*, et les autres de : *très affectionné à vous servir*, afin que, selon les occasions qui se présentent, l'on pût s'en servir avec les gens avec qui l'on a à faire. Quand l'élection sera résolue, il sera bon que V. A. m'en envoie beaucoup d'elle, et beaucoup de Mgr le Duc; car l'on les remplira ici plus justement que l'on ne peut faire à Paris, et, dans le temps de l'élection, l'on en aura besoin d'une grande quantité. La reine m'a demandé de quelle manière signoit Mgr le Duc, et Elle m'a dit là-dessus qu'Elle croyoit qu'il ne devoit signer que : Henry de Bourbon... »

Semblant rassuré sur son propre compte, le grand maréchal est passé à cet autre sujet : qu'est-ce que la France, seule en mesure de tenir ses engagements, fera pour prouver que sa passion dépasse celle de tous les autres prétendants? En première ligne, on voudrait la conservation des privilèges de la République, mais ensuite des avantages plus positifs : ainsi, M. de Brandebourg offre l'annexion de la Prusse ducale, M. de Neubourg l'échange de la succession de Juliers contre cette même Prusse. « Que souhaiteraient les Polonais? » lui demanda-t-on; mais il ne sut s'expliquer et demanda à s'entendre avec ses amis.

« Je crois qu'il seroit bon que l'affaire prît ce train-là, et que l'on sût des principaux d'ici quel avantage il faudra faire à la République pour faire réussir cette affaire-ci; de cette façon-là, l'on n'entreroit pas si fort en lice avec les autres prétendants, et l'on ne les verroit pas enchérir sur ce qu'on proposera de la part de la France, comme, assurément, ils le feront. M. l'ambassadeur m'a dit qu'il a déjà parlé à quelques-uns des principaux d'ici de ce qu'il faudroit faire pour la République dans cette affaire-ci : il m'a dit qu'il avoit reconnu qu'ils prétendoient au moins que l'on leur donnât trois millions de livres pour aider à payer leur armée, à qui ils en doivent vingt-trois, et que, pour les gratifications qu'il y pourra avoir à faire aux particuliers dans le temps de l'élection, et aux gens de l'armée qui ont beaucoup de crédit en ces occasions-là, il faudra au moins un million de livres, sans compter les deux cent mille écus qui s'emploient à présent. Il m'a dit que la reine et lui avoient toujours vu que l'affaire ne pouvoit pas aller à moins, et qu'il l'avoit écrit dès le commencement à M. le Cardinal, afin qu'il fît son compte là-dessus. Je crois que, présentement, il écrit encore la même chose, et l'on voit bien que ce qu'il faudra débourser n'ira pas à moins que cette somme-là. Pour les autres choses que l'on souhaitera, et qui regardent Mgr le Duc, les promesses de secours, les fortifications de quelques places frontières, et d'autres choses comme celles-là que l'on ne sait pas encore, et dont on ne sera bien instruit que quand l'on en viendra à l'élection, je crois qu'il est nécessaire que M. l'ambassadeur ait sur tout cela un pouvoir qui soit assez ample pour ne pas manquer à offrir et à promettre les choses qu'il sera nécessaire d'offrir pour faire réussir cette affaire-ci.

« Quand cette diète-ci sera finie, j'envoierai à V. A. un compte par le détail de l'argent qui s'y sera employé, et des personnes à qui l'on en aura donné. La dépense va fort vite; car il n'y a personne, ni des plus riches, ni des plus assurés, à qui il ne faille donner quelque chose, et je vois bien qu'il y aura peu d'argent de reste de la remise que l'on a faite, quand la diète sera finie. Ce que l'on peut dire de bien sûr et de bien vrai, c'est que la reine ménage cet argent-là tout autant qu'il est possible, et qu'Elle n'y fait toucher que quand Elle ne peut contenter les gens ni de promesses, ni d'espérances et de charges, et qu'Elle ne paye en argent que tout le plus tard qu'Elle peut. Si Elle ne prenoit pas le soin de le ménager, et de taxer Elle-même les gens, M. de Lumbres ni qui que ce fût ne contenteroient pas les personnes qu'il y a à contenter avec beaucoup plus d'argent.

« Pour les quatre millions de livres que l'on trouve qu'il faudra employer aux frais de cette affaire ici, il en faudra avoir un million ici avant la diète de l'élection, parce qu'il faudra l'employer dans ce temps-là à gratifier ceux qui font réussir cette affaire-ci, à qui l'on a promis de les reconnoître quand le succès de la chose sera assuré, et à gagner ceux de l'armée dont on aura besoin dans l'acte de l'élection. Pour les autres trois millions qui se devront employer au payement de l'armée à l'acquit de ce que la République lui doit, c'est un argent que ces Messieurs-ci s'attendent d'avoir ici quand le successeur y viendra, et, sur ce que M. l'ambassadeur disoit à M. le grand maréchal que les offres de la maison d'Autriche et des autres seroient sujettes à être mal exécutées quand l'on en viendroit là, il lui répondit que les seigneurs d'ici *oculatas habent manus*, et que, quand ils recevroient un maître, ils voudroient voir en même temps l'exécution de ce qu'il auroit promis. »

Pour l'exécution, rien n'est à faire avant que l'on tienne en main le décret d'élection, qui dépend de tant de gens plus ou moins fidèles à leur parole et de quelles ressources la cour de Vienne pourra disposer d'autre part pour des manœuvres contraires.

Caillet revient alors sur les promesses de mariage faites au grand maréchal et sur la nécessité d'en garder le secret entre le Roi et M. de Lionne, car une pareille ambition faillit jadis coûter cher à Bathory lorsque le bruit s'en répandit en Pologne.

« Vendredi dernier, il y eut au château une session des sénateurs, en présence du roi de Pologne. S. M. y parla Elle-même de l'affaire de la succession, et Elle représenta avec beaucoup de bien-dire et de capacité les nécessités qu'il y avoit de pourvoir à la succession du royaume pendant sa vie. Elle montra ensuite que le seul bien de l'État lui faisoit prendre ce parti-là, qui sembloit être contraire à ses intérêts et à son autorité, et il exhorta tous les sénateurs de n'avoir, à son exemple, d'autre considération, en cette affaire-ci, que le bien du pays. Tous les sénateurs opinèrent ensuite et applaudirent à ce que le roi avoit dit, à la réserve de l'évêque de Chelm et de celui de Quiavie, qui furent tous deux d'avis de donner ordre à la succession du vivant du roi, mais qui dirent qu'il falloit attendre que le royaume fût plus paisible. M. Fredro, castellan de Léopol, qui a écrit ce qui s'est passé ici à l'élection de Henri troisième, et qui est sénateur, s'opposa directement à la proposition que le roi avoit faite, et, quoi qu'on pût dire pour combattre ses raisons, il ne voulut point revenir, et il sortit de l'assemblée sans attendre qu'elle fût finie. Depuis ce temps-là, il a fait ce qu'il a pu pour faire une confédération avec les nonces de Russie, dont les instructions sont contraires à l'élection; mais la reine en a été avertie, et Elle va au-devant autant qu'il se peut.

« M. de Lisola a envoyé dire depuis peu, par son secrétaire, à M. le palatin de Polosk, que l'ambassadeur de Suède étoit venu ici pour faire une ligue entre la France, la Pologne et la Suède contre l'Empereur. Il a dit aussi que la reine avoit intelligence avec V. A. pour lui mettre Elbing entre les mains et lui donner les moyens de se rendre le maître de la Prusse royale. La reine s'est plainte de cela au roi et au Sénat, et l'on a envoyé à M. de Lisola M. l'évêque de Warmie, pour se plaindre de sa conduite, et de ce qu'il tâche à mettre la division entre la reine et les sénateurs. Il lui a déclaré ensuite que le roi s'en plaindra à l'Empereur, et que M. l'archevêque de Gnesna lui en écrira aussi de la part du Sénat; et il lui a dit cependant qu'il ne falloit plus qu'il s'attendît d'avoir audience du roi. M. de Lisola a avoué qu'il a fait dire une partie des choses que l'on lui impute, mais que ç'avoit été seulement comme des nouvelles qui lui étoient venues de Paris, et que, pour ce qui regardoit Monsieur le Prince, il paroissoit assez que la reine avoit intelligence avec lui puisque M. Caillet étoit ici *incognito* pour travailler à l'élection de Mgr le Duc. La reine est depuis assez longtemps piquée contre M. de Lisola, et je crois qu'Elle n'a pas été fâchée d'avoir eu ce sujet-là d'éclater : Elle trouve qu'il seroit à propos de se plaindre de lui à M. le comte de Fuensaldagne, et de ce qu'il déclare que l'Empereur tient la reine pour ennemie de sa maison, comme je l'ai déjà mandé à V. A. Il s'est aussi fort attaché à parler de V. A. et à la décrier sur la religion et sur la bonne foi, et a dit qu'il n'y avoit aucune sûreté à prendre avec vous; et la reine croit qu'il seroit à propos que V. A. se plaignît de cela à M. le comte de Fuensaldagne.

« L'ambassadeur de Suède parlera, dans la première audience qu'il aura du roi, de ce que M. de Lisola a dit, et il témoignera que son envoi n'est que touchant la ligue contre les Moscovites. Ce bruit-là que l'ambassadeur de l'Empereur fait courir devroit au moins nous servir auprès des Suédois et les porter à prendre la pensée qu'il en a ; et, en effet, si la France, la Pologne et la Suède étoient de bonne intelligence, ils n'en viendroient que plus aisément à bout de tous leurs desseins, et ils trouveroient encore assez d'occupation sans avoir de jalousie à prendre les uns des autres. L'ambassadeur de Suède s'est déclaré à quelques gens d'ici qu'ils auroient intérêt que l'on ne prît pour successeur ni un prince de la maison de France, ni un de la maison d'Autriche, et qu'il falloit songer à un neutre. Ils porteront M. le duc de Neubourg autant qu'ils pourront. Ils appréhendent si fort que l'argent et la considération de France ne leur manquent, si Mgr le Duc est établi ici, qu'ils auront peine à s'empêcher de traverser cette affaire-là...

« ... J'envoie à V. A. la copie de quelques lettres de M. de Lisola qu'il envoyoit à Vienne par un courrier exprès, afin qu'elle fasse travailler à les déchiffrer ; l'on les a eues par le moyen de son secrétaire, et il coûte à être dans cette bonne intelligence-là avec ses domestiques. L'on tâche à avoir son chiffre ; mais il ne le laisse seulement voir à son secrétaire, et il écrit toutes ses dépêches lui-même[1]...

« Dès le commencement de la diète, l'on a fait venir ce

---

1. Comme on le vit par le déchiffrement, Lisola conseillait à son souverain, pour le cas où l'élection de M. d'Enghien serait reconnue inévitable, de faire semblant d'y aider, afin de s'assurer la gratitude de la reine et de Condé. Ce dernier répondit : « C'est, à mon avis, un pas bien glissant pour moi. C'est pourquoi il faut bien prendre garde à cela, car, outre que le Roi auroit sujet d'avoir quelque jalousie si l'on se servoit en quelque façon du ministre de l'Empereur pour réussir dans cette affaire, c'est que S. M. s'y porte avec tant de bonté et fait si volontiers et de si bonne grâce les grands efforts d'argent qu'il fait pour cela, que je renoncerois plutôt à la chose que s'il en devoit avoir obligation à l'Empereur... »

que l'on avoit remis d'argent à Danzig, et ce que les Formonts en avoient pu tirer de Jacques Martin de Hambourg. Depuis cela, la reine et M. l'ambassadeur ont trouvé à propos d'envoyer querir ce qu'il y en avoit à Hambourg, et l'on y est allé pour cela, et c'est un des Formonts de Danzig, dont la reine est fort assurée, qui y est allé. J'ai fait voir à la reine la lettre que je me donne l'honneur d'écrire à Mgr le Duc. Je croyois qu'il la falloit mettre en chiffre ; mais la reine a dit qu'il n'étoit pas nécessaire puisque c'étoit un courrier exprès. »

Cette lettre du 6 juin et une autre de l'ambassadeur, du 9 (A. É., vol. Pologne 16, fol. 153), furent apportées à Fontainebleau par Persode, en seize jours, avec un billet tout aimable de la reine à M. de Lionne[1]. Le ministre commença sa réponse le 30, comme nous le voyons dans le Mémorial du 2 juillet[2], puis prépara, le 1er, une lettre du Roi à Lubomirski, une lettre particulière pour la reine, enfin un billet à part pour recommander très secrètement qu'on ne lâchât l'argent qu'à la dernière extrémité[3]. Persode repartit le 4 juillet, emportant aussi le déchiffrement des lettres de Lisola, et il arriva à Varsovie le 20, avant l'ordinaire qui avait été chargé de la dépêche du 25 juin. La réponse de Lionne, du 2 juillet, concluait en ces termes, plus que jamais évasifs : « Nous n'avons qu'à attendre la fin, tout ce qu'on pourroit dire et mander de si loin ne pouvant être si bon ni si utile que ce que S. M. voit que la reine fait et résout de soi-même sur les lieux. » Brienne fit une réponse toute pareille, qui, d'ailleurs, avait été minutée par Lionne.

Au bout de six jours Caillet avait repris la plume[4] ; mais cette lettre-là est encore trop verbeuse pour trouver place ici : il y était parlé du secret nécessaire en ce qui concernait le projet du mariage Lubomirski, du danger de faire des confidences à l'indiscrète Mme de Choisy, des tentatives commencées ou projetées par M. de Lionne pour gagner l'électeur de Brandebourg, des prétentions de ce prince sur Elbing, des trames, dangereuses autant qu'habiles, de Lisola. Enfin, il revenait à la diète :

« Présentement, la reine travaille continuellement à

1. Original autographe du 8 juin : A. É., vol. Pologne 16, fol. 151.
2. Tome II, p. 136-138 et 142-145.
3. Vol. Pologne 16, fol. 182-185.
4. A. C., P xxiv, fol. 383-391, 12 juin.

faire réussir cette diète-ci, et l'on ne peut pas y avoir plus d'application qu'Elle y en a. Les nonces ont commencé d'entrer dans la chambre de la diète; mais ils n'y ont point encore parlé d'affaires[1], et la reine attend, pour cela, qu'Elle ait achevé de gagner ceux qui y sont contraires.

« Il y a encore un nonce de la diète de Halis et deux de celle de Posnanie qui sont contraires. Le castellan Fredro[2], et celui de Posnanie, qui est arrivé ici depuis le départ du courrier, s'opposent aussi à l'élection, et la reine travaille à s'en assurer, et attend cela pour faire faire la proposition; et je crois que, dans l'ordinaire prochain, l'on verra au vrai la pente que prendra cette affaire-ci.

« Il n'y a point de difficulté du côté de la Lithuanie, et l'on fera tout ce qui sera possible pour faire qu'il n'y en ait point non plus du côté de la Pologne, et que l'affaire puisse passer du consentement de tout le monde; mais, si, malgré que l'on en ait, il se trouve quelque opposition du côté de la Pologne, en ce cas-là, pour dernier effort, l'on obligera la Lithuanie de déclarer à la Pologne qu'elle trouve qu'il est nécessaire d'élire un successeur et qu'elle y veut pourvoir pour ce qui la regarde, si la Pologne ne le veut pas faire pour elle; et cela sera capable de faire effet et de faire venir la Pologne à ce que l'on veut de peur que la Lithuanie ne prenne son parti à part, et que cela n'aille à se séparer... »

Caillet insistait sur la nécessité de tenir bon quoi qu'il advînt, par crainte que la reine, si elle se voyait abandonnée, ne passât tout d'un coup à la maison d'Autriche, comme celle-ci y comptait bien, n'entendant certainement pas se résigner au cas où l'élection serait résolue.

Venait ensuite la question du titre de *Majesté* réclamé, ou du moins souhaité ardemment par Jean-Casimir[3]. Enfin, Caillet, avec l'approbation de la reine, envoyait des lettres de Lubomirski et de Morstin, demandant qu'on y répondît obligeamment

---

1. Ils ne pouvaient prendre la parole que trois jours avant la conclusion.

2. Le castellan de Léopol, ce nonce grand parleur qui était un des affidés de Lubomirski : ci-dessus, p. 189. La reine ne put rien sur lui.

3. Voir notre tome II, p. 224, 225, 227-228, 23 juillet. Nous avons eu tort de dire, en cet endroit, que la lettre était adressée au duc d'Enghien.

avec des présents; il joignait à sa dépêche de nouvelles lettres interceptées de Lisola et les nouvelles de Transylvanie[1].

C'est cette lettre du 12 juin qui arriva à Fontainebleau douze ou quinze jours avant que le Roi eût celle de son ambassadeur de même date[2]. Pendant ce temps, la diète avait mal tourné : les nonces s'attardaient à des affaires secondaires, et faisaient une obstruction plus inquiétante chaque jour; le grand maréchal, pour sauvegarder sa position, agissait par des affidés.

« ... Du 20, à dix heures du soir[3]. C'est demain que l'on doit commencer à mettre sur le tapis l'affaire de la succession. Fredro et le fils du grand général ont promis ce soir de n'être point contraires, et cela lorsque l'on ne s'y attendoit pas trop, et, des nonces qui s'étoient déclarés contre notre affaire, il n'y a que deux dont on ne soit pas assuré; tous les autres ont été gagnés aujourd'hui, et l'on leur a promis de l'argent en cas que l'affaire réussit. Il s'est trouvé que c'étoit les gens de M. de Brandebourg qui les avoient engagés à être contraires, et qu'ils s'étoient confédérés pour cela, et il faut les tirer de là par un avantage plus grand que ce que le gouverneur de Cracovie leur avoit promis. M. le prince de Radziwill et M. d'Oversbeck ont paru ce soir fort mortifiés... »

D'autres affaires vinrent encore à la traverse, le payement de l'armée, la condamnation du nonce surpris à distribuer des sommes d'argent pour le compte de Lisola[4] :

« M. de Lisola a dit que l'on ne pouvoit pas trouver étrange s'il donnoit de l'argent à des nonces pour les obliger à demeurer fermes dans l'observation de leurs lois et à s'opposer à l'élection d'un successeur pendant la vie du roi, qui y est contraire, puisqu'il étoit public que, du côté de France, l'on en donnoit beaucoup davantage pour

1. Les lettres interceptées sont maintenant à Chantilly, dans les Papiers de la reine, R v, fol. 154-198, et aux Affaires étrangères, vol. POLOGNE 16, fol. 92-103. Une lettre de l'Empereur lui-même est aussi dans le premier volume du fonds AUTRICHE, fol. 237.
2. Tome II, p. 224 et 226, 24 juillet.
3. Lettre de Caillet : A. C., P XXIV, fol. 411 v°.
4. P XXIV, fol. 420 v° et 421, lettre de Caillet, 26 juin.

faire consentir à l'élection, qui est une nouveauté, et que la reine faisoit donner tous les jours de l'argent pour avancer ce dessein-là. La reine, ayant su cela, a fait dire que, pour Elle, il étoit vrai qu'Elle donnoit de l'argent à quelques particuliers qui en avoient besoin, et qu'Elle en assistoit le plus qu'Elle pouvoit, mais que ce n'étoit pas seulement pendant leur besoin, et qu'en tout temps Elle en usoit de même; que, pour ce qui regardoit la France, Elle croyoit qu'il étoit juste de voir si M. de Lumbres donnoit de l'argent, et, si cela étoit, qu'il falloit punir ceux qui en recevoient, et que, pour ce qui regardoit M. de Lisola, il en donnoit, non point pour avancer quelque affaire particulière où son maître eût intérêt, mais seulement pour rompre la diète et pour troubler le royaume. Quand on auroit voulu examiner si M. l'ambassadeur avoit [donné] quelque argent, l'on n'auroit rien trouvé, car ce qui se donne se distribue par la reine Elle-même ou par ses gens, et M. de Lumbres n'y paroît pas tremper. Il y a eu des nonces qui ont dit que cette diète-ci étoit pleine de cabales et qu'il falloit remettre à une autre les résolutions que l'on avoit à y prendre. M. Fredro, qui ne perd point d'occasions de harceler et qui s'accroche à tout, a dit qu'il falloit consentir à l'élection, mais qu'il falloit mettre dans le décret que l'on ne prendroit point de prince ni de la maison de France, ni de celle d'Autriche (et c'est ce que M. de Lisola a déjà proposé à beaucoup de gens). M. Morstin lui répondit sur-le-champ que cette exclusion-là étoit contraire à la liberté, outre qu'elle étoit offensante pour ces deux maisons-là, qui sont fort considérables, et dont ce seroit imprudence de s'attirer l'inimitié... »

On persistait alors à compter sur le grand maréchal, la reine étant allée jusqu'à lui faire préparer lui-même le contrat du mariage promis à son fils, et l'ayant signé d'avance, mais en ajoutant qu'il faudrait préalablement que Monsieur le Duc eût hérité de la couronne. Les protestations de Lisola contre cette addition ne firent que trop connaître que l'opposition serait irréductible. Lumbres, aussi, le même jour[1], annonçait

1. Lettre du 26 juin : A. É., vol. Pologne 16, fol. 171-172. Au moment

pour le lendemain vendredi la mise de l'élection à l'ordre du jour, avec bon espoir d'avoir raison du terrible Fredro ; mais, ce jour-là même, il y eut une scène fort vive entre le roi et le grand maréchal, venu pour donner avis que, les nonces de la diète de Cracovie devant faire opposition, il conviendrait mieux de tout renvoyer à une autre diète [1] :

« Le roi lui dit qu'il ne vouloit point la remettre, et qu'il vouloit voir qui y seroit contraire ; que l'opposition des nonces de Cracovie étoit de lui plus que des nonces;... qu'un honnête homme ne devoit avoir dans la bouche que ce qu'il avoit dans le cœur ; qu'il savoit bien que c'étoit lui qui lui avoit conseillé tout le premier de pourvoir à la succession, et, à présent que l'affaire étoit si fort engagée, au lieu de lever les difficultés, il en faisoit naître lui-même...

« Comme c'est un esprit fort incertain et fort irrésolu, et dont on n'a pas pu s'assurer quoique l'on n'ait rien omis de ce qu'il a fallu faire pour cela, et que l'on ait sa parole et son écrit, cette même humeur-là peut encore le faire revenir à nous [2]... »

Au désespoir d'une pareille opposition, la reine réitère ses plaintes des indiscrétions commises en France, et qui ont provoqué les craintes de l'Empereur et de M. de Brandebourg, d'où est venue leur entente avec le grand maréchal et les opposants. Aussi croit-elle qu'il serait bon de causer franchement avec l'Espagne, qui saurait apaiser la méfiance à Vienne et à Berlin.

« Le roi de Pologne témoigne autant de chaleur pour cette affaire-ci, et autant de fermeté que l'on le peut souhaiter, et la reine ne se rebute point. Quelques difficultés

où Lumbres la finissait, il reçut les dépêches de Paris du 27 mai et du 9 juin.

1. A. C., P xxiv, fol. 430, 3 juillet, Caillet à Monsieur le Prince.
2. C'est dans la réponse du 27 mai à Lumbres (tome I, p. 330) que le Roi avait fait dire qu'il ne redoutait pas de difficulté à ramener Lubomirski et Potocki, « puisqu'un homme de condition et d'honneur se trouve bien embarrassé quand on ne lui demande autre chose que l'exécution de sa parole et de sa signature, joignant à cela d'autres grâces qui leur peuvent être faites. »

et quelques traverses qui arrivent, Elle croit qu'Elle viendra à bout de tout...

« ... La[1] conduite du grand maréchal est si extravagante, que l'on n'en sauroit faire de jugement certain. Il est partisan de la maison d'Autriche ; mais on ne peut pourtant rien assurer de lui, étant d'un naturel si bizarre, que cela approche de la folie, et, comme on ne l'a jamais bien connu qu'à présent, l'on n'y a pu remédier ; et ce qui trouble le plus, c'est que toutes les mesures ont été prises avec lui, et, lui manquant, il trouble tout. Il faut travailler presque de nouveau. Les chanceliers, Czarnesky, les colonels et divers autres grands seigneurs veulent, sous l'autorité du roi, maintenir le dessein et s'opposer à ceux du maréchal, qui peuvent être pour Ragotsky, s'imaginant le gouverner parce qu'il est un peu son parent, car, pour lui-même, on ne croit pas qu'il soit assez hors de lui pour espérer la couronne. Il pense être appuyé de l'Empereur et du marquis de Brandebourg pour l'un ou pour l'autre dessein ; car, pour les Polonois, il voit bien qu'il n'y en aura point qui ne s'y oppose.

« Si l'on pouvoit gagner la maison d'Autriche, ce seroit une avance, parce que les Polonois, qui ne savent point les affaires de leurs voisins quoi que la reine leur puisse dire, s'imaginent que, si ils prennent un François, il ne peuvent éviter la guerre avec l'Empereur, et ils craignent de retomber dans leurs misères passées, Lisola en menaçant continuellement.

« La France, par beaucoup de raisons, peut témoigner du ressentiment de la conduite de Lisola, qui déclare ici aux sénateurs et aux nonces que l'Empereur fera la guerre, si on élit un prince françois, et qui médit hautement de V. A. et de Mgr le Duc. Il semble que, dans la conjoncture des affaires, la France en pourroit témoigner son ressentiment et obliger la maison d'Autriche, par les choses qu'Elle a à désirer d'elle, de donner les mains à l'élection de Mgr le Duc, lui faisant connoître qu'elle

1. P xxiv, fol. 434, 3 juillet.

ne peut rien espérer pour elle en Pologne, tant pour l'aliénation de l'esprit des peuples que par l'opposition des voisins; que le marquis de Brandebourg le pourroit emporter sur elle, qui seroit la ruine de la religion catholique; que M. le duc de Neubourg, comme M. le marquis de Brandebourg, pour les intérêts particuliers de la maison d'Autriche, sont bien plus à craindre qu'un François, puisque, M. le duc de Neubourg étant de même maison que le roi de Suède, M. le duc de Bavière et M. l'électeur Palatin, cette maison-là seroit assez puissante pour opprimer celle d'Autriche en Allemagne, et que M. le marquis de Brandebourg, ayant ses pays héréditaires joints à la Pologne, seroit presque au même état à l'égard de l'Empereur, contre qui les uns et les autres ont des prétentions, au lieu qu'un François n'en aura point ni pour lui, ni pour la France; que, si elle concourt à l'élection de Mgr le Duc, elle se l'obligera, que les traités entre la Pologne et l'Empereur se confirmeront, et qu'il s'en fera de nouveaux et de particuliers; et, en cette considération, l'on pourroit promettre quelque secours de Polonois pour l'Espagne, une ligue contre le Turc pour l'augmentation du domaine de la maison d'Autriche en Hongrie.

« Quoique le grand maréchal soit ce qu'il paroît contre la maison d'Autriche, il y a à craindre que, connoissant la cour contre lui pour avoir rompu cette affaire-ci, et s'apercevant du dessein qu'on aura de l'abaisser, il ne cherche de se garantir par le moyen de la maison d'Autriche en s'attachant à elle, et se porte à des extrémités contre le roi et la reine, appelant l'Empereur à son secours. Il faut donc que la France pense de bonne heure à ne les pas laisser accabler, puisque ce n'est que pour ses intérêts que tout ceci arrive, et à cause du bruit que l'on a fait en France du dessein de la reine; et l'on ne sauroit croire le mal que cela a fait. La conduite de la reine a été renversée par là. Elle entretenoit d'espérances l'Empereur et le marquis de Brandebourg même, et pas un d'eux ne se seroit opposé à l'élection. Présentement, l'on ne voit point de besoin d'autre secours que de celui d'argent. »

En effet, c'était là une question trop longtemps négligée, sans doute parce qu'elle mettait en mauvaise posture l'Épargne royale et les services de trésorerie; mais la faute n'en était pas à Monsieur le Prince, toujours prêt à s'exécuter pour sa contribution personnelle; dès le 2 mai, il avait insisté pour que Caillet précisât les chiffres[1] :

« ... Tout est parfaitement bien disposé ici pour appuyer les bonnes volontés de la reine; mais quand vous me dites qu'Elle viendra assurément à bout de la chose la cour voulant contribuer aux frais qui seront nécessaires, ce n'est pas assez de parler ainsi en termes généraux : vous devriez vous expliquer un peu plus particulièrement sur les choses qu'on désireroit de cette cour, et dire positivement ce que l'on souhaite que l'on fasse de deçà, car je vois le Roi dans de si bonnes intentions, et tous les ministres si bien disposés, que l'on fera assurément les choses qui se pourront; mais il faudroit savoir quoi, comme si ce sont des troupes, de l'argent, et combien de l'un ou de l'autre, ou de tous les deux. C'est ce qu'il faut que vous me mandiez bien précisément, et même que vous fassiez en sorte de le faire écrire par M. l'ambassadeur, afin qu'on y ajoute plus de foi et qu'on ne croie pas que c'est moi qui vous le fais écrire... »

Le 20 mai, répondant à une lettre du 11 avril, il est revenu à la charge[2] :

« ... Le Roi envoie pouvoir à M. de Lumbres pour donner des pensions à des principaux selon que la reine le jugera à propos. Ainsi, je crois qu'il ne faut rien oublier pour tâcher de gagner les esprits et empêcher qu'on n'en vienne

---

1. A. C., P xxiv, fol. 257, minute non autographe de réponse à la lettre de Caillet du 4 avril (fol. 154-161). Celui-ci venait de remettre aux Majestés les présents de Condé : la reine avait pris avec plaisir des montres, mais demandait une cassette de senteur pleine de gants et de peaux d'Espagne que le cardinal Mazarin lui avait jadis promise. Elle fit croire à son mari que tout le présent venait de la dame des Essars : il prit deux montres, deux tablettes et un agenda fermant à clef. Elle eut soin de tenir caché le portrait du duc d'Enghien envoyé également.
2. A. C., P xxiv, fol. 305, minute autographe.

à la force; mais, s'il faut y venir, mandez-moi de bonne heure, bien au vrai, l'état de toutes choses, afin que je prenne mes mesures sur des fondements solides, et n'oubliez pas jusques aux moindres particularités. Ce sera aussi à vous à voir avec M. de Lumbres les moyens de faire la ligue avec la Suède, et à y travailler. De deçà on n'oubliera rien certainement, et le Roi y va du meilleur pied du monde... Le Roi continue de prendre soin lui-même de ses affaires et s'y applique avec une assiduité merveilleuse et une capacité qui, en vérité, surpasse son âge et son expérience. Il me traite admirablement bien, et j'en ai la dernière satisfaction. Il prend l'affaire de Poulogne avec une extrême chaleur, et rien certainement ne manquera de ce côté ici.

« ... Si M. de Lisola n'est assigné que sur l'argent que M. le Cardinal a laissé en mourant pour le Pape, il court risque de n'avoir pas beaucoup d'occupation à le distribuer, car on y donnera de deçà bon ordre... »

Peu après, Condé ayant fait voir au ministre, ou au Roi lui-même, la lettre dans laquelle Caillet disait que la reine s'engageait à travailler de tout son pouvoir en faveur de M. d'Enghien, le Roi ordonna à Lionne[1] « d'écrire à M. de Lumbres qu'il ferait toutes choses pour assister la Pologne sans aucune réserve, en sorte qu'il ne lui manquerait rien de ce qui était au pouvoir de S. M. »

On a vu que les chiffres fournis enfin par Caillet le 2 mai déconcertèrent les ministres et Louis XIV lui-même[2]. Monsieur le Prince répondit, le 11 juin[3], en protestant qu'il mourrait plutôt que de faire « seulement reculer d'un moment l'affaire de son fils, » et il ajoutait :

« Je parlai hier fort longtemps au Roi sur le sujet de l'argent. Il m'a dit de vous mander que rien ne manquera, mais que vous voyiez de ménager ce qu'il sera possible; M. de Lionne en écrira à M. de Lumbres. Les quatre mil-

1. Tome II, p. 3, séance du 1er juin.
2. Cf. ci-dessus, p. 178, 183, 187-188.
3. A. C., P xxiv, fol. 377-380, minute autographe, datée de Fontainebleau.

lions ont un peu étonné, parce que M. de Lumbres n'avoit mandé que huit cent mille écus à M. le Cardinal. Voyez clair là-dessus, et mandez-moi de bonne heure à combien vous croyez que cela montera; mais cependant croyez que rien, sur ce sujet-là, ne manquera de deçà, et que le Roi fera tout pour faire réussir la chose; mais il y va de mon intérêt de lui faire connoître que je ménage comme je dois sa bonne volonté, et que je n'en abuse pas.

« ... Je n'ai rien à ajouter à tout ceci, que de vous charger bien expressément d'assurer la reine que je suis dans une continuelle admiration de ce qu'Elle fait, et que ma reconnoissance est au delà de tout ce que je puis lui dire. Je ne vous dis point la satisfaction que j'ai de vous. Le Roi, qui lui dit lui-même ce que vous me mandez, en est tout à fait satisfait. Vous ne sauriez croire avec quelle application et capacité il travaille à ses affaires; cela est surprenant, et on ne sauroit croire au point qu'il est sans le voir... »

On délibéra en Conseil le 15 juin[1], et Foucquet eut ordre « d'envoyer 900,000 livres à M. de Lumbres en même temps que Monsieur le Prince en feroit tenir 300,000 de ses deniers, pour être lesdites 1,200,000 employées par les ordres de la reine. »

Condé s'empressa d'annoncer cette bonne nouvelle à son fidèle serviteur, le 18[2] :

« Tout cela pourra partir sans faute dans un mois. On les envoiera dans un navire en or, et le navire sera chargé de marchandise afin que la chose soit secrète. Personne ne saura rien de cela, et une personne expresse vous ira avertir, et M. de Lumbres, quand l'argent sera à Danzig. Vous pouvez compter cela pour une chose sûre, et le dire à la reine. Il me semble que, par là, vous pourrez juger comme le Roi prend l'affaire à cœur et de quelle manière il entreprend de la faire réussir. Cela, avec les deux cent

---

1. Tome II, p. 49-50.
2. A. C., P xxiv, fol. 402, minute autographe. Cf. notre tome II, p. 114, 115, 117, 137, 143.

mille écus qu'on a déjà envoyés et ce que vous avez porté du mien, fait bien près de dix-neuf cent mille francs. On avoit fait état, au commencement, que tout ne coûteroit que huit cent mille écus, et je vous avoue qu'on a été un peu surpris quand on a vu, par votre lettre du 9, que vous croyiez que cela iroit à quatre millions. Prenez un peu garde à cela et voyez-y clair, et ménagez-y ce que vous pourrez, parce qu'il m'est important que le Roi connoisse que je n'abuse pas de la facilité avec laquelle il se porte à faire ce que je lui demande et des bontés qu'il a pour moi. La pensée que vous avez qu'on pourra remettre une partie du payement de ce qu'on promettra jusques après la mort du roi de Poulogne, me paroît bonne... »

Ce fut sans doute Foucquet qui obtint après coup une réduction : « N'est pas exécuté encore, dit notre Mémorial[1], et il a été résolu depuis qu'il ne sera envoyé que 700,000 livres de la part du Roi; » mais, des lettres plus précises, plus pressantes, ayant été communiquées le 29[2], et Monsieur le Prince s'étant déjà exécuté, on ne persista pas à lésiner. Lionne l'annonça le 30 :

« ... Je viens au point principal de l'affaire, qui est toujours l'argent. Je ne vous célerai pas que S. M. a été surprise de voir que la somme qu'on dit être nécessaire pour surmonter tous les obstacles va toujours croissant, et croissant notablement. Jamais feu Mgr le Cardinal n'a cru, sur vos dépêches même, qu'elle dût passer huit cent mille écus, et on ne laissoit pas de trouver cette charge fort pesante, quoique vous l'adoucissiez alors par vos lettres en disant qu'il n'y en auroit que quatre cent mille de sacrifiés, et qu'avec un peu de temps on retireroit les autres quatre cent mille : ce qui nous fait juger que cette dernière partie étoit destinée à l'électeur de Brandebourg pour le rachat d'Elbing, et que la Pologne la rendra un jour à celui qui l'aura avancée. Cependant non seulement il n'est plus fait mention de ce remboursement, mais on

1. Tome II, p. 50.
2. A. É., vol. Pologne 16, fol. 176 v°; notre tome II, p. 143.

fait d'abord monter la dépense à quatre millions de livres, qui est presque la moitié plus que les huit cent mille écus, et, quand on pense, et avec raison, que cela est fini, une dépêche suivante nous déclare (comme s'il ne s'agissoit que d'une augmentation de huit ou dix mille écus) que dans les quatre millions de livres ne s'entendent pas compris les deux cent mille écus qui furent dernièrement envoyés à Hambourg ou Danzig.

« Le Roi connoît mieux que personne la considération et les conséquences de toute cette affaire, et voit suffisamment qu'il est de son service, de son avantage et de sa gloire d'en venir à bout en y employant, s'il est nécessaire, tous les moyens qui sont en sa puissance; mais il faut voir en même temps si, après l'épuisement où une guerre de vingt et cinq ans a laissé son Épargne, les moyens qu'on demande comme nécessaires sont en son pouvoir, et si on doit s'engager à offrir et promettre ce qu'on reconnoît moralement impossible d'accomplir. Le Roi désire donc que vous agissiez de delà sur ce fondement de l'impossibilité absolue où S. M. se trouve de fournir lesdits quatre millions de livres dans le temps qu'on les demande, et surtout n'y comprenant pas les six cent mille qu'Elle a déjà avancées. Tout ce qu'Elle peut faire après avoir bien examiné l'état de ses finances et consulté celui qui en a la direction, c'est qu'outre les six cent mille francs envoyés ci-devant à Danzig, Elle fournira présentement le million de livres que vous demandez pour la prochaine diète, et trouvera moyen, de façon ou d'autre, de faire tenir cette somme à Hambourg, ou audit Danzig, avant la tenue de ladite diète, et avec le plus de secret qu'il se pourra.

« Quant aux trois autres millions de livres que l'on dit être nécessaires pour partie du payement et satisfaction de l'armée, comme M. Caillet mande à Monsieur le Prince qu'il suffira que cette somme, ou, pour mieux dire, la partie de ladite somme que le Roi pourra fournir, soit prête ou assurée lorsque le successeur arrivera sur les lieux, S. M., au lieu desdits trois millions de livres, qu'absolument elle ne peut fournir dans ce temps-là, payera alors douze cent mille livres, à quoi vous la pourrez engager quand il sera temps de faire vos offres, et donner même toutes les sûretés qu'on désirera de la ponctualité de ce payement. Par ce moyen, vous trouverez déjà que S. M. aura donné cent trente et tant de mille écus au delà des huit cent mille que l'on avoit demandés d'abord, dont même il y en avoit la moitié qui devoit revenir, et de quoi aujourd'hui il ne se parle plus.

« Si, néanmoins, quand il sera question de fondre la cloche, c'est-à-dire dans l'acte de l'élection, vous reconnoissez à la dernière extrémité une nécessité absolue de passer outre à de plus grandes offres que les neuf cent trente mille écus que je viens de dire, S. M., en ce cas-là, vous donne encore pouvoir d'offrir jusqu'à dix-huit cent mille francs, ce que vous ferez par degrés, sans épuiser d'abord votre pouvoir. Bien entendu qu'Elle ne sera obligée de fournir cette dernière partie que lorsque la succession sera ouverte à Mgr le duc d'Enghien par le décès du roi, et, par cette dernière offre, s'il est absolument nécessaire de la faire, vous trouverez que S. M., en fin de compte, aura donné entièrement les quatre millions six cent mille livres que l'on demandoit.

« Aussi[1] entend-Elle que, s'il faut se résoudre à trouver et payer une somme si exorbitante qu'est celle de quinze cent trente et tant de mille écus pour une affaire pour laquelle, quand S. M. s'y est embarquée, on ne demandoit que huit cent mille écus, dont même la moitié devoit revenir, vous prendrez si bien vos mesures et conduirez les choses en sorte que Sadite M. pourra en retirer avec le temps une bonne partie. Il sera de votre prudence, de votre adresse et de votre zèle de ménager la sûreté de ce remboursement en ne faisant vos offres, à l'égard d'une bonne partie, que comme d'une avance et d'un prêt que le Roi veut bien faire pour obliger la Pologne et pour lui donner moyen de sortir de quelque dette pressée, comme

1. Ce qui suit a été ajouté après coup.

seroit pour le rachat d'Elbing des mains de l'électeur de Brandebourg, ou pour partie du payement et satisfaction de ce que la République doit à l'armée.

« Cependant, pour vous expliquer encore mieux les intentions du Roi, je vous répliquerai en abrégé que S. M. veut bien (s'il est jugé absolument nécessaire) donner les quatre millions six cent mille livres, pourvu que ce soit en quatre différents termes, en la manière suivante : le premier a été de six cent mille francs pour la présente diète; le second sera d'un million de livres pour la prochaine; le troisième, de douze cent mille francs à l'arrivée en Pologne du successeur, et le quatrième, de dix-huit cent mille francs à l'ouverture de la succession par le décès du roi. Bien entendu que, de toutes ces sommes, vous ménagerez qu'il en reviendra avec le temps au Roi une bonne partie comme il avoit été promis par la reine, et bien entendu aussi que vous ferez votre possible pour exempter le Roi de payer le quatrième terme des dix-huit cent mille francs, lesquels ne doivent être offerts qu'à la dernière extrémité et par degrés, commençant par offrir une bien moindre somme, et montant à proportion du besoin et du péril que vous reconnoîtriez que, faute de la donner entière, on peut courir risque de manquer notre coup... »

De son côté, Condé écrivit à Caillet[1] :

« ... Vous avez parfaitement bien répondu au grand maréchal sur l'explication qu'il vous demandoit touchant les avantages que la France voudroit faire à la Pologne pour s'assurer la succession du royaume. Il est toujours bon de laisser parler les gens là-dessus, car, lorsqu'on vient à offrir quelque chose, l'on en demande toujours davantage. Cependant l'on fournira les quatre millions que l'on demande. Le premier million qu'il faut pour le temps de l'élection partira dans très peu de jours, et c'est une chose

---

1. A. C., P XXIV, fol. 426 v°, minute du 30 juin, surchargée de corrections, en réponse aux lettres du 28 mai et du 9 juin.

que vous pouvez dès à présent compter pour faite. L'on enverra aussi quatre cent mille écus quand mon fils partira, et, pour les dix-huit cent mille livres restant des quatre millions, le Roi donne pouvoir à M. de Lumbres de les promettre quand la succession sera ouverte. Voilà jusqu'où s'étend le pouvoir qu'on lui envoie, et il faut faire toutes choses au monde pour en demeurer là... »

C'est cette décision que Brienne et Lionne enregistrèrent dans le Mémorial de leurs expéditions à la date du 2 juillet[1]; nous avons quelques raisons de penser que Colbert, toujours prêt à l'action, et passionné de tout temps pour l'entreprise de Pologne, sut déterminer le souverain à un si gros sacrifice[2], non pas sans que Lionne, par un billet secret joint au paquet du courrier du 4 juillet, recommandât encore de ne rien lâcher qu'à bon escient. Le Surintendant lui-même consentit à ouvrir les cordons de la bourse, et c'est de sa main que fut écrite cette note sur les voies et moyens de trésorerie[3] :

« Il est important de savoir le détail de ce qui se doit pratiquer pour le payement du million, lequel sera tout prêt au retour du courrier, pour ce qu'il est impossible de trouver en France des monnoies qui aient cours en Pologne. De les chercher en Hollande, outre le temps qu'il faudra pour mettre ensemble une aussi grande somme, toute en espèces ainsi choisies, l'éclat et le bruit qui attirera la curiosité d'un chacun fera tort au secret que l'on veut garder; la permission de faire sortir une aussi grande

---

1. Tome II, p. 137 : « Pour les quatre millions qu'on demande, S. M. trouve la charge bien pesante, et presque insupportable; néanmoins, pour une si grande affaire, on fera des efforts au delà du possible, et, nommément, le million qu'on demande pour la prochaine diète sera infailliblement à Danzig avant son ouverture, et sera remis avec le plus grand secret qu'il se pourra. »
2. Tome II, p. 143.
3. A. É., vol. Pologne 16, fol. 173-174. Comme nous l'avons vu plus haut, on s'était servi pour le premier envoi des banquiers Formont et d'un correspondant du banquier Tallemant à Hambourg (A. C., P xxiv, fol. 224 v° et 225). C'est sans doute Pierre Tallemant, demi-frère de l'auteur des Historiettes, et successeur de leur père dans la maison de Paris depuis 1657; il avait une charge de maître d'hôtel du Roi.

somme de leurs États recevra des difficultés, et il faudra être longtemps à la poursuivre; peut-être voudra-t-on, avant l'accorder, être informé des raisons de ce transport, et il est difficile d'en dire de fausses qui soient vraisemblables.

« On estimeroit donc plus à propos d'envoyer des lingots d'or et d'argent, lesquels on pourra faire monnoyer dans les monnoies que l'on voudra choisir; mais, comme nous ne voulons rien perdre outre les intérêts de cette somme qu'il faut tenir prête par avance, l'armement et équipage d'un vaisseau, qui coûtera beaucoup, il ne seroit pas juste de trouver encore de la tare sur la valeur des matières. C'est pourquoi M. de Lumbres nous éclaircira par le retour du courrier de toutes ces choses, et même en envoiera un duplicata par l'ordinaire suivant, crainte d'accident au courrier, afin qu'il n'y ait pas trop de retardement.

« En mandant le prix des lingots, il faut spécifier le titre, afin de ne se pas méprendre. Si on envoie à Danzig un vaisseau chargé de sel, vin ou autres marchandises, et l'or ou argent caché dedans, il faut savoir si, au passage du Sund pour le payement des droits, il n'y a point de difficultés, de visites et de confiscations à craindre.

« De plus, il faut donner le nom d'un correspondant auquel on puisse s'adresser pour faire décharger les marchandises dans son magasin d'abord, en attendant qu'un commis ait loisir d'aller avertir M. de Lumbres de son arrivée et prendre les ordres.

« En un mot, il faut tenir au détail de toutes ces choses qu'il faut observer en arrivant, si ce n'étoit qu'on trouvât sur les lieux des lettres de change à tirer en France sur qui on voudroit, pour le tout ou pour partie; elles seroient acquittées à quinze jours de vue, envoyant en même temps des lettres d'avis à M. de Lionne pour y donner les ordres nécessaires[1]. »

---

1. Le post-scriptum suivant est biffé : « Si M. de Lionne s'avise d'autre chose à ajouter à ce mémoire, que j'ai écrit à la hâte parce que le courrier presse, il fera plaisir de le faire. »

Cette bonne volonté marquée de part et d'autre devait être inutile. Une dernière fois, Jean-Casimir parut à la diète le 4 juillet, et il y fit sa déclaration en langue latine[1]; mais quelques créatures du grand maréchal et du vice-chancelier persuadèrent que la remise à l'année suivante s'imposait, si l'on ne voulait courir les risques d'une guerre avec l'Empereur, et enfin, le 11, Caillet eut à annoncer que tout l'échafaudage élevé depuis six mois par ses soins et par ceux de l'ambassadeur venait de s'écrouler ce jour-là[2]; quatre sénateurs seulement avaient opiné contre, et rien que quatre nonces avaient suffi à cette besogne, sans même que Lubomirski, leur instigateur, eût besoin d'intervenir, se réservant de proposer à la Reine que l'affaire fût renvoyée à une diète prochaine. Les chefs du parti français protestèrent avec tant de chaleur et de sincérité contre les conséquences désastreuses qu'aurait ce vote, que les opposants, s'ils avaient été de bonne foi, eussent dû venir à résipiscence :

« ... Le roi, la reine et tous ceux qui avoient promis, à l'exception du grand maréchal et du vice-chancelier, ont fait tout ce que l'on pouvoit attendre d'eux, et, si le maréchal et le vice-chancelier ne se fussent pas opposés directement, et n'eussent pas manqué à leur serment et à leur écrit comme ils ont fait, la chose auroit passé assurément comme nous la souhaitions. Il ne faut plus s'attendre à présent de pouvoir rien faire ici dans les formes et d'un consentement unanime.

« Ceux qui sont de notre parti montrent encore plus de zèle qu'ils n'ont fait jusques à cette heure... Ce que ceux qui sont opposés ont eu le plus à dire, et dont ils ont fait leur fort dans la diète, c'est que l'élection étoit déjà faite, et que les principaux du royaume avoient déjà signé pour Mgr le Duc, et le fils du châtelain de Voyenski, qui est un des nonces de la diète de Présovitz, et que le maréchal a fait choisir, a dit dans la diète qu'il savoit cela d'un de ceux qui avoient signé. Leur autre raison, c'est que M. de Lisola déclaroit que, si l'on prenoit un prince de la maison de France, l'Empereur feroit la guerre à la Pologne, et c'est là, à ce que dit la

---

1. A. É., vol. Pologne 16, fol. 196-198; relation de Lumbres, fol. 185.
2. A. C., P XXIV, fol. 458-460.

reine, le fruit de la lenteur et du peu de secret qu'il y a eu du côté de France, et j'ai déjà mandé à V. A. l'apparence qu'il y a et les raisons que la reine en dit. Elle demande qu'il y ait plus de secret à l'avenir pour tout ce qui se passera, et Elle prendra de deçà toutes les précautions et toutes les assurances qu'Elle pourra des personnes à qui Elle sera obligée de se confier. Le grand maréchal a voulu parler à Elle ensuite de cette affaire-ci et la persuader de ne point quitter le dessein qu'Elle a pour Mgr le Duc, et que l'élection se pourroit résoudre en une autre diète; mais S. M. n'a pas voulu entrer en matière là-dessus, et Elle lui a dit qu'Elle savoit bien que c'étoit principalement par son conseil qu'Elle avoit pris le dessein de pourvoir à la succession du vivant du roi pour éviter les malheurs d'un interrègne, et que, puisque ceux qui l'avaient engagé[e] à cela lui manquoient de parole, Elle ne vouloit plus se mêler de rien du tout, quoi qui pût arriver. Elle lui dit ensuite que je me disposois à m'en retourner, et que V. A. n'auroit pas grande peine à quitter la pensée qu'elle avoit eue pour l'établissement de Monseigneur son fils en ce pays-ci, puisqu'elle savoit bien que ce n'avoit été qu'à la persuasion, et sur les offres qu'on lui avoit faites de deçà, qu'elle y avoit songé; que, pour Elle, on verroit assez clairement en France qu'Elle n'avoit point entrepris cette affaire-ci légèrement, puisqu'il paroissoit aux yeux de tout le monde qu'il n'y a d'opposition à cette affaire-ci que celle qu'y apportent lui et le vice-chancelier, qui ont tous deux signé et juré, et dont Elle avoit sujet de se tenir assurée. Elle a dit la même chose au vice-chancelier, et à M. Morstin, dont on se défie beaucoup, et qui, assurément, a été du conseil du grand maréchal, ou qui, au moins, a bien reconnu son dessein[1]... »

La diète fut close dans la nuit du 16 au 17, après que Jean-Casimir eut déclaré sa résolution d'aller se mettre à la tête de

---

[1]. On peut comparer la lettre de l'ambassadeur, vol. POLOGNE 16, fol. 202-204, et sa relation, dans le volume 3 des Mémoires et Documents, fol. 185.

l'armée de Lithuanie pour reprendre la guerre contre les Moscovites. Ainsi finit cette assemblée qui a été flétrie, dans les annales polonaises, du nom de diète condéenne. Elle n'avait guère réglé que le payement des milices et la subsistance des troupes, mais laissait en perspective une guerre civile très prochaine. C'est un des exemples les plus frappants de ce que pouvait faire le *liberum veto* du moindre membre de l'assemblée[1], — cette fois il y en eut trois ou quatre, — contre la masse des votes favorables.

Le jour même, Caillet annonça la clôture à son maître[2] :

« ... La diète a fini ce matin. Elle a si fort occupé tout le monde sur la fin, que l'on n'a pas pu se voir pour concerter ce qu'elle y a fait. J'ai encore dit à la reine que je voyois bien qu'il ne falloit plus penser à faire rien ici selon les formes ; qu'il sembloit que ce qu'il y avoit à faire étoit de s'attacher à faire poursuivre à la Lithuanie ce qu'elle a commencé, et de l'obliger de demander au roi la permission d'élire un successeur, et qu'elle fît cette élection-là, et de faire en sorte que l'armée de Lithuanie, dont on est assuré, et celle de Pologne, dont la plupart est de notre parti..., fissent la même chose ; que je croyois qu'il falloit, par ces voies-là, trouver un fondement de droit à la France afin qu'elle eût sujet d'agir ouvertement dans les affaires d'ici et qu'il parût que l'on ne cherche pas à remuer et à exciter aucun trouble, mais que l'on veut coopérer au dessein qu'a toute la Pologne, à la réserve de quelques particuliers, de prendre un prince de France pour successeur de ce royaume-ci, et de rendre inutiles les traverses et les obstacles que les princes voisins veulent apporter à ce dessein-là... »

A Fontainebleau, sans « perdre toute espérance, » on avait fini par ne plus guère compter sur le succès[3]. Le public fut prévenu en premier lieu par cette correspondance de Danzig,

1. Maxime introduite dans la diète de 1652.
2. A. C., P xxiv, fol. 482 ; copie dans A. É., vol. Pologne 16, avec la lettre originale de Lumbres, qui n'arriva que beaucoup plus tard.
3. Cf. notre tome II, p. 224-225 et 263-264. Le 30 juillet, on en était encore à la lettre écrite par Lumbres le 19 juin ; il lui a été répondu en

APPENDICE. 211

14 juillet, que sans doute M. de Lionne avait arrangée, et qui parut dans la *Gazette* du 6 août[1] : « Bien que l'on ait réglé la satisfaction qui doit être donnée aux troupes pour le payement de leurs arrérages, néanmoins, comme l'on n'a pu convenir du fonds, et que ceux qui sont proposés se trouvent beaucoup à la charge des peuples, les députés délibèrent encore sur cette affaire, de même que sur la restitution d'Elbing à l'électeur de Brandebourg et sur les propositions de l'ambassadeur de Suède pour une alliance entre les deux couronnes, par où l'on croit que se termineront leurs séances, celle qui concerne la succession, ainsi que portent les dernières lettres, ayant été remise à une autre assemblée à cause des difficultés que ceux qui n'étoient pas de cet avis y ont suscitées, quoique le roi de Pologne et les principaux sénateurs aient fait voir que ce seroit l'unique moyen de garantir le royaume des désordres dont il pourroit être menacé. »

Quand Monsieur le Prince, ce même 6 août, communiqua au Roi la lettre qu'il venait de recevoir de Caillet, devançant, cette fois encore, celle de l'ambassadeur[2], on s'en rapporta à lui pour répondre ceci[3] :

« Vous ne devez pas douter de la peine où m'ont mis les nouvelles qui sont venues par le dernier ordinaire. Elles ne pouvoient être plus mauvaises, et c'est une chose bien fâcheuse que la mauvaise foi d'un homme soit capable de nous mettre dans l'embarras où nous sommes présentement. Je sais bien qu'il étoit impossible que la reine prît de plus grandes précautions qu'Elle a fait ; mais, quand un homme veut manquer à sa parole, à son serment et à son écrit, je sais bien que toute la prudence humaine ne peut remédier à cela. Il ne faut pourtant encore rien désespérer, et c'est dans cette occasion qu'il faut s'efforcer plus que jamais à surmonter toutes les difficultés et à venir à bout du grand maréchal soit en le poussant, si il continue à nous vouloir être contraire, soit en le gagnant et en nous en assurant, si cela se peut. Quant à la Lithuanie, ce n'est

---

substance que, « tout ce qu'on pourrait lui écrire ne pouvant arriver qu'hors de temps, on se contentait de louer ses soins et de lui témoigner la satisfaction de S. M. »

1. *Gazette*, p. 743-744 ; ci-dessus, tome III, p. 60.
2. Ci-dessus, p. 18.
3. A. C., P xxv, fol. 21-22, minute du 7, chiffrée.

pas assez qu'elle fasse du bruit et qu'elle menace de prendre la résolution d'élire un successeur pour elle : il faut, si la reine le peut faire, que cette province-là se déclare absolument pour l'élection ; car, tant que cela ne sera point, l'Empereur et ceux qui sont contraires à notre affaire feront passer les menaces de la Lithuanie pour être de peu de conséquence et pour ne devoir point avoir d'effet, et ils tâcheront même à avoir des cabales parmi les seigneurs de cette province-là, au lieu que, si elle se déclare tout à fait, la reine ayant en Pologne les créatures qu'Elle y a, notre parti paroîtra si puissant, que le maréchal et ceux qui sont pour lui seront obligés de revenir à nous; et, pour moi, je crois qu'il ne peut arriver que du bien de faire déclarer la Lithuanie, si cela se peut. Quant à la diète que l'on proposoit de faire au mois de septembre prochain, la reine sait mieux que personne si elle peut réussir ou non, et ainsi je m'assure qu'Elle aura pris là-dessus le parti qu'il y aura eu à prendre. Pour moi, ce que je trouve le plus de conséquence est de tâcher à gagner les principaux officiers des armées, et même ceux de moindre calibre qui ont du crédit parmi les soldats, afin de les avoir pour nous avant qu'il en faille venir à la force, et prendre des mesures avec eux.

« L'on ne manquera en rien de côté ici, et le Roi est plus disposé que jamais à faire toutes les choses qui dépendront de lui. Vous savez que je vous ai déjà mandé que le comte Tott, dans sa seconde audience, avoit donné au Roi la carte blanche, et qu'il avoit offert toute l'assistance qu'on pouvoit désirer de la Suède pour l'élection. Depuis, la chose est bien plus avancée, car l'on est résolu ici de fournir ce qu'il faut pour l'entretien de six mille chevaux que l'on étoit prêt de licencier en Suède, moyennant quoi l'on les doit employer à tout ce que la reine voudra, et particulièrement à favoriser l'élection de mon fils. Cela étant, la reine se trouve en état de pousser ses desseins par la force et de venir à bout de ceux qui pourroient s'y opposer. Le traité en doit être signé dans peu de jours, et, en même temps, l'on fera partir un courrier pour le porter à la reine. Ce sera un moyen d'affermir les bonnes intentions de ceux qui sont pour nous, et de réduire ceux qui nous sont contraires.

« Si M. de Fuensaldagne n'eût point été malade, le Roi lui auroit parlé pour lui faire plainte des discours que tient Lisola ; mais, étant fort indisposé, le Roi a donné charge à M. de Lionne de faire un écrit, et de lui envoyer en une maison où il est à deux lieues d'ici, avec ordre d'en retirer réponse[1]. On en doit aussi écrire à l'archevêque d'Embrun, pour en faire plainte à M. Louis de Haro et voir, par même moyen, s'il ne pourroit point entrer en quelque négociation pour faire que le roi d'Espagne écrive à l'Empereur pour lui persuader qu'il ne s'oppose point à l'élection ; mais, à vous dire le vrai, je n'espère pas grand'chose de cette négociation-là. C'est pourquoi je crois qu'il faut prendre ses mesures. D'ailleurs, je crois que M. de Lionne écrit au long à M. de Lumbres, qui vous communiquera sa lettre.

« Pour en revenir au grand maréchal, je crois fermement qu'il songe à la couronne pour lui-même, et que, par cet intérêt, il empêchera autant qu'il le pourra qu'on élise un successeur du vivant du roi, et traversera les desseins de la France et de l'Autriche l'un par l'autre, et tirera l'affaire si fort en longueur, qu'il tâchera de gagner le temps de la mort du roi, pour, en ce temps-là, trouvant des difficultés insurmontables pour la France et pour la maison d'Autriche, prendre cette conjoncture pour se proposer lui-même et proposer, en même temps, le mariage de son fils avec une des nièces de la reine. Pour moi, je suis le plus trompé homme du monde si ce n'est là sa pensée, et si toute sa conduite ne roule sur ce dessein-là. C'est à quoi il faut bien prendre garde ; car il n'y a pas d'apparence qu'il refusât un avantage si considérable pour sa maison qu'est celui de faire épouser une des nièces de la reine à son fils, et qui est sœur de celle qui doit être

---

1. Cette pièce, minutée de la main de Lionne, est dans le volume Espagne 42, fol. 114 : ci-dessus, p. 190-191 et 197.

femme du successeur, s'il ne songeoit lui-même à se faire élire après la mort du roi.

« Au reste, je suis fort surpris de ce que vous me mandez que la reine trouve à propos que vous reveniez, et que vous vous disposez à le faire. Je crois que la reine ne vous a pas dit cela d'une façon à vous presser si fort, et S. M. sait bien que, quand l'on est envoyé avec les charges et les pouvoirs que vous avez, on ne s'en revient point sur ses pas avec tant de précipitation, et qu'il est bon d'attendre des nouvelles des personnes à qui l'on a à répondre. Vous savez bien que vous avez mission du Roi aussi bien que de moi, et je vous assure que S. M. n'approuve du tout point que vous preniez la résolution de vous en revenir sans ses ordres, et vous avez à rendre compte au Roi de votre conduite. Si vous êtes encore à Varsovie, comme je le crois, représentez cela à la reine et témoignez-lui que le Roi sera bien aise, et que je lui aurai beaucoup d'obligation, si Elle approuve que vous demeuriez auprès d'Elle jusques à ce que notre affaire soit faite, ou qu'elle soit manquée tout à fait. Je crois que le bruit que peut faire votre séjour en Pologne ne fait pas grand préjudice à notre affaire, et ce n'est pas là-dessus que se fondera le grand maréchal, et les autres, pour nous être contraires; et, de quelque manière que cette affaire-ci se continue, principalement si il en faut venir à la force, il servira beaucoup que vous soyez auprès de la reine et que vous mandiez ici l'état des affaires; et vous avez assez vu que le Roi a eu grand égard à ce que vous en avez écrit. Si la reine vouloit absolument que vous ne parussiez plus, il faudroit au moins qu'Elle trouvât bon que vous demeurassiez caché à Varsovie ou en quelque autre ville, si ce n'est qu'Elle trouvât que vous pussiez passer dans le monde pour être en Pologne de la part du Roi seulement...

« Je ferai partir dans peu de jours les officiers que vous m'avez ci-devant demandés par ordre de la reine; mais ils seront assez embarrassés et assez inutiles, s'ils vous trouvent parti : ce qui ne sera pas, à ce que j'espère.

« Témoignez bien du ressentiment à M. Patz de la

manière dont il a agi, et assurez-le bien que nous en avons toute la reconnoissance possible, mon fils et moi, et que nous ne désirons rien tant que de la lui pouvoir témoigner.

« Témoignez bien à la reine la grande obligation que nous lui avons, mon fils et moi, de la fermeté avec laquelle Elle continue l'affaire qu'Elle a commencée, et assurez-la que nous n'avons rien que nous ne sacrifiions avec joie pour la servir et pour seconder le dessein dans lequel S. M. se trouve engagée. »

De son côté, Lionne répondit à l'ambassadeur[1] que leur maître n'en voulait pas avoir le démenti; qu'il fallait recourir aux moyens extraordinaires, ne fût-ce que par gratitude pour la reine, pour sa lutte contre la trahison et le parjure, pour ses sacrifices personnels. Elle n'aura plus à craindre aucune indiscrétion : tout sera concentré entre cinq ou six personnes autant passionnées qu'elle-même; mais elle aussi, à Varsovie, ne devra s'en ouvrir qu'avec l'ambassadeur, qui fera la transmission directe au Roi. Celui-ci va prendre au mot les Suédois, qui viennent de faire offrir par Tott « la carte blanche sur les affaires de Pologne pourvu que ce fût en excluant de la couronne la maison d'Autriche, le Moscovite et l'électeur de Brandebourg, et qu'on leur fournît les moyens de pouvoir maintenir un corps de six mille chevaux, des meilleurs du monde, qu'ils sont forcés de licencier, si le Roi n'assiste la Suède pour la dépense de leur entretien. » Le Roi se résigne d'avance à ce lourd sacrifice.

« L'autre résolution de S. M. est de faire ce que la reine a souhaité et conseillé au Roi à l'égard des Espagnols. C'est un malheur, dans cette conjoncture, que M. le comte de Fuensaldagne se trouve dangereusement malade : ce qui a obligé le Roi, afin qu'il n'y ait point de temps perdu pour cet incident, de m'ordonner d'envoyer quérir son secrétaire et de lui remettre en main un écrit dont vous trouverez la copie ci-jointe, afin qu'il l'adresse à don Louis de Haro, lequel écrit, contenant une vive plainte du procédé de l'Empereur et de son ministre en Pologne[2],

---

1. Lettre du 6 août : A. É., vol. POLOGNE 15, fol. 58.
2. Le baron de Lisola : ci-dessus, p. 213.

pourra servir d'introduction à une négociation que le Roi charge en même temps l'archevêque d'Embrun, son ambassadeur à Madrid, de mettre sur le tapis avec ledit don Louis pour voir si, par quelque voie, on pourroit tirer le consentement de l'Espagne, et, par son moyen, celui de l'Empereur, pour l'élection de Mgr le Duc à la couronne de Pologne. Le Roi ne se flatte pas plus qu'il ne faut de pouvoir porter les Espagnols à un tel consentement : S. M. sait assez qu'il est malaisé de persuader un prince contre ce qu'il reconnoît ou croit être préjudiciable à ses propres intérêts; néanmoins, S. M. a jugé à propos, puisqu'aussi bien d'ailleurs n'ignorent-ils pas notre dessein, de le leur déclarer nettement, représenter avec force les inconvénients qui pourroient arriver plus grands de l'opposition qu'ils y apporteroient, leur faire entrevoir que, donnant les mains de bonne grâce à ce qu'il leur sera difficile d'empêcher, ils en peuvent tirer d'autres avantages pour la Hongrie ou en autres choses, faire connoître même que, possible, la personne de Mgr le Duc leur doit être moins suspecte que celle de plusieurs autres concurrents qui pourroient être élevés à la dignité royale de Pologne; et, enfin, ne pas négliger de parler là-dessus, quand ce ne seroit par autre raison que pour n'avoir pas à se reprocher d'y avoir rien omis.

« Voilà ce que S. M. a jugé pouvoir faire présentement pour redresser l'affaire et la mettre en chemin d'un meilleur succès qu'elle n'a eu à la diète, en attendant que vous lui suggériez quelque chose de plus : à quoi Elle se portera avec la même chaleur et application, si elle se trouve en son pouvoir.

« Cependant S. M. se promet que la reine voudra bien, de delà, continuer ses diligences avec la même vigueur et les mêmes soins infatigables qu'Elle a pris jusqu'à cette heure, dont, quoi qu'il en arrive, on lui aura toujours une obligation très grande. Sur quoi, je dois vous dire que le Roi considère pour un grand moyen, et bien efficace pour parvenir à nos fins, si la reine peut faire agir fortement la Lithuanie, et la faire résoudre, par un acte séparé, à déclarer qu'elle veut élire un successeur au grand-duché pendant la vie du roi, puisque le roi, non seulement lui a accordé cette grâce de le pouvoir faire, mais témoigné que c'est sa volonté et son désir pour le plus grand bien et avantage de ses peuples. Cette résolution, qui sembleroit tendre à une distraction d'une aussi importante pièce qu'est le grand-duché de Lithuanie de la couronne de Pologne, mettroit, ce semble, en grande considération les Polonois de ne pas souffrir une chose si préjudiciable à leur royaume pour le seul caprice d'une personne qui peut même être mue à ce qu'il fait par son ambition particulière, pour parvenir lui-même à la couronne et s'élever sur la tête de ses égaux, qui ne peuvent qu'avoir en détestation une pareille pensée ; et, cela étant appuyé par les forces de l'armée, qu'il faut travailler à gagner, par le roi et par la Suède, dans un temps que l'Empereur a assez d'affaires chez lui à démêler avec une puissance d'ailleurs formidable, il est à présumer, et à espérer assez vraisemblablement, que l'infidélité du grand maréchal ne sera arrivée que pour notre plus grande gloire, avec la satisfaction même que nous aurons de n'être plus obligés à lui accorder les grâces tout à fait extraordinaires, et dures à passer, qu'il avoit extorquées, et dont il eût pu se prévaloir, s'il en eût mieux usé. Ce n'est pas que, s'il y a encore moyen de le regagner sûrement, comme la dépêche du 12 juillet en laisse quelque espérance à cause de l'étourdissement où il se trouvoit pour la fermeté de la reine, et de la crainte qu'il avoit d'être poussé à bout sans pouvoir être assisté de l'Empereur et de Brandebourg, S. M. ne juge qu'il en faut profiter de l'occasion, plutôt que de le réduire au dernier désespoir.

« Comme le Roi a vu, par les dépêches de M. Caillet, que M. Patz, de la part et du consentement de toute la Lithuanie, a déclaré dans la diète qu'ils trouvoient nécessaire de pourvoir à la succession, et qu'ils ne pourroient pas s'empêcher d'y donner ordre pour ce qui les regarde, et que cependant ils protestoient dans l'assemblée que toutes les mauvaises suites que cela pourroit avoir devroient être imputées à la seule opiniâtreté et mauvaise intention de quelques particuliers de Pologne, il semble à S. M. qu'il faudroit maintenant travailler à mettre en pratique et réduire en acte ce que ledit Patz a dit, que la Lithuanie y donneroit ordre pour ce qui la regarde. Cependant nous n'avons pu juger, par la dernière dépêche du sieur Caillet, qui est du 12º, si la proposition dont on avoit parlé, de tenir une nouvelle diète au mois d'octobre prochain où il ne seroit traité que de l'élection, aura passé, ou s'il s'y sera trouvé des oppositions.

« Le Roi voudroit bien que le sieur Caillet n'eût pas pris la résolution qu'il mande qu'il étoit sur le point de prendre par le conseil de la reine de Pologne, de s'en revenir. S. M. voit bien que la reine a eu de fortes raisons de le lui conseiller; mais il semble qu'il eût mieux valu qu'il se fût contenté de disparoître, et qu'il se fût caché en quelque endroit peu éloigné, ou allé à Danzig inconnu, sa présence pouvant être encore fort nécessaire de delà pour tout ce qui peut arriver.

« Le Roi a trouvé bon que Mgr le Prince songeât à envoyer des officiers de guerre à la reine suivant les instances que S. M. lui en a faites, pour être en Pologne de la part du Roi seulement. »

Mais le ton changeait à chaque courrier : l'envoi de l'ambassadeur ayant manqué pour la séance du 13 août, alors que les lettres de Caillet étaient déjà parvenues chez Monsieur le Prince, on décida sèchement de faire écrire par le prochain ordinaire[1] « quatre mots » seulement, pour lui manifester l'étonnement du Roi de n'avoir reçu que sa dépêche du 3 juillet alors que Condé en avait eu une du 17, annonçant l'échec et la clôture de la diète. Brienne fils avait rédigé une réponse en conséquence[2], lorsque Persode, quelques jours plus tard, reparut avec un paquet de dépêches de Varsovie qui rendirent l'espoir.

Le roi Jean-Casimir, si vaillant dans toutes les dernières péripéties de juin et juillet, conservait cette attitude malgré l'échec du parti français, et, lorsque Lumbres lui remit une lettre déjà ancienne par laquelle Louis XIV demandait instamment la « pro-

---

1. Ci-dessus, 13 août, p. 59-60.
2. B. N., ms. 334 des CINQ CENTS DE COLBERT, fol. 343, 13 août.

APPENDICE. 219

motion » de M. d'Enghien, il provoqua un mouvement unanime pour renouveler les engagements primitifs : à la suite du couple royal, sénateurs et grands officiers, même certains qui ne s'étaient pas ralliés jusque-là à la candidature française, comme le vice-chancelier, « ancien compagnon du maréchal dans son péché, » et son frère l'archevêque de Gnesne, ou le grand général Potocki, habilement soudoyés les uns et les autres par la reine, et Lubomirski lui-même, qui ne se montra pas insensible à cette séduction, acceptèrent de signer sans retard des pactes solennels selon un texte préparé en latin par Lumbres. Il fut résolu qu'en audience publique Jean-Casimir déclarerait qu'ayant reçu les lettres de Fontainebleau « avec beaucoup d'affection et d'estime pour S. M. et pour les princes de sa maison, » il se rendait de bon cœur à sa prière en faveur de Mgr le Duc; et en outre, mais dans une audience particulière, il « assurerait à Lumbres de préférer ce prince à tous les autres et de contribuer à sa promotion même par la force et par les voies extraordinaires, si cela ne se pouvait autrement[1]. »

C'est le 25, le 26 et le 27 juillet qu'avaient été passés ces engagements[2], dont voici le principal, adressé à Monsieur le Prince, avec les signatures d'André Potocki, quartier-maître de la couronne; Jean Sobieski, grand enseigne; Jean Sapieha, commissaire général; Jacques Potocki, colonel de cavalerie; Stanislas Jablonowski, général des gardes; Christophe Kyridi, général-major d'infanterie du roi[3] :

« Monseigneur, V. A. Sér^{me} trouvera bon que, étant tous également attachés au service et aux intérêts de la reine notre dame et notre maîtresse, et si étroitement unis comme nous le sommes dans le dessein de l'affaire au sujet de laquelle il a plu à V. A. de nous honorer de ses

1. Caillet à Monsieur le Prince, 28 juillet : A. C., P XXIV, fol. 515 v° et 516; A. É., vol. POLOGNE 16, fol. 221-233.
2. Caillet en fit parvenir, le 8 août, des copies, qui sont restées aux Archives nationales parmi les pièces prélevées, il y aura bientôt un siècle, sur le dossier de la succession de Pologne et dispersées dans les cartons de la Section historique après 1814, comme cela a été expliqué au début du mémoire : *Trois princes de Condé à Chantilly*, par A. de Boislisle, dans l'*Annuaire-Bulletin* de la Société, année 1902, p. 196-197.
3. A. N., K 1313; texte publié dans l'Appendice du livre de M. Waliszewski, p. 292. Il est daté du 26 juillet. En décembre 1660 (*ibidem*, p. 65), la reine avait fait signer au primat, à tous les ministres, et à trois généraux sur quatre, de pareils engagements, mais en deux parties, l'une ostensible, ne parlant que de désigner un successeur qui épouserait sa nièce, et l'autre secrète, où le duc d'Enghien était nommé pour ce successeur.

commandements, nous répondions en commun aux lettres que M. Caillet nous a rendues de sa part; et, comme nous voyons qu'il est assez instruit de tout ce qui s'est passé ici durant son séjour, il pourra être témoin du zèle et de la passion que nous avons eue et voulons conserver pour l'accomplissement du dessein qui ne semble avoir manqué que pour être remis sur pied avec plus de gloire et avec l'approbation de ceux même qui l'ont voulu traverser : à quoi, Monseigneur, nous supplions V. A. de croire que nous n'épargnerons rien de tout ce qui sera en nous, et de tous ceux de notre parti qui, par la piété, la sage conduite et l'amour de la reine envers notre patrie, se trouvent être assez puissants pour renverser les factions contraires au bien et à la tranquillité publique, où les intérêts de V. A. se trouvant joints, nous la supplions très humblement de se laisser persuader que la gloire d'avoir un maître d'un sang si illustre et fils d'un des plus grands princes de la terre a été un des plus puissants motifs qui nous a fait embrasser ce parti-là, nous y sentant encore d'autant plus obligés que V. A. nous a bien voulu faire la grâce de nous déclarer ses volontés, auxquelles nous demeurons fermement attachés, et toujours prêts de vous rendre, Monseigneur, des marques de notre fidèle et constante résolution pour le succès d'une affaire d'où nous croyons que dépend le salut et la conservation de notre pays. Après quoi, nous n'avons plus qu'à assurer V. A. de nos profonds respects, et que nous lui sommes tous très acquis en général et en particulier, en qualité de, Monseigneur, de V. A. très humbles et très obéissants serviteurs. »

Il est à remarquer que le primat signa, non pas un engagement à proprement parler, mais plutôt une épître de ton vague, datée de Lowitz, le 1er août[1] :

« Monseigneur, je tiens la faveur et grâce singulière dont la très agréable lettre de V. A., joint la visite de son gentilhomme envoyé, m'en ont donné des preuves très assurées, pour un acte tout propre de l'héroïque vertu de

1. A. N., K 1313, même dossier.

V. A., qui, après m'avoir honoré de sa bienveillance il y a quelques années dès passées, me l'a voulu conserver toute entière sans aucun changement. Je voudrois, Monseigneur, que conforme mon souhait, le Ciel me fît naître des occasions où je pusse faire paroître en effet combien je me sens obligé de sa grâce infinie. En attendant que ce bonheur m'arrive, je ne manquerai point, suivant mon office, à prier Dieu que, par sa sainte bénédiction, il fasse réussir tous propos et actions de V. A. à la gloire de son nom divin, et puis à l'haut avantage de la maison sérénissime de V. A., à laquelle ayant déjà autrefois dédié mes vœux, ainsi ne changerai-je jamais à faire l'office, et à me dire, Monseigneur, de V. A.

« Très humble et obligé serviteur.

« L'archevêque de Gnesna. »

La reine, elle aussi, avait voulu passer cette espèce d'engagement de cœur avec Monsieur le Prince[1] :

« Les choses ont été en assez mauvais état quelques jours ; présentement, je les tiens si bien redressées et si fort engagées, qu'il ne me paroît presque plus lieu d'en douter, espérant que votre Roi, dont vous nous mandez tant de merveilles, ne diminuera rien en sa bonne volonté, cette affaire ici étant celle qui peut combler sa gloire. Desnonville, qui partira dans peu de jours, vous donnera une entière instruction sur toutes choses. Vous ne douterez jamais, s'il vous plaît, de la continuation de mes soins : je suis fondée sur le bien public et sur l'estime que je fais de votre vertu. »

Au reçu de ce courrier réconfortant[2], Louis XIV s'empressa, le 20 août, de répondre[3] sur un tout autre ton que Brienne ne l'avait fait parler huit jours auparavant :

« Monsr de Lumbres, ... comme vos précédentes m'avoient

---

1. A. É., vol. Pologne 16, fol. 219, 26 juillet, copie.
2. Ci-dessus, p. 218-219.
3. Dans le transcrit du volume 334 des Cinq cents de Colbert, fol. 347-349, 20 août.

ôté toute espérance qu'il se pût rien de bon dans la diète qui vient de finir, touchant la succession à la couronne de Pologne, vous pouvez juger avec quelle joie et satisfaction j'ai appris, par cette dernière dépêche du 28ᵉ du passé, que les soins, le crédit et l'adresse de ma sœur la reine de Pologne eussent enfin assez bien redressé cette affaire pour s'en promettre fort vraisemblablement un meilleur succès dans l'autre diète qu'on proposoit de tenir au mois de janvier prochain. Ce n'est pas que je ne voie à combien d'incertitudes elle peut être de nouveau exposée, ou par les divers incidents qui peuvent, jusqu'à ce temps-là, arriver dans le monde, ou par la légèreté et le peu de foi des mêmes personnes qui viennent de nous manquer, et que l'on a trouvé moyen de rengager en de nouveaux serments[1], qui peuvent, dans les occasions, ne leur être pas plus inviolables que les premiers. Il a été pourtant de la prudence de prendre le parti que la reine a choisi de les éprouver une seconde fois, et d'agir même à leur égard avec les apparences d'une entière confiance, pourvu que, dans l'effet, on ne se repose pas tant sur leur fidélité qu'on ne dispose tellement les choses que, si les voies ordinaires défaillent, on puisse employer utilement les moyens extraordinaires pour parvenir, de manière ou autre, à notre but... »

Il annonçait ensuite la prochaine conclusion de l'alliance avec la Suède, approuvait qu'on tentât d'obtenir un engagement du grand maréchal, et qu'on promît un présent au grand général, une grosse terre au grand référendaire, des pensions aux six officiers principaux, etc.

Condé avait accueilli les mauvaises nouvelles avec la plus parfaite sérénité; par les deux derniers courriers d'août[2], il insista pour que la reine mît Lubomirski au pied du mur, et que, en cas d'équivoque ou de refus, elle marchât de l'avant sans plus s'inquiéter de Vienne que de Berlin. Toutefois, il serait bon d'être fixé sur les chances de succès :

« ... Je préfère cette affaire-là à toutes autres pensées.

1. Les engagements ou pactes reproduits ci-dessus.
2. Minutes du 13 et du 24 août, la première avec mise en chiffre, la seconde autographe : A. C., P xxv, fol. 40 et 60-63.

Tant qu'il y aura lieu d'espérer qu'on la pourra faire réussir, je m'y appliquerai tout entier et ne songerai à aucune autre; mais aussi, si il y avoit lieu d'en désespérer, je ne voudrois pas être amusé longtemps par de vaines espérances. En voilà assez dit à une personne comme vous pour être assuré d'avoir tous les éclaircissements que j'en dois attendre, m'en reposant absolument sur votre affection, votre capacité et votre diligence.

« La lettre interceptée de M. de Lisola à l'Empereur... me paroît la plus importante du monde; elle nous découvre toutes leurs cabales et toutes leurs intrigues passées, et nous donne de grandes lumières pour prévenir celles qu'ils pourront faire à l'avenir. Ils désespèrent, comme vous le voyez, de l'ordre des sénateurs, et il semble que toute leur application va à gagner les nonces; la trahison du grand maréchal ne semble pas entière, et il semble que c'est un homme qui n'est pas favorable, à la vérité, mais qui n'est pourtant pas gagné pour eux. C'est, ce me semble, un grand point, et, pourvu qu'on lui fasse voir bien clair qu'il ne peut prétendre à la couronne pour lui et qu'il faut qu'elle tombe à nous ou à un Autrichien, et qu'il y aura de la sûreté dans nos promesses, on peut s'assurer d'en venir à bout. Il faut lui guérir l'esprit sur ses soupçons, et particulièrement sur celui du cuisinier, car j'appréhende que Lisola, en tâchant de s'en disculper, ne jette le soupçon sur la reine.

« Vous verrez bien si les neuf nonces qu'il dit avoir gagnés lui auront été fidèles. Il les faut regagner, ou les empêcher d'être à la première diète, et il est important au dernier point, ce me semble, d'essayer de faire en sorte que les petites diètes qui se tiendront avant la grande, si il s'en tient, ne donnent point d'ordres contraires à l'élection et choisissent des sujets qui soient de notre parti. Comme la Lithuanie est toute entière dans nos intérêts, notre principale application doit être à la bien conserver et à lui faire faire quelque pas dont elle ne puisse plus se dégager. Le retour de Gonziewski nous seroit fort nuisible, et je crois qu'il faut le traverser jusques après l'affaire faite;

c'est à la reine à voir les moyens qu'il faut tenir pour cela, et à examiner si la paix de Moscovie se doit conclure ou non, étant une chose qui, d'un côté, me paroît nous être fort avantageuse pour pouvoir être maître d'une armée qui est à notre dévotion, mais aussi qui me paroît fort embarrassante à cause de la liberté de cet homme qui s'en ensuivroit nécessairement. C'est aussi à Elle à examiner comme Elle en doit user avec sa femme pour remédier au mal qu'elle a fait et en empêcher la suite. Il me semble aussi qu'il est de sa prudence d'empêcher que ses officiers dont il parle, et qui nous sont affectionnés, ne s'engagent avec lui pour servir l'Empereur contre le Turc, car d'un pas l'on s'engage bien aisément dans un autre...

« Notre traité de Suède s'avance, et c'est une affaire comme faite, dont j'espère vous mander bientôt la conclusion ; cependant ne la donnez pas comme conclue, car, ne l'étant pas encore absolument, jusqu'à ce qu'elle le soit il ne faut répondre de rien.

« Le Roi part lundi prochain pour son voyage de Bretagne ; mon fils et moi aurons l'honneur de l'y accompagner : cela sera cause que vous n'aurez pas si souvent de nos nouvelles ; mais le voyage sera court, et nous serons ici de retour avant la fin du mois de septembre. Il continue de me traiter le plus obligeamment du monde, et il s'intéresse dans notre affaire autant que je le puis souhaiter. Il s'applique merveilleusement à toutes les siennes, et particulièrement à celles qui peuvent lui donner de la réputation. En vérité, on ne peut pas s'y prendre mieux qu'il le fait, et j'espère qu'il sera un fort grand roi...

« M. d'Auteuil m'a dit ensuite qu'il avoit vu une lettre entre les mains de Boislabé, de M. Desnoyers, par laquelle il lui mande de me faire sonder sur une proposition que fait la reine de faire dès à cette heure le mariage de mon fils avec la fille de Mme la princesse Palatine, et que, pour cela, la reine lui feroit tous les avantages que je voudrois, et que c'étoit une marque que la reine vouloit absolument faire l'affaire de Poulogne, puisqu'Elle se lioit par là absolument. J'ai dit à M. d'Auteuil de répondre qu'il m'avoit trouvé si persuadé que l'affaire de Poulogne étoit rompue, et n'y songeant quasi plus, qu'il n'avoit pas vu lieu de me faire la proposition, me voyant si fort dans la pensée que c'étoit une affaire qui ne se pouvoit raccommoder. En vérité, je doute fort que cette proposition vienne de la reine, et je crois qu'Aquaquia l'a faite pour se faire valoir; car je la trouve si fort contraire aux choses que vous m'avez mandées, que je ne puis croire que, vous étant sur les lieux et y ayant un ambassadeur de France en Poulogne, la reine vous parlât à l'un et à l'autre d'une façon, et mandât le contraire par une autre voie à laquelle Elle m'a fait mander par vous de ne me pas fier, outre que vous m'avez écrit qu'Elle faisoit de grands avantages à la fille aînée de Mme la princesse Palatine qu'Elle a promise à M. de Lubomirski, et, par conséquent, se prive d'en pouvoir faire à la cadette. Cela est aussi tout contraire au secret qu'Elle m'ordonne de garder et à l'opinion qu'Elle veut que je donne au monde de ne plus songer à l'affaire; cela ne laisse pourtant pas de m'embarrasser furieusement, et il est de la dernière importance que vous m'en mandiez la vérité, afin que je ne fasse là-dessus aucune fausse démarche. Je vous prie de m'en bien éclaircir. Cependant, si on m'en reparle, je ne répondrai rien que je n'aie de vos nouvelles, ne doutant pas que la reine n'aime mieux s'ouvrir à vous et à M. l'ambassadeur des choses qui me regardent, qu'à des gens auxquels Elle m'a fait témoigner ne se pas fier... »

Ces lettres respirent la sincérité. Alors même que les flatteries insinuantes de la reine Louise-Marie, appuyées des arguments de Caillet, eussent pu tenter l'ancien tempérament de lutteur qui sommeillait dans Condé par ordre supérieur, pas un instant il ne voulut céder à ces instances, ni même permettre que le Roi en connût rien.

A supposer qu'il n'eût pas résisté, combien de belles pages auraient manqué dans notre histoire et dans la sienne : la première conquête de la Franche-Comté, la guerre de Hollande, le passage du Rhin, la victoire de Seneffe, la campagne de 1675 contre Montecuccoli, et les douze dernières années de retraite consacrées à la création de Chantilly, que Henri-Jules, le duc d'Enghien de 1661, acheva après lui! Mais celui-ci, tel que les contemporains le représentent, eût-il été de taille à porter la couronne des Jagellons, eût-il valu Jean Sobieski?

Pendant les onze ou douze jours que dura le voyage de Bretagne, deux ordinaires étaient partis pour la Pologne sans que le Roi pût rien écrire à M. de Lumbres; en rentrant à Fontainebleau, il prit tardivement connaissance des dépêches de l'ambassadeur et de celles de Caillet, puis se fit raconter de vive voix par le comte de Mailly, tout fraîchement revenu, ce qui s'était passé à Varsovie et en Lithuanie. La remise au mois de janvier 1662 d'une diète de convocation dont l'effet ne se produirait qu'entre les mois de juin et novembre suivants, lui sembla laisser trop de place à mille incidents, et c'est pour précipiter la solution qu'on reprit contact avec le plénipotentiaire suédois.

L'idée d'une intervention des armées polonaises, dont on se croyait à peu près sûr, pour faire passer l'élection du duc d'Enghien dans un coup d'État militaire ainsi qu'il y en avait déjà eu deux exemples dans l'histoire de la République, fut reprise plus activement à la suite de l'échec du 11 juillet. Les deux grands chanceliers et le maréchal de la cour, tous trois si dévoués, offrirent à Caillet de se charger de l'exécution; la reine et le roi eux-mêmes finirent par se rallier à leur projet, surtout si on leur apportait le concours de la Suède devenue, de par Gustave-Adolphe, une puissance militaire de premier ordre, avec ses vieilles troupes bien aguerries[1]. Dans cette prévision, le duc d'Enghien serait prié de venir immédiatement; la reine même demandait qu'il apprît d'avance un peu de la langue polonaise, « parce que les gens d'ici sont forts portés pour ceux qui ne la méprisent pas, et qui tâchent de la parler[2]. » Tout au moins fallait-il pouvoir affirmer son application à cette étude[3].

La cour de France se prêta de bonne grâce à tout; la négociation fut poussée encore plus activement à Paris avec le comte Tott, qu'à Varsovie avec Bielke et Schlippenbach, mais, de notre côté, resta absolument secrète entre le Roi, Lionne, Le Tellier, peut-être encore Monsieur le Prince, sans même que les Brienne y fussent initiés, et elle aboutit le 22 septembre à un traité d'al-

---

1. Caillet à Monsieur le Prince, 8 août et 15 septembre : A. C., P xxv, fol. 27 et 105. Voir tome II, p. 358, 359 et 365; ci-dessus, p. 191 et 212.
2. P xxv, 30 août, fol. 76 v°.
3. Elle souhaitait aussi qu'on lui envoyât des portraits en grand du père et du fils, de Madame la Princesse, du Roi, de sa mère, de Monsieur et de Madame.

liance offensive et défensive, en même temps que de commerce, par lequel les régents de Stockholm s'engageaient à donner le concours de leurs troupes suédoises et allemandes, dont Condé lui-même viendrait prendre le commandement, s'il en était besoin, pour les conduire en Pologne, ou même en Allemagne, à la défense de la candidature Enghien[1]. La France assurerait leur entretien par un subside annuel de quatre cent mille écus, somme énorme pour des finances épuisées, et c'est ce que Louis XIV faisait valoir :

« Quand, disait-il[2], la reine de Pologne saura quelles sommes immenses je me serai obligé de payer à la couronne de Suède pour l'engager à soutenir notre dessein par l'envoi d'une armée considérable lorsqu'elle en sera requise par le roi de Pologne, et, s'il est besoin, même de toutes les forces de ladite couronne, je sais qu'Elle en sera surprise Elle-même, et qu'Elle verra que ce n'a pas été à faux que je vous ai toujours chargé de l'assurer que les difficultés ne me rebuteroient point et que je mettrois volontiers le tout pour le tout pour la dégager avec honneur, gloire et avantage du dessein que nous avons entrepris... Si, une fois, on peut mettre le Moscovite hors de la partie, et que la Pologne et la Suède unissent leurs forces avec les assistances que je donnerai, il n'est pas à croire que l'Empereur, qui a d'ailleurs assez d'affaires à démêler en Hongrie, ose seulement songer à entreprendre aucune voie pour traverser l'élection... Priez de ma part la reine ma sœur de faire surmonter par son autorité et son crédit tous les obstacles qui s'y pourroient rencontrer. Elle en connoîtra encore mieux la nécessité quand Elle verra le traité que j'aurai fait avec la Suède, et combien de précautions les Suédois ont voulu prendre sur le cas de la continuation de cette guerre... »

Si onéreux pour la France, ce traité d'alliance offensive et défensive[3] ne pouvait servir qu'au cas où l'intervention armée

---

1. Brouillon du traité, dans A. É., vol. SUÈDE 25, fol. 240-264; texte imprimé dans le *Corps diplomatique*.
2. Minute du 16 septembre : vol. POLOGNE 16, fol. 328.
3. Tomes I, p. 334, et II, p. 101, 124, 226 et 227.

se trouverait sûre, et, avant qu'il eût été ratifié à Stockholm, il s'écoula des mois, pendant lesquels la face des choses eut tout le temps de se modifier, Lubomirski et ses affidés celui d'engager les armées dans une opposition irréductible[1]. D'un côté, M. de Lionne (très hostile à ces moyens héroïques[2]), Lumbres et la reine de l'autre côté, n'avaient cessé de répéter qu'il y aurait imprudence à divulguer à l'avance les conditions et les visées de la Triple alliance; cette fois encore, Akakia, la reine elle-même et des amis à elle ne surent point garder le secret, et les troupes confédérées, l'ayant su, en arguèrent pour déclarer qu'elles ne consentiraient jamais à marcher côte à côte avec les mercenaires de la Suède; que d'ailleurs Louise-Marie, en personne, avait promis de ne jamais appeler des troupes étrangères sur le territoire de la République. Dans ces conditions, Louis XIV et ses ministres renoncèrent au projet d'intervention armée, aussi bien qu'au projet lithuanien[3], s'en remirent très galamment au jugement de la reine[4], et se hâtèrent, non seulement de ne plus soutenir par de nouvelles largesses la bonne volonté des Confédérés[5], mais de se dégager autant que possible de l'alliance conclue avec les Suédois, qui se trouvait désormais sans objet. Par bonheur, il fallait des mois pour que l'instrument du 22 septembre revînt de Stockholm avec la ratification : Honoré Courtin y fut donc envoyé assez à temps pour le transformer en un simple traité de commerce, avantageux à la France, et, par les soins du chevalier de Terlon, le subside fut réduit à 300,000 l.[6]. C'est de cette double négociation que Colbert a retracé les péripéties et indiqué les motifs dans son *Journal pour servir à l'histoire du Roi*[7].

Étant écartés les trois recours à la Lithuanie, à l'armée confédérée et à la Suède, on se retrouvait en face de la bonne

1. Les Confédérés avaient élu pour maréchal un simple lieutenant de cavalerie.
2. M. Waliszewski, dans *Marysienka*, p. 71-76.
3. Lettre du 15 octobre : vol. POLOGNE 15, fol. 84-85 : « Mieux vaut savoir à temps le bien et le mal, que s'abuser soi-même par des espérances trompeuses. »
4. « Puisque, aussi bien, l'on ne pourroit, de si loin, lui rien suggérer, ni lui faire donner aucun conseil qu'on ne doive craindre qui lui arrive hors de temps, ou au moins être impropre par les changements qui peuvent tous les jours survenir » (Brienne fils à Lumbres, 30 novembre).
5. « Il faut, écrivit Louis XIV, s'en tenir, en pareilles dépenses, à ce que je vous ai fait savoir ci-devant de mes intentions. »
6. Traité du 3 janvier 1663, dans le tome VI, 2ᵉ partie, p. 448, du *Corps diplomatique*.
7. A. É., vol. FRANCE 296, fol. 96-97 et 107-108. Cf. notre tome II, p. 224 et 226-227.

volonté de Louise-Marie et des hauts personnages de son parti que nous avons vus passer de nouveaux engagements. De ce côté-là, Lubomirski, qui, on ne doit pas l'oublier, avait été le premier à prêcher une réponse favorable à la demande de « promotion » du duc d'Enghien, continua son double jeu en proposant d'obtenir, en forme de sanction, le sénatus-consulte dont M. de Lumbres avait préparé le texte latin[1]. Cela fut fait le 3 septembre, avec les signatures du primat, du grand chancelier et du comte Paç; mais Lubomirski eut bien soin de s'approprier l'instrument original, et l'on ne put en avoir à Fontainebleau que la substance[2] : sur avis conforme du Sénat, le roi promettait que l'élection se ferait de son vivant. Applaudissant constamment au choix du fils de Condé, qui était accepté par la plupart des grands, il le recommanderait aux États comme seul « utile et convenable à la République, » envers et contre tous autres concurrents, et il s'emploierait à le faire agréer par tout le reste de ses sujets. Bien sûr de la fidèle amitié du roi de France et de sa gratitude pour cette élection, il comptait également sur la reconnaissance de Monsieur le Prince et de son fils : ce serait l'objet d'une « capitulation » dont la République ne pourrait qu'être satisfaite.

Suivant sa promesse, Jean-Casimir adressa à Condé la lettre qui suit[3] :

Joannes Casimirus, Dei gratia rex Poloniæ, magnus dux Lithuaniæ, Russiæ, Prussiæ, Masoviæ, Samogitiæ, Livoniæ, Kioviæ, Volhyniæ, Smolensciæ Czerniechoviæque, nec non Suecorum, Gotorum Vandalorumque hereditarius rex, serenissimo principi domino principi Condæo, primo regiæ stirpis principi primoque Franciæ pari, domino affini et amico nostro charissimo, salutem et omnis felicitatis continuum incrementum.

Serenissime princeps, domine affinis et amice noster charissime, gratissima nobis fuere ea auditu quæ de singulari Serenitatis Vestræ erga nos affectu luculenter exposuit ablegatus ejusdem gnosus Caillet, Serenitatis Vestræ a secretis, cujus demandata ad nos uti libenter excepimus, ita sane persuasum habemus eundem non obscura benevolentiæ nostræ in Serenitatem Vestram domumque

---

1. Ci-dessus, p. 219.
2. A. É., vol. Pologne 16, fol. 289.
3. Original scellé en placard : Archives nationales, K 1312, 2ᵉ dossier.

230   APPENDICE.

*ejus tulisse testimonia : quæ gratiosissima fore Serenitati
Vestræ confisi, in id deinceps incumbemus ut tanto magis
Serenitatis Vestræ affectum nobis devincire possimus. Quod
dum cupido agitamus, ex eodem Serenitati Vestræ omnium
fortunarum auctoramenta precamur.*

*Dabantur Varsaviæ, die X mensis septembris, anno
Domini MDCLXI, regnorum nostrorum Poloniæ XIII,
Sueciæ vero XIV anno.*

Ejusdem Serenitatis Vestræ
(Autogr.) *bonus affinis,*

JOANNES CASIMIRUS.

Pareille lettre était adressée au duc d'Enghien. C'est donc
sur la foi de ces engagements et de ces promesses que Louis XIV
résolut d'attendre, en une vigilante expectative, que les temps
redevinssent favorables ; mais nous ne suivrons pas les vicissi-
tudes de cette politique après 1661, au delà des limites de la
période d'activité que nous avions à reconstituer : ce serait d'autant plus hors de propos que soit l'historien de Condé, soit
celui de la reine Louise-Marie, soit les écrivains polonais en
ont présenté un tableau suffisamment étendu et documenté[1].
Toutefois, nous nous ferions un reproche de ne pas indiquer
ce que devinrent les principaux acteurs de l'année 1661, en
faisant ressortir, du même coup, les raisons, les fautes, les
contingences qui amenèrent leur échec.

Et tout d'abord Caillet, si modeste que soit jusqu'à présent
sa place dans l'histoire diplomatique.

Ayant été le meneur le plus actif du parti français, il resta
pour un temps partisan de cette intervention armée dont nous
parlions naguère[2], et il ne tint pas à lui que l'on ne conservât

1. De nouvelles tentatives eurent encore lieu de se produire en 1663, à
la suite du mariage du duc d'Enghien avec la nièce de la reine ; mais,
une fois que celle-ci fut morte, en 1667, et que Jean-Casimir se fut retiré,
comme en religion, sur le sol français, Louis XIV estima qu'il n'y avait
plus lieu de continuer de stériles efforts. Obéissant à cette décision,
Condé se déclara désormais pour la candidature de son neveu le duc de
Longueville, ce jeune héros qui devait périr si misérablement cinq ans
plus tard.

2. Ci-dessus, p. 226-228. En 1666, on songea encore à envoyer contre
les Confédérés cinq ou six mille hommes de troupes, Colbert se déclarant
prêt à tous les sacrifices ; mais la difficulté du transport (ci-dessus, p. 184)
y fit renoncer.

APPENDICE. 231

quelques chances de réussir dans cette voie nouvelle. Le 18 juillet, il disait encore :

« J'aurois bien voulu que l'on eût passé outre malgré les oppositions; mais cela ne s'est pas trouvé praticable. Nous allons voir à présent ce qu'il y aura à faire, et je crois que l'on en viendra à une diète armée[1], dont il y en a eu déjà d'autres en ce pays-ci, et, à voir de combien de gens on est assuré et dans les armées et dans les pays, comme le roi et la reine sont pour nous avec chaleur, on ne peut que tout à fait bien espérer de tout ce que l'on entreprendra dès lors que l'on ne s'attachera plus aux formes, ni consentement unanime. Quoique je croie cela bien fortement, je ne laisse pas d'être très fâché que, des affaires où V. A. m'a fait l'honneur de m'employer, la première, qui ne réussit pas comme on le souhaite, et dont le succès recule, est celle que je désirois avec le plus de passion qui réussît mieux. »

Trois semaines plus tard[2], il demandait qu'on ne laissât point voir la moindre lassitude qui pût encourager le grand maréchal à risquer sa fortune et sa famille dans une lutte ouverte contre le roi et la reine, contre la Lithuanie, contre la majeure partie des armées et de la noblesse.

Cette attitude de Caillet amena Lubomirski et ses amis à représenter qu'il n'y avait plus place pour lui en Pologne, et, Louise-Marie s'étant laissé intimider alors jusqu'à déclarer, dans un accès de dépit, que, tout compte fait, elle ne se souciait plus de continuer la même besogne que depuis un an[3], Caillet, dans les derniers jours de juillet, crut que son sort était réglé, que son rappel était imminent[4]. C'est pourquoi, en homme correct, il régla immédiatement la question financière en ren-

1. On disait aussi « la diète sous le bouclier. »
2. Lettre du 8 août : reg. P xxv, fol. 26.
3. A. C., P xxiv, fol. 481. Elle tint cependant, au même temps, à déclarer au grand maréchal qu'il était libre de livrer Cracovie à l'Empereur, au risque d'avoir le même sort que jadis Radziwill avec les Suédois; que, pour elle, avec l'appui effectif de la France, elle saurait bien tenir tête et à l'Autriche et au Brandebourg.
4. Ci-dessus, p. 214 et 217-218.

dant compte de l'état des « profits et pertes, » qui, à tout prendre, ne se trouvait pas trop mauvais[1] :

« ... La dépense qui s'est faite jusques à cette heure ne s'est pas pu faire avec un ménage plus grand qu'elle s'est faite, et je puis dire qu'en beaucoup de choses la reine en a été plus ménagère que nous ne lui aurions conseillé, M. l'ambassadeur ni moi. Je porterai avec moi le compte de la dépense, et je passerai par Danzig et par Hambourg pour régler le compte avec Jacques Martin et les Olmons de Danzig, de ce qu'ils ont fourni. La reine désire que je laisse à sa disposition l'argent que V. A. a remis du sien, duquel on n'a encore rien dépensé, et que je laisse aussi à sa disposition et à celle de M. l'ambassadeur ce qui reste de l'argent du Roi, et dont il n'y a pas la moitié de dépensé; et, comme les ordres que j'ai du Roi et de V. A., et que la reine a vus, étoient de faire en cela ce qu'Elle ordonneroit, je crois que je ne dois point faire difficulté de faire ce que S. M. désire... »

C'était chose prévue et annoncée d'avance, si l'on voulait continuer la même politique; Caillet l'expliqua encore à la date du 23 octobre[2] :

« ... Je crois qu'il paroît un peu étrange à V. A. que, dans un dessein comme celui-ci, où l'on s'attendoit à réussir sans beaucoup de peine, et où l'on croyoit aller presque à coup sûr, l'on ne se trouve pas plus assuré que l'on est, et que l'on n'y voie simplement que des sujets de bien espérer et de bonnes dispositions. Dans tous les autres pays, l'on peut s'assurer du succès d'une affaire avant que de la mettre sur le tapis, et l'on peut remettre jusques après que les choses soient passées toutes la dépense qu'on veut faire pour la faire réussir; mais ici on ne peut pas prendre de mesures si sûres : quand on y veut entreprendre une affaire comme celle-ci, et que l'on la trouve assez belle et assez de conséquence pour s'y employer et pour

1. A. C., P xxiv, fol. 485, 17 juillet, et fol. 515 v°, 28 juillet.
2. A. C., P xxv, fol. 219 v°.

prendre le dessein de la faire réussir, il faut se contenter de trouver beaucoup de vraisemblances et beaucoup de dispositions au bon succès, et il faut se résoudre d'en courir la risque et se préparer de faire que, par son application, par des secours et par de la dépense, de bons commencements aillent à bonne fin. Quand les affaires se font ici dans l'ordre, elles dépendent du consentement unanime de cent cinquante sénateurs, et de celui de près de quatre cents nonces. Pour faire élire des nonces qui soient amis, il faut faire des diligences et de la dépense dans les palatinats qui les choisissent, et faire aussi en sorte que les résolutions des petites diètes ne soient pas contraires à ce qu'on veut; et, quelque soin et quelque dépense que l'on y puisse employer, il se trouve toutefois des nonces et des diètes contraires, parce qu'il y en a beaucoup où le crédit des grands seigneurs l'emporte sur toutes les diligences que l'on y peut faire, et ainsi c'est une nouvelle affaire que l'on a à la diète à gagner ces nonces-là, et il faut s'employer envers eux et envers les grands seigneurs dont ils sont créatures, et l'on fait de ce côté-là encore, et du côté de quelques sénateurs, de la dépense au hasard, le nombre des gens qui ont le pouvoir de rompre une affaire étant si grand, et les gens d'ici si sujets d'eux-mêmes à changer quand quelque prince étranger ou quelque grand malintentionné ne les feroit pas mal agir ; et, après tout ce que l'on y peut faire, l'on n'a jamais lieu de se tenir assuré de rien, que les affaires ne soient faites. Nous avons éprouvé tout cela à la dernière diète, et, quoique la reine ait un fort grand crédit et bien des créatures dans le royaume, qu'Elle ait donné des pensions, des starosties, et fait des promesses de beaucoup de vacances, il a coûté assez d'argent à manquer notre affaire et à se mettre en état de n'avoir contre soi qu'un ou deux grands seigneurs et quatre ou cinq nonces de leurs créatures, qui nous ont aussi bien accrochés que si leur nombre avoit été plus grand.

« Quand l'on ne suit pas ce chemin-là, et que l'on veut en venir à la force comme nous le prétendons à présent, et comme l'on fait dans les interrègnes, c'est proprement former un parti dans un royaume, et, quoique, en ce cas-là, ce soit un grand avantage d'avoir le roi, la reine et beaucoup de seigneurs aussi assurés et aussi zélés pour notre affaire qu'ils le sont, il faut, avec tout cela, faire de la dépense à gagner des seigneurs dont on aura besoin, à gagner ceux qui ont du crédit dans les armées afin qu'ils gagnent les autres, et même il coûte à faire agir ceux dont l'on est tout à fait assuré, qui ne peuvent cabaler, faire les voyages, les festins, et quelques autres dépenses qu'il faut qu'ils fassent pour cela, si l'on ne leur en donne le moyen; et il faut, de toute nécessité, faire toutes ces dépenses-là au hasard et avant coup, et qui voudroit se contenter d'offrir des avantages à la République et aux particuliers après que l'élection seroit faite, n'avanceroit guère ses affaires, et ne feroit pas un fort grand parti en ce pays-ci. Tout s'y passe à peu près comme dans les lieux où le peuple est le maître, et où la pluralité l'emporte : il faut que chacun y fasse ses brigues au hasard de voir ses soins et de la dépense perdus; mais, avec tout cela, le succès est presque toujours pour celui qui s'y applique le plus, ou qui y fait le plus de diligence, principalement quand l'on a pour soi tous les avantages que nous avons... »

Nous avons le détail, avec les noms des parties prenantes, de l'emploi d'une partie de l'argent qui avait été envoyé par Monsieur le Prince[1]. C'est, on le peut dire, la moralité de la diète condéenne de 1661, comme de tant d'autres !

Caillet finit par regagner l'estime et les bonnes grâces de Louise-Marie[2], et il fut non seulement maintenu à Varsovie, mais promu au titre officiel de résident du roi de France[3].

1. A. É., vol. POLOGNE 16, fol. 528-531. L'état a été publié dans le livre de M. Waliszewski, p. 101-103. Paç eut 12,000 l. pour les nonces et 30,000 l. pour lui; Morstin, 27,000 l. pour lui et 3,000 l. pour sa femme; le vice-chancelier de Lithuanie, l'archevêque de Gnesne et Opalynski, 12,000 l. chacun; le grand chancelier, 18,000 l., etc.

2. Ci-dessus, p. 214. Elle avait d'abord craint qu'il ne poussât à bout Lubomirski, et elle voulait surtout qu'on ne s'opposât point à la cession d'Elbing à M. de Brandebourg sous prétexte que ce serait la communication indispensable le jour où une armée viendrait de France.

3. En fait, il avait fini par être traité comme chargé des affaires du Roi aussi bien que de Condé.

C'était combler ses désirs, et il avait bien mérité cette récompense.

« Si je n'avois mission que de V. A., écrivait-il à Condé[1], comme il sera nécessaire, les choses s'avançant, de voir en cérémonie tous les seigneurs d'ici, de se trouver aux assemblées, de voir les ministres des princes étrangers, et bien d'autres choses où il faut prendre garde de quelle manière on est traité, il se trouveroit de la difficulté à tout cela, outre que ceux même qui sont nos plus affectionnés, et dont nous sommes les plus assurés, quand j'aurai à les voir, que ce soit comme homme du Roi avec les ministres de qui ils ont un commerce ordinaire dont personne ne s'alarme, que comme ministre d'un prince sujet, ce qui sentiroit plus la cabale, la chose étant fort ordinaire ici que les princes y aient deux ministres ainsi, et pour les affaires, et pour la manière d'être reçu, tout en iroit mieux ayant mission de part et d'autre... Je ne serai plus en hasard d'être renvoyé à la sourdine comme un homme qui auroit été ici *incognito*, comme j'en ai été à la veille : ce qui me faisoit craindre qu'après que je serois parti on ne s'appliquât plus négligemment à notre affaire...»

Afin d'éviter d'avoir à employer la qualification de *Majesté* dans un protocole de lettre de créance, on chargea M. de Lumbres d'accréditer le nouveau résident, qui promit que « la tête ne lui tournerait. » Condé mit à sa disposition 300,000 écus outre le reliquat abandonné par le Roi[2]. Tout en correspondant directement avec celui-ci comme avec les ministres, Caillet continua à adresser à Chantilly des lettres pleines d'intérêt, malgré son trop long verbiage sur la suite des intrigues qui formaient un étroit réseau autour des Lithuaniens et des Confédérés ; mais ce n'est pas à nous de le regretter, puisque nous avons, à côté de ce verbiage, une relation qui va, en quelque sorte, résumer notre trop longue étude, et en sera comme la conclusion.

Condé l'ayant enfin rappelé de cette cour lointaine où il travaillait si fidèlement depuis avril 1661, il prit la voie de Danzig et Hambourg pour rentrer en France, et arriva à Paris le 17 novembre 1662, mais après avoir fait un arrêt à Senlis et à Chan-

1. Lettre du 15 août : A. C., P xxv, fol. 45.
2. A. É., vol. POLOGNE 15, fol. 96-99.

tilly afin de remettre entre les mains de ses maîtres des lettres des Majestés polonaises et une « Histoire de toutes les affaires de Pologne » qu'il avait rédigée ou achevée à Danzig le 18 octobre précédent[1] : très intéressant document, qui mériterait d'être publié en entier, ici surtout, car c'est en quelque sorte, de même que la relation de M. de Lumbres, une récapitulation raisonnée de tout 1661[2].

Caillet ne s'y est pas borné, comme Louis XIV et Colbert dans les Instructions pour le Dauphin[3], ou comme Lionne dans sa lettre du 24 septembre à l'archevêque d'Embrun[4], à expliquer l'échec d'un « dessein si avantageux » par l'obstacle que les lois et privilèges de la République opposaient à ce qu'un successeur fût désigné du vivant du roi; il a voulu aller au fond des choses, telles qu'il les avait vues comme principal acteur dans cette longue négociation si piteusement échouée[5].

Ainsi que les relations dont nos diplomates avaient emprunté l'usage aux Vénitiens, celle de Caillet débute par les portraits du roi Jean-Casimir, de la reine et des grands officiers ou personnages qui avaient pris part à l'affaire. Naturellement, Louise-Marie y a la place d'honneur; mais son rôle est présenté en toute sincérité.

1. C'est lui-même qui dit cela dans la première lettre qu'il écrivit au secrétaire de la reine Louise-Marie : A. C., R v, fol. 415. Il ne se rendit chez M. de Lionne qu'après cette halte indispensable.

2. L'original autographe a été retenu aux Archives, dans le carton K 1313, n° 1.

3. Publiées par P. Clément dans le tome II des *Lettres et Mémoires*, p. CCXIV.

4. A. É., vol. Espagne 42, fol. 184, minute autographe : « L'ambassadeur de Pologne vous a parlé des affaires de ce royaume-là, non seulement comme un Florentin qui n'en est pas trop bien informé, mais comme un homme qui est aux gages des Espagnols. Il n'a eu garde de vous rien dire d'une loi capitale d'un pays qui défend, sous de très sévères peines, de proposer jamais dans aucune diète l'élection d'un prince de la maison d'Autriche, ni de vous parler non plus du péril évident dans lequel est ce royaume-là, s'il tombe dans un interrègne avant qu'avoir nommé un successeur à la couronne, de se voir déchiré et démembré par les armes de ses voisins, c'est-à-dire par l'Empereur, le Moscovite et l'électeur de Brandebourg, qu'on croit avoir déjà traité ensemble de ce démembrement pour en prendre chacun la portion qui est le plus à sa bienséance : à quoi les Polonois, épuisés comme ils sont par les dernières guerres, ne sauroient parer, s'ils n'ont pourvu à se faire un roi qui les tienne unis et les défende contre toutes les invasions étrangères, avant le décès de celui qui est aujourd'hui sur le trône. »

5. On remarque que la *Gazette* de 1662, dans le tableau préliminaire de l'état de l'Europe qui ouvrait chaque année, ne dit mot de la Pologne.

APPENDICE. 237

Jadis, dit Caillet, elle avait été assez portée pour l'Autriche : lorsque, après cela, elle se rejeta sur les Condé père et fils, on se demande si ce fut par versatilité ou par dépit d'avoir été prise pour dupe; mais elle y mit toute sa bonne volonté, toute la plénitude de son cœur :

« On peut presque dire que ses sentiments touchant notre dessein sont tels que l'on le peut souhaiter. Elle en regarde le succès comme une chose dont Elle a besoin pour pouvoir se tenir assurée de jouir ici du bien qu'Elle y a d'y demeurer en considération. Elle le regarde comme un moyen d'établir ici un gouvernement plus absolu et moins chancelant que celui qui y est, et de pouvoir même entreprendre au dehors quelque chose de glorieux, dont la reine a une passion extrême. Elle regarde notre dessein comme une chose où toute l'Europe sait qu'Elle s'est engagée et qu'Elle a engagé la France, et au succès de laquelle Elle croit qu'il y va entièrement de sa réputation. Outre tout cela, de quelque côté qu'Elle jette les yeux, Elle ne voit point de prince dans l'Europe dont la promotion à la couronne lui paroisse si convenable à ce royaume, ni si facile, que celle de Mgr le Duc; et c'est une vérité dont Elle est persuadée... »

Mais une partie de son crédit a sombré dans cette entreprise, quoiqu'elle eût su y rallier une forte majorité de la cour et de la nation. Nombre de gens soupçonneux se sont pris à redouter que, flanquée d'un prince héritier et d'une princesse toute à sa discrétion, elle accaparât à jamais le pouvoir. Enfin, son tempérament diplomatique ne s'est pas trouvé à la hauteur du Slave cauteleux et ondoyant qu'était Lubomirski.

Après la reine, Caillet fait le portrait de chacun des prélats, maréchaux, généraux, officiers de la couronne, palatins, castellans, etc.; puis, il jette un coup d'œil sur l'ensemble des péripéties de 1661, et en résume ainsi les résultats ou les enseignements :

« ... Pour dire à présent quelque chose de plus particulier de notre affaire, et qui puisse plus servir à en juger, je dirai premièrement qu'elle avoit été conduite par la reine aussi bien que l'on le pouvoit. Quelques-uns ont cru que la reine a declaré à trop de gens quel étoit le sujet dont Elle souhaitoit l'élection, et qu'il n'en falloit parler que quand le décret d'élire seroit passé. L'on a dit aussi que le peu de secret qu'il y a eu en France touchant la remise d'argent et touchant la prétention de Mgr le Duc, a mis aux champs l'Empereur et M. l'électeur de Brandebourg, et est cause qu'ils se sont appliqués plus qu'ils n'auroient fait à empêcher que l'élection ne se résolût; mais je trouve qu'il y a peu de fondement à tout cela, puisqu'il est à croire que l'Empereur et M. l'Électeur jugeoient assez que la reine ne travailloit pas si chaudement à faire résoudre le décret de l'élection sans avoir déterminé auparavant le sujet qu'Elle vouloit porter à la couronne, et que, puisqu'Elle n'étoit engagée ni avec l'un ni avec l'autre, et qu'Elle n'agissoit point de concert avec eux, ils avoient sujet de croire qu'Elle n'avoit dans l'esprit aucun dessein qui leur pût plaire; et c'étoit assez de cela pour les obliger à s'opposer autant qu'ils pouvoient au décret de l'élection, quand même ils ne seroient pas d'accord ensemble, comme il y a apparence qu'ils le sont, de faire aller les affaires de ce pays-ci à un interrègne, et d'en profiter. Outre cela, l'on a vu assez clairement que le mauvais succès de la diète de l'année dernière n'a pas été l'effet des pratiques ni du travail de leurs ministres, et que ce n'a point été de concert avec eux que le maréchal, de qui seul l'affaire a dépendu, nous a été contraire. Pour ce qui est de ne point parler du sujet que l'élection ne fût résolue, c'est une chose qui ne se pouvoit pas, puisque le maréchal a pensé, même avant la reine, à l'élection de Mgr le Duc, que c'est lui qui l'a proposée du temps même que la reine étoit encore engagée avec la maison d'Autriche, et que, dans ce temps-là, S. M. n'y fit qu'y consentir; le maréchal l'avoit proposé de lui-même au grand chancelier de Lithuanie, à celui de la couronne, et à quelques autres seigneurs qui s'étoient unis ensemble pour y engager la reine. Ainsi, c'est un secret dont Elle n'a jamais été entièrement la maîtresse, et, quand il n'y auroit eu que le maréchal seul qui l'eût su, lui venant à trahir comme il a fait, il ne falloit plus s'attendre que la chose pût être secrète, ni chercher d'autre source que lui des bruits que l'on a fait courir. Ce que la reine auroit pu faire, c'est que, connoissant le maréchal plein de vanité et d'ambition, et sujet à prendre de la jalousie, Elle auroit peut-être pu ne pas tant donner de marques de confiance à M. de Czarnesky et à M. Patz et aux autres qui n'étoient pas amis du maréchal, et dont, sans cela, l'on étoit assez assuré, et agir avec le maréchal d'une façon à le faire demeurer aussi bien intentionné jusques au bout de notre affaire qu'il l'avoit été au commencement; mais ce n'est pas encore en cela que l'on a le plus failli. L'on pouvoit même, malgré le maréchal, venir à bout de notre dessein, et il auroit assurément réussi, si la reine eût douté du succès, et qu'Elle eût voulu faire agir l'armée comme Elle l'auroit pu faire. En ce temps-là, elle étoit dans l'obéissance. Nous y avions pour nous M. de Czarnesky et tous les officiers considérables, à la réserve du maréchal, qui même publioit qu'il étoit bien intentionné. Les soldats parloient de Mgr le Prince avec une estime la plus grande du monde, et, si, dans ce temps-là, l'on leur eût fait parler par le coronge et par les autres de l'élection de Mgr le Duc et des avantages que l'armée en pouvoit tirer, elle l'auroit demandé à la diète aussi instamment que l'on auroit voulu; et, comme la République manquoit de moyens pour les satisfaire, ils l'auroient obligée de recourir à celui-là, sans que le maréchal et le peu de gens mal intentionnés qui suivoient son parti eussent pu y résister; et, si ils étoient demeurés opiniâtres, ou qu'ils eussent eu recours à rompre la diète, l'on se seroit servi de l'armée à achever notre affaire toute entière. Quand les sénateurs et les nonces de Lithuanie protestèrent à la diète de 1661 de pourvoir à leur égard à la succession, si la Pologne n'y vouloit pas donner ordre, les nonces de l'armée de ce pays-là offrirent à la reine qu'ils feroient là-dessus telles instances qu'Elle voudroit de la part de l'armée. Le coronge, le pisars et les autres nonces de l'armée de Pologne offrirent la même chose, et, quoiqu'il eût été bon d'avoir préparé à cela dès avant la diète les esprits des soldats, et de leur avoir mis notre dessein en tête, il étoit encore assez tôt en ce temps-là, et les instances de l'armée auroient assurément vaincu les oppositions. Depuis, tous les officiers qui sont pour nous ont reconnu combien il auroit été facile d'assurer notre affaire par cette voie-là, et la reine en est demeurée d'accord Elle-même. Elle dit qu'Elle avoit voulu se servir de ce moyen, mais qu'en ayant parlé au grand maréchal, il lui dit que la chose passeroit sans difficulté à la diète, et qu'elle seroit contre les lois du pays si l'armée se mêloit de l'élection, où elle n'avoit rien à voir, et qu'il ne pouvoit consentir qu'on eût recours à ce moyen-là. Ce fut cela qui obligea la reine à empêcher que M. de Czarnesky et les autres officiers qui sont pour nous ne découvrissent à l'armée notre dessein, qui lui convenoit en bien des façons, et qu'ils auroient appuyé autant que l'on auroit voulu; et la reine, qui commençoit dès ce temps à douter un peu du grand maréchal, ne prit pas garde qu'il n'empêchoit que l'on n'engageât l'armée dans notre affaire que parce qu'il trouvoit ce moyen trop puissant et capable de la faire réussir malgré lui. L'appréhension qu'il eut que la reine ne vînt à s'en apercevoir et n'y eût recours, l'obligea à cabaler dans l'armée dès le temps de la diète de l'année dernière, à y faire dire que leurs députés étoient gagnés par la reine et par la France, que l'on vouloit supprimer la milice polonoise, faire entrer des troupes de France et de Suède, et faire par la force l'élection de Mgr le Duc, et à jeter les semences de la Confédération et des bruits et des désordres qu'elle a faits.

« Le désir qu'a eu la reine que l'affaire passât selon les lois du pays sans avoir recours à aucune voie extraordinaire est cause que l'affaire n'a pas réussi. L'on voit bien présentement que l'on ne doit pas espérer d'en venir à bout selon les formes, ni que l'élection se puisse résoudre d'un consentement unanime. L'Empereur et l'électeur de Brandebourg paroissent si fort attachés à traîner les affaires d'ici jusques à l'interrègne afin que, dans ce temps-là, étant d'accord avec le Moscovite comme il semble qu'ils le soient, ils puissent s'approprier chacun quelque pièce de cette couronne, ou qu'au moins ils obligent les Polonois d'élire quelque petit prince dont ni l'un ni l'autre n'aient point d'ombrage à prendre, qu'il y a apparence qu'ils auront toujours ici quelque grand seigneur en main pour s'en servir à empêcher que, dans une diète, le décret de l'élection ne se résolve. Outre cela, la chose étant publique que c'est l'élection de Mgr le Duc que le roi et la reine de Pologne veulent, si ce choix-là n'est pas approuvé de tout le monde, comme il n'y en a point encore eu qui l'ait été universellement, il faut s'attendre que ceux qui y seront contraires s'opposeront au décret de l'élection, qu'ils pourront encore empêcher plus facilement à cette heure qu'il y a une constitution de la diète dernière qui y est contraire, et qu'ainsi il ne pourra jamais passer d'un consentement unanime.

« Il ne reste plus, à présent, que deux voies de renouveler notre affaire et d'en venir à une décision avant l'interrègne : la première, que les gens qui sont pour nous se résolvent de ne plus s'attacher aux formes, et de faire résoudre l'élection dans un sénatus-consulte ou dans une diète à la pluralité des voix. Il est aussi nécessaire d'avoir pour nous quelqu'une des armées, ce qui peut plus probablement réussir du côté de celle de Lithuanie qu'à l'égard de celle de la couronne; que cette armée se joigne à celle de M. de Czarnesky et soit disposée de s'employer de toutes les manières dont il sera besoin pour faire résoudre l'élection et pour faire élire Mgr le Duc. Si l'on ne vient pas à bout de mettre quelqu'une des armées dans cette disposition-là, il n'y a plus que la voie d'abdication qui puisse faire venir à quelque décision et empêcher que l'on attende l'interrègne. Si la reine ne se résoud pas à cette dernière voie, je crois que l'on peut ne pas continuer à s'appliquer si fort aux affaires d'ici, et ne surseoir pas, pour cela, les autres pensées que l'on pourroit avoir. Ce n'est pas que je ne croie qu'il est nécessaire d'avoir toujours l'œil à ce qui se passera ici, et d'y maintenir les créatures que le Roi y a, car, en quelque temps que ce soit que l'on en vienne à une élection, un prince de France y aura un plus grand parti et beaucoup plus de facilité à être élu que pas un autre, quel qu'il puisse être ; et cela même indépendamment de l'affection et du zèle que le roi et la reine de Pologne témoignent pour la France. »

N'ayant aucunement démérité de personne, Caillet fut désigné pour aller reprendre son rôle de résident ou chargé des affaires en Pologne l'année suivante, lorsqu'il s'agit de régler définitivement avec la reine Louise-Marie les conditions de ce mariage dont il nous a été si souvent parlé, entre le duc d'Enghien et la seconde fille d'Anne de Gonzague, qui venait de perdre le Palatin son mari. Parti en mai 1663[1], Caillet rapporta en septembre le contrat, qui fut ratifié par la cour de France le 21 décembre[2]. Deux ans plus tard, en 1665, il obtint, pour récompense de ses services, une charge de conseiller au parlement de Metz, charge à peu près honorifique ; selon l'historien de cette compagnie, il la posséda jusqu'à sa mort, en 1673[3].

A côté de Caillet, et pour ainsi dire sur la même ligne, il faut aussi consacrer quelques mots à l'ambassadeur qui sut tout au moins accepter et bien recevoir ce collaborateur. M. de Lumbres a droit à une bonne place dans le catalogue des diplomates de la première période du règne de Louis XIV[4]. Ayant débuté dans une petite magistrature de province, au grenier à sel de Montreuil-sur-Mer, il avait été tiré du rang par le duc Henri II de Longueville et par Richelieu, et avait déjà servi en

---

1. A. N., K 118, n° 119⁶, passeport original pour Caillet, 12 mai 1663 ; A. C., reg. R vi, fol. 53, lettre autographe de Louis XIV à la reine ; A. É., vol. Pologne 18, instruction pour Caillet et sa correspondance ; recueil des *Instructions* publié par M. Farges, tome I, p. 37-43.
2. On en critiqua certaines stipulations.
3. Le même historien dit, sans doute par erreur, que Caillet aurait été reçu conseiller le 22 mars 1661 : à cette époque il traversait l'Allemagne, allant à Varsovie. — En terminant, on doit faire observer que, si nous avons conservé le surnom de Denonville tel que l'historien des Condé l'avait adopté, la forme *d'Esnonville* se trouve aussi dans la souscription d'un billet conservé à Chantilly, reg. P xxv, fol. 181, et, ci-dessus, p. 221, dans une lettre de la reine. *Esnonville* serait peut-être Hénonville, terre bien connue du département actuel de l'Oise. Voir, au Cabinet des titres, le dossier bleu Caillet, n° 3724, dans le volume 148 de cette série. Toute cette famille était au service des Condé ; elle avait pour armes : d'azur à trois molettes d'or.
4. Voir tome I, p. 143.

mission à Trèves, à Liège, à Berlin, lorsque le baron d'Avaugour se le fit adjoindre dans ses négociations auprès des cours du Nord. C'est en 1656 qu'il avait été installé à Varsovie : il y resta jusqu'à son dernier jour, en juillet 1677, ayant la qualité d'ambassadeur ordinaire depuis 1660. Louis XIV ne put lui accorder, en novembre 1661, la présidence d'Arras, déjà donnée à un autre candidat, en place de ses charges de lieutenant général au bailliage, mayeur de Montreuil et président du gouvernement d'Hesdin ; mais il reçut un titre de chevalier de l'ordre de Saint-Michel. Ses actes principaux en diplomatie avaient été la formation de la ligue du Rhin, ce grand dessein de Louis XIV, et la conclusion de la paix d'Oliva, si favorable à l'influence française dans l'Europe du Nord. Son esprit de labeur est attesté dans nos archives par une grande relation, écrite tout entière de sa main, de ses négociations en Pologne de 1656 à 1666[1], et surtout par les registres où, depuis 1646 jusqu'en 1665, il reportait lui-même les brouillons de sa correspondance ; ceux de 1661 sont dans le volume 165 du fonds BALUZE.

Parmi les agents secondaires, accrédités ou bénévoles[2], que l'on a vus se mouvoir assez confusément autour de Lumbres et de Caillet, Roger Akakia[3] est peut-être le seul dont l'action fut quelquefois efficace, puisqu'il était autorisé à correspondre directement avec le Roi lui-même. C'était d'ailleurs un ancien agent diplomatique, ayant fait les fonctions de secrétaire et de chargé des affaires à Stockholm au temps du baron d'Avaugour, puis à Varsovie. Pendant son dernier séjour en Pologne, où il se chargea lui-même de surveiller Lubomirski, il vivait en mauvais termes avec l'ambassadeur et se plaignait sans cesse de lui : aussi fut-on bien aise de le faire revenir en France avec l'assentiment de la reine, tout en le récompensant par une bonne gratification (10 décembre 1661). La Palatine, dont il représentait les idées politiques, le renia, peut-être parce qu'il était trop pressé de faire le mariage de sa fille avec M. d'Enghien ; mais, rentré à Fontainebleau le 22 novembre, et bien reçu par le Roi, il continua à s'agiter beaucoup autour des ministres et à abuser de leur confiance. La dernière partie de sa carrière se fit encore dans la diplomatie, mais fut fort troublée[4].

1. A. É., Mémoires et Documents, vol. POLOGNE 3, et vol. ALLEMAGNE 17 et 18 ; B. N., ms. BALUZE 161, fol. 37 et suiv.
2. Tome II, Appendice, p. 346-347.
3. Tome I, p. 217. C'était un frère du professeur de chirurgie.
4. A la mort du roi Michel, il tâcha de faire élire M. de Longueville, et, pour donner un semblant de satisfaction à l'Empereur, on le mit pendant quelques mois à la Bastille. Pomponne utilisa ensuite ses connais-

Quant au comte de Mailly, on était pressé qu'il rentrât en France, Monsieur le Prince le soupçonnant d'avoir conservé des préférences pour une candidature Longueville. D'ailleurs, il n'avait un peu d'importance que comme beau-frère du comte Paç, et prenait tout ce qu'il entendait de ce côté-là pour des mystères et de grandes affaires. Il quitta Varsovie le 4 août, afin, disait-il, d'aller travailler de plus près à la délivrance de son père, qu'une meute de créanciers retenait en prison; et cependant, une fois rentré à la cour et bien accueilli de Louis XIV, il fut obligé de demander à Monsieur le Prince qu'on maintînt ce père en prison de peur qu'il ne continuât à ruiner ses enfants légitimes au profit d'un bâtard. Le comte retourna en Pologne en 1663, lors du mariage, pour y chercher de nouveau une situation.

Boislabé[1], autre agent de la Palatine, dont il prétendait être le seul serviteur fidèle et digne de confiance, fut récompensé, semble-t-il, par une charge de lieutenant particulier en la Chambre du Trésor, puis par celle de trésorier général de Monsieur le Duc petit-fils du Héros[2].

Au même monde appartenait la chancelière de Choisy, dont les bavardages indiscrets firent probablement bien du mal[3], et finirent par forcer à rompre avec elle. Elle eut cependant l'adresse de tirer des services qu'elle prétendait avoir rendus en 1661 une abbaye de 10,000 livres pour son cher fils, plus 6,000 livres de pension sur l'archevêché d'Auch[4].

Dans le camp adverse, une personnalité se détache sur toutes les autres : celle du prince Georges Lubomirski. Ce fut la « maîtresse clef de la voûte[5], » la « pierre d'achoppement » contre laquelle toutes les combinaisons échouèrent; « monstre fatal à deux faces[6], » « caméléon politique[7], » sans autre consistance que l'ambition, sans aucune suite dans les idées ni dans les visées. Après avoir été, avec le comte Paç, le premier inspirateur de la reine, l'inventeur de la candidature Enghien, — car les deux grands chanceliers et les officiers de la couronne, Czarnesky, Opalynski, Sobieski, Sapieha, Potocki, ne se ral-

sances spéciales et son expérience des cours de l'Europe centrale en l'envoyant en Prusse, en Hongrie, en Transylvanie, et c'est au retour de ce dernier pays par la Pologne qu'il mourut, non pas en 1680, comme nous l'avons dit au tome I, mais le 24 août 1682, à Léopol.

1. Tome II, p. 347; *Histoire des princes de Condé*, tome VII, p. 100.
2. Dossier SEBIRE, au Cabinet des titres.
3. Tome II, p. 347, 349, 350 et 352.
4. A. É., vol. POLOGNE 15, fol. 109.
5. Expression de Lionne.
6. M. Waliszewski, dans *Marysienka*, p. 67.
7. Expression de Morstin.

APPENDICE. 245

lièrent qu'en seconde ligne au parti condéen, — il lui plut de manquer à ses engagements et de trahir Louise-Marie et le roi son beau-frère, sans que personne pût au juste discerner ce qu'il visait, ou qui il préférait entre les candidats étrangers. A la veille de l'échec final, Caillet en écrivait ceci[1] :

« Tout ce que la reine a pu faire par des offres, et par lui promettre ce qu'on voyoit qu'il pouvoit souhaiter pour s'assurer de lui, Elle l'a fait, sans y rien oublier, et, de mon côté, j'ai fait ce que j'ai pu. Il a témoigné fort souvent d'être satisfait et d'être bien gagné, et il avoit tant sujet de l'être de tout ce que l'on vouloit faire pour lui, qu'on avoit sujet de croire ce qu'il disoit et les nouveaux engagements qu'il faisoit; mais on voit que son dessein étoit pris avant que de venir ici, et, quelque mine qu'il ait faite, il n'en a pas voulu changer. J'ai déjà mandé qu'il a fait le bien intentionné quand il a cru que notre affaire se pourroit rompre sans qu'il y parût, et, quand il a vu que l'on venoit à bout de toutes les difficultés, il s'y est opposé lui-même... »

L'ambassadeur, dans une conversation confidentielle, l'ayant prié de lui apprendre à quels manquements il attribuait l'échec de la candidature[2], Lubomirski reconnut que, sans rien avoir à reprocher personnellement à Lumbres, on devait imputer à la reine d'avoir mené l'affaire « avec plus d'empressement que la liberté polonoise ne le pouvait souffrir, » et à Caillet, d'avoir poursuivi le décret d'élection avec une ardeur si manifeste, que le corps de la noblesse jugea que l'accord pour le duc d'Enghien devait avoir été conclu d'avance entre lui et les grands du royaume. Au sentiment de M. de Lumbres, ceci seulement était certain, « que la principale cause du manquement de l'affaire fut la perfidie de ce maréchal, sans laquelle les autres n'étoient pas capables d'empêcher le décret que nous désirions[3]. » Versatilité,

1. Lettre du 8 juillet : A. C., P xxiv, fol. 486. Cf. sa relation de 1662, K 1313, p. 5-6.
2. A. É., vol. Pologne 3 de la série des Mémoires et Documents, relation de Lumbres, fol. 187.
3. Aussi s'étonne-t-on que ni Louis XIV, ni Colbert, ni Pellisson n'aient prononcé son nom, ni indiqué son action prépondérante dans l'affaire de 1661, et n'aient parlé que des « lois et privilèges du pays. »

manque de tout sens moral, ambition, irrésolution, jalousie[1], c'était un esprit plutôt incohérent, que ne relevait aucune qualité supérieure, sauf peut-être le don de l'intrigue qui trouvait un terrain si propice dans la république polonaise. Ce qui étonne, c'est qu'au bout de quatre ou cinq mois d'expérience et de contact journalier, les agents de la cour de France purent encore, par intermittence, croire à ses combinaisons toujours nouvelles, à ses offres, ses engagements, ses promesses, qu'on pouvait être sûr de voir s'évanouir le lendemain, et cela même après l'échec du 11 juillet dont il avait été le principal artisan. L'Histoire, et notamment le livre principal de M. Waliszewski, font connaître quel mal il finit par causer en entraînant une moitié du pays dans sa rébellion de 1664 contre Jean-Casimir, lorsque celui-ci essaya de ressusciter la candidature du fils de Condé. Après que ce roi l'eut réduit à accepter la paix du 31 juillet 1666, il se retira à Breslau, et il y mourut six mois plus tard[2]. « L'homme du monde le plus ingrat, » disait la reine Louise-Marie; « le plus extravagant, » selon Caillet[3].

On a rencontré plusieurs fois le nom du grand référendaire André Morsztyn ou Morstin. Créature de son ancien patron Lubomirski, il ne le suivait pas franchement dans ses intrigues, et penchait souvent à la conciliation avec les Condéens : c'est sans doute lorsqu'il subissait l'influence de sa femme, une Huntley Gordon, qui avait appartenu à la cour de France et désirait passionnément y retourner sous les auspices de Monsieur le Prince. Du moins ne pouvons-nous expliquer autrement qu'il se soit rallié à celui-ci dès le lendemain de l'échec; voici la lettre qu'il lui écrivit alors[4] :

« L'extrême déplaisir que j'ai eu de la mauvaise issue de la diète m'avoit ôté l'envie de vivre, non seulement

---

[1]. La jalousie surtout, car les contemporains le mieux informés estimèrent qu'il se tourna décidément contre la reine du jour où elle songea à mettre aux mains de Condé l'armée dont lui-même entendait devenir et rester le chef suprême.

[2]. Il était grand maréchal depuis 1649, vice-général des armées depuis 1660, et avait épousé la sœur des deux derniers rois de la maison de Vasa. Son fils devint grand maréchal, comme lui, sous le règne de Sobieski.

[3]. Voir Pomponne, *Négociation de Suède*, p. 31-39 et 353-359. Salvandy l'a jugé et dépeint avec trop d'indulgence. M. Waliszewski, dans son étude sur les Relations diplomatiques de la Pologne avec la France de 1664 à 1667, a parlé longuement de Lubomirski, surtout pendant la dernière partie de son existence.

[4]. A. E., vol. Pologne 16, fol. 220, lettre du 26 juillet 1661.

celle d'écrire à V. A. Je prends Dieu à témoin que j'aurois donné sans balancer tout mon sang pour épargner ce déplaisir à la reine et à ceux qui sont à V. A., et j'avois pris une résolution qui auroit fait connoître à tout l'univers la constance de mon attachement à V. A. Aussi ai-je mis entre ses mains ma vie et ma fortune, et lui ai écrit deux lettres qui passeroient pour très criminelles chez nous, si je pouvois mériter que V. A. les fît publier. Elle connoît trop les États populaires pour ignorer que l'on ne peut pas prévoir toutes les émotions qui naissent quelquefois par les champs; mais je ne prétends pas, à présent, justifier personne, ni même tout le parti : je dirai seulement à V. A. que les affaires, au grand contentement de la reine, sont de nouveau en tel état que je les vois beaucoup plus solidement établies que par le passé; que le roi de Pologne s'y applique plus que personne, principalement déclarant de ne s'attacher plus si religieusement à toutes les formalités d'État, et que j'espère même que l'on viendra à l'exécution dans moins de temps que si la diète n'eût pas été troublée. J'en donnerai toute les connoissances à M. Caillet, et je ne doute point que sa probité ne l'oblige à donner à V. A. celles de ma sincérité et ardeur avec laquelle je me porterai toujours à tout ce qui peut regarder les intérêts et le service de V. A. »

Ayant rompu bientôt après avec Lubomirski rebelle, il vint à Chantilly en 1667, pour demander que Condé se chargeât de conduire les armées polonaises contre le Turc, ne cessa plus depuis lors de servir les intérêts de la France, revint même s'y installer avec sa famille, y prit des lettres de naturalité en 1678, et finit, quinze ans plus tard, en vrai Parisien[1].

Le comte Paç se trouvait à peu près dans les mêmes conditions que Morstin; lui aussi, français de cœur par suite de son mariage avec la sœur de M. de Mailly, se sépara du grand maréchal traître à la cause commune. Au dire de Caillet[2], Paç

1. Voir la notice déjà indiquée dans l'Appendice du tome III de la nouvelle édition des *Mémoires de Saint-Simon*, p. 519-529.
2. Lettre du 8 août : A. C., P xxv, fol. 28.

et Morstin, avec le maréchal de la cour, étaient les plus habiles gens de Pologne; mais Paç l'emportait sur les deux autres pour la fermeté et le crédit.

Dans la faction autrichienne, Lisola put revendiquer la plus grosse part du succès, depuis les premiers jours[1] jusqu'aux derniers. C'était son début dans une lutte acharnée contre l'« impérialisme » de Louis XIV, et ce fut un coup de maître. Intrigant audacieux, sans aucun souci des lois de la diplomatie ni de la bonne foi, il s'aidait d'un vrai talent de libelliste qui lui a fait une réputation dans l'Histoire. Le pamphlet latin qu'il écrivit contre les menées de Condé et contre l'alliance avec la Suède[2] fut répandu à profusion par les soins de Lubomirski, et fit le plus grand mal. Le jésuite français Le Herichon, prédicateur de la reine, riposta, mais insuffisamment au gré de notre ambassadeur, et Caillet proposa de faire lui-même une autre réplique qu'on pût distribuer en langue polonaise[3]; mais, au point de vue diplomatique, et venant d'un ministre accrédité à Varsovie, ces calomnies de Lisola constituaient un fait si contraire au droit des gens, que la reine insista[4] pour que Louis XIV, en déclarant officiellement à l'Espagne sa volonté d'assurer la succession au prince du sang royal appelé par les suffrages de la presque unanimité des grands seigneurs de Pologne, exigeât un désaveu des menaces de guerre du baron; elle soupçonnait même la cour de Madrid, malgré ses propres embarras avec le Portugal et avec l'Angleterre, de soutenir pécuniairement le parti impérial. Déjà M. de Lionne avait eu ordre de faire passer à don Louis de Haro, par le canal du comte de Fuensaldagne, cette protestation[5] :

« Comme, pour conserver l'union et l'amitié établie entre les deux rois et leurs couronnes, S. M. croit important, et même nécessaire, de ne rien garder sur le cœur, de part ni d'autre, qui puisse altérer leur bonne intelligence, Sadite M. a commandé au sieur de Lionne de faire savoir à M. le comte de Fuensaldaña un juste sujet de

1. Tome II, p. 349 et suiv.
2. Il est dans le volume POLOGNE 16, fol. 268-270. Cf. tome II, p. 362.
3. A. É., vol. FRANCE 412, fol. 79, et vol. POLOGNE 16, fol. 110-129; A. C., P xxv, fol. 178-180; *Instructions aux ambassadeurs*, tome I, p. 80-81.
4. A. C., P xxiv, fol. 431 et 434.
5. Minute du 4 août, de la main de Lionne : vol. ESPAGNE 42, fol. 114. Cf. ci-dessus, p. 213 et 215.

plainte qu'Elle a du procédé de l'Empereur et de ses ministres, se promettant que S. M. Cath. ne trouvera pas la chose moins étrange qu'Elle, et s'employera efficacement pour en empêcher les mauvaises suites.

« Le fait est que M. de Lisola, ambassadeur de l'Empereur en Pologne, a débité par tout le royaume, contre toute vérité et toute apparence, un prétendu concert ou traité fait avec la reine de Pologne, par lequel la France se doit rendre maîtresse de la Prusse, et ladite reine mettre, à cette fin, la place d'Elbing entre les mains du Roi. Ensuite de cela, ledit Lisola a tenu des discours si insolents contre la personne de Mgr le Prince et de Mgr le Duc son fils, à dessein de les décrier, leur attribuant toute sorte de défauts et de mauvaises qualités, que les sénateurs même à qui ils ont été faits ont été scandalisés au dernier point qu'ils pussent sortir de la bouche d'un ministre de la maison d'Autriche.

« Et, pour conclusion, l'Empereur a écrit des lettres à la plupart des sénateurs, en créance sur ledit Lisola, par lesquelles il les prie de ne point choisir de successeur pour leur couronne dans une maison ennemie de la sienne, et ledit Lisola, en leur rendant les lettres, a expliqué la chose, que c'est de la France que son maître entend parler.

« Le Roi croyoit que les traités de Münster et des Pyrénées eussent rendu la France amie de la maison d'Autriche, et depuis a agi sur ce fondement-là, comme il s'est pu voir dans l'occasion du péril d'une rupture en Hongrie avec le Turc. Si l'Empereur a d'autres sentiments, S. M. sera bien aise d'en être informée par le roi catholique, afin qu'Elle puisse prendre d'autres mesures, et ne défaillir pas à ce qu'Elle doit à son État et à soi-même. »

Comme Fuensaldagne était presque mourant, le mémoire fut remis à son secrétaire, et Monsieur d'Embrun eut mission d'en donner copie à la cour de Madrid, en même temps que de déclarer officiellement la candidature du duc d'Enghien sous le patronage de la France et de la Suède[1], et contre toutes autres com-

---

1. « Mon cousin le duc d'Enghien, par mon conseil, par mon ordre et

pétitions. Les ministres espagnols se dispensèrent d'offrir aucune satisfaction sous forme d'intervention auprès de la cour de Vienne[1] ; mais l'Empereur ne put conserver à Varsovie un représentant qui n'était plus reçu depuis deux mois à l'audience de Jean-Casimir, et il le rappela. On sait que la carrière du diplomate-libelliste ne s'arrêta pas là et qu'il resta jusqu'à la paix de Ryswyk le plus mordant adversaire de Louis XIV. Personne, disent les contemporains, ne l'égalait pour entraîner les puissances neutres à la suite du Saint-Empire.

par mon appui, prétend à l'honneur de cette succession, et y est même déjà appelé par les vœux et les suffrages de la plupart des grands du royaume de Pologne. » (Lettre du 4 août : vol. ESPAGNE 41, fol. 40.)

1. Vol. ESPAGNE 42, fol. 141-142, 147-148, etc.

SOMMAIRES DES SÉANCES.

                                                                  Pages

1er août. M. C. Le commandant du Château-Trompette et le commandant de la province 1

2 août. M. C. Ordres à l'intendant Talon : réduction du Magistrat de Bourbourg et de Gravelines, chauffage des corps de garde, distribution d'aumônes aux pauvres catholiques de Dunkerque et de pain aux couvents, logement et ustensile des officiers-majors des places, payement régulier des 5 sols aux soldats malades ou aux hôpitaux requis de les traiter, règlement des frontières des bailliages d'Aire et Saint-Omer, permission de vendre la maison de l'abbaye de Saint-Éloy à Douay, suppression de la charge de grand voyer d'Artois. Levées du duc de Lorraine sur les trente villages de la prévôté de Sierck. Envoi d'un exempt pour remettre en possession la mère de M. de Montandre. Permission aux gentilshommes du Béarn de conserver leurs armes . 1

3 août. M. C. Défense aux secrétaires d'État d'expédier des arrêts en commandement sans l'ordre du Roi . 8

5 août. M. C. Offres de soumission des communautés de Provence. Adhésion irrégulière des curés de Paris au mandement des grands vicaires. Scandale causé par l'abbé Feydeau. Renvoi au parlement de Bordeaux de l'instruction des violences commises en Limousin. Émeute des tonneliers de la Rochelle. Mesures rigoureuses contre les duellistes. Expulsion des religionnaires établis sans autorisation dans la ville de la Rochelle 9

6 août. A. É. Retard des dépêches de Pologne. Réponse à M. d'Estrades : premières audiences du roi d'An-

gleterre, conflits avec l'ambassadeur espagnol, préséance des représentants du roi de France. Réponse à M. de Thou : sollicitations pour le fils Brasset, prétentions du chevalier Downing 18

M. C. Démolition du château de Montclair et pension accordée à l'électeur de Trèves 19

8 août. A. É. L'abbaye de Saint-Hubert demande la protection de la France contre les gens du pays de Luxembourg et sa reconnaissance comme pays neutre . . 29

M. C. Ordre d'arrêter Espinchal. Envoi de troupes contre les séditieux de la Rochelle. Défense aux députés du synode de Nîmes de venir en cour. Refus de révoquer la commission de MM. de Champigny-Sarron et de Montclar selon la demande des religionnaires de Dauphiné. 30

9 août. M. C. Désignation des trente villages réservés à la France dans les dépendances de Sierck. . . . 40

10 août. M. C. Détermination de la valeur de la demi-lieue du chemin royal à ouvrir entre le pays Messin et Phalsbourg 41

11 août. M. C. Surséance à la démolition des fortifications de Nancy. Maintien des nouveaux jurats élus à Bordeaux contre un arrêt du parlement de Guyenne 47

12 août. M. C. Dénonciation du capitaine de La Bousquette contre M. de Piennes, gouverneur de Pignerol. Interdiction aux religionnaires de Jametz d'exercer leur culte. Réception de M. Scarron de Longue malgré l'opposition d'un prétendu président du conseil souverain d'Artois. Ordre d'épargner les maisons, jardins et palais adossés aux fortifications de la Vieille ville de Nancy. Enquête secrète sur le cas de l'adjoint au bailliage de Bar-le-Duc expulsé par ordre du duc de Lorraine. Ordre de conserver le temple des religionnaires de Grenoble. Rattachement des vallées de Château-Dauphin, Pragelas et Oulx au Briançonnais. 51

13 août. M. C. Reprise des travaux de démantèlement à Nancy. Convocation des États de Languedoc. . . 58

SOMMAIRES DES SÉANCES.

A. É. Réponse à M. de Thou : affaire du fils Brasset, entreprise des Anglais sur les possessions portugaises du Cap-Vert et de la rivière de Gambie, livret publié en Hollande contre la maison d'Orange, négociation du Portugal avec les Provinces-Unies. Réponse à M. de Lumbres : dissolution de la diète polonaise sans avoir rien conclu sur l'élection . . 59

19 août. M. C. Enquête sur les plaintes portées par les habitants de Thionville contre le maréchal de Grancey. Participation des habitants d'Arras à l'entretien des fortifications de leur ville. Conflit avec le gouverneur espagnol pour la charge de bailli du pays de l'Alleu. Relaxation du greffier de Champneuville, au pays de la Meuse. Assujettissement des gens de guerre de la garnison d'Arras à l'imposition des vins et bières. 71

A. É. Réponse à M. d'Estrades : conflit avec le baron de Watteville, obligation aux vaisseaux anglais de décharger leur artillerie à Blaye, prétentions des Anglais sur les colonies françaises et hollandaises de la côte d'Afrique, participation de la France aux négociations anglo-hollandaises, saisie de bateaux de pêche de Dieppe et de Boulogne par les Anglais, protection des Jésuites, relations par écrit avec le chancelier anglais 72

20 août. 1re partie. A. É. Réponse au cardinal Antoine Barberin : demande d'indult pour le Roussillon et pour l'Artois, instances pour l'obtention des bulles de Reims, brevet de pension du duc de Bracciano, événements de Naples, avis venus de Rome sur l'affaire de Pologne. 87

20 août. 2e partie. A. É. Lettre à M. Servient : désapprobation des procédés irrespectueux de Mme de Belloy, protestation contre les nouveautés introduites par les chevaliers de l'Annonciade et contre les prétentions des ambassadeurs de Savoie, plaintes contre les courtisans savoyards, et particulièrement ceux qui jouissent de bienfaits du Roi 91

2 septembre. M. C. Partages à juger entre les commis-

saires pour les affaires de la R. P. R. en Dauphiné. Attribution du jugement des séditieux de Montauban. Dépossession des religionnaires pourvus de commandements dans la milice de la ville de la Rochelle; expulsion des familles protestantes établies dans cette ville 96

3 septembre. M. C. Fixation définitive de la valeur de la demi-lieue de Lorraine. Défense de rien laisser lever sur les trente villages de la dépendance de Sierck. Ordre de défigurer le jardin du duc de Lorraine dans la Vieille ville de Nancy. 102

ERRATA GÉNÉRAL.

ADDITIONS ET CORRECTIONS[1].

TOME I.

Page 44, paragraphe 2, et page 49, note 11. Les provisions du gouvernement des citadelles pour Monsieur le Premier furent expédiées le 13 avril, et sont dans l'*Histoire de Marseille*, par Méry et Guindon, tome VI, p. LI. Il conserva ce gouvernement jusqu'à sa mort, et son fils le recueillit alors.

Page 47, note 2. Au lieu de : *Le Bret*, lisez : *Brethe*.

Pages 50-51, note 13. Antoine Le Ménestrel, trésorier général des bâtiments du Roi, reçut en 1661 50,000 livres pour la continuation du Louvre, 806,000 livres pour les bâtiments neufs, et 6,000 livres pour les travaux du château de Montceaux.

Page 51, fin de la note 15. La Noblesse protesta contre son assujettissement au droit sur les boissons et contre toute inquisition dont elle serait l'objet (Filon, *Histoire des États d'Artois*, p. 69-72).

Page 63, note 4. Le comte de Nassau-Sarrebrück reçut le 11 mai, en considération de ses services, une somme de 3,000 livres (B. N., ms. 106 des CINQ CENTS DE COLBERT, fol. 617).

Page 66, 1er paragraphe du 16 mars. Lisez : *Est*.

Page 66 et 69, note 7. Au lieu de : *Rochebrune*, il faut lire : *Rochebonne*. C'était un ancien capitaine de vaisseau, à qui le Roi accorda l'ordonnance de 2,000 livres le 8 mars 1661, en considération des blessures qu'il avait reçues à son service (B. N., ms. 106 des CINQ CENTS DE COLBERT, fol. 619).

Page 66, note 14. Il y a dans le manuscrit B. N., MÉLANGES COLBERT 102, fol. 490-493, une lettre originale, en arabe, de Tunis, avec traduction, datée de la fin d'avril.

Page 67, note 2. Des fragments de la correspondance de ce cardinal d'Este sont compris dans ses *Mémoires* de 1657 à 1673, que son secrétaire publia en 1677 à Cologne.

Page 69, note 9. « On couroit en ce temps-là (mars 1661) les imprimeries pour empêcher que l'on ne mît rien sous la presse qui pût diffamer la mémoire du cardinal Mazarin, et on ne se contentoit pas, pour cela, de quatre mouchards que l'on y avoit établis depuis quelque

---

1. Il a déjà été donné un ERRATA à la fin du tome I, et un autre à la fin du tome II.

temps, et qui avoient reçu la commission de faire tous les jours cette visite sans y manquer » (*Mémoires du chanoine Hermant*, B. N., ms. fr. 17729, fol. 71).

Page 86, note 3. En 1662, MM. de Verthamon et de Verthamon de Villemenon sont portés sur les états comme conseillers de la marine, à 2,000 livres chacun, pour « juger les affaires de prises et autres choses de la marine, » et ils figurent encore au conseil de marine en 1664 et 1665, avec M. d'Aligre et le maître des requêtes Colbert (Papiers de l'abbé de Dangeau, ms. fr. 22768, fol. 76 v° et 187).

Page 89, note 5. On voit dans le tome I, p. 135, des *Défenses de M. Foucquet*, qu'il paya 2,000 livres, le 16 avril 1661, à un sieur Le Jeune, pour avoir conduit la chaîne des forçats. Une autre somme de 6,000 livres fut ordonnancée pour mener des forçats de Paris à Toulon (ms. 106 des CINQ CENTS, p. 625).

Page 94, note 5. Le 18 avril, une somme annuelle de 252,000 livres fut affectée sur l'Épargne pour l'entretien de Madame. Le brevet original, venant des Papiers des Princes, est aux Archives nationales, carton K 541, n°s 22 et 23.

Pages 106-108, note 17. Le créancier qui réclamait une somme de 21,345 livres au prince de Chimay était un simple particulier nommé René d'Espinay, sieur de Lormy ou Lonny, et son droit fut reconnu par un arrêt du Conseil du mois d'août : A. É., vol. FRANCE 911, fol. 160-162.

Page 113, note 5. Le centième denier d'Artois était fixé à 215,000 livres, et parfois on en imposait jusqu'à six, mais avec quelques réductions pour le Clergé et la Noblesse.

Page 125, note 8. Le conseiller de Pomiers-Francon était, en 1650, ami particulier et agent du duc de Saint-Simon à Bordeaux, et Lenet parle plusieurs fois de son rôle dans les troubles. Il se démit de sa charge, étant doyen du parlement, le 12 décembre 1661.

Pages 125-126, note 10. Voir, dans les *Mélanges historiques* de Damiens de Gomicourt, tome II, p. 205-209 et 215-221, un mémoire présenté par Colbert au Roi, en 1664, sur l'abus des dispenses d'âge pour entrer prématurément dans la magistrature.

Page 137, note 10. Le 12 mai, Mme de Beaumont reçut une ordonnance de 66,000 livres sur l'Épargne, et M. de Bouqueval fit condamner les assassins comme le Roi l'avait souhaité (A. G., vol. 169, fol. 53).

Page 142, ligne 6. Lisez : *après M. d'Avaugour*.

Page 148, fin de note. Le ms. fr. 22654, venu de l'abbé de Dangeau, est une copie de la correspondance de Chassan, et non de celle de Terlon.

Page 167, note 5. Le présent fait à l'envoyé coûta 4,000 livres, comme on le voit dans le compte de l'Épargne, où il est parlé également des présents faits aux envoyés des autres princes de l'Alliance : B. N., ms. 106 des CINQ CENTS DE COLBERT, fol. 627 et 633.

Page 179, fin de note 3. Les ambassadeurs recevaient 36,000 livres par an, et 18,000 livres par semestre.

Page 180, note 7. René Lequeux, sieur de Trancas, ou plutôt Tranquars, conseiller depuis 1635, était mort le 8 novembre 1660, et Guyonnet vers 1655. Celui-ci, puis Tranquars en 1653, avaient été surintendants de la justice militaire du parti de Condé : voir l'*Histoire des princes de Condé*, tome VI, p. 357, 378, 379, 487 et 737.

Page 181, fin de note. Le banquier Antoine Hache a un long article dans les *Archives de la Bastille*, tome 1, p. 180-199. Il avait été mis à la Bastille en août 1659 pour s'être refusé à faire honneur aux traites du cardinal Mazarin, et son arrestation fit grand bruit dans le commerce parisien. Ce ne peut être le banquier Arson dont parle le Mémorial.

Page 189, ligne 2. Lisez : *Catheux*.

Page 187, note 11. Godefroy Hermant raconte cette affaire de Baudelot dans son livre XXIV, comme ayant fait beaucoup d'éclat.

Pages 200 et 203, note 3. M. Le Tellier fut chargé d'écrire aux religieux de Hénin-Liétard, le 1er décembre, qu'ils ne nommassent point un remplaçant à leur abbé défunt : A. G., vol. 170, fol. 337.

Page 205, note 14. Charles Le Maître était un des soixante-treize docteurs qui avaient voté en 1656 sur la question « de fait »; grand ami de Singlin et de Pontchâteau, persécuté par M. de Harlay, il émigra, et mourut le 23 décembre 1688.

Page 210, note 2. Aux termes de l'article 67 de la Paix, M. de Lorraine eût dû licencier toutes ses troupes, et même sa maison, dès la publication faite de son traité.

Page 214. Le texte de la lettre écrite par Lionne à Gravel, donné ici d'après la correspondance de Hollande, se retrouvera plus loin, p. 267, mais avec quelques variantes, et sous la date du 14 mai, d'après la correspondance d'Allemagne.

Page 216, ligne 2 de la lettre à Caillet. Au lieu de : *S. M.*, lisez : *son maître*.

Page 217, fin de la note 12. Akakia ne mourut que le 24 août 1682.

Ibidem, note 13. Lisez : *Louise-Marie*, et, au lieu de : *des Noyers*, lisez : *Desnoyers*.

Page 223, note 5. Au lieu de : *Clément VII*, lisez : *Clément VIII*. — Les *Mémoires du cardinal Renaud d'Este* donnent beaucoup de détails sur l'affaire de Comacchio et Castro.

Page 228, note 8. M. de Singlin est désigné dans l'instruction pour d'Aubeville comme un des principaux chefs de la cabale de Retz.

Page 233, note 4. D'après un livre récemment publié à Québec par M. Thomas Chapuis, sur *Jean Talon, intendant au Canada*, c'est celui-ci, et non son frère Claude (lequel serait mort intendant à Oudenarde), ni un troisième, nommé Paul (lui aussi intendant d'armée), qui aurait été nommé commissaire au Quesnoy en 1654, d'où son surnom, puis fut intendant en Hainaut de 1655 à 1665, et alla alors remplir les mêmes fonctions au Canada, en revint en 1670, ayant obtenu l'érection du fief des Islets en baronnie, acheta ensuite une charge de secrétaire du cabinet du Roi, puis la quitta pour celle de premier valet de garde-robe, et fut créé en 1675 comte d'Orsainville. La commission d'intendant et directeur des finances, domaines, revenus, vivres et fortifications de l'Artois et des places cédées, avec la police des troupes et la régie des domaines, expédiée le 22 décembre 1660 (B. N., ms. fr. 4195, fol. 272-

277), ne donne pas le prénom du Talon qui en fut pourvu, ce qui nous eût fixés, et elle le désigne seulement comme conseiller d'État et commissaire aux limites, ayant été antérieurement intendant des armées en Flandre, en Luxembourg, et aux frontières mêmes de la Flandre et de l'Artois.

Page 234, note 5. Le 6 septembre suivant, Le Tellier remerciera Courtin d'avoir habilement procuré, à l'insu des Espagnols, des titres prouvant le droit du Roi sur le pays de l'Alleu.

Page 239, ligne 8. Ce peut être Nicolas Jeanmaire de Seranville, dit Bellerose, qui avait été anobli par le duc Nicolas-François entre 1654 et 1659.

Ibidem, dernier paragraphe, et p. 246, note 22. Nous avons indiqué au tome II, p. 7-8, que la mauvaise lecture : *le petit chalus*, devait être remplacée par : *le Petit Chalain*, nom d'un des navires de guerre que le Roi racheta de Foucquet, comme on le voit dans les *Défenses* de celui-ci, tome III, p. 352, et tome VIII, p. 28-52.

Pages 247-248. Le manuscrit de la bibliothèque de la Chambre des députés coté 292, qui vient des anciennes archives de la Marine, contient (fol. 149 et 145) quelques documents sur les bois qui furent tirés de la Bourgogne et de la Saintonge en 1661.

Page 252, note 8. Au lieu de : *père du Guy de Bar*, lisez : *père de Guy de Bar*.

Page 253, note 11. La garnison de la citadelle et du fort Saint-Jean comprenait les deux compagnies de Beringhen et de Lisle, à cent hommes chacune, et celle de M. de Saignon, à cinquante. Ce dernier recevait 1,200 livres comme commandant dans Saint-Jean, et M. de Beringhen, comme gouverneur, avait 4,500 livres par trimestre.

Page 261, note 11. La dame Talon eut une gratification de 3,000 livres par ordonnance du 15 juillet. En 1654, elle avait déjà eu la confiscation des biens de Jean et Charles Lupian.

Page 270, note 5. Le fils Quéralt ne parvint à se faire installer qu'en 1664.

Page 277, note 1. On finit, en septembre 1661, par permettre que le cardinal se rendît à son abbaye de Saint-Florent, et passât même par Paris et Fontainebleau : voir A. É., vol. Rome 143, fol. 168-169, et Mémoires et Documents, Rome, vol. 24, fol. 67 v°.

Pages 280-281. L'article du Mémorial de Chantilly eût dû être placé avant celui du Mémorial des Affaires étrangères, où il est parlé de l'exécution de la résolution prise dans la séance du conseil qui venait d'avoir lieu.

Page 286, note 2. La reine était depuis l'été de 1660 à Hambourg, où M. de Terlon essaya de la retenir.

Page 292, note 4. Les Papiers personnels de l'archevêque, sur sa mission à Venise, sont à la Bibliothèque nationale, ms. fr. 16102.

Page 296, note 2. Il est parlé plusieurs fois de cette affaire de la propine dans le tome II des *Mémoires du cardinal R. d'Este*, p. 17, 50-55 et 114.

Page 307, note 17. Les Papiers de La Barde, pour les années 1645-1656, sont à la Bibliothèque nationale, mss. fr. 16032-16036.

Ibidem, note 18. Jean de La Barde est l'auteur des *Decem libri de rebus Gallix* (1643-1651), publiés en 1671. M. Rott a indiqué le détail

ERRATA GÉNÉRAL. 259

de ses Papiers dans la 3ᵉ partie de l'*Inventaire sommaire des documents relatifs à l'histoire de Suisse*, p. 90 et suiv.

Page 308, note 22. En mourant, Mazarin avait chargé Ondedei de mettre en ordre ses papiers d'État d'Italie, et Lionne de classer les autres.

Page 310, note 29. Voir l'*Histoire générale de Metz*, tome III, p. 298-299.

Page 313. Les actes concernant le droit du duc de Guise sont aux Affaires étrangères, vol. ALGER 12.

Page 334, note 1. Colbert développera cette industrie en faisant venir des ouvrières de Venise et des Flandres.

Page 336, fin de la note 6. Voir la suite au tome III, p. 88 et 90-91.

Page 341, note 24. M. Émile Brun a publié en 1905, dans les *Annales franc-comtoises*, une étude sur Jean Friquet (1597-1665), qui fut un agent madré et subtil.

Pages 344-345, note 31. Sur les affaires du pays d'Outre-Meuse, voir Wicquefort, *Histoire des Provinces-Unies*, tome II, p. 85-89.

TOME II.

Page 8, fin de la note 12. Ajoutez : tome VIII, p. 28-52.

Page 10, note 15. En 1669, on voit l'hôtel du Corso habité par le cardinal Mancini et les dames.

Page 23, note 6. Le défaut d'espace libre n'a pas permis de faire entrer dans l'Appendice les fragments annoncés du « Discours » de Brienne.

Page 40, note 14. On trouvera des renseignements plus précis sur Charpy dans le tome II des *Archives de la Bastille*.

Page 53, fin de note 9. Pierre Caillet-Denonville ne fut que conseiller à Metz, comme il est dit au tome III, p. 242. C'est un autre Caillet, nommé François, qui fut reçu au parlement de Paris le 19 juin 1671.

Page 63, note 9. L'appendice annoncé n'a pu trouver place.

Page 75, note 8. Le ms. 22735 des Papiers de l'abbé de Dangeau contient le relevé des régiments et de leur solde en 1661, d'après les comptes de l'extraordinaire des guerres.

Page 77, fin de la note 8. Le 30 novembre, Le Tellier écrira à chacun des commissaires des guerres (A. G., vol. 170, fol. 334) : « Le Roi a résolu d'aller visiter au printemps prochain toutes les places de la frontière, et il est certain que, si S. M. ne trouve pas les compagnies complètes du nombre d'hommes qu'elles doivent avoir, les soldats de l'âge et de la force convenables, bien disciplinés et bien armés d'épées, les deux tiers de mousquets, et l'autre tiers de piques, et si Elle s'aperçoit qu'aucun soldat soit marié ou habitué dans le lieu de sa garnison ou aux environs, S. M. prendra de sévères résolutions. »

Page 89, notes 1 et 2. L'associé des Mailly est nommé Alard Imbert dans un arrêt du Conseil du 30 juin, qui prolongea le délai accordé le 20 mai (A. N., E 1712, fol. 228 et 268). Les deux terres de Buire et de la Bazecque avaient été adjugées par décret, en 1605 et 1606, aux auteurs de Mailly, pour compensation d'une somme de 50,500 livres payée par eux aux créanciers du prince de Condé.

Pages 102 et 108. Le cardinal Vidoni, qui avait été nonce en Pologne et était devenu protecteur de cette nation, était plus porté pour la France que pour l'Espagne, et, à l'occasion de la candidature du duc d'Enghien, il s'était empressé de renouer avec le jeune Brienne les relations qu'ils avaient entretenues ensemble à Varsovie; Monsieur le Prince et Caillet étant tout prêts à mettre leur confiance en lui, il cherchait à entrer dans le secret de l'affaire et à les appuyer auprès du Pape, tandis que le nonce en Pologne, Antioche Pignatelli, Napolitain d'origine et sujet espagnol, que Mazarin avait eu grand tort de laisser nommer à ce poste, accusait des tendances hostiles à la France. On verra néanmoins, en août (tome III, p. 88), que les ouvertures venues de Rome furent repoussées par les ministres de Louis XIV.

Page 104, ligne 3. La lettre au P. Duneau annoncée en cet endroit, et donnée dans l'Appendice du tome III, p. 105-109, est de Brienne fils, et non de Lionne.

Page 135, note 10. M. Belloc, dans son *Histoire des Postes*, p. 85 et 95-96, cite deux règlements pour le service des ordinaires émis vers 1650 et le 17 juin 1655.

Page 145, note 16. Il y a un mémoire en italien, sur le projet de mariage avec la princesse de Saxe, dans le volume A. É., Turin 57, fol. 68-69.

Page 146, note 8. Sur le différend de Montiglio et Robello, voir A. É., vol. Turin 56, fol. 291 v°.

Page 173, ligne 2. Corrigez *gouverneur* en *gouverneurs*.

Page 186, note 10. Beuningen envoya encore, le 23 juillet, ce renseignement à propos de l'émeute de la Rochelle : « J'ai appris de bonne part qu'un de nos commissaires, qui est bien intentionné pour LL. HH. PP., en a pris occasion de parler au Roi en notre faveur, mais que, comme celui qui soutient le droit de tonneau étoit présent, il répliqua et soutint que le Roi ne devoit rien relâcher sur un article si important par la crainte d'une diversion dans le transport du sel. Cependant, ceux qui ont la ferme du droit de tonneau et les autres fermes jugent tout le contraire; quelques-uns d'entre eux ont même présenté par écrit à M. le Surintendant leurs considérations contre ledit droit de tonneau. De notre côté, nous faisons valoir toutes ces circonstances, sous main, auprès de ceux où nous jugeons que cela nous peut être avantageux, et nous leur faisons craindre que, plutôt que de s'exposer aux pertes et aux vexations causées par cette imposition du droit de tonneau, les Hollandois s'abstiendront entièrement d'aborder dans les ports de France. On nous a dit que les lettres de M. de Thou ne font point craindre cela; cependant, si ces lettres s'accordoient avec ce que nous insinuons de tous côtés, il est certain que cela ne manqueroit pas de faire impression. »

Page 223, fin de la note 4. En avril 1661, le Roi avait repoussé un placet du marquis de Conros ou Conroc, premier baron de la province d'Auvergne, demandant permission d'empêcher le port d'armes et les duels en ladite province, comme aussi la chasse, et d'entretenir à ses frais, pour cet effet, six gardes aux couleurs du Roi, comme il était accordé dans d'autres provinces (A. N., O¹ 355, fol. 367 v°).

Page 239, note 16. Il fut délivré à Talon une somme de 4,950 livres, pour l'aider à faire les frais de la résignation de son office de maître des comptes (ms. 106 des CINQ CENTS DE COLBERT, fol. 617 v°).

Page 256, note 6. Antoine Fradet, conseiller au Parlement en 1601, avait eu en commende l'abbaye Saint-Pierre de Meaubec, qui passa, après lui, à son neveu Antoine Fradet, ancien chanoine de Bourges en même temps que trésorier de la Sainte-Chapelle de la même ville; mais ce second Antoine était mort en 1658. Peut-être s'agit-il d'un petit-neveu nommé aussi Antoine, dont les dossiers du généalogiste d'Hozier ne mentionnent que la mort. Une chapelle de leur nom avait été fondée dans la cathédrale de Bourges par Nicolas Fradet, mort en faisant fonction d'ambassadeur à Rome pour le roi Charles VII, et un Pierre Fradet, en 1450, fonda aussi une chapelle dans l'église Saint-Étienne.

Page 296, ligne 27. Lisez : *Catheux*.

Page 342. Le numéro d'ordre de cet Appendice est *IX*, et non *VIII*.

TOME III.

Page 16, note 6. Au lieu de : *congrégation des Missions*, lisez : *communauté de Saint-Sulpice*.

Page 157, ligne 1 du second alinéa. Lisez : *se complète par la lettre*.

TABLE GÉNÉRALE

DES PRINCIPAUX NOMS DE LIEUX, DE PERSONNES
ET DE MATIÈRES.

A

Abbaye (prison de l'), à Paris, II, 245.
Abbayes et abbés, I, 44, 45, 54, 56, 66-68, 72, 96, 101, 108, 109, 130, 142, 145, 166, 170, 171, 200, 202-206, 262, 263, 266, 276, 292-295, 301, 302, 309, 310; II, 17, 29, 30, 42, 44, 128, 129, 155, 169, 175-177, 223, 255, 256; III, 3, 7, 29, 30, 33. Voy. Bénéfices.
Abbeville (ville d'), I, 155; II, 71.
Abel (Jean), I, 182.
Académie de France à Rome (l'), II, 10.
Académie des inscriptions et médailles (l'), II, 92.
Académies pour l'instruction des jeunes gens, I, 72, 74.
Acadie (pays d'), III, 86.
Acigné (Hélène de Beaumanoir, marquise d'), I, 247.
— Voy. Assigny (chevalier d'), Carnavalet.
Adjudications aux enchères, II, 18, 43, 44, 200, 394; III, 37.
Affaires étrangères. Voy. Brienne, Lionne.
Afrique (l'), II, 78; III, 63, 72, 82, 83, 86. Voy. Alger, Bastion-de-France (le), Gambie, Tunis.
Agen (ville d'), II, 157, 250.
Aglié (Philippe, comte d'), III, 92, 95. Voy. Saint-Germain.
Agnès de Saint-Paul (Judith de Bellefont, dite la Mère), I, 219, 221, 268-270.
Aide ordinaire (imposition de l'), II, 262.
Aides (cours des), I, 87; II, 108, 163. Voy. Bordeaux, Paris, Rouen, Vienne.
— (droits d'), I, 77, 82, 83.
Aigle d'or (l'), navire, II, 304.
Aiguillon (Marie-Madeleine de Vignerot du Plessis, duchesse d'), I, 129, 225-227, 278; II, 13, 16, 35, 41, 71, 80.
Aimable (l'), navire, II, 306.
Aire (ville d'), I, 234; III, 3, 7.
Aix (parlement d'), I, 28, 29, 44, 132, 140, 152-154, 156-158, 191, 195, 288, 317, 321; II, 68, 110, 111, 147.
Aix-en-Provence (ville d'), I, 85, 110, 132, 152, 153.
Akakia (Nicolas), II, 28.
— (Roger), I, 20, 209, 217, 305; II, 299, 345, 347, 351, 354, 355, 373, 375, 378, 379; III, 225, 228, 243, 257.
Albe (ducs d'), II, 81.
Albert (Marie-Louise d'Albert de Luynes, demoiselle d'), I, 220.
Albi (Gaspard de Daillon, évêque d'), II, 56.
Albon (comtes d'), III, 58.
Albret (duché d'), II, 257, 259, 260.

Alençon (Élisabeth d'Orléans, dite Mademoiselle d'), II, 69, 70.

Alet (Nicolas Pavillon, évêque d'), I, 309.

Alexandre VII, pape, I, 14, 17, 45, 62, 66, 101, 109, 110, 204, 226, 229, 230, 254, 255, 258, 269, 275, 276, 284, 294-296; II, 3, 10, 11, 30, 31, 34, 38-40, 58, 85, 101, 107, 108, 118, 119, 121, 123-127, 188, 189, 217, 219, 236, 271, 272, 373; III, 12-14, 42, 86, 89, 106, 111-118, 200.

Alexandre (le P.), II, 361.

Alexis, czar de Moscovie, I, 333, 343, 345; II, 138; III, 215.

Alger (régence d'), I, 245, 312, 313; II, 8, 135, 168, 171-173, 293, 315-317.

Aliénations domaniales, II, 46, 48.

Aligre (Étienne d'), I, 139, 142, 146, 164, 293; III, 129, 139.

Aligre de Boislandry (Madeleine Blondeau, dame d'), I, 247.

Allamont (Florimond d'), II, 204; III, 44, 103.

Allemagne (empire d'), I, 72, 188, 219, 266, 267; II, 30, 96, 124, 199; III, 143. Voy. Autriche, Empire romain (l'), Léopold, Rhin (ligue du).

Alleu (pays d'), I, 231, 232, 234, 235; II, 33, 34, 79; III, 71, 74, 258.

Alliance des princes du Rhin (l'). Voy. Rhin (ligue du).

Almaine ou Almain (Jacques), III, 107.

Alméras (René d'), II, 293.

Alsace (chemin royal d'), I, 29, 33, 34, 46, 62, 64, 195, 196, 198, 276; II, 204-207, 239; III, 41, 43, 45, 46, 102, 103.

— (conseil souverain d'), I, 284, 287.

— (les Dix villes impériales d'), II, 155, 168, 174, 182, 183, 193-196. Voy. Haguenau.

Alsace (pays d'), I, 29, 77, 80, 81, 280, 282, 284, 287; II, 59, 64, 115, 169, 174, 176, 182, 195, 217.

— (régiment d'), II, 46, 48.

Altesse Royale (titre d'), III, 94.

Amasie (archevêque d'). Voy. Colonna (Charles).

Ambassadeurs et agents du Roi à l'étranger, I, 9, 10, 20, 21, 276, 279, 280; II, 3, 9, 10, 57, 58, 64, 102, 136, 140, 141, 157, 181, 187, 230, 232, 264, 276, 290-299; III, 18, 19, 72, 89, 91-94, 134, 159, 175, 176, 256. Voy. Aubeville, Aubigny, Barberini, Bartet, Battailler, Bierman, Bonsy, Bordeaux, Bourlémont, Caillet, Chassan, Embrun, Estrades, Frischmann, Gravel, La Barde, Labastide, La Haye-Vantelet, Lumbres, Terlon, Thou.

Ambassadrice de France, III, 94.

Amboise (ville d'), I, 227.

Amelot de Beaulieu (Jacques), I, 119; II, 212, 213.

Amérique (l'), II, 72, 77, 78.

Amiens (diocèse d'), II, 255.

— (gouvernement d'), I, 43, 44, 48.

— (ville d'), I, 158; II, 71.

Amiral de France (l'), I, 246. Voy. Vendôme.

Amirauté (tribunaux de l'), I, 97, 187, 249.

Amonnet (le P. François-Charles), I, 369, 370.

Amsterdam (ville d'), II, 268; III, 80.

Anchin (abbaye d'), I, 20, 45, 54.

Ancre (hôtel d'), I, 47.

Audilly (Robert Arnauld d'), I, 221; II, 27, 258.

André (Pierre), I, 393.

André Rouyer (le P.), I, 301, 302, 310.

Andrésy (marquisat d'), II, 1, 4.

Anduze (ville d'), III, 39.

Angélique (Marie-Angélique Arnauld, dite la Mère), II, 28.

Angleterre (royaume d'), I, 4, 31, 39, 42, 93, 116, 117, 131, 148, 149, 151, 187, 219; II, 22, 23, 32, 71, 99, 100, 104, 140, 141, 157, 159-162, 167, 169, 170, 183, 187-189, 264-266, 276-278, 296, 311, 315, 318-320, 326, 327; III, 18, 19, 27, 41, 42, 61, 63, 72, 73, 75-87, 140-176.
— (Henriette de France, reine d'), I, 25; II, 166.
— (Henriette-Anne, princesse d'). Voy. Madame.
Angoulême (Françoise de Nargonne, duchesse d'), III, 93.
Angoumois (province d'), II, 6, 180.
Anhalt (Jean-Georges, prince d'), I, 209, 214, 215; II, 272.
Anjou (province d'), II, 108.
— (régiment d'), I, 197.
Anna (l'), navire, II, 304-306.
Annat (le P. François), I, 81, 145, 202, 203; II, 332.
Anuates des bénéfices, I, 295, 296.
Anne d'Autriche, reine de France, 1, 18, 46, 67, 210, 297; II, 66, 134, 135, 247, 249, 250, 329, 353; III, 5, 158, 171, 172.
Annonciade (ordre de l'), en Savoie, III, 91, 94, 95.
Annuel (droit), 1, 122, 125; II, 154, 254.
Anoblissements, II, 285-287.
Antibes (place d'), II, 69, 70.
Antiquités, II, 288, 289.
Antoine (cardinal). Voy. Barberini (Antoine, cardinal).
Antoing (ville d'), II, 193.
Anvers (ville d'), II, 225.
Apanages, I, 45, 55, 56, 202.
Apostasie, II, 49.
Appel (ressorts et cas d'), I, 58; II, 60, 154, 155, 163-165, 179, 180, 215, 220, 223; III, 29, 33, 45, 47, 48, 51.
Arbello. Voy. Robello.
Arches et Charleville (conseil souverain d'), I, 243.

Archives d'État, I, 300, 301, 307, 308. Voy. Trésor des chartes.
Argenson (René Le Voyer d'), II, 13, 290, 291.
Argentan (vicomté d'), II, 46, 48.
Argenterie, II, 24.
Argouges (François d'), I, 71, 73, 240, 247.
Ario (le P. Girolamo), I, 236.
Armeau (paroisse d'), I, 292.
Armée (l'). Voy. Bois et chandelle, Casernes, Corps de garde, Garnisons, Réforme, Troupes, Ustensile.
Armentières (ville d'), I, 231, 232; II, 79.
Armes, II, 71, 72, 76; III, 259.
Armoiries, II, 260, 261.
Arpajon (Louis, marquis de Sévérac et duc d'), I, 19, 288.
Arras (gouvernement, ville et diocèse d'), I, 85, 127-129, 256, 270; II, 35, 92, 94, 155, 162, 241, 242; III, 3, 7.
Arrêts d'en haut, I, 152, 154.
Arrêts en commandement, III, 8, 48.
Arroux (N. d'), II, 185.
Arson ou Larson (N.), I, 178, 180, 181; III, 257.
Artagnan (Charles de Baatz, comte d'), III, 127, 130, 132, 133, 137, 138.
Arthault ou Artaud (Gaspard), I, 182.
Artigues (Nanon de Maurès, demoiselle d'), II, 52, 244, 249, 250.
Artillerie royale, II, 93-95, 109, 152, 166, 167, 238, 239, 254, 255. Voy. Canons.
Artois (conseil d'), II, 18, 30, 45, 47, 155, 171; III, 52.
— (États d'), I, 44, 51, 52, 110, 113, 114, 142, 146; II, 42-44, 177, 178, 198, 262; III, 2, 5.
— (province et comté d'), I, 44, 51, 52, 55, 67, 68, 101, 105, 106, 127, 129, 142, 222, 223, 231, 234-236, 294, 309; II, 29, 30, 32, 33, 43-45, 88-90,

107, 109, 110, 177, 178, 193, 234, 235, 240, 241, 243, 322, 394; III, 1-7, 55, 71, 73, 88-90, 113, 118, 255, 256.

Aschaffenbourg (ville d'), I, 331, 342.

Aspremont (Charles II, comte d'), I, 101, 104, 105.

Assemblées défendues, 1, 43, 72, 74, 122-124, 154, 170, 175, 176, 254, 255, 268, 272, 273, 304; II, 11-13, 50, 56, 109-113; III, 11.

Assigny (N., chevalier d'), II, 245, 252.

Assistants de congrégations, II, 80, 85, 101.

Atri (Angélique d'Acquaviva, demoiselle d'), II, 258.

Aubeville (Jean de Sève d'), I, 17, 66, 68, 196, 198, 199, 222, 223, 226, 229, 254, 255, 257, 258, 266, 273; II, 3, 4, 9-11, 30, 31, 34, 38-40, 107, 124, 128-130, 176, 177, 217, 236, 297; III, 12-14, 87-89, 105, 114-118, 257.

Aubigny (Ludovic Stuart, abbé d'), 1, 29, 33, 149, 151; II, 265, 281; III, 85, 169.

Aubray (Dreux d'), I, 72, 74, 201, 205, 218, 219, 221, 236, 237, 241, 243, 244, 248, 256-259, 270; II, 81, 256-258.

Aubusson (François, abbé d'), II, 334.

Audience royale de Catalogne (l'), II, 55.

Auersperg (Jean-Vuiscard, prince d'), II, 363.

Augustin (saint), III, 108, 109.

Augustines (ordre des), II, 256.

Augustins (ordre des), II, 80, 85, 86, 101.

Augustinus (l'), I, 203; III, 14.

Aumale (abbaye d'), II, 297.

Aumône (droits d'), II, 246, 253.

Aumônes, III, 2, 5.

Aumont (Antoine, maréchal d'), II, 241.

Aunis (intendance d'), I, 191, 193.

Aurillac (ville d'), I, 171, 174, 192.

Auroy. Voy. Ourouër.

Auteuil. Voy. Combaud.

Autrement (village d'), II, 222.

Autriche (maison impériale d'), I, 21, 24, 209, 213-215, 266, 267, 282, 287, 341, 344; II, 124, 129, 182, 195, 216, 231, 263, 271-274, 276, 278, 299, 342-381; III, 42, 195, 197, 198, 213, 236. Voy. Léopold.

— (Charles-Joseph, archiduc d'), II, 350, 370, 380, 381.

— (Isabelle-Claire d'), duchesse de Mantoue, I, 253.

— (Éléonore-Marie, princesse d'), II, 364.

Autun (ville d'), I, 80.

— (Louis Dony d'Attichy, évêque d'), I, 57.

Auvergne (province d'), I, 85, 89, 274; II, 215, 220, 221, 237, 238; III, 30, 260.

— (régiment d'), II, 269.

Auvry (Claude), ancien évêque de Coutances, II, 27, 333, 334.

Auxerre (ville d'), I, 44, 52, 53, 309.

Auzouville (seigneurs d'), II, 133.

Avaucourt (N. d'), I, 135, 157.

Avaugour (Charles du Bois, baron d'), III, 243.

Avaux (Claude de Mesmes, comte d'), III, 135.

Aveiro (Alvarès de Portugal d'Alencastro, duc d'), III, 68.

Avesnes (ville, gouvernement et bailliage d'), I, 86, 106-108; II, 234, 235, 240.

— (abbaye d'), I, 200, 203.

Avignon (ville d'), I, 314.

Avila (le P. Balthazard d'), I, 192, 194, 251, 254, 262, 265, 272-274.

Aymet. Voy. Eymet.

Azincourt (bataille d'), III, 152.

B

Babylone (le P. Bernard de Sainte-Thérèse, évêque de), II, 14.

Bade (Léopold, marquis de), I, 213.
Bagnols-sur-Cèze (ville de), I, 121, 124.
Bail (Louis), II, 16, 26-28.
Bail judiciaire, II, 200.
Baillis et bailliages royaux, I, 44; II, 2, 50, 55, 89, 180, 186; III, 71, 179, 180, 186.
Baleine (pêche et commerce de la), II, 19, 22, 141, 186; III, 69.
Ballets dansés à la cour, II, 246, 267; III, 8, 54, 97, 104.
Baltique (mer), II, 310, 311.
Baluze (Étienne), I, 169, 205; III, 89.
Ban (mise hors de), II, 61.
Bannières de marine, I, 96, 98, 99.
Bapaume (ville de), I, 85.
Bar (Guy de), I, 43, 48; III, 258.
— (N. de ou du), I, 250, 252.
— (duché et bailliage de), I, 29, 33, 46, 244; II, 74; III, 45. Voy. Barrois.
Bar-le-Duc (ville de), III, 53.
Barbaresques (États et corsaires), I, 239, 240, 245, 246, 312, 313, 339; II, 3, 7, 8, 293, 305, 309, 314, 318.
Barberini (Antoine, cardinal), I, 17, 251, 254, 255, 258, 328; II, 30, 31, 34, 101, 102, 120, 123, 124, 126, 128, 130, 175, 188, 189, 236, 244, 251, 289, 298; III, 12, 84, 87-91, 111-118, 154-156, 164, 173.
Barbezac (village de), II, 222.
Barcelone (ville de), I, 194, 271-273; II, 56.
Bardin (N.), II, 131, 132.
Bardonnèche (vallée de), III, 58.
Baron (Michel), II, 298.
Barreau (Jean), II, 293.
Barrois (pays), II, 206; III, 29. Voy. Bar.
Bartet (Isaac), I, 29, 32, 33, 116-118, 151; II, 296.
Basnage (Jacques), III, 62, 63.
Bastille (prison de la), I, 72, 130, 139, 148, 162, 166, 172, 174, 175, 178, 297, 314, 317, 393; II, 26, 34, 40, 59, 67, 88, 132-134, 155, 200, 207; III, 55, 94, 257.
Bastion-de-France (l'établissement du), I, 311-313; II, 168, 171-173.
Bâtiments du Roi (les), I, 44, 50, 51; III, 255.
Battailler (N.), II, 296; III, 22.
Batteville. Voy. Watteville.
Baudelot (Pierre), I, 184, 187, 393.
Baudouin (N.), I, 200, 203, 394; II, 336.
Bausset (François, chevalier de), II, 46, 48.
Baux des domaines, I, 266; II, 43.
Bavière (maison de), II, 97.
— (Christian-Auguste, duc de), II, 97, 198.
— (Louis-Henri de), I, 338.
— (Anne de), duchesse d'Enghien, I, 209, 247, 305; III, 176, 179, 181, 195, 213, 224.
— (Élisabeth Stuart, veuve de Frédéric V, duc et électeur palatin de). Voy. Bohême.
— (les princesses palatines de), II, 114, 343, 372, 380.
Bavière-Simmeren (Marie de Nassau, duchesse de), I, 338.
Bayeux (évêché et cathédrale de), III, 13, 14, 114, 392.
Bayonne (port de), II, 267, 284.
Bazecque (terre de la), I, 176; II, 89; III, 259.
Béarn (pays et États de), I, 110, 111, 114, 275; II, 267; III, 4, 7.
Beaufort (François de Vendôme, duc de), II, 303.
Beaufort (le), navire, II, 304, 317.
Beauharnais (François de), I, 225.
Beaulieu (abbaye de), II, 255, 256.
— (N. de), I, 77, 82, 346.
Beaumetz (village de), I, 238, 244.

Beaumont (Louis Le Normand de), I, 131, 136, 137.
— (Marie Raymond, dame de), I, 131, 137; III, 256.
Beauvais (Nicolas Choart de Buzanval, évêque de), I, 308.
— (Catherine-Henriette Bellier, dame de), II, 5.
Beauvoir (château de), II, 156.
Belle-Isle (île de), II, 253, 314; III, 128, 132, 133, 138.
Bellefont (Louise Gigault de), II, 341.
Bellerose (Nicolas Jeanmaire, dit), I, 239; III, 258.
Belloy (Hercule, comte de), III, 91-93.
— (Marie de Villemontée, comtesse de), III, 91-94.
Benedetti (Elpidio, abbé), II, 9-11, 287-290, 297.
Bénédictines (religieuses), II, 256.
Bénédictins (religieux), I, 130, 135, 136; II, 255, 256. Voy. Cluny.
Bénéfices ecclésiastiques, 1, 44, 54, 55, 66-68, 101, 108, 109, 142, 145, 146, 154, 200-206, 222, 223, 280, 281, 293-295, 301, 302, 309, 310, 392, 393; II, 168, 169, 175-177, 195, 255, 256, 330-344; III, 87-90, 113, 118.
Bennet (Henri), III, 168.
Bercy (Charles-Henri Malon de), I, 104, 105.
Beringhen (Henri de), I, 44, 49, 67, 70, 253, 339; II, 8, 69, 204, 210, 211; III, 255, 258.
Berlin (ville de), I, 274.
Bernarts (Pierre), I, 210, 218, 295; III, 62.
Berne (canton de), II, 79.
Bernier (Thomas), I, 44, 52, 53.
Berkoleu. Voy. Bornkloe.
Bertault (N.), I, 181-183.
Berthaucourt (abbaye de), II, 255, 256.
Berthemet (N.), II, 25.
Berwick (Jacques Fitz-James, maréchal-duc de), II, 81.

Besanc (Jacques), II, 336.
Besche (Lazare), I, 172.
Besmaus (François de Monlezun de), I, 181; II, 34, 40, 134, 207.
Bessan (Jean-Baptiste), II, 133.
Bessay (Louis de), I, 202, 392.
Béthune (gouvernement de), I, 85; II, 86, 210, 240.
— (Henri, abbé de), I, 154.
Béthune-Charost (Louis, comte de), I, 48.
Beuningen (Conrad van), I, 47, 337; II, 21, 22, 62, 105, 148, 268, 281; III, 27, 62, 64, 82, 84, 101, 156, 157, 171, 172, 260.
Béziers (ville de), I, 277, 280; II, 71, 85, 97.
Bezons (Claude Bazin de), I, 45, 59, 73, 311, 320; II, 96, 97, 132, 158, 202, 213; III, 31, 39, 60, 125.
Bidal (Benoît), II, 295.
Bielke (baron), II, 226, 358, 359; III, 211, 226.
Bierman (N.), I, 148, 301, 308, 309; II, 294.
Bigorre (N.), II, 280.
Bicernklou ou Biernclau (Mathieu), I, 365; II, 226.
Biron (Charles de Gontaut, duc et maréchal de), III, 78.
Bisoton (N.), I, 172.
Blaisois (lieutenance générale du), I, 111, 115.
Blanc-Mauvesin (Pierre de), II, 147, 148.
Blaye (port de), III, 72, 81, 82, 86.
Blés (commerce des), I, 278; III, 74.
Blondeau (Gilles), I, 240, 247.
Blondel (François), II, 293.
Bohême (rois de), II, 218.
— (Frédéric V, roi de), I, 338.
— (Élisabeth Stuart, reine de), I, 329, 338.
Bois et chandelle des troupes, II, 88, 234, 241; III, 2, 3, 6, 7, 74, 75.
Bois et forêts, I, 240, 247, 248; II, 46, 72; III, 10.

Bois pour la marine, I, 240, 347-349; II, 64, 68, 302, 310, 311; III, 258.
Boisguillebert (Anne et Agathe de), I, 220.
Boislabé (Charles Sebire de), II, 347; III, 224, 244.
Boissel (Thomas), II, 336.
Boissons (impositions sur les), I, 133, 143, 173; III, 74.
Bolduc (mairie de), II, 37.
Bombay (ile de), II, 188.
Bond (Christian), III, 163.
Boniparis d'Honorat (Honoré de), I, 132, 140.
Bonneval (abbaye de), II, 340.
Bonsy (Pierre de), évêque de Béziers, I, 78, 277, 280; II, 24, 294, 299.
Borculo. Voy. Bornkloe.
Bordeaux (Antoine de), I, 301, 308; II, 295, 325; III, 82, 86, 153, 154, 163.
— (cour des aides de), II, 184, 233.
— (parlement de), I, 122, 148, 172, 175, 178, 180, 191, 193, 262, 265, 284, 287, 321, 322; II, 49-51, 60, 67, 68, 88, 147, 148, 180, 181, 184, 185, 197, 223, 232, 233, 322; III, 10, 16, 47-51.
— (ville et intendance de), II, 88, 89, 91, 147, 170; III, 81, 82. Voy. Château-Trompette.
Bordier (Jacques), I, 308.
Borcel (Guillaume), I, 47.
Bornkloe, Borculo ou Borkloest (ville de), II, 20, 119, 122, 158, 161, 225, 230, 231, 279.
Bort (ville de), II, 224.
Bosquet (René de Bangy du), II, 199, 207.
Bossuet (Jacques-Bénigne, abbé), I, 203.
Boucherat (Louis), III, 121-123.
Bouchu (Claude), I, 52, 53, 59, 101, 104.
Bouillon (Frédéric-Maurice, duc de), II, 257, 259.
— (Emmanuel-Théodose, cardinal de), II, 271.

Boulets de canon, II, 311.
Boullay-Favier (Jean Favier, dit du), I, 247.
Boulogne (comtes de), II, 90.
Boulogne-sur-Mer (port de), III, 73, 84, 87.
Boulonnais (pays et comté de), II, 199, 204, 269.
Bouqueval (Claude Marcel de), I, 137, 280, 281; III, 256.
Bourbon (île), I, 253.
Bourbonnais (lieutenance générale et domaine de), II, 257, 259.
— (régiment de), I, 252.
Bourbourg (ville et châtellenie de), I, 237; II, 198, 204; III, 1, 2.
Bourg-en-Bresse (ville de), II, 165, 166.
Bourges (diocèse de), II, 255, 256.
Bourgogne (cercle de), II, 276.
— (parlement de). Voy. Dijon.
— (province de), I, 240, 247, 248.
— (titre de duc de), III, 78.
Bourlémont (Charles-François d'Anglure, abbé de), I, 255; II, 108, 123, 188, 297; III, 89.
— (Nicolas d'Anglure, comte de), I, 312, 316.
Bournel (Angélique-Marie de), II, 255, 256.
Bourras (abbaye de), II, 334.
Bourse des États de Languedoc (la), I, 250, 252.
Bousignies (village de), I, 238, 244.
Boussac (seigneurie de), II, 87, 90.
Boutaut (Gilles), évêque d'Évreux, I, 310.
Boutteville (François-Henri de Montmorency, comte de), I, 247.
Bouvot (Benoît), I, 96, 97.
Boyer de Bandols (Jules de), I, 324, 326; III, 11.
Boyneburg (Jean-Christian, baron de), II, 183, 194, 276, 295.

Braccesi (abbé), I, 251, 255, 290, 297, 394.
Bracciano (Flavio Orsini, duc de), I, 328, 335, 336; II, 298; III, 88, 90.
Brachet (Claude), I, 172, 175, 225.
Bragance (maison de), II, 278.
Brahé (Pierre, comte), III, 26, 154, 165.
Brandebourg (Frédéric-Guillaume, grand électeur de), I, 190, 209, 215, 216, 279, 282, 283, 330-332, 338, 341, 342; II, 37, 100, 106, 142, 215, 262-264, 271-274, 277, 278, 350, 355, 357, 358, 364, 369-371; III, 66, 81, 177, 180, 187, 192, 194, 196-198, 202, 205, 211, 215, 217, 236, 238, 240.
— (Louise d'Orange, électrice de), I, 215, 303.
— (Marie-Éléonore de), duchesse de Bavière-Simmeren, I, 330.
Bras (N. de), I, 289.
Brasset (Henri) et son fils, II, 62, 225, 229, 230, 231; III, 19, 27, 59-62.
Braun (N.), I, 341.
Bréganson (fort de), I, 181-183.
Brescou (fort de), II, 244, 251.
Brésil (pays de), I, 344.
Bresse (chambre souveraine de), I, 77, 80, 165, 167, 286-288; II, 45, 164-167.
Brest (port de), I, 239; II, 238, 239, 301, 310, 311.
Bret ou Brethe de Marivault (N.), II, 45, 394; III, 52, 55.
Bretagne (États de), II, 186; III, 41, 103, 104, 122-124, 128, 130, 137, 224, 226.
— (parlement de). Voy. Rennes.
— (province de), I, 247, 248; II, 275; III, 54, 61, 88, 97.
Brévedent (Marc-Antoine de), II, 16, 25.
Brezé (Jean-Armand de Maillé, amiral et duc de), I, 326.
— (Stanislas, comte de), II, 345; III, 183.

Brezé (le), navire, II, 304-306.
Briançon (ville de), II, 133.
Briançonnais (pays), III, 54, 58.
Bricard (Blaise de), I, 62, 65; II, 293.
Brienne (Henri-Auguste de Loménie, comte de), I, 6, 7, 19, 22, 23, 43, 60, 61, 72, 99, 110, 127, 141, 167, 171, 181, 194, 195, 231, 257, 275, 281, 284, 295-297, 326, 352, 353, 355, 357, 365, 368; II, 14, 15, 30, 31, 34, 62, 78, 193, 194, 284, 299; III, 9, 11, 20, 41, 61, 62, 72, 75, 84, 87-89, 92, 93, 101, 121-132, 146, 157, 179, 192, 206, 226.
— (Henri-Louis de Loménie, comte de), I, 2, 3, 6-8, 12, 14, 18-20, 126, 127, 174, 191, 251, 272, 278, 304, 306, 308, 344, 351; II, 31, 47, 80, 86, 97, 110, 117, 120, 121, 123, 124, 126, 131, 140, 141, 143, 161, 162, 173, 176, 177, 185, 187, 188, 190, 191, 193, 195, 196, 209, 217, 226, 227, 229, 230, 236, 268, 269, 272, 274, 275, 277, 280, 284, 289, 291-293, 299, 339; III, 15, 19, 20, 32, 34, 47, 60-62, 67, 68, 75, 86, 87, 93-95, 105-109, 111, 119-132, 140, 154-161, 164, 165, 218, 221, 259, 260.
— (Louise de Béon, comtesse de Loménie de), II, 162.
Brignoles (assemblée de), II, 110, 111.
Brisach (place de), I, 257; II, 168, 174.
Brisacier (Nicolas de), II, 114, 116; III, 103.
Brissac (Marguerite de Cossé de), prieure de Poissy, III, 124.
Brisse (Michel Brice ou), II, 336.
Bristol (Georges Digby, comte de), III, 168, 169.
Brive (ville de), II, 178, 222, 223.
Broc (Pierre de), évêque d'Auxerre, I, 261, 263, 309.

Brocard (N.), II, 116.
Broglio (Michel-Ange, abbé de), I, 118, 119.
Brouage (place et port de), I, 257, 260; II, 86, 239; III, 37.
Brulart (Nicolas), I, 322; II, 61, 68.
Brûlots de la marine royale, II, 8, 46, 48, 303, 304, 316, 317.
Brunswick (maison de), I, 329, 340; II, 99, 104, 258, 272.
— (Ernest-Auguste de), évêque d'Osnabrück, II, 104.
Brunswick-Zell (Christian-Louis, duc de), II, 104.
Brunswick-Wolfenbüttel (Auguste, duc de), II, 104.
Bruxelles (ville et cour de), I, 110, 179, 256; II, 200, 241.
Bruyant (le P. Simon), I, 194.
Bucquoy (Charles-Albert de Longueval, comte de), II, 36, 162-164, 182, 191-193.
Buire-au-Bois (terre de), I, 176; II, 89; III, 259.
Bulles et brefs pontificaux, I, 121, 192, 194, 254-256, 259 ; II, 17, 34, 38-40; III, 87.
Bussy (N. de), II, 4.

C

Cabverde. Voy. Cap-Vert.
Cahiers de doléances des États, I, 114, 132, 139.
Caillet-Denonville ou d'Hénonville (Pierre), I, 21, 216-218, 225, 303, 305; II, 50, 53, 138, 224, 227, 228, 298, 299, 346-381; III, 18, 20, 59, 176-250, 257, 258, 260.
Caillot (le P. René), I, 260.
Calais (ville et port de), I, 43; II, 130, 180, 211.
Calonne (François de), abbé d'Anchin, I, 45, 54.
Cambrosius ou Gamberosius (N.), II, 226, 394.
Camerlingat (le), I, 255; II, 39.
Camparan (N. de), II, 310.
Campi (Théophile de), I, 326.

Camuset-Picart (Sébastien), I, 205.
Canada (colonie du), I, 234; II, 4.
Canal de la Manche (le), II, 159.
Candalle (L.-Ch.-Gaston de Nogaret, duc de), II, 243, 248.
Candie (île de), I, 99, 102, 325, 326; III, 111.
Canet (comté de), II, 55, 191.
Canonicats ou chanoinies, I, 201, 202, 392, 393; II, 58, 255, 256.
Canons, II, 51, 152, 301, 302.
Cantines militaires, II, 240.
Cap-Vert (colonie du), III, 59, 61-64, 72, 82, 83.
Capitaineries royales, II, 1.
Capitaines, II, 4, 13, 16, 17, 42, 43, 46, 149, 150, 153, 245.
Capitulations des Suisses (les), II, 234, 239.
Cappus (N.), III, 57.
Capucins (religieux), I, 45, 57, 58, 177, 178, 235, 249; II, 41, 44.
Caracène (Louis de Benavidès, marquis de), I, 105, 232, 234, 235, 238, 243; II, 33, 193, 328-330; III, 71, 161.
Cardenas (Alonso de), III, 21, 153, 154, 163.
Carmes (religieux), I, 232, 236, 257, 260, 269.
Carnavalet (Claude d'Acigné, marquis de), II, 71, 80, 86, 87, 187, 238.
Casal (place de), I, 260.
Casernes, II, 199, 201, 203, 234, 239.
Cassation (cas de), I, 132, 133, 141, 152, 154, 155, 157, 162; II, 186; III, 10, 16, 38, 47-51, 102.
Castéia (N.), II, 340.
Castille (Anne de), II, 333.
Castres (chambre de l'édit de), II, 61, 68, 186, 394; III, 39, 40.
Castro (duché de), I, 14, 16, 17, 196, 199, 222; II, 30, 31.
Catalan (Jean), I, 393.

Catalogne (province de), I, 261; II, 55, 64, 165, 191.
Catelan (Marie et Anne), I, 220.
Cateus. Voy. Catheux.
Catherine (la), navire, II, 303, 304.
Catheux (Henri de), I, 189; II, 295; III, 162-165, 257.
Catholicisme, I, 47, 328, 329, 337; II, 102, 108, 188, 189, 195, 261, 267-269, 281, 323; III, 2, 4, 5, 79, 85, 96.
Cauchon de Maupas (Henri), évêque du Puy, I, 310.
Caulet (Antoine de), II, 338; III, 102.
— (François-Étienne de), évêque de Pamiers, I, 55, 309.
Cautions de mise en liberté, II, 50, 67.
Cavalerie (troupes de), I, 150; II, 72, 77, 153, 201, 252, 254.
Cavoye (le P.), III, 4.
Ceberet (Jean), I, 353.
Célestins (congrégation des), I, 44, 51.
Cenamy (famille), I, 256, 259, 260.
Centième (contribution du), en Artois, I, 113; II, 243, III, 256.
Cent-Suisses (corps des), I, 77, 81, 82.
Cerdagne (pays de), I, 76, 79, 327, 334, 335; II, 164; III, 113, 118.
Certificats de la Congrégation (les), I, 145; II, 332.
Césanne (vallée de), III, 58.
César (le), navire, II, 304-306.
Cesarini (Julien, duc), I, 328, 336, 337; II, 298.
Césars romains (les), III, 171.
Cessenon (église de), I, 393.
Cévennes (monts des), I, 39.
Chabert (Cyprien), I, 98.
— (N.), I, 246.
Chaillot (village de), II, 203, 213.
Chaîne des forçats (la), I, 89; II, 309; III, 256.
Chaise-Dieu (abbaye de la), I, 295.
Chalain (Christophe Foucquet, président de), II, 7.

Chalain (le), navire, II, 7, 8; III, 258.
Chalon (Guillaume de), prince d'Orange, II, 113.
Chalon-sur-Saône (ville de), II, 59, 67.
Châlons (abbaye Saint-Pierre de), II, 338.
— (ville de), II, 48.
Chaluts, I, 239, 240, 246; II, 7; III, 258. Voy. *Chalain*.
Chambellay (régiment de), I, 197.
Chamberet (Benjamin de Pierrebuffières, marquis de), II, 221-223.
Chambord (château de), II, 7.
Chambre de justice (la), III, 120.
Chambres de l'édit. Voy. Édit.
Chambres des comptes. Voy. Dijon, Lorraine, Paris.
Chambres souveraines. Voy. Alsace, Bresse.
Champagne (province de), I, 326; II, 47; III, 161.
— (frontière de), I, 84, 293; II, 197, 198.
Champagne et Brie (régiment de), I, 252.
Champneuville (village de), I, 243; III, 71, 74.
Champy (Jacques), II, 59. 67.
Chancelier de France. Voy. Séguier.
Chancellerie (lettres de), II, 214-218.
Chanlatte (Cécile et Marguerite), I, 221.
Chanut (Pierre), I, 164.
Chanvre pour la marine, II, 311.
Chapelain (Jean), I, 289.
Charente (rivière de), II, 310.
Charlemagne, empereur, II, 216.
Charles VII, roi de France, III, 81.
Charles Ier, roi d'Angleterre, I, 338; II, 320, 321.
Charles II, roi d'Angleterre, I, 4, 25, 39, 42, 116, 117, 148, 237, 308, 329, 338, 343; II, 55, 99, 100, 104, 105, 136,

139, 141, 159, 169, 170, 188, 225, 229-231, 260, 261, 264, 265, 273, 274, 276, 280-282, 325, 326; III, 2, 18, 20-22, 24-26, 42, 59, 61, 63, 65, 66, 72-82, 85, 86, 145-155, 158-170, 175, 176.
Charles-Emmanuel II, duc de Savoie, I, 193, 194, 238, 244, 254, 268, 394.
Charles-Gustave, roi de Suède, I, 308.
Charles-Quint, roi d'Espagne et empereur, III, 89, 141-144.
Charleville (ville de), I, 243; II, 48.
Charnesky. Voy. Czarnesky.
Charpentier (Louis), I, 393.
Charpy (Nicolas), dit l'abbé de Sainte-Croix, II, 34, 40; III, 259.
Charrier (Gaspard et Aimé), I, 177, 178, 393.
Chars (Henriette-Thérèse d'Albert de Luynes, demoiselle de), I, 220.
Chassan (N. de), 1, 121, 123, 124, 143, 148, 300, 309, 333, 345, 346; II, 162, 226, 298; III, 131, 256.
Chasseur (le), navire, II, 178, 239.
Chasteau (Jean), III, 45, 53, 56.
Chasteuil (François-Hubert Galaup de Chasteuil et le chevalier de), I, 140, 289.
Château-Dauphin (vallée de), III, 54, 58.
Château-Regnault (gouvernement de), I, 253.
Château-Trompette (le), à Bordeaux, I, 44, 49, 100, 103, 104, 250; II, 49, 52, 88, 89; III, 1.
Châtelet de Paris (le), II, 203, 213, 258.
Châtellenies, II, 50, 51.
Châtignonville (N. Boistel de), III, 139.
Châtillon (Isabelle-Angélique de Montmorency-Boutteville, duchesse de), I, 247.

Châtres (abbaye Notre-Dame de), II, 334.
Chauffrete (tour de la), à Limoges, I, 173, 176; II, 51, 55, 200.
Chauvigny (Laurent de), II, 295.
Chavaroche (Antoine de), I, 205.
Chavigny (Claude et Léon Bouthillier de), I, 7, 301, 308; III, 135.
Chelm (évêché de), III, 189.
Chelsea (port de), II, 229, 265, 280.
Cherasco (traité de), I, 254.
Chevreuse (Marie de Rohan, duchesse de), II, 320; III, 110.
Chiens du Roi (la meute des), I, 66, 69.
Chiffre (commis du), II, 280.
Chigi (Fabio, cardinal), II, 39, 129; III, 89, 114.
Chimay (Philippe de Ligne, prince de), 1, 101, 105-108; II, 37.
Chine (missions en), II, 4, 12.
Chiny (comté de), III, 29.
Chiourme des galères, I, 165.
Choart de Buzanval (Gabrielle), 1, 220.
Choisy (J.-O. Hurault de l'Hospital, chancelière de), II, 347, 349, 350, 359; III, 192, 244.
— (François-Timoléon, abbé de) et ses *Mémoires*, I, 20, 35, 39, 43, 145, 156; II, 210, 359, 360; III, 78, 244.
Christine, reine de Suède, I, 63, 283, 284, 286, 295, 299, 304, 305; II, 9, 194, 269; III, 258.
Chypre (royaume de), III, 94.
Cinq propositions (les), I, 203; II, 99; III, 105-109.
Cinquante sols (droit de), I, 333; II, 15, 21-23. Voy. Fret.
Citeaux (ordre de), I, 166, 170, 171, 202, 206.
Clancarty (comte de), II, 81. Voy. Muskerry.
Clanricarde (Guillaume de Burgh, comte de), II, 81.
Claude (Jean), III, 38.

Clefs des villes, II, 16, 17, 149, 180.
Clément VIII, pape, I, 223; II, 9; III, 257.
Clément IX, pape, II, 64.
Clergé (le), I, 13-15, 131, 132, 139, 142, 143, 146, 147, 166, 169, 170, 188, 203, 259, 261, 263, 271, 293, 302; II, 16, 103, 235, 240; III, 14, 74, 105-109.
Clermont (diocèse de), II, 342.
— (N. de), II, 157.
— (Anne de), I, 220.
— (Cécile-Claire-Eugénie de), I, 220.
— (comté de), I, 196, 199, 200.
Clermont-en-Auvergne (ville de), II, 131.
Clerville (Louis-Nicolas, chevalier de), I, 12, 30, 36, 159, 160, 208, 211, 212, 224, 225, 311-315, 339; II, 8, 73, 171, 172, 210, 211.
Clevant (François), III, 103.
Clèves (duché de), II, 271.
Clumans (N. de), I, 347.
Cluny (congrégation de), I, 101, 104, 130, 135, 136; II, 42-44, 168, 169, 175, 176, 262, 269, 271.
Cochinchine (royaume de), II, 4, 12.
Cocquiel (Jean-Baptiste de), I, 313.
Coire (ville de), II, 293.
Coislin (Armand du Cambout, marquis de), III, 122, 125.
Colbert (famille), II, 55.
— (Jean-Baptiste), I, 5, 10, 24, 26, 27, 50, 51, 108, 164, 165, 203, 235, 248, 260, 277-279, 295; II, 8, 9, 11, 21, 24, 25, 44, 55, 56, 58, 63, 65, 77, 84, 87, 91, 92, 113, 114, 118, 127, 135, 143, 156, 160, 165, 167, 171, 172, 174, 175, 186, 191, 193, 196, 204, 207, 213, 221, 261, 269, 275, 276, 290, 291, 300, 309-312, 328-331, 343, 344, 394; III, 15, 68, 85, 98, 101, 104, 119, 120, 139, 140, 142, 206, 228, 236, 256, 259.
Colbert (Nicolas), évêque de Luçon, I, 206.
Colbert de Saint-Mar (Charles), I, 288; II, 255.
Colbert de Terron (Charles), I, 191, 193; II, 48, 156, 309-312; III, 30, 35, 37, 96-102.
Colbert de Vendières et de Croissy (Charles), dit le président Colbert, I, 17, 31, 37, 38, 68, 81, 198, 223, 260, 280, 282, 301, 302, 314, 315, 323, 348; II, 23, 31, 59, 64-66, 74, 88, 107, 152, 163, 174, 193, 196, 204, 207, 212, 239, 259, 297; III, 3, 40-42, 46, 58, 60, 70, 102-104.
Collalto (comte de), III, 146.
Collèges, II, 180, 183-185.
Cologne (ville de), I, 331; II, 262, 272, 273, 278.
— (Maximilien de Bavière-Leuchtenberg, archevêque-électeur de), I, 61-63, 190, 226, 227, 230, 330; II, 19, 20, 116, 272, 273, 295.
Colognes (N. de), II, 201, 208.
Colonel général de l'infanterie (le), II, 150, 246.
Colonels d'infanterie, II, 245, 251, 252.
Colonies, I, 62, 65, 66, 162, 163; II, 72, 77, 78, 171, 172; III, 61-64, 72, 82, 83, 86.
Colonna (Charles), archevêque d'Amasie, I, 177, 179, 180.
— (Marie Mancini, connétable), I, 65, 129, 154, 173, 174, 286.
Comacchio (pays de), I, 199, 222, 223.
Comans (Marc de), III, 15.
Combaud d'Auteuil (Charles), II, 347; III, 183, 224, 225.
Combes (Louis de ou des), II, 61, 69; III, 38.
Comborn (N. du Saillant, vicomte de), II, 222, 223.
Cominges (François et Gaston-Jean-Baptiste, comtes de), III, 126.

TABLE GÉNÉRALE. 275

Commandants de places, I, 147, 225, 228, 260, 264.
Commandants de provinces, II, 35.
Commensaux de la maison du Roi (les), II, 94, 95.
Commentaires de César (les), III, 43.
Commerce, I, 132, 133, 140, 141, 158, 162-165, 176, 319, 327, 334; II, 20, 171-174, 190, 227, 307, 308; III, 73, 101, 139.
Commissaire général des fortifications, I, 224, 225.
Commissaires de l'artillerie, II, 166.
Commissaires de l'assemblée du clergé, I, 142.
Commissaires des guerres, II, 76, 134.
Commissaires pour inventaires, II, 233, 234, 238.
Commissaires pour les limites, I, 31, 38, 52, 68, 101, 105, 106, 109, 155, 172, 173, 176, 238; II, 200, 207, 241, 242; III, 40, 41, 43, 44, 46-48, 71, 103, 104, 156, 161.
Commissaires pour la R. P. R., I, 45, 58, 59, 121, 124, 153, 156; II, 52, 60, 61, 68, 69; III, 31, 32, 38-41, 53, 54, 56-58, 95-97.
Commissaires royaux aux États, I, 44, 51, 52, 142.
Communautés de Provence (assemblée des), I, 85, 89-94, 195-197, 231, 233, 240, 241, 317, 320, 324-326; II, 110-113; III, 9, 11, 12, 41.
Communautés religieuses, I, 72, 75, 122, 126. Voy. Congrégations, Couvents, etc.
Compagnies de commerce, III, 64, 69.
Compagnies souveraines et supérieures, I, 376.
Compiègne (château de), II, 7.
— (Louis de), I, 202, 206, 393.
Comptabilité des villes, II, 23, 24.
Comptant (ordonnances de), III, 120.
Compter (François), II, 58.
Comté (érection en), I, 45, 55.
Conciergerie (la), à Paris, III, 10.
Concile national, II, 236.
Concordat avec le Pape, I, 68, 223, 309; II, 107; III, 13, 89, 114, 118.
Condé (Louis II, prince de), I, 19, 67, 103, 105, 172, 173, 176, 196, 199, 200, 225, 246, 247, 286, 294, 316, 322, 361; II, 3, 63, 87, 89, 90, 117, 137, 138, 142, 220, 224, 226-228, 257, 259, 260, 342-381, 394; III, 18, 20, 21, 50, 56, 59, 127, 176-250, 259, 260.
Confiscations de biens, II, 223; III, 10.
Conflent (pays de), II, 164; III, 113, 118.
Conflits de juridictions, I, 72, 323; II, 2, 6, 59, 63, 165, 166, 184, 203, 214, 215, 220-222, 232, 233, 243, 244, 248-250.
Congés, II, 199, 207.
Conros ou Conroc (marquis de), III, 260.
Conseil de conscience (le), I, 145, 198, 202, 203; III, 107.
Conseil d'en haut (le), I, 14, 18, 19, 103, 152, 154, 317, 320-322, 360-362; II, 238; III, 142, 143.
Conseil des dépêches (le), I, 1, 6, 8.
Conseil d'État (le), II, 243, 244; III, 98, 100.
Conseil des finances (le), II, 240; III, 139.
Conseil secret (le), I, 1, 2, 8, 18, 281, 354, 364.
Conseil supérieur, I, 81.
Conseils provinciaux, I, 80, 81, 284.
Conseils souverains, II, 163-165. Voy. Alsace, Arches, Artois, Bresse, Lorraine, Malines, Pau, Pignerol, Sedan.

Constantinople (ville de), II, 293.
Constitutions de l'Empire (les), I, 300, 306; II, 123, 125.
Constructions maritimes, I, 164; II, 300-319.
Consulats, II, 185, 293.
Consuls des villes, I, 45, 173, 176, 323; II, 51, 53, 111-113, 234; III, 98. Voy. Corps de ville.
Contes (Jean-Baptiste de), I, 203, 204, 269, 270; II, 16, 26, 27, 102, 103, 232, 235, 236.
Conti (Armand de Bourbon, prince de), I, 58, 59, 73, 124, 132, 139, 259, 311, 392; II, 71, 168; III, 60.
— (régiment d'infanterie de), I, 324.
Contrebande de guerre, II, 267, 283, 284; III, 5.
Contributions levées par voie militaire, I, 184, 187; II, 35, 41.
Contributions de guerre, I, 148, 150, 231, 232, 234, 235, 237, 238; II, 51, 241-243; III, 3, 30.
Contrôle (droit de), I, 141.
Contrôleur général des finances (le), III, 139.
Copenhague (traité de), I, 21.
Coppet (terre de), II, 160.
Corbie (ville de), I, 77.
Coriolis de Villeneuve (Pierre de), I, 32, 54. 155, 195, 197, 198, 347; II, 54.
Coriski (N.), III, 185.
Cormier (Ambroise), II, 46, 48.
Cormis (Louis de), I, 85, 91. 93, 171, 174, 192, 288-290.
Cornaro (Ange), III, 21.
Corneille (Pierre), I, 265.
Corps de garde, I, 256, 260; II, 11, 88, 91, 186, 234, 240, 241; III, 2-4, 6, 74, 75.
Corps de ville, I, 44, 45, 49, 50, 52, 53, 55, 172, 173, 175, 224, 225, 237, 281, 291, 292; II, 15, 23, 33, 72, 110, 132, 133, 173, 185, 186; III, 3, 37.
Corsaires. Voy. Barbaresques.

Cossart (le P. Gabriel), III, 159.
Cotelier (Jean-Baptiste), I, 392.
Côtes (garde et police des), II, 308.
Cotolendi (le P. Ignace), II, 290.
Coudray (N., capitaine du), I, 256, 260.
Courriers (maître des), II, 201, 208, 209.
Courriers extraordinaires, II, 32, 151.
Cours des comptes et aides, I, 285-287; II, 58, 163, 164; III, 9, 11. Voy. Aides (cours des), Chambres des comptes.
Cours-la-Reine (le), à Paris, II, 203, 213.
Cours souveraines, I, 172. Voy. Bresse.
Courtin (Honoré), I, 52, 101, 105, 110, 113, 116, 233-236, 266; II, 30, 46, 79, 83, 88-90, 92, 94, 109, 110, 155, 178, 191, 192, 240-243, 262; III, 3, 32-34, 71, 74, 156, 228, 258.
Couvents et maisons religieuses, I, 45, 177, 179, 180, 235, 368; II, 4, 11-14, 45-49, 85, 195. Voy. Port-Royal, etc.
Cracovie (ville, évêque et diète de), I, 216; II, 376, 380; III, 177, 194, 196, 231.
Cramoisy (Sébastien), I, 57.
Cranou (forêt du), I, 247.
Créquy (Charles, duc de), I, 222, 224, 337; II, 130, 290, 297.
— (François, marquis de), II, 86, 112, 201, 209, 242, 309.
— (Armande de Lusignan, duchesse de), II, 214.
— (Anne du Roure, dame de), II, 203, 214.
Croissy. Voy. Foucquet de Croissy.
Cromwell (Olivier), I, 308, 339; II, 23, 140; III, 82, 163.
Cronenberg (baron de), III, 160.
Cupif (François), II, 57, 62.
Curés de Paris (les), II, 236; III, 9, 12-15.
Cysoing (ville de), II, 193.

Czar de Moscovie (le). Voy. Alexis.
Czarnesky ou Czarniesky (Étienne), II, 376; III, 197, 239-241, 244.

D

Dalancé (N.), I, 354.
Damorezan (Louis), I, 260.
Dampierre (château de), II, 82.
Damvillers (gouvernement de), I, 86.
Danemark (royaume de), II, 228, 269, 309, 315; III, 27, 175.
Danzig (ville de), I, 21, 217; II, 355; III, 114, 117, 137, 192, 201, 203, 207, 210, 218, 232, 235.
Darbon (Jean), II, 81.
Darmstadt. Voy. Hesse-Darmstadt.
Dauphin (Louis de France), I, 192, 263; III, 89, 104, 171, 172, 174.
Dauphin (le), navire, I, 276.
Dauphine (la), navire, I, 276, 280.
Dauphine (ile), I, 253.
Dauphiné (province de), I, 19, 85, 91, 92, 153, 327; II, 53, 110, 111, 113, 131; III, 54, 58, 96.
Dautiège (N.), I, 354.
Dax (François de Noailles, évêque de), III, 141, 142.
Décrets de prise de corps, III, 10, 17.
Décrets en parlement, I, 131, 135, 157, 162; II, 213.
Décri de monnaies, II, 257, 260, 261.
Défrichements, II, 61.
Dehodencq (Alexandre), I, 203, 204, 226, 228; II, 102.
Del Campo (François), I, 72, 74.
Délestage des navires, I, 240, 249; II, 308.
Delft (ville de), II, 2, 100.
Démissions, I, 171, 172; II, 132.
Dencourt (N.), I, 337.

Deniers communs, II, 235.
Denis Raymond (le livre de), II, 25, 26, 394.
Doniseau (N.), II, 67.
Dénonciation, III, 51, 55.
Dentelles (commerce des), I, 319, 327, 334; III, 259.
Départements des secrétaires d'État, I, 6, 60, 61, 122, 145.
Députation des princes de l'Alliance (la), I, 343; II, 119, 122, 194.
Députation ordinaire de l'Empire (la), II, 263, 272, 274, 275.
Députations en cour, I, 44, 51, 52, 101, 110, 130, 142, 146; II, 23, 45, 132, 177, 180, 198, 238, 262, 269, 270; III, 32, 38-40.
Député général de la R. P. R. (le), III, 31, 40.
Désarmement des peuples, III, 4, 7, 96, 98.
Descadre ou Descudre (N.), III, 1.
Desfougerais (Élie Béda), I, 358.
Desme (ban de), III, 43, 45.
Desnonville. Voy. Caillet-Denonville.
Desnoyers (Pierre), I, 217; II, 345, 350; III, 224, 257.
Destitutions, III, 52, 53.
Dettes des communautés, II, 197, 198.
Deuil de cour, I, 77, 82.
Devises héroïques, II, 91, 92.
Diego (don), sobriquet des Espagnols, III, 151, 152.
Dieppe (ville de), II, 99, 104, 146-148, 169, 170; III, 73, 80, 84, 87.
Diète générale de l'Empire (la), II, 119, 121-124, 130, 196, 263, 272, 274, 275, 294.
Diètes de Pologne, II, 117, 142, 143, 224, 228, 348-381; III, 176-250.
Dieuze (ville de), I, 210.
Digne (Toussaint de Forbin-Janson, évêque de), I, 320.
Dijon (chambre des comptes de), II, 165, 166.
— (parlement de), I, 77, 80, 165, 167, 317, 321-323; II, 61.

Dillon (James), I, 131, 138; III, 25.
— (N.), I, 200.
Dispenses d'âge, I, 45, 59, 122, 125, 126; III, 256.
Dispenses de parenté, I, 130, 132, 133, 142, 317, 321-323.
Dispenses pour mariage, I, 130, 133.
Docteurs de Sorbonne (les), I, 153, 188, 189, 201.
Doctrine chrétienne (les Frères de la), II, 12.
Dognon (Louis Foucauld, maréchal du), II, 322; III, 90.
Dohna (Frédéric, burgrave et comte de), II, 157, 160, 182, 189-191.
Dol (cathédrale de), I, 393.
— (évêque de). Voy. Thoreau (Mathieu).
Dôle (parlement de), II, 61, 68.
Domaine royal (le), I, 194, 266, 334; II, 42, 44, 46, 48, 88, 235, 257.
Domaine utile, II, 116.
Dons gratuits au Roi 1, 72, 85, 90-92, 110, 113, 114, 132, 139, 142, 146, 195, 231, 240, 293, 295, 349, 392; II, 113; III, 122-124, 128, 137.
Dordogne (rivière de), II, 320.
Dosville. Voy. Osseville.
Douay (ville de), III, 3.
Douglas (Georges), I, 131, 138, 139; III, 25.
Doullens (place de), II, 241.
Douvrier (Louis), II, 89, 91, 92.
Downing (chevalier Georges), I, 338; II, 100, 105, 136, 139, 140, 181, 189-191, 225, 229-232, 264, 265, 276, 278; III, 19, 28, 64, 67, 83.
Dragon (le), navire, II, 303-306.
Dragons du Roi (régiment des), I, 324.
Drapeaux de l'infanterie, II, 251, 252.
Dromore (Patrick, évêque de), II, 169, 176.
Druy (Claude Marion, comte de), II, 6.

Dubourdieu (Jean-Armand), II, 293.
Du Duc (Jean), I, 172, 175.
Ducs et pairs (les), I, 18-20.
Duels, I, 45, 59, 60, 85, 89, 130, 158; II, 1, 2, 5-7, 215, 220-223; III, 1, 10, 17, 260.
Du Gué de Baguols (Gabrielle), I, 220.
Du Houssay (Claude Mallier), III, 41, 125, 126.
Du Licu (N.), II, 208.
Du Mesnil (N.), III, 35, 99.
Duncau (N.), I, 52, 53.
— (le P. François), II, 124, 177, 298; III, 15, 105-109, 260.
Dunkerque (ville et gouvernement de), 1, 237, 242, 260; II, 71, 72, 204, 208, 318, 322; III, 2, 4, 5, 86.
Du Pin (Étienne), II, 59, 67.
Du Plessis-Guénegaud (Henri Guénegaud, dit), I, 1, 6, 61, 142, 145, 224, 261, 275; II, 16; III, 4.
Du Plessis (le P.), I, 262, 293.
Dupré (N.), II, 279, 283, 284; III, 62.
Du Quesne (Abraham), II, 301, 303, 310, 311.
Durazzo (Giacomo-Philippe, marquis), I, 182; II, 24.
Duval (André?), III, 108.
Du Verri (N.), II, 221.
Du Vouldy (François, baron), II, 294; III, 155, 156, 171, 172.

E

Eaux (service des), à Paris, I, 31, 38, 39.
Échevinages. Voy. Consuls, Corps de ville.
Écoles protestantes, I, 72.
Économats des abbayes vacantes, I, 101, 108, 109; II, 18, 29, 155.
Écossais (régiments), I, 137, 138; III, 149.
Écureuil (l'), navire, II, 303, 304.
Édit (chambres de l'), I, 58, 59,

287; II, 61, 68, 186, 394; III, 31, 39.
Effigiement, II, 223.
Église gallicane (l'), III, 118.
Elbœuf (l'), navire, II, 304-306.
Elbing (ville et port d'), II, 369, 371; III, 190, 192, 202, 205, 211, 234, 249.
Élection impériale (l'), II, 214, 215.
Élections (bureaux et pays d'), I, 121, 123; II, 53.
Élections d'abbés, I, 301, 302, 309, 310; II, 262, 269-271.
Élections municipales, I, 172, 175; II, 15, 23.
Elne (évêché d'), II, 58, 64, 107; III, 118. Voy. Perpignan.
Embrun (Georges d'Aubusson de la Feuillade, archevêque d'), I, 117, 121, 177-179, 290, 292, 335, 346, 347; II, 266, 267, 282, 284, 296, 324; III, 68, 137, 156, 161, 164, 170, 171, 173, 213, 216, 249, 258.
Émine, mesure, I, 349.
Empire romain (l'), I, 300; II, 37, 66, 123, 125, 128, 129, 139, 214-220, 299, 329; III, 58, 111-113, 116-118, 141, 143, 144, 146, 147, 170.
Enceintes fortifiées des places, II, 92, 94.
Enghien (Henri-Jules de Bourbon-Condé, duc d'), I, 21, 209, 217, 218, 305, 341; II, 3, 8, 115, 117, 144, 226-228, 247, 342-381, 394; III, 176, 177, 185-188, 197-199, 204, 208, 209, 219-221, 224, 225, 228-230, 237-239, 242, 249, 260.
Enrôlements de soldats, II, 262, 269.
Ensisheim (couvent d'), II, 195.
Entrées d'ambassadeurs, II, 265, 266, 282, 283; III, 18.
Enquêtes (chambres des), II, 243, 248.
Enregistrement aux Cours, II, 202, 245, 251.
Enseignes d'infanterie, II, 245, 246, 252.

Envoyés du Roi (les), II, 291-299; III, 146. Voy. Ambassadeurs.
Épargne royale (l'), II, 211.
Épernon (Bernard de Nogaret de La Vallette et de Foix, duc d'), II, 19, 49, 52, 88, 148-150, 153, 243, 244, 247-250; III, 49.
— (J.-L., duc d'), II, 251.
— (Marie du Cambout, duchesse d'), II, 244, 248-250.
— (hôtel d'), II, 244, 247, 248.
Épidémies, III, 55.
Érection (lettres d'), I, 45, 55, 234; II, 84, 88, 90.
Erlach (Jean-Jacques, baron d'), I, 13, 92, 252; II, 201, 210, 211.
Escarian (Anne et Geneviève d'), I, 220.
Esnault (Mathurin), I, 27, 391.
Espagne (royaume d'), I, 14, 43, 48, 99, 216, 258; II, 30, 31, 37, 48, 50, 51, 65, 79, 102, 107, 129, 135, 138, 145, 162, 178, 182, 188, 190, 200, 218, 231, 235, 240-244, 269, 276, 277, 296, 319, 323, 363, 364, 366, 367, 369, 377, 378; III, 3, 26, 30, 40, 42, 65, 71, 75, 77, 89, 140-175, 196, 215, 216, 248-250. Voy. Philippe IV.
Espagnet (Étienne d'), I, 172, 175.
Espagny (régiment d'), II, 149, 153.
Espaulieu. Voy. Espalion.
Espalion (ville d'), II, 202, 213.
Espérance (l'), navire, II, 304.
Espinay (la demoiselle d'), II, 249.
Espinchal (Jacques-Gaspard, marquis d'), I, 234; II, 233, 237, 238; III, 30.
Espinoy (Alexandre-Guillaume de Melun, prince d'), II, 33, 37, 38, 162, 163, 182, 191-193.
— (principauté d'), II, 37, 38.
— (René d'), I, 106, 107; II, 37; III, 256.
Essarts (la dame de Saint-Martin des), II, 347.

Este (Alphonse, duc d'), 1, 223.
— (Renaud, cardinal d'), I, 17, 66, 67, 101, 109, 255, 266, 295, 296, 298, 341; II, 17, 18, 29, 30, 42, 43, 156, 169, 170, 175-177, 223, 270, 271, 298; III, 255, 257, 258.
Estouteville (Guillaume, cardinal d'), II, 39.
Estrades (Godefroy, comte d'), I, 42, 43, 117, 279, 304, 346, 347; II, 159, 169, 170, 186, 199, 208, 225, 229-232, 260, 264-266, 274, 280-282, 295, 296, 319-328; III, 4, 5, 18, 19-27, 42, 55, 64, 63, 65, 66, 72, 73, 75, 79-81, 84, 85, 125, 140-176.
— (Louis, marquis d'), II, 201, 208; III, 25, 158.
— (régiments d'), III, 25.
Estrées (Jean, comte d'), II, 198.
Estropiats, I, 393.
États-Généraux des Provinces-Unies (les), I, 183; II, 56, 57, 139, 157, 161, 182, 230, 231, 261, 268, 269, 279; III, 19, 23, 27, 59-66, 81, 101. Voy. Hollande.
États provinciaux. Voy. Artois, Béarn, Bretagne, Languedoc, Provence.
Étoffes (fabrication et commerce des), I, 132, 140, 141.
Eutychès et les Eutychiens, III, 108, 109.
Évangélisation des sauvages, II, 77.
Évêques, I, 145, 146, 154, 166, 170, 200-202; II, 337; III, 15.
Évocations de justice, I, 317, 320-323, 373-376; II, 51, 56, 186, 233, 237, 238; III, 51, 96.
Évreux (collège d'), I, 302, 310.
— (évêché d'), I, 310, 394.
Exécution militaire, III, 32.
Exempts des gardes, I, 44, 96, 118-120, 205, 284, 285.
Expectative (brevets d'), I, 337; III, 27, 59-64.
Expropriations, II, 49.

Expulsions, III, 74, 97, 100, 101.
Extraordinaire des guerres (l'), I, 128.
Eymet (paroisse d'), I, 284, 286, 287; II, 60-62, 67, 68; III, 102.

F

Fabert (Abraham, maréchal de), I, 133, 141, 222, 226; II, 77, 200; III, 30, 32, 34.
Faculté de théologie (la), I, 188, 189, 201; III, 10. Voy. Sorbonne.
Falcombelle (comte), II, 133.
Fantoni (Louis, abbé), II, 58, 63, 115, 117, 329, 343, 345, 359, 371, 372; III, 178, 180.
Farconnet (le Père), III, 124.
Fargues (Balthazar de), II, 241.
Faucon (le), navire, I, 276.
Faucon de Ris (Jean-Louis de), II, 16, 25.
Fauquemont (pays de), I, 47.
Faure (Jean), II, 295.
— (Antoine, abbé), I, 346.
Fausse monnaie, II, 260, 261.
Faux-saunage, II, 67, 108, 109, 244.
Favier (N.), II, 23.
— (Jean de), II, 332, 333.
Fayard (Gilles de), I, 172, 175.
Fayot. Voy. Fyot.
Félix du Muy (Antoine et Louis de), II, 46, 48.
Fère (place de la), II, 149.
Fermanel de Favery (Luc), II, 13, 290, 291.
Fermes des abbayes, II, 155.
Fermes du Roi (bureaux et commis des), I, 69, 164, 242, 244; II, 147.
Fermiers d'impositions, I, 128; III, 260.
Ferrare (duché de), I, 223.
Ferrassières-Montbrun (Jean du Puy, comte de), II, 160.
Ferrette (comté de), II, 217.
Ferté (village de la), II, 200.
Feuilles des bénéfices, I, 200-206; II, 255, 256, 330-344.

Feuquière (Isaac du Pas, marquis de), II, 77.
Feydeau (Mathieu, abbé), III, 10, 16.
— (Gabrielle), I, 220.
— (Madeleine), I, 220.
Fieubet de Launac (Gaspard de), I, 60, 186; II, 95-97; III, 17, 42.
— (Élisabeth Blondeau, dame de), I, 247.
Filleau (Jean), I, 290; II, 49, 52, 58; III, 102.
Finances du Roi (les), I, 72, 85, 90-92, 110, 113, 114, 132, 139, 142, 143, 146, 191, 195, 231, 240, 275, 293, 300, 392; II, 49, 50, 53, 58, 74, 75, 78, 79, 84, 89, 92, 93, 109, 114, 115, 117, 132, 137, 143, 157, 163, 169, 176-178, 197-199, 232, 233, 254, 257, 260-262, 291-300, 359, 360, 371, 372; III, 2, 4, 5, 19, 28, 88, 90, 103, 135-140, 183, 187-189, 195, 199, 207, 227, 228, 231-235.
Flandres (province des), I, 172; II, 162, 329; III, 71, 101.
Fleix (Marie-Claire de Bauffremont, comtesse de), II, 243, 247-249.
Fleur-de-Lis (la), navire, II, 306.
Florence (ville de), II, 24, 69; III, 91, 93.
Flûtes, bâtiments de mer, II, 304-306, 310, 311.
Foi et hommage au Roi, I, 29, 34, 45, 46, 62, 64, 65.
Foix (collège du cardinal de), à Toulouse, I, 111, 114.
— (Henri-Charles, abbé de), II, 338.
Fontainebleau (palais et cour de), I, 159, 177, 195, 206, 207, 325; II, 7; III, 97.
Fontanella (Joseph), II, 51, 52, 55, 165.
Fontenay (ville de), III, 37.
— Voy. Hotman de Fontenay.
Fontevrault (Jeanne-Baptiste de Bourbon, abbesse de), I, 84, 86, 391.
For-l'Évêque (prison du), à Paris, II, 2, 7, 67.
Forçats. Voy. Galériens.
Forcoal (Emmanuel), II, 148, 149, 151, 152.
Forêts. Voy. Bois.
Formont (Pierre et Jean), III, 192, 206. Voy. Olmont.
Formulaire (le), I, 169, 170, 189, 201, 203, 204, 269-271, 302, 309, 310; II, 16, 25, 99, 103, 104, 158, 232, 236, 244; III, 9, 12-15, 105-109.
Fortia (Bernard de), I, 121, 122.
— (Jean-Louis, abbé de), I, 47.
Fortifications, I, 133, 173, 176, 219, 224, 225, 250, 251, 253, 279; II, 49, 51, 52, 88, 89, 92, 94, 198, 199, 241; III, 71, 73, 74. Voy. Château-Trompette, Marseille, Nancy.
Foucquet (famille), III, 135, 136.
— (Nicolas), I, 1, 2, 5, 11, 18, 19, 31, 39, 42, 43, 61, 76-78, 85, 121, 131-133, 142, 143, 158, 164, 165, 173, 177, 178, 184, 187, 188, 195, 196, 200, 219, 239, 244, 251, 252, 261, 292, 297, 313, 314, 337, 352-355, 361, 363; II, 3, 7, 9, 15, 21, 22, 38, 55, 77, 86, 91, 95, 111, 115, 134, 135, 141, 147, 164, 166, 167, 209, 210, 213, 253-255, 280, 296, 303, 318, 325, 326; III, 9, 42, 63, 73, 80, 81, 85, 103, 119-140, 201, 202, 206, 207, 256, 258, 260.
— (Marie-Madeleine de Castille, dame), III, 128.
— (François), archevêque de Narbonne, II, 134.
— de Croissy (Antoine), II, 79, 81, 83.
Fougères (gouvernement de), I, 247.
Fourché (N.), III, 127.
Fourilles (Michel-Denis de Chaumejan, marquis de), I, 134; II, 246, 252-253.

Fradet (famille), II, 236; III, 261.
Francfort (ville de), II, 24, 122, 123, 127, 215, 217, 263, 274, 275.
Franche-Comté (pays de), II, 61, 276.
Françoise (la), navire, I, 239; II, 304-306, 317.
Fredro (Maximilien), II, 137, 142, 143; III, 189, 193-196.
Frégates de la marine royale, II, 267, 306, 318.
Fréjus (évêque de). Voy. Ondedei.
Fret (droit de), I, 333; II, 15, 21-23, 105, 147, 148, 181, 186; III, 69, 70, 260.
Friquet (Jean), I, 341; III, 21, 259.
Frischmann (Jean), II, 294.
Frise (pays de), II, 105, 159.
Fromont (N.), II, 335.
Fronde (la), I, 246, 314; II, 81, 148, 186; III, 20, 21, 50.
Frontières (places et pays), I, 85, 86, 92, 93, 186, 233, 234, 241, 242. Voy. Commissaires pour les limites.
Fruits (dons de), II, 223.
Fuensaldagne (Alphonse, comte de), I, 9, 14, 15, 31, 40-42, 68, 76, 77, 79, 106-108, 118, 172, 176, 196, 232, 234, 235, 237, 238, 294, 328; II, 34, 56, 89, 90, 108, 192, 200, 207, 208, 214, 215, 217, 238, 241-243, 265, 279, 367, 377, 378; III, 34, 71, 155-157, 170, 172, 190, 191, 213, 215, 248.
Fürstenberg (Guillaume-Égon, comte de), II, 65, 66, 81-83, 295, 339.
Fyot (Charles), II, 337.

G

Gabelle (droits de), I, 52, 53, 80, 96, 97, 119, 291, 292, 317, 320, 349; II, 60, 67, 108, 109, 202, 212, 213, 237, 244.
Galaup (famille), I, 140.
Galère (jeu de la), II, 72.
Galères (généralat des), II, 201, 209, 210.
Galères du Roi (les), I, 2, 13, 85, 89, 96, 167, 240, 246, 275-278, 324, 326; II, 201, 209, 309, 316, 317.
Galères étrangères, I, 277.
Galériens et forçats, I, 85, 89, 165-167, 275, 277, 278, 294; II, 59, 67, 97, 111, 309; III, 256.
Galliffet (Jacques de), II, 55.
Gallois (Michelle et Thérèse), I, 221.
Gamarra (Estevan de), II, 157, 159, 161, 234, 235, 277-279; III, 18, 21, 142, 169, 175.
Gambie (pays et rivière de), III, 63, 82.
Garde-noble (droit de), II, 336.
Gardes de la Reine (les), I, 197, 202, 205.
Gardes de Mazarin (les), I, 197.
Gardes des gouverneurs, I, 30, 157.
Gardes du corps du Roi (les), I, 82, 197; II, 71, 146, 153; III, 4.
Gardes du duc de Lorraine (les), I, 207, 208, 210.
Gardes françaises (corps des), I, 30, 197; II, 203, 211, 245, 246, 251-254; III, 104.
Gardes suisses (corps des), I, 19, 28, 66, 71, 77, 81, 82, 165, 167, 197; II, 35.
Gargot (Nicolas), II, 72, 77, 394.
Garibal (Jean de), II, 4, 13, 290, 291.
— (Michel de), II, 290, 291.
Garn (N.), III, 152.
Garnisaires, I, 119, 120, 158, 187; II, 87, 88, 200, 222.
Garnisons des places, I, 13, 29, 30, 66, 95, 128, 130, 147, 149, 157-160, 195, 197, 207, 211, 219, 231, 256, 257, 260, 282, 283, 317, 320, 346; II, 52, 53, 71, 75, 80, 87, 91, 93, 94, 149, 150, 154, 163, 177, 186,

200, 208, 235, 240, 261, 262, 269; III, 5, 72, 74, 81.
Garonne (rivière de), II, 310.
Gaulmin (Gilbert), I, 54.
Gault. Voy. Gout.
Gaultier (Léonard), I, 206, 393
— (Pierre), I, 202, 206.
Gazettes à la main, I, 19. Voy. Libelles.
Gazil (Michel), II, 290.
Gendarmes du Roi (corps des), I, 138, 197.
Gênes (république de), I, 181, 182; II, 24, 295.
Genève (ville et république de), II, 295.
Gens de lettres (pensions des), II, 89, 91, 92.
Gentilshommes envoyés, I, 147, 198, 255; II, 42, 293. Voy. Aubeville, Chassan.
Gentilshommes ordinaires du Roi (les), I, 147, 198, 255, 257; II, 42, 44.
Germain. Voy. Jermyn.
Gerson (Jean), III, 107.
Gesvres (Léon Potier, marquis de), II, 203, 214; III, 129, 130.
Gévaudan (pays de), III, 39.
Ghent (Jean, baron de), I, 47.
Gibraltar (détroit de), II, 314, 315, 318.
Gimel (château de), II, 87, 88, 90.
Girard (le P. Antoine), I, 57.
Giraud (Ponce), II, 111.
Giustiniani (Gianettino, marquis), II, 295.
Givry (Louis du Bois, marquis de), II, 223.
Glandevez (N. de), I, 289.
Gnesne (archevêque de). Voy. Lesczinski (André).
Godeau (Mlle), II, 258.
Godefroy (Théodore), III, 104.
Godery (François de), II, 334.
Godron. Voy. Godery.
Gombervaux (Jean, abbé de), II, 334.
Gomont (Nicolas de), II, 42, 44, 168, 175, 262, 269, 270, 297.

Gondomar, ambassadeur espagnol à Londres, III, 163.
Gondrecourt (Jean - Baptiste, président de), II, 204.
Gondrin (Louis-Henri de Pardaillan de), archevêque de Sens, I, 258, 259, 301, 309.
Gonzague. Voy. Louise-Marie, Palatine (Mme la princesse).
Gonziewski (Vincent), III, 223.
Gordes (François de Simiane, marquis de), I, 85, 92, 93, 289, 392.
Gothembourg (port de), II, 310-312.
Goudrons pour les navires, II, 311.
Goué (le P. Henri de), II, 168, 175.
Gout (Pierre du Pont, commandeur de), I, 261, 264; II, 112, 113, 160, 261.
Gouverneurs des provinces, villes ou places fortes, I, 30, 35, 85, 86, 92-94, 128, 129, 133, 141, 148, 150, 151, 181-183, 226-228, 237, 240, 250, 260; II, 1, 5, 16, 17, 75-77, 92, 110, 112, 115, 133-135, 163, 164, 199, 201, 209, 210, 223, 307; III, 14, 17, 52.
Goze (le), navire, II, 303, 304.
Grâce-Dieu (abbaye de la), I, 393.
Gramont (Antoine, duc et maréchal de), I, 3, 19, 67, 278, 305, 351; II, 215, 246, 253, 254, 283.
— (régiment de), II, 207.
Grancey (Jean Rouxel, maréchal de), II, 163, 164, 259; III, 70, 73.
— (régiment de), II, 14.
Grand Conseil (le), I, 103, 136, 137, 280, 282; II, 2, 7, 59, 60, 67, 175, 186.
Grand maître de l'artillerie (le), II, 93-95.
Grandmont (ordre de), I, 201, 205.
Grandpré (Charles-François de

Joyeuse, comte de), II, 80, 84, 85.
Grand prévôt de France (le), I, 75.
Grand sceau (lettres du), I, 211, 226, 228; II, 246; III, 11, 18.
Grand-Seigneur (le). Voy. Méhémet.
Grand voyer (charge de), III, 3, 7.
Grands vicaires de l'évêché de Paris (les), I, 56, 57, 203, 204, 225, 228-230, 262, 266; II, 16, 26, 99, 102-104, 163, 232, 235, 236, 244; III, 9, 12-15.
Granelle (Henri et Jean de), II, 336.
Gratifications, II, 200, 208.
Gravel (Robert-Vincent de), I, 22, 149, 151, 188, 189, 279, 300, 306, 307, 331; II, 15, 24, 33, 38, 96, 98, 99, 115, 117, 118-128, 130, 131, 168, 182, 183, 193, 194, 196, 216, 262, 274, 299, 360; III, 28, 140, 182, 257.
— (Jacques, abbé de), II, 24, 294.
Gravelines (gouvernement et place de), I, 85, 242; II, 55, 198, 201, 204, 239, 322, 327; III, 1, 4, 25, 75, 150.
Greffiers, III, 71.
Grémonville (Jacques Bretel, chevalier de), II, 299.
Grenoble (ville et parlement de), I, 321, 322; II, 394; III, 31, 39, 53-57.
Grimaldi (François, marquis de), I, 111, 115. Voy. Lixin (prince de).
— Voy. Régusse.
Grimaldi-Cavalleroni (Jérôme, cardinal), I, 17, 109-112, 275-277; III, 126, 258.
Grimani (Alvise), I, 99, 101-103, 178, 252, 281; II, 216, 258.
Groningue (province de), II, 105, 150.
Gualdi (N., cavalier), II, 4, 10, 11, 287-290.
Gualdo-Priorato (Galéas, comte), I, 286, 304; II, 11.

Gueldre (pays de), I, 337; II, 201, 268; III, 101.
Guémené (Anne de Rohan, princesse de), II, 258, 259.
Guerre (le secrétaire d'état de la), II, 93. Voy. Le Tellier.
Guet (compagnie du), à Paris, II, 213.
Guiche (Armand de Gramont, comte de), II, 254; III, 42.
— (régiment de), I, 293.
Guillard (le P. Jean), I, 194, 254, 273, 274, 369, 370.
Guillaume II, roi d'Angleterre, I, 303. Voy. Orange (prince d').
Guillot (Théophile), II, 270.
Guinée (côte de), III, 62, 83.
Guiry (Catherine, Michelle et Marguerite de), I, 221.
Guise (Henri II, duc de), I, 19, 311-313; II, 168, 171, 172, 206; III, 110, 259.
Guitaut (François de Cominges, comte de), I, 205.
Guitry (Guy de Chaumont, marquis de), II, 339.
Gustave-Adolphe, roi de Suède, I, 286.
Guyenne (province de), I, 250, 265, 326; II, 186, 197, 223, 250; III, 48, 49, 82.
— (sénéchaussée de), I, 265.
Guyonnet (Jean-Joseph de), I, 178, 180; III, 256.

H

Hache (Antoine), III, 257.
Haguenau (préfecture d'), I, 260, 287; II, 174, 194, 195. Voy. Alsace (les Dix villes impériales d').
Hainaut (pays de), I, 77, 80, 235, 287; II, 154, 155, 262; III, 74.
Hainemont (prieuré d'), II, 333.
Halis ou Halisz (palatinat de), II, 369, 396; III, 184, 193.
Hambourg (ville et pays de), I, 286; II, 294, 295, 349; III, 192, 203, 206, 232, 235.

Hanovre (Jean-Frédéric de Brunswick-Zell, duc de), I, 329, 340; II, 104.
Harcourt (Henri de Lorraine-Elbeuf, comte et prince d'), I, 105; II, 175.
Harel (le P.), I, 192, 194, 261, 265, 271-275, 368.
Hareng (pêche du), II, 141; III, 66, 84.
Harlay (Achille de), III, 42, 104.
Harlem (commanderie de), I, 338.
Haro (Louis de), I, 61-63, 76, 358, 361; II, 266, 283; III, 137, 170-173, 178, 213, 215, 216, 248.
Harponnier (le), navire, II, 162.
Hautefeuille. Voy. Hautefontaine.
Hautefontaine (abbaye de), I, 33, 391.
Havre (ville du), I, 128, 129, 226-228; II, 16, 17, 29, 35, 41, 71, 80, 86, 87, 178, 201, 209, 238.
Haye (ville de la), II, 181, 187, 230, 232, 265, 277.
Heidelberg (ville de), II, 119, 122.
Heiss (N.), III, 28.
Hémery (Michel Particelli d'), III, 135.
Hénaut. Voy. Esnault.
Hénin-Liétard (abbaye de), I, 200, 203; III, 257.
Henri III, roi de France, III, 190.
Henri IV, roi de France, I, 42, 43, 142, 210; II, 136, 140; III, 54, 77, 78, 82, 94, 114.
Henri V, roi d'Angleterre, III, 152.
Hercule (l'), navire, II, 303.
Hérédité des charges, I, 125.
Hermant (Godefroy), I, 26, 229; II, 28, 105, 158, 281, 394; III, 16.
Héron (N.), I, 41; II, 11, 287-289; III, 12.
Hesdin (ville d'), I, 44, 55, 85;
II, 110, 112, 240, 241; III, 75.
Hesse (maison de), II, 99, 104, 192, 278.
— (Frédéric, cardinal-landgrave de), I, 190, 267, 330, 337, 338, 340; II, 24, 104, 105, 131, 229.
— (Hedwige-Sophie de Brandebourg, landgravine de), I, 337.
Hesse-Bingenheim-Hombourg (Guillaume-Christophe de), II, 104.
Hesse-Cassel (Guillaume VI, landgrave de), II, 104, 272.
Hesse-Darmstadt (Georges et Louis, landgraves de), I, 267, 337; II, 104, 120, 131, 146, 273.
Hesse-Rhinfelds (Ernest, landgrave de), II, 104.
Hirson (ville d'), I, 238, 244.
Histoire du Roi par les négociations (l'), II, 141, 159, 170, 261, 280-282, 319-323; III, 133-140.
Hocqueville (Pierre de Becdelièvre, marquis de), I, 227, 230, 231.
Hollande (les Provinces-Unies de), I, 43, 46, 47, 167, 168, 183, 294, 298, 304, 326, 327, 329-333, 337-340, 343-345; II, 14, 15, 18-23, 32, 33, 36, 37, 57, 62, 100, 105, 119, 122, 136, 140-142, 148, 157, 159-161, 169-171, 181, 182, 187, 189-191, 225, 226, 230, 232, 261, 295, 318, 321; III, 20, 27, 28, 42, 60-63, 65, 67-69, 72, 77, 78, 80, 83, 86, 101, 102, 136, 140, 157, 169, 170, 206, 260.
— (province de), I, 47; II, 105, 139, 268, 269; III, 101, 102.
Holmes (Robert), III, 62.
Homblières (abbaye d'), I, 263; II, 340.
Hombourg (ville de), III, 44, 45.
Hommage lige, I, 29.

Hommeel (Pancrace du), I, 393.
Hongrie (royaume de), I, 64, 299, 300, 307; II, 121, 130, 217, 218, 364; III, 42, 198, 216, 227.
Hôpital des galères (l'), I, 167, 276, 278.
Hôpital général (l'), à Paris, I, 122, 126, 277; II, 197.
Hôpitaux militaires, III, 2, 6.
Hordac ou Hordal (Christophe, abbé d'), II, 255, 256; III, 56.
Hospital (François du Hallier, maréchal de l'), I, 167.
Hossart (Augustin), abbé de Hénin, I, 203.
Hôtel-Dieu (l'), à Paris, I, 122; II, 197.
Hotman de Fontenay (Vincent), I, 184, 186, 187, 250, 253; II, 68, 180, 184, 185; III, 96.
Houvel (N., chevalier de), II, 162.
Hoverbeck (Jean, baron d') I, 342; III, 194.
Huissiers du Conseil, II, 211.
Hulst (ville de), II, 182, 191.
Humières (L. de Crevant, marquis d'), II, 257, 259.
Hurtaud (Gilles), II, 255.
Huybert (Juste de), I, 47.
Huygens. Voy. Zulichem.
Hyde (Édouard), I, 39; II, 140, 180, 181, 187, 188, 190, 265, 266, 277, 278, 281, 325, 326; III, 19, 20, 25, 73, 75, 76, 79, 80, 84, 85, 87.

I

Ile-de-France (le prévôt de l'), II, 67, 203, 213.
Imbert (Alain ou Alard), I, 176; II, 89; III, 259.
Impositions, I, 97, 184, 187; II, 199, 202, 204, 211, 212, 234, 235, 239, 240, 242, 243, 262, 269; III, 3, 44, 45, 72, 74.
Impositions extraordinaires, II, 262. Voy. Contributions.
Impressions non autorisées ou défendues, I, 27, 53, 56, 57, 69, 70, 124, 364; II, 15, 16, 25, 26, 180, 181, 394.
Imprimeurs du Roi (les), I, 69-70.
Incamération aux États de l'Église, I, 14, 16; II, 31.
Inchiquin (Murrough O'Brien, comte d'), I, 131, 138.
Indes orientales et occidentales, I, 117, 253; II, 20, 78, 171, 172, 319; III, 66, 69, 86.
Indults, II, 102, 107, 126, 195; III, 87-90, 113, 114.
Industrie. Voy. Manufactures.
Infante (l'), navire, II, 304-306.
Infanterie (corps d'), II, 72, 75, 149, 150, 153, 245, 246, 251, 252, 254; III, 6, 259.
Innocent X, pape, I, 203, 265, 269; III, 16, 105, 106.
Innsbrück (ville d'), II, 24.
Intendants des provinces (les), I, 45, 153, 156, 280, 282, 291, 292, 325, 326; II, 1, 18, 41, 55, 67, 92, 93, 147, 186, 240; III, 17, 36, 37.
Interdiction de magistrat, I, 155.
Intérêt (taux de l'), I, 122, 126; II, 196.
Internonce du Pape, I, 179, 236, 256, 259.
Invalides (corps d'), I, 147.
— (vieillards), I, 276.
Irland. Voy. Lavau.
Irlandais, II, 16, 28, 29, 79-81, 169, 276; III, 25.
— (régiments), I, 131, 137, 242; III, 149.
Irlande (royaume d'), III, 85.
Ismaïl-Pacha, dey d'Alger, II, 172, 173.
Italiens (régiments), I, 324-327.
Ivoy (prévôté d'), I, 243; II, 200, 208; III, 29.

J

Jablonowski (Stanislas), III, 185, 219.
Jacobins (ordre des), II, 68.
Jacques Ier, roi d'Angleterre, II, 136, 141.

Jametz (ville et comté de), I, 196, 199, 200; III, 51, 52, 55.
Jansénisme (secte du), I, 15, 166, 168, 169, 203-205; II, 15, 16, 25, 26, 28; III, 12-15, 105-109.
Jansénius (Cornélius), II, 99, 102, 103; III, 14, 105, 106.
Janson (Laurent de Forbin, marquis de), II, 69, 70.
Jaquier (N.), II, 342.
Jardin-de-Hollande (le), navire, II, 304.
Jean-Casimir, roi de Pologne, I, 268, 305; II, 144, 228, 342-381; III, 182, 189, 176-250.
Jermyn (Henri), II, 323.
Jérusalem (ville de), II, 295.
Jésuites (société des), I, 77, 81, 173; II, 195, 298; III, 72, 84, 87.
Joigny (ville de), I, 290-292.
Joly de Fleury (Jean-François), I, 288.
Jonzac (Léon de Sainte-Maure, comte de), II, 7.
Journal du Roi (le), par Colbert, I, 4, 5, 24, 26, 61, 112, 116, 199, 201-203, 204, 295; II, 63, 64, 84, 186, 275, 328-330; III, 69, 70, 142, 143, 174, 228.
Jubilé, I, 256, 259; II, 94.
Juges royaux, II, 6.
Juges seigneuriaux, II, 6, 7, 221.
Juifs (les), II, 259, 268.
Jules (le), navire, II, 302-306.
Juliers (duché de), II, 37.
Jurade de Bordeaux, III, 47-51.
Juspatronat, III, 89.
Justice militaire, II, 203, 213.

K

Kalisz (palatinat de), II, 376.
Kardis (traité de), I, 21.
Kyridi (Christophe), III, 249.

L

La Barde (Jean de), I, 300, 301, 307, 308; II, 79, 84, 102, 108, 298; III, 258.
La Barre (Antoine Lefèvre de), I, 227, 231; II, 131, 132, 215, 220, 233, 238; III, 30.
Labastide de la Croix (N. de), 1, 31, 39, 43, 187-189; II, 296, 325; III, 85, 150, 167.
La Bédoyère (André Huchet de), I, 75.
La Berchère (Denis Le Goux de), II, 35, 40; III, 57, 58.
La Bodinière (N. de), I, 172.
Labourd (pays de), II, 267, 284.
La Bousquette (N. de), III, 51, 55.
La Bretesche (François de Pomereu, chevalier de), I, 96-98.
La Cavallerie ou La Cavallare (Pierre de), I, 257, 260.
La Chevière (François et Baptiste de), I, 284-286.
La Contour (François de Moussy de), I, 283; II, 149, 150, 153, 154.
La Coste (N., chevalier de), I, 278.
Ladoré ou Ladore (le P. Jacques de), I, 262, 274, 370.
La Fare (Antoine, baron de), II, 244, 251.
La Ferté (village de), en Luxembourg, II, 207, 208.
La Ferté (régiment de), I, 29, 30, 35, 71, 94, 157, 159, 311, 318; II, 4, 14, 35, 41, 42, 73, 74, 91.
La Ferté-Senneterre (Henri, maréchal de), I, 30, 35, 94, 149, 157, 159, 285; II, 132.
La Fuente (Gaspard, marquis de), II, 219, 328, 330, 350; III, 156, 161, 172-175.
La Gardie (Magnus, comte de), II, 226; III, 131.
Lagniau (Pierre), II, 59, 67.
La Gorsse (N. de Lentilhac de), II, 90.
La Guesle (Jacques de), II, 179.
La Guette (Gérard de), III, 138.
— (Louis Testard de la), I, 2, 12, 13, 62, 71, 89, 165-167,

196, 197, 245, 246, 249-251, 253, 275-278; II, 209.
La Hache ou Hoche (Pierre de), I, 181; III, 257.
La Haye-Vantelet (Jean et Denis de), II, 127, 128, 293, 295, 299.
L'Aigre (Guillaume), II, 336.
La Lane (Noël de), II, 26.
Lalane (Lancelot Sarran de), I, 262, 265; III, 48.
Lambert (Louis), I, 190, 191; II, 147.
— (Nicolas), II, 290, 291.
— (Jean-Baptiste), I, 247.
Lambesc (ville de), II, 110, 113.
La Meilleraye (Charles, duc et maréchal de), III, 122-124, 135.
— (Marie d'Effiat, maréchale de), III, 124.
— (Armand-Charles de La Porte, marquis de), I, 285, 288; II, 93, 95. Voy. Mazarin (duc).
— (Hortense Mancini, marquise de), II, 95.
La Mire (N. de), II, 89.
Lamoignon (Guillaume, premier président de), II, 5, 11, 244; III, 14.
La Monnine (N., dit), II, 222.
La Motte-Houdancourt (Henri de), évêque de Rennes, I, 202.
Lamy (Jean), I, 392.
Landrecies (place et gouvernement de), I, 85, 270, 271; II, 235.
Lanfant (Jean-Louis), II, 53.
Lanfranconi (le P. Pierre), II, 85.
Langlade (Jacques de), II, 30.
Languedoc (États de), I, 59, 60, 72, 73, 132, 139, 252, 392; III, 58, 60.
— (province de), I, 147, 149, 252, 320; II, 110, 111, 113, 244; III, 38, 39, 97.
Languet (Denis), I, 323; II, 61, 68.
La Pailleterie (Françoise et Marie de), I, 221.

La Place (N. de), I, 230, 231.
La Planche (François et Raphaël de), III, 9, 15, 16.
— (Jean-Léonard de), II, 337.
La Poype (maison de), II, 61, 68.
La Prugne (Guillaume de Billon de), II, 110-112.
La Ramière (Jean-Gédéon de), II, 340.
La Roche (Charles de), I, 182, 183, 191; II, 147.
La Rocheposay (Charles de Chastaigner, marquis de), II, 155, 156.
La Roque (Madeleine de), I, 220.
Larson (N. de), I, 180. Voy. Arson.
Lartigues. Voy. Artigues.
La Sale (N.), II, 221.
La Salle (N. de), II, 71, 172.
— (Jean-Baptiste de Villages de), II, 46, 48.
Lascaris (le grand maître Jean-Paul de), I, 336, 337.
Lasnier (François), II, 295.
Laudarieur (Pierre). Voy. Lagniau.
Laurans (Antoine de), II, 53; III, 11.
Laval (Henri-Marie de), II, 337.
La Vallière (Louise de), I, 206.
La Varenne (Hercule Foucquet, baron de), I, 72, 316, 319, 320, 391.
Lavau (Louis Irland de), I, 393; II, 297.
La Vie (Thibaud de), III, 47-51.
La Vieuville (Charles, marquis de), III, 135.
La Vrillière (Louis Phélypeaux de), I, 1, 60, 85, 88, 132, 172, 191, 311, 317; II, 45, 109, 132, 147, 156, 180, 197, 233; III, 1, 30-32, 35, 49, 50, 96, 98, 99.
Lazaristes (congrégation des), II, 293.
Lebas (Gabriel), I, 393.
Le Bordais (François), I, 393.
Le Bret (Alexandre), I, 197.

Le Camus (Nicolas), I, 119; II, 213.
Le Caron (Marguerite), I, 220.
Lefébure ou Lefebvre (Jean), II, 335.
Le Fèvre (Marguerite), I, 221.
Le Gaigneur (Marie), I, 220.
Le Grand (Joachim, abbé), II, 141, 159, 170, 261.
— (Simon), II, 342.
Le Herichon (le P.), III, 248.
Leibniz (Godefroy-Guillaume), II, 194.
Le Juge (N.), I, 201.
Le Maistre (Charles), I, 201 ; III, 257.
Lenoncourt (Philippe, abbé de), II, 338, 339.
Lentilhac (François de), II, 87, 90.
Léonard (Frédéric), II, 26.
Léopol (ville de), II, 136, 142; III, 189, 193.
Léopold Ier d'Autriche, empereur d'Allemagne, I, 190, 254, 266, 267, 299, 305, 306; II, 119, 123-129, 145, 146, 214-220, 228, 345, 350, 358, 361-364, 368, 370, 372, 373, 375, 377, 378, 380, 381; III, 42, 147, 177, 190, 191, 208, 212, 213, 215-217, 227, 236, 238, 240, 250.
Le Peletier (Claude), III, 139.
Le Prévost de Saint-Germain (Charles), II, 339-341.
Lerici (port de), II, 286.
Leschius de Lessive (N.), abbé de Saint-Hubert, III, 29, 30, 33, 34.
Leszczinski (André), archevêque de Gnesne, III, 184, 185, 190, 219-221, 229.
Lesdiguières (François, duc de), II, 35, 40; III, 57.
Le Secq (François), I, 252.
Le Séneschal (N.), I, 84, 87.
L'Espice (Pierre et François), II, 335.
Lesseville (Nicolas Le Clerc, abbé de), II, 334.

Lessins (Charles de Lionne, abbé de), II, 274, 295.
Le Tellier (Michel), I, 1, 2, 5, 11, 18, 34, 35, 60, 61, 76, 100, 107, 108, 116, 118, 126, 127, 130-133, 142, 143, 153, 155, 157, 159, 160, 165-167, 173, 176, 177, 184, 196, 198, 200, 207, 208, 210-214, 222, 225, 226, 228, 229, 231-233, 237-239, 241-244, 249, 250, 252, 256, 257, 259-261, 265, 269, 270, 282, 283, 289, 291-294, 301, 311, 314, 316, 318, 323-326, 347-349, 355, 361, 363, 364; II, 2, 4, 6, 16, 25-27, 29, 33-35, 38, 40, 41, 44-47, 51, 55, 68, 74, 77, 80, 81, 83, 87, 90-94, 96-99, 109, 115, 127, 131-133, 149, 152, 154-156, 167, 168, 178, 179, 184, 185, 191-193, 199, 200, 203, 204, 208, 211, 214, 221, 222, 232, 234, 239, 240, 243-245, 249, 250, 254, 257-259, 269, 270, 299, 330, 331, 340; III, 2, 3, 8, 16, 19, 22, 34, 39, 40, 48, 52, 53, 55-58, 60, 70, 71, 74, 102, 104, 119-130, 140, 171, 226, 258, 259.
— (Charles-Maurice, abbé), III, 159.
Le Tonnelier (Geneviève), I, 220.
Lettres d'attache, I, 45, 56.
Lettres de cachet, I, 121, 266, 270, 289, 326; II, 97, 198; III, 6, 14.
Lettres de change, I, 103; III, 207.
Lettres d'état, II, 61, 68, 69.
Lettres de la main du Roi, I, 4, 10, 11, 20-24, 60, 62, 94, 117, 118, 161, 255, 268, 313; II, 8, 38, 65, 71, 85, 131, 144, 184, 219, 220, 339; III, 28, 46, 47, 123, 134, 135, 176, 192, 242.
Leucate (fort de), I, 93, 95, 314; II, 134, 135, 146, 148, 156, 158.
Le Vacher (le P. Jean), I, 245.

Levant (mer du), II, 313, 315.
L'Hospital (Louise de), II, 341.
Libelles, I, 19, 28; II, 15, 16, 25, 26, 61; III, 248, 250, 255, 362.
Libersac (N.), II, 222.
Liberté de conscience (la), III, 32.
Libourne (ville de), I, 24, 58.
Licorne (la), navire, II, 305.
Liège (ville, évêché et pays de), I, 257, 340; III, 29, 33, 34.
Lieues (mesure des), II, 199, 201-207; III, 41, 43-46, 103, 104.
Lieutenant civil de Paris (le). Voy. Aubray (Dreux d').
Lieutenant criminel de robe courte de Paris (le). Voy. Tardieu.
Lieutenants de troupes, II, 4, 13, 43, 245.
Lieutenants-colonels de troupes, I, 260; II, 41, 42, 245, 246, 251, 252.
Lieutenants criminels, II, 202, 222, 223.
Lieutenants de roi. I, 147; II, 131, 132, 155, 156, 169.
Lieutenants généraux de provinces, II, 197, 198, 257.
Lieutenants généraux des villes, II, 200.
Ligne (Claude Lamoral, prince de), III, 24.
— (princes de), II, 38, 193.
Ligues grises (les), II, 293.
Lille (ville et châtellenie de), I, 234; II, 242.
Lillebonne (N.), I, 303.
Limoges (généralité de), I, 324; II, 54.
— (ville de), I, 173, 176; II, 54, 55, 200, 208.
Limours (comté de), I, 45, 56, 95.
Limousin (province de), II, 87, 178, 179, 221-223; III, 10, 16, 30.
Linois (église Saint-Médéric de), II, 335.
Lionne (Hugues de), I, 1, 2, 8, 11, 18, 19, 29, 32, 66, 71, 76,
79, 94, 116, 118, 148, 194, 196, 209, 210, 213, 214, 218, 219, 222, 224-226, 229, 266-268, 272-274, 279, 282, 283, 305-307, 327, 328, 342-344, 346, 352, 361-363, 366, 368; II, 3, 4, 10, 11, 15, 24, 31, 33, 38, 54, 62-64, 66, 74, 81-84, 93, 104, 107, 112, 113-116, 120, 122-124, 128-130, 133, 139, 142-145, 152, 158, 164, 165, 167, 170, 171, 173, 174, 184, 187, 193, 214, 215, 217-220, 226, 229, 236, 241, 251, 261, 271-273, 276, 279, 280, 282, 291, 297, 323, 324, 339, 351, 379; III, 12-15, 19, 20, 27, 28, 49, 62, 63, 72, 75, 79, 81-85, 88, 92, 95, 105, 109, 110, 127, 128, 130-133, 137, 138, 140, 145, 150-152, 154, 156, 157, 165-170, 172, 174, 177-179, 189, 192, 200, 202-207, 211, 213-218, 226, 227, 236, 248, 249, 257, 259, 260.
Lisle (N. de), I, 2, 11, 67, 196, 311; II, 200, 211; III, 258.
Lisola (François dell' Isola, dit le baron de), I, 303, 341, 366; II, 349, 350, 357, 361, 362, 368, 374, 380, 381; III, 183, 190, 191, 194, 195, 197, 200, 208, 215, 223, 248-250.
Lithuanie (grand-duché de), I, 300, 376; III, 177, 179, 184, 193, 210-212, 216-218, 223, 226, 228, 231, 239, 241.
Livonie (pays de), I, 333, 334, 343, 345; II, 144; III, 42.
Livrées de la garde, I, 77, 81, 82.
Livres (commerce des), II, 26, 275.
Lixin (principauté de), I, 195, 198; III, 45.
— (Jérôme Grimaldi, dit le prince de), I, 111, 115.
Llivia (ville de), I, 76, 79.
Loches (gouvernement de), II, 250, 253.
Logement des troupes, I, 197,

324, 325, 327; II, 17, 29, 90, 110-113, 180, 183-185, 253; III, 2, 5, 6, 30, 31, 37, 96, 98, 100.
Logne. Voy. Longne (Scarron de).
Loi (renouvellement de la), III, 86.
Lombards (collège des), II, 28, 29.
Lombert (Marguerite), I, 220.
Lompagieu (Jean et Pierre de), I, 393.
Londres (ville de), I, 29; II, 181, 265, 274, 277; III, 18, 19, 24-27, 86, 142-176.
Longboyau (plaine de), I, 314.
Longne (André Scarron de), II, 30, 45, 47; III, 52, 55, 74.
Longueil (Guillaume de), II, 333, 337.
Longueville (Henri II d'Orléans, duc de), II, 19, 99, 104, 178, 179, 262; III, 15.
— (Charles - Paris d'Orléans, duc de), II, 344; III, 230, 243.
Lorraine (conseil souverain de), II, 116.
— (duché de), I, 30, 34, 36, 234, 286; II, 59, 66, 73, 74, 78, 200, 204; III, 43.
— (évêchés de), III, 29.
— (Henri le Bon, duc de), I, 198; II, 59, 65, 66; III, 44.
— (Charles IV, duc de), I, 29-31, 33, 35, 45, 46, 62, 65, 71, 94, 95, 111, 157-162, 195, 196, 207, 208, 210, 211, 227, 233, 239, 244, 245, 282, 289, 292, 310, 315, 317, 323, 348; II, 64-66, 71, 73-75, 78, 81-83, 114, 116, 152, 153, 199, 204, 234, 239; III, 3, 19, 28, 43, 46, 47, 52, 53, 55, 56, 60, 102-104, 257.
— (prince Charles de), I, 46, 62, 65, 78, 157, 159-161, 315, 362, 363; II, 65, 66, 81-83, 255, 256; III, 109, 110.
— (François, duc de), II, 82; III, 54.

Lorraine (chambre des comptes de), I, 239, 244; III, 104.
— (chemin royal de). Voy. Alsace (chemin d').
— (régiment de), II, 131, 133.
Lorraine-Harcourt. Voy. Harcourt.
Louis XIII, roi de France, I, 13, 249, 254, 259; II, 28; III, 82, 94, 142.
Louise-Marie de Gonzague, reine de Pologne, I, 20, 209, 215-218, 300, 305; II, 3, 53, 63, 105, 137, 142-144, 224, 227, 263, 342-381; III, 176-250.
Loupiac (N. de la Prade de), II, 51, 56.
Louvain (université de), III, 109.
Louvercy (église de), II, 336.
Louviers. Voy. Louvercy.
Louville (Jacques d'Allonville de), II, 93, 94.
Louvois (François-Michel Le Tellier, marquis de), I, 5, 61, 107, 108, 125, 243; II, 135, 331.
Louvre (palais du), I, 31, 77, 206; II, 248; III, 159, 174.
Lowitz (ville de), III, 220.
Lubomirski (Georges, prince) et son fils, I, 341, 366; II, 137, 142-144, 345, 348, 357, 361, 365, 369, 376, 380, 381; III, 176-250.
Luçon (évêché et chapitre de), I, 202, 206, 392.
Lude (Henri de Daillon, comte du), II, 95.
Lumbres (Antoine de), I, 20, 21, 141, 143-145, 219, 224, 225, 278, 299, 303, 305, 330; II, 3, 63, 100, 101, 114, 115, 136-138, 142-145, 224, 226, 228, 263, 276, 293, 298, 342-381; III, 18-20, 59, 60, 176-250.
Lune (la), navire, I, 239, 303-306.
Lunéville (ville de), II, 255, 256.
Lussedon (le), navire, II, 305.

Lutheriens (les), I, 74, 83.
Luxe (réforme du), I, 318.
Luxembourg (pays cédés du), I, 77, 238, 243; II, 211, 212; III, 29, 30, 32, 34, 35, 40.
— (palais de), à Paris, 1, 31, 38.
Luynes (Louis-Charles d'Albert, duc de), I, 220, 221.
Luzarches (Jean de Thurin de), II, 298.
Lyon (ville de), I, 177, 256, 257; II, 59, 60, 111, 113.
Lyonnais (régiment de), II, 42, 43, 154.

M

Mac Carty. Voy. Muskerry.
Machault (Louis de), I, 324-326; II, 54, 70, 111-113; III, 9, 11, 12.
Mâcon (ville de), II, 270.
Madagascar. Voy. Dauphine (île).
Madame (Henriette d'Angleterre, duchesse d'Orléans, dite), I, 93, 94, 129, 130, 133, 134; II, 35; III, 42, 256.
Madame Royale (Christine de France, duchesse de Savoie, dite), I, 251, 253, 268; II, 139, 145; III, 92-94.
Madeleine de Sainte-Agnès (N. de Ligny, dite sœur), I, 219, 221, 241.
Mademoiselle. Voy. Montpensier (Mlle de).
Madrid (cour de), I, 328; II, 267, 282-284. Voy. Espagne, Philippe IV.
Magistrats des villes, III, 3, 37. Voy. Corps de ville.
Magnus (comte). Voy. La Gardie.
Maidalchini (François, cardinal), I, 17, 255; III, 13, 114.
Maignart de Bernières (Charlotte), I, 220.
Mailly du Quesnoy (Philippe, marquis de), I, 172, 173, 175, 176, 294; II, 87, 89, 90; III, 259.

Mailly-Lascaris (Jacques, comte de), II, 299, 346-350; III, 183, 226, 244.
Maires, II, 149.
Maisons (René de Longueil de), I, 19, 136, 137.
Maîtres des requêtes (les), I, 156, 317.
Majesté (titre de), II, 214-220, 224, 225, 227, 228; III, 113, 193, 234.
Major (Guillaume Le Maire, dit), III, 107.
Majors de cavalerie, II, 252.
Majors de places, II, 92, 94; III, 1, 2.
Malet. Voy. Mallet.
Malines (conseil souverain de), I, 172, 175, 176; II, 62.
Mallet (Charles), II, 158.
— (Étienne de), III, 47-51.
Mallevault (les frères de), I, 130, 135, 158, 162, 392; II, 90, 155, 156, 199, 200, 207.
Malte (ordre de), I, 96, 97, 246, 264, 329, 337, 338; II, 7, 19, 20, 57, 62, 225, 229, 279, 285, 317.
Malvault. Voy. Mallevault.
Mancini (François-Marie, cardinal), I, 17, 101, 108, 109, 203, 293; II, 3, 10, 169, 176, 177.
— (palais), à Rome, II, 3, 10; III, 259.
— (Marie), I, 286. Voy. Colonna (la connétable).
Maniban (Jean-Guy de), II, 95, 96.
Manicamp (François de Longueval-), II, 255, 256.
Mantoue (ville de), II, 297.
Mantoue et Montferrat (Charles III de Gonzague, duc de), I, 251, 253, 254; II, 135, 138, 145.
Manufactures, I, 132, 133, 140-143, 173, 316, 318, 319, 323, 327-334; II, 22; III, 9, 15.
Marca (Pierre de), archevêque de Toulouse, I, 19, 111, 166, 168, 202, 226, 229, 259, 309;

II, 103, 107, 236; III, 15, 89, 90.
Marchéville (ville de), II, 47.
Maréchal général (charge de), I, 31, 40.
Maréchaux de France (tribunal des), I, 162, 298; II, 6, 155, 156.
Mariano Fita (N.), II, 58.
Marie (Thomas), I, 53.
Marie de l'Incarnation (sœur), I, 219, 221.
Marie-Thérèse d'Autriche, reine de France, I, 154, 202, 210, 263; II, 276, 288, 330; III, 54, 170, 172.
Marienbourg (gouvernement de), I, 62, 86; II, 234, 235, 240.
Marigny (Enguerrand de), III, 138.
Marimont (place de), I, 234.
Marin (Denis), I, 164.
Marin de La Vaudière. Voy. Morin de la Béraudière.
Marine (officiers de), II, 132, 312.
— (régiment de la), I, 256, 257, 260, 264; II, 29.
Marine du Roi, I, 84, 86, 89, 96-99, 153, 154, 162-165, 181, 193, 239, 240, 245-249, 275-278, 329, 339, 340; II, 3, 7, 8, 132, 135, 147, 148, 178, 190, 238, 239, 267, 283-287, 300-319; III, 69, 70, 81, 82, 84, 86, 95, 96, 139, 140, 256.
Marineau (Nicolas), I, 393.
Marion (Claude), II, 342.
Marolles (marquisat de), II, 84.
Marolles, en Hainaut, II, 236, 240.
Marolles (François Mesme, comte de), III, 92, 94.
Marquisats, II, 88, 90.
Marsal (ville de), I, 33, 160, 310, 315; II, 82; III, 55, 104.
Marseille (ville de), I, 2, 12, 13, 44, 49, 50, 66, 67, 71, 85, 90, 92, 249-251, 278; II, 8, 48, 49, 69, 173, 200, 201, 210; III, 95, 255, 258.

Marsolier (Marie), I, 220.
Martel (Christophe), II, 133.
Martin (cap), II, 318.
— (Jacques), III, 232.
Martine (N.), I, 346.
Martinozzi (Laure), duchesse de Modène, I, 223.
Marville (ville de), I, 133, 141, 219, 222; II, 257, 259; III, 55.
Mas-Garnier (abbaye du), I, 264.
Masovie. Voy. Mazovie.
Massimi (N.), I, 326.
Matelots (les), II, 8. Voy. Marine.
Matharel (Louis), II, 319.
Mathei (marquis), II, 121.
Mathieu (Pierre), I, 392.
Matignon (François de Goyon de), I, 45, 55.
Mâts de marine, II, 311, 312.
Maubec. Voy. Meaubec.
Maubouge (droit de), I, 141.
Maupeou (Louis, chevalier de), I, 296-298.
— (René de), I, 297.
Maure (Anne Doni d'Attichy, comtesse de), II, 91.
Maurès d'Artigues (famille), II, 249. Voy. Artigues (Nanon d').
Maurin. Voy. Saint-Maurin.
Mayence (Jean-Philippe de Schönborn, archevêque-électeur de), I, 22, 24, 167, 266, 300, 331, 337, 342, 343; II, 24, 33, 38, 98, 99, 116, 118-121, 123, 124, 126, 130, 168, 183, 194, 216, 263, 273-276, 294, 295, 297.
Mayenne (duché de), I, 253.
Mayeurs. Voy. Maires.
Mazarin (Jules, cardinal), I, 1, 10, 11, 18, 63, 64, 76, 84, 86, 87, 100, 103, 104, 108, 109, 183, 197, 199, 225-233, 253, 254, 259, 263, 278, 279, 293, 308-314, 326, 335, 339, 341, 345, 351, 353, 355-359, 363-365, 370; II, 3, 9, 10, 13, 15, 24, 25, 27, 29-31, 38, 40, 42, 44, 55, 63, 65, 73, 74, 83, 86, 91, 92, 95, 117, 118, 125,

127, 129, 154, 168, 172, 173, 187, 208, 210, 215, 216, 218, 219, 223, 249, 253, 287, 296, 324, 324, 332, 344, 345, 349, 352, 353, 371; III, 22, 75, 134-136, 139, 188, 199-202, 255, 257, 259.
Mazarin (Armand-Charles de La Porte de La Meilleraye, duc), I, 288, 289, 352, 353, 355-357; II, 93, 109, 165, 166, 168, 174, 182, 183, 193-196; III, 133, 157, 159-161.
— (duché), I, 357.
Mazarin (le), navire, II, 304-306.
Mazarini (palais), à Rome, II, 3, 8, 9.
Mazenod (Charles de), II, 46, 48.
Mazovie (palatinat de), I, 300, 305; II, 369, 376; III, 229.
Meaubec (abbaye de), II, 255, 256; III, 260.
Meaux (N. de), II, 294.
Mèches pour amorce, I, 2, 12.
Médailles (l'*Histoire par les*), I, 12, 307; II, 94; III, 174.
Médiations diplomatiques, I, 141, 144, 145, 251, 253, 254; II, 224, 226, 227.
Médina de las Torrès (Ramiro Nuñez de Gusman, duc de), III, 172, 173.
Méhémet, grand seigneur, II, 127, 128; III, 111-113, 116, 117.
Melle (prévôté de), I, 135; II, 199.
Mello (François de), II, 181, 189.
Melun (prévôt des maréchaux de), I, 323, 325.
Mémoires de Louis XIV (les), I, 5-8, 12, 25, 39, 43, 58, 60, 61, 82, 87, 117, 118, 128, 145, 147, 150, 179, 187, 200, 215, 235, 297, 309, 344, 373, 374; II, 5, 11, 127, 148, 153, 163, 164, 196, 198, 204, 216, 217, 251, 268, 269, 276, 328; III, 29, 141, 172.

Mémoriaux diplomatiques, II, 102; III, 87, 89.
Ménage (Gilles), I, 360.
Mendiants, I, 22, 75, 277.
Ménestrier (le P. Claude-François), II, 92.
Mercœur (Louis de Vendôme, duc puis cardinal de), I, 197, 255, 258, 320; II, 110, 112, 202, 211; III, 90.
— (régiment de), I, 197.
Mercœur (le), navire, II, 304, 317.
Mercuriales judiciaires, II, 96.
Mérinville (François des Monstiers, comte de), I, 85, 91-93, 152, 154, 156, 157, 197, 231, 240, 249, 320, 324, 325, 349; II, 63, 93, 110-112, 202, 211; III, 9, 11, 12.
Mérode (maison de), II, 36.
— (Ferdinand, comte de), II, 32, 36.
Mérode-Montfort (N. de Longueval-Bucquoy, comtesse de), II, 36, 103.
Meslay (comte de). Voy. Thou.
Mesmes (Marguerite de La Bazinière, présidente de), II, 203, 213, 214.
Messagers, II, 148, 151.
Messin (pays), III, 34, 35, 41.
Mestres de camp (les), II, 149, 150, 245, 251, 252.
Mesures de distances (les), II, 285, 206. Voy. Lieue.
Metz (évêché et ville de), I, 29, 30, 183-186, 190, 282, 283, 301, 302, 309; II, 149, 154, 163, 164, 202, 204, 211, 212, 261, 262, 269, 339; III, 40, 44, 45, 73, 102, 259.
— (parlement de), I, 77, 80, 81, 165, 167, 284-287; II, 78, 81, 132, 154-156, 180, 202, 241, 254, 255.
— (Gédéon Berbier du), I, 207.
Meurs (Vincent de), II, 4, 13, 290, 291.
Meuse (rivière de), III, 71, 259.
Mignon (Jacques), I, 288.
Milices bourgeoises, III, 97, 99.

Millet de Jeurs (Guillaume), I, 102; II, 31.
Minard (N.), I, 301.
Mines d'or, III, 65.
Minimes (ordre des), I, 192, 194, 196, 198, 199, 223, 252, 271-275, 368; II, 47.
Ministres d'État, I, 11, 18, 19, 172. Voy. Conseils.
Ministres étrangers, I, 18, 27, 194, 276.
Ministres réformés, I, 121; III, 35, 38.
Minot, mesure, I, 80, 185, 320, 349; II, 112.
Miramiom (Marie Bonneau de Rubelles, dame de), II, 13.
Miranda (Henri de Souza, comte de), II, 106; III, 59, 67, 68, 175.
Missel en françois (le), I, 45, 56, 57, 121, 124, 125.
Missions étrangères (congrégation des), I, 47; II, 4, 12-14, 279, 290, 291.
Modène (Alphonse V d'Este, duc de), I, 42, 199, 222, 223; II, 31, 138, 145.
— (Alméric, prince de), I, 334.
— (Marie-Jeanne-Baptiste de Savoie, princesse de), II, 145.
— (duché de), I, 223; II, 138, 286.
Moïse (le), navire, II, 303.
Moissac (Alphonse de Lenche de), I, 312.
Monaco (principauté de), II, 93, 94.
Monaldeschi (Jean, marquis de), I, 286.
Monck (Georges), III, 149.
Mondevergne (François de Lopès, marquis de), I, 250, 252.
Monier (Jean), II, 335.
Monnaies (cour des), à Paris, II, 59, 66, 67, 111, 113.
— (hôtel des), II, 111, 113, 114, 257, 260, 261; III, 206, 207.
— (prévôt général des), II, 59, 67.
Monod (le P. Pierre), II, 321.
Mons (ville de), II, 192.

Monsieur (Philippe de France, duc d'Orléans, dit), I, 45, 55, 93-95, 119, 129, 133, 134, 194, 259, 322, 358; II, 35, 340; III, 110, 158.
Monsiers (les), sobriquet des Français, III, 151, 152.
Montagu (Gautier, abbé de), I, 259; III, 5.
Montaigu (collège de), II, 28, 29.
Montandre (Renée Thévin, marquise de La Rochefoucauld-), III, 2, 7.
Montauban (généralité de), I, 96, 184, 186, 187; II, 180.
— (ville de), I, 187; II, 180, 183-186; III, 96, 98.
— (Pierre de Bertier, évêque de), II, 184.
Montausier (Charles de Sainte-Maure, marquis de), II, 169, 176.
Montchrétien (Antoine de), II, 104.
Montclair (château de), II, 114, 116; III, 19, 28, 29.
Montclar (Charles Arbalestier de), I, 59; II, 61, 68; III, 31, 32, 39, 53.
Montdenis (prieuré et abbaye de Saint-Jean-Baptiste de), II, 333.
Montecuccoli (Raymond, comte de), II, 122; III, 225.
Montélimar (château de), I, 152, 153, 157; II, 54.
Montespan (Athénaïs de Rochechouart-Mortemart, marquise de), I, 86, 309.
Montferrat (pays de), II, 139, 145.
Montgeorges (François Gaulmin, chevalier de), I, 27, 40-43, 54.
Montier-Saint-Jean (abbaye du), II, 339.
Montiglio ou Monteil (canton de), en Montferrat, II, 139, 145; III, 260.
Montivilliers (abbaye de), II, 341.

Montlhéry (comté de), II, 45, 56, 95.
Montmédy (gouvernement de), I, 86, 243; II, 4, 14, 88, 90, 91.
Montmorency-Croisilles (Marie-Thérèse de), I, 203.
Montpellier (ville de), I, 45, 252; II, 244.
— (cour des aides et comptes de), II, 163, 164.
Montpensier (Anne-Marie-Louise, dite Mlle de), I, 62, 65, 78, 157, 159-162, 315, 362, 363; II, 65, 81-83, 91; III, 110.
Montpesat (régiment de), I, 324.
Montreuil (place de), II, 241.
Montricoux (ville de), II, 250.
Morel (Claude, président), I, 238, 243; II, 91; III, 51, 52, 55, 71, 74.
Morin de La Béraudière (N.), II, 338.
Mornas (Charles de Siffredy de), I, 158, 311, 314, 315; II, 74.
Morosini (Nicolas), III, 21.
Morstin (André), II, 377; III, 180, 193, 195, 209, 246-248.
Mortara (François de Orozco, marquis de), I, 118, 120.
Mortes-payes (les), I, 143, 147, 149, 219, 222; II, 17, 253.
Morue (pêche de la), II, 72.
Moscovie (empire de), I, 142, 144, 333, 345, 346; II, 101, 106, 107, 138, 144, 145, 224, 226, 227, 311, 345, 364, 365, 369; III, 42, 195, 245, 224, 227, 236, 240.
Moscron (N.), III, 75.
Moselle (rivière de), III, 40.
Mot d'ordre (délivrance du), II, 14, 16, 17, 149, 211; III, 1.
Mouchot (N.), I, 158.
Moulins (généralité de), I, 324.
— (ville et château de), II, 171, 257, 260.
Mouscry ou Muskerry (Hélène Mac Carty, demoiselle de), I, 224; II, 78, 80, 81; III, 25.
Mousquetaires (corps des), I, 197; II, 245.

Moutier. Voy. Montier.
Mouzon (présidial et bailliage de), I, 84, 287.
Moya ou Moija (archiprêtrat de), en Espagne, II, 58.
Moyenvic (ville de), I, 33.
Münster (Christophe-Bernard von Galen, évêque de), I, 62, 63, 166-168, 173, 188, 306, 341, 342, 370, 372; II, 20, 24, 105, 119, 121, 122, 158, 161, 164, 225, 231.
— (paix de), I, 22; II, 168, 173, 174, 182; III, 65, 157, 172.
Muskerry (Hélène de). Voy. Mouscry.
Mussey (colonel), I, 239.
Mutrécy (église de), II, 336.

N

Nalance (N. de), III, 150, 151.
Namur (ville de), I, 238, 243.
Nancy (ville de), I, 29-31, 33, 71, 83, 84, 94, 95, 130, 134, 160, 161, 208, 209, 211, 212, 239, 244, 245, 282, 283, 285, 291, 292, 311, 315, 318, 323, 348, 349; II, 71-75, 81, 82, 149, 152, 153, 199; III, 4, 41-43, 46-48, 52, 53, 55, 56, 58, 60, 103, 104.
Nantes (l'édit de), I, 58, 59, 121, 284, 287; II, 31.
— (ville de), I, 206; II, 310; III, 98, 101, 103, 121-132.
Naples (royaume de), I, 42, 76, 77, 79; II, 286; III, 88, 91.
Napollon (Sanson), I, 313.
Narbonne (archevêque de). Voy. Foucquet.
Nassau (Jean-Louis de Nassau-Weilbourg-Sarrebrück, comte de), I, 61-63; III, 255.
Nassau. Voy. Orange-Nassau.
Naturalisations, I, 193; II, 135; III, 17, 95, 101.
Navailles (Philippe de Montault-Bénac, duc de), I, 296-298; II, 86, 201, 209, 210, 238, 239.
— (Suzanne de Baudéan-Para-

bère-Neuillan, duchesse de), I, 297.
Navarre (parlement de), I, 110, 114, 142; III, 4.
— (régiment de), I, 282; II, 14, 29, 91.
Navarre française (pays de), I, 278.
Navarro (le P. François), I, 275.
Navigation et commerce (grand maitre de la), II, 307.
Nec pluribus impar (la devise), II, 91, 92.
Nemours (Marie-Jeanne-Baptiste de Savoie-), III, 110.
Nesmond (famille de), III, 14.
Neubourg (Philippe-Guillaume de Bavière, duc de), I, 188-190, 209, 210, 215, 216, 306, 330, 331, 333, 341, 342, 344, 345, 364, 366, 370, 372, 375; II, 20, 24, 36, 37, 271, 278, 355, 364, 375; III, 176, 180, 187, 191, 198.
Neuchèze (François de), II, 301, 303, 310.
Neuillan (le P. de), I, 224.
Neutralité de pays, III, 29, 32, 33.
Nevers (duché de), I, 253.
— (Philippe-Julien Mancini, duc de), II, 9, 20.
Nice (port de), III, 95.
Nicolay (Nicolas), premier président des comptes, I, 248.
Nieppe (forêt de), I, 234.
Nîmes (ville de), II, 61, 69; III, 31, 38.
Niort (ville de), III, 37.
Noailles (Anne, comte de), II, 107.
Noblesse (corps de la), I, 51-53, 55, 56; II, 1, 2, 5, 42-44, 87, 88, 90, 108, 109, 178, 215, 220-222, 235, 240; III, 74.
— (recherche des usurpateurs de), I, 84, 87-88.
Noguier (Jacques), III, 38.
Nomény (marquisat de), I, 115, 210; III, 43, 45.
Nonce apostolique (le), III, 87, 88. Voy. Piccolomini.
Non vacando in curia (brefs de), I, 101, 109, 280, 281, 293; II, 169, 177, 223; III, 90.
Nord (les puissances du), II, 169, 170, 219.
Normandie (province de), I, 143; II, 48, 133; III, 82, 161.
— (régiment de), II, 42, 43, 154; III, 51.
Notoriété (informations sur), II, 223; III, 1, 10, 27.
Notre-Dame (la), navire, II, 303-306.
Notre-Dame-de-Condat (chapelle de), I, 58.
Notre-Dame-de-Lisle-en-Barrois (abbaye), I, 392.
Notre-Dame de Paris (chapitre de), II, 232, 235, 236, 340, 341; III, 12.
Notre-Dame-du-Parc (prieuré de), I, 205.
Nouaillé. Voy. Nuaillé.
Nouveau (Jérôme de), II, 25, 148, 150, 151.
Noyon (diocèse et ville de), I, 263, 346.
Nuaillé (Claude de Mastin, marquis de), I, 191, 193, 393; III, 257.

O

Octroi (droits d'), I, 128, 133, 141, 173; II, 240, 262; III, 3, 6, 36, 37, 62, 74, 75.
Offices (création et propriété des), I, 69, 80, 122, 123, 125, 178, 180, 240, 247, 283, 286; II, 154, 163, 179, 254, 255.
Offices des ambassadeurs, I, 183, 185, 225; II, 31, 126, 190.
Officiers de troupes, II, 234, 239.
Oliva (paix d'), I, 21, 143; II, 228.
Olmons (les), III, 232.
Olonne (port d'), II, 307.
Oloron (Armand de Maytie, évêque d'), II, 184, 185.
Ondedei (Joseph-Zongo), évêque de Fréjus, I, 154, 310; II, 273, 300; III, 259.

Opalynski (Lucas), II, 377; III, 231, 244.
Oppède (Henri de Forbin-Maynier, baron d'), I, 19, 28, 53, 93, 156, 174, 191, 195, 196, 198, 231, 233, 240, 252, 320, 324, 325, 347; II, 54, 110, 111, 113, 211; III, 11, 12.
Oppeln et Ratibor (duchés d'), II, 380.
Orange (évêque d'). Voy. Serroni.
— (Monnaie d'), I, 261, 264; II, 111-114, 257, 260, 261.
— (parlement d'), II, 111, 113.
— (principauté et ville d'), I, 261, 263, 264, 303, 304, 329, 332, 338, 339, 343, 344; II, 111, 113, 157, 160, 182, 189, 260, 264; III, 20, 59, 61, 65-67, 169.
— (Frédéric-Henri de Nassau, prince d'), II, 322.
— (Guillaume-Henri de Nassau, prince d'), I, 214, 264, 299, 303, 304, 338; II, 182, 189, 191, 279; III, 64-67, 81, 175.
— (Maurice, prince d'), III, 66.
— (Amélie de Solms, princesse douairière d'), I, 190, 303, 304, 329, 339, 342; II, 160; III, 61, 66, 81.
— (Henriette-Marie Stuart, princesse d'), I, 303; II, 161, 279.
— (Louise de Nassau, princesse d'), I, 215.
— (Marie de Nassau, princesse d'), I, 116, 117, 329, 339; II, 100, 112, 188.
Ordinaires des postes, II, 54, 132, 135, 181, 187, 212, 225, 231, 343; III, 93.
Orléans (Gaston de France, duc d'), I, 225, 252; II, 11.
— (Marguerite de Lorraine-Vaudémont, duchesse douairière d'), I, 76, 78, 93-95, 161; II, 69, 70; III, 93, 94.
— (Marguerite - Louise, dite Mademoiselle d'), princesse de Toscane, I, 76, 78, 153,
159, 161, 206, 207, 280; II, 69; III, 93.
Orléans (ville d'), I, 172, 175, 224, 225.
Ormesson (Olivier Lefèvre d'), I, 291, 292; II, 67, 241.
Orsini (Vincent-Marie, cardinal), I, 17, 336; II, 298.
Osseville (N. Lucas d'), I, 227, 230, 231.
Ostende (port d'), II, 267, 284.
Ostrel (famille d'), II, 42, 43.
Oulx (vallée d'), III, 54, 58.
Ourouer (Charles de Grivel de Grossove, comte d'), I, 247.
— (Françoise du Guémadeuc, comtesse d'), I, 240, 247.
Outre-Meuse (pays d'), I, 332, 345; II, 36, 37.
Overbeck. Voy. Hoverbeck.

P

Pac (Christophe, comte), II, 347, 369; III, 183, 214, 217, 218, 229, 239, 244, 247, 248.
— (Catherine-Geneviève-Eugénie de Mailly de Lespine, comtesse), II, 347.
Pain de munition, III, 2.
Pajot de La Chapelle (Antoine), II, 290, 291.
Palais-Cardinal (le), à Paris, I, 279.
Palatin (Charles-Louis de Bavière, électeur), I, 307, 331; II, 96, 97, 119, 122, 272, 273; III, 198.
Palatine (Anne de Gonzague, princesse), I, 209, 217; II, 97, 343-345, 349, 375; III, 186-188, 224, 225, 242, 243.
Pallu (François), évêque d'Héliopolis, II, 12, 13, 290, 291.
Palluau (N.), II, 248.
Pamiers (évêque de). Voy. Caulet.
— (ville et présidial de), I, 45, 55.
Papes (les), II, 217; III, 105-109, 143, 144. Voy. Alexandre VII, Innocent X, Pie V, Urbain VIII.

Papon (N.), I, 172.
Pardaillan (Alexandre de Baudéan de Parabère, comte de), I, 130, 134, 135, 157.
Parent (Robert), I, 266.
Paris (archevêque de), II, 7. Voy. Retz (cardinal de).
— (chambre des comptes de), I, 234, 248; II, 30, 46.
— (cour des aides de), I, 83, 84, 96, 97, 118, 119, 293, 391; II, 202, 212.
— (cour des monnaies de), II, 59, 66, 67.
— (parlement de), I, 130, 135, 157, 162, 172, 176, 240, 241, 283, 294, 316; II, 6, 11, 12, 30, 59, 79, 83, 87, 89, 150, 186, 197, 203, 212, 214, 215, 223, 233, 238, 243-245, 248-250; III, 118.
— (prévôté et vicomté de), II, 244.
— (université de), II, 148, 151.
— (ville de), I, 31, 93, 122, 148, 157, 166, 316; II, 61, 74, 180, 187, 197, 198, 202, 203, 212, 213, 223, 232, 235, 236, 242, 250, 253; III, 9, 12-16, 107, 108.
— (Nicolas), II, 156, 158; III, 15.
Parlements. Voy. Aix, Bordeaux, Dijon, Grenoble, Metz, Navarre, Orange, Paris, Pau, Rennes, Rouen, Toulouse.
— (juridiction et charges des), I, 45, 46, 58, 87, 118, 130, 132, 135, 141, 162, 172, 184, 186, 205, 287, 317; II, 1-3, 6, 51, 57, 60, 61, 63, 68, 86, 95, 96, 147, 154-156, 243, 309.
Parme et Plaisance (Ranuce II Farnèse, duc de), I, 199, 222, 223; II, 30, 31.
Partages d'avis en justice, I, 58, 59, 124; III, 57, 58, 96, 98.
Passements (fabrication des), I, 316, 318, 319.
Passeports, II, 115, 117.
Passe-volants, II, 76.
Pataches, II, 314.
Patoüin (Philibert), II, 336.
Patz. Voy. Paç.
Pau (conseil souverain de), I, 114.
— (parlement de), III, 4.
Paul (N.), I, 19, 28.
— (Jean, commandeur), I, 65, 245; II, 3, 7, 8, 285-287, 301.
Paulette. Voy. Annuel.
Pavillons de marine, I, 96, 98; II, 267.
Pawel de Rammingen (N.), II, 97.
Payeurs des gages des compagnies de justice, I, 72, 73, 76.
Pays-Bas espagnols, III, 30, 170. Voy. Flandres.
Pays cédés, conquis et reconquis, I, 33, 48, 80, 98, 114, 115, 119, 120, 129, 141, 179, 233, 235, 236, 242, 243, 271; II, 155, 199, 204, 212; III, 89.
Péage (droits de), II, 59.
Peccais (salins de), I, 238, 244.
Pêche en mer (la), I, 162, 163; II, 15, 19, 23, 72, 77, 99, 104, 105, 136, 141, 157, 159, 160, 167, 169, 170, 308; III, 20, 66, 69, 70, 73, 80-84, 87.
Poiremales (N. de), I, 58, 124.
Pellissary (Claude), I, 253; II, 301.
Pellisson (Paul), III, 141, 172. Voy. *Mémoires de Louis XIV*.
Pellot (Claude), I, 176; II, 51, 55, 90, 178, 184, 222; III, 10, 16, 30, 31, 37, 100, 101.
Peñaranda (Gaspard, comte de), I, 42, 76, 79; II, 217.
Pennautier (Pierre-Louis Reich de), I, 252.
Pensionnaire (le). Voy. Witt (Jean de).
Pensions et gratifications, I, 77, 83, 87, 89, 92, 93, 328, 335-337, 391; II, 15, 24, 69, 70, 78, 80, 81, 89, 91, 92, 338; III, 13, 87-90.
Pensions sur bénéfices, I, 200, 202; II, 255; III, 114, 244.

Péréfixe (Hardouin de Beaumont de), évêque de Rodez, I, 25, 202.
Périer (Jacqueline et Marguerite), I, 220, 242.
Périgueux (ville de), II, 71.
Permutations de bénéfices, II, 255, 256.
Perpignan (conseil souverain de), I, 255, 256, 258, 269, 270; II, 51, 52, 56, 163-165, 208.
— (évêché et ville de), I, 96; II, 64, 79, 83, 234, 239. Voy. Elne.
Perrier (François du), I, 29, 32, 44, 53, 54, 91, 152, 154, 157, 198; II, 54.
Persode (N.), I, 225; II, 136, 142, 143, 227, 299, 360; III, 192, 218.
Person (N.), II, 83.
Pezerilz (fief et chapelle des), I, 393.
Phalsbourg (gouvernement de), I, 33, 86, 111; II, 199, 207; III, 41, 45.
Phalsbourg et Lixin (Henriette de Lorraine - Vaudémont, princesse de), I, 114, 115.
Philippe II, roi d'Espagne, II, 102, 108, 145; III, 87, 89, 94, 118, 142.
Philippe IV, roi d'Espagne, I, 14, 17, 64, 76, 99, 110, 118, 196, 256, 282, 287, 329; II, 30, 128, 129, 219, 238, 363; III, 25, 111-113, 155, 158, 171-173, 213.
Philippeville (place et gouvernement de), I, 62, 86, 132; II, 234, 235, 240.
Philipsbourg (place de), I, 257, 260.
Phredro. Voy. Fredro.
Picard de Périgny (Madeleine), I, 220.
Picardie (province de), I, 238, 326; II, 104, 233, 252.
— (régiment de), II, 29.
Piccolomini (Celio), I, 62, 63, 102, 204, 222, 256, 259, 280, 281, 295; II, 118, 123, 124, 126, 129, 236; III, 88, 89, 112-114, 118.
Picquet (N.), I, 313.
Pie V, pape, III, 142.
Piémont (pays de), II, 139; III, 51, 91.
— (régiment de), I, 282; II, 4, 14, 21, 94; III, 74.
Piennes (Antoine de Brouilly, marquis de), III, 51, 55.
Pierre de Saint - Joseph (le Père), II, 26.
Pignatelli (Antioche), nonce en Pologne, I, 367; II, 365, 381.
Pignerol (ville de), I, 96, 256; II, 47, 132, 133, 239; III, 51.
— (conseil souverain de), I, 118; II, 132, 133.
Pilles (Pierre-Paul de Fortia, marquis de), I, 276, 280; II, 201, 211.
Pin (abbaye du), I, 202, 206.
Pinasses de guerre, II, 304, 310-312.
Piquenot (Françoise), I, 224.
Piraterie, II, 267.
Places fortes, II, 234, 238, 239.
Plaisance (île et port de), II, 72, 77.
Plessis-Praslin (César de Choiseul, maréchal du), I, 19, 44, 48, 67, 119, 263, 334; II, 355.
Plessis-lez-Tours (chapitre de), II, 255.
Plettenberg (baron de), I, 216.
Podevils (Henri, comte de), I, 77, 83.
Poictevin de Villiers (Antoine), II, 4, 290.
Poilliers ou Poilhes (N. de), II, 71, 72.
Poissy (abbaye de), III, 121, 124.
Poitiers (église de), I, 263.
— (ville de), II, 6, 71, 180.
Poitou (province de), I, 130; II, 55, 180, 199; III, 100.
Police, I, 18, 19, 26, 27, 69, 70, 72, 74, 75; III, 35.

Pologne (royaume de), I, 20, 21, 141, 144, 209, 210, 213, 215-218, 224, 225, 268, 299, 300, 305, 330, 331, 334, 340, 341, 345, 346; II, 3, 8, 46, 49, 50, 53, 58, 63, 64, 100-102, 106-108, 114, 115, 117, 128, 136-138, 142-144, 224, 225, 227, 228, 263, 264, 271, 274, 276, 278, 298, 299, 325, 342-381; III, 18, 42, 59, 70, 88, 91, 170, 176-250, 260.
Polosk (palatinat de), III, 190.
Poméranie (pays de), I, 300.
Pomiés ou Pommiers (Jacques Sauvat de), I, 122, 125; III, 256.
Pompadour (Jean, marquis de), II, 222.
Ponant (marine de), I, 193; II, 313, 314.
Ponce de Léon (Louis), I, 14, 17; II, 31.
Pontac (Arnaud de), I, 191, 193; II, 147, 181; III, 49-51.
— (Jacques de), II, 197, 198.
Pont-à-Mousson (ville de), III, 103.
Pontchâteau (Sébastien-Joseph du Cambout, marquis de), I, 270.
Pontcourlay (François de Vignerot, marquis du), I, 247; II, 209.
Pont-Saint-Esprit (gouvernement du), I, 252; III, 93.
Pontons à mortiers, II, 317.
Porcia (comte de), II, 363.
Port d'armes, II, 109; III, 4, 7.
Port-Royal (les maisons de), I, 201, 204, 205, 218, 219-221, 226, 228, 229, 236, 262, 266, 268, 309; II, 16, 26, 27, 81, 102, 256-259.
Porte-Ottomane (la), II, 119, 126. Voy. Turcs.
Portelot (Angélique), I, 221.
Portes des villes, II, 202.
Ports maritimes, I, 240, 249.
Portugal (royaume de), I, 9, 31, 32, 39-43, 116, 117, 332, 338; II, 22, 100, 105, 106, 128, 135, 157, 159, 161, 162, 181, 182, 187-190, 230, 232, 264, 265, 267, 276-279, 284, 295, 324-327, 363, 367; III, 42, 58, 61, 63, 64, 67, 68, 75-79, 83, 86, 113, 116, 146, 156, 175.
Portugal (Catherine de Bragance, infante de), reine d'Angleterre, I, 116, 117, 338; II, 100, 187-189; III, 79, 167-169, 172.
Posnanie (palatinat de), II, 376, 377; III, 180, 185, 193.
Postes (service des), I, 298, 302, 303; II, 32, 36, 100, 101, 106, 132, 135, 148-150, 181, 187, 190, 201, 208, 224, 225, 228, 229, 231, 263, 264, 270, 299, 343, 350; III, 260.
Postulations d'abbés par élection, I, 104, 302, 309, 310; II, 17, 18, 42-44, 270, 271.
Potocki (André), III, 219.
— (Jacques), III, 219.
— (Stanislas), I, 330, 341; III, 185, 196, 219.
Poupart (N.), I, 253; II, 91.
Povalski (N.), II, 142, 143.
Pradel (François de), I, 30, 35, 36, 83, 84, 190, 198, 208, 209, 211, 282, 283, 291, 323, 362; II, 74, 75, 152, 153; III, 48, 60, 102.
Pragelas (vallée de), III, 54, 58.
Prague (paix de), I, 268; II, 146.
Prêche protestant, I, 43, 47, 48.
Prédications, I, 81, 391; II, 35.
Prééminence (droit de), I, 247; III, 18, 19, 21-26, 140-176.
Presbytériens (les), III, 85.
Préséance du roi de France, II, 323. Voy. Prééminence.
Présents et subsides du Roi, I, 66, 69, 77, 81, 82, 84, 86, 87, 93, 99, 166, 167, 177, 179, 257; II, 15, 24.
Présidiaux, I, 55, 77, 81; II, 131, 163-166, 178-180, 186, 215, 220, 222, 223; III, 17, 37, 96, 99.

302　TABLE GÉNÉRALE.

Presovitz (diète de), III, 208, 212.
Preuves pour les ordres du Roi, I, 328, 337.
Prévôt des bandes (le), 1, 323, 325; II, 203, 246, 253, 254.
Prévôt des marchands de Paris (le), III, 129.
Prévôt des maréchaux (le), I, 85; II, 199, 200, 207.
Prévôt général des monnaies (le), II, 59, 67.
Prévôté de l'hôtel, I, 72, 75.
Prévôts royaux (les), I, 135.
Prières publiques, 1, 282.
Principauté de collège, I, 302.
Prioleau (Samuel), III, 35.
Prises en mer, II, 161, 162.
Prisons de Paris, II, 213, 214. Voy. Bastille, For-l'Évêque, Saint-Magloire.
Privilèges de commerce, II, 19, 141.
Procureurs du pays de Provence, II, 50, 53, 58, 110-113; III, 11.
Procureurs généraux des parlements, II, 1, 254, 255; III, 10, 17, 42, 49-51. Voy. Fouquet.
Propagande (la), II, 13.
Propine (droit de), 1, 295, 296, 298; III, 258.
Protecteurs (cardinaux), I, 67, 296; II, 298.
Protestants. Voy. Réformés.
— (ligue des princes), II, 264, 274, 277, 278, 281. Voy. Rhin (ligue du).
Provençaux (les), I, 66, 67, 348.
Provence (affaires de), 1, 19, 28, 85, 89-94, 153, 195-197, 231, 233, 239-241, 245, 249, 277, 327; II, 50, 53-55, 58, 63, 70, 110-113; III, 9, 11, 12, 41, 78, 95.
— (cour des comptes de), II, 58, 63; III, 9, 11.
— (parlement de). Voy. Aix.
Provinces religieuses, I, 235.
Provinces-Unies (les). Voy. États-Généraux, Hollande.

Proviseur de la maison de Sorbonne (le), 1, 153, 156.
Prusse (souveraineté de), II, 271. Voy. Brandebourg.
Prusse ducale (pays de), III, 187.
Prust (planches de), II, 311.
Puget de Saint-André (François), I, 184, 186.
Pujolas (N.), III, 38.
Purpurat (Gaspard, comte), II, 132, 133.
Pussort (Antoine-Martin), I, 96, 97.
Puy (évêque du). Voy. Cauchon de Maupas.
Puy-du-Fou (Madeleine de Bellièvre, dame du), I, 118, 120.
— (château du), I, 118-120.
Pyrénées (paix des), I, 258; II, 346, 364.

Q

Quatrehomme (Louis), I, 96; II, 202, 212.
Quéralt (Joseph et Fructueux), I, 269, 270; III, 258.
Quesnois (N.), II, 337.
Quesnoy (gouvernement et bailliage du), I, 85, 271, 287; II, 30, 155, 234, 235.
Quiavie (évêché de), III, 189.
Quimper-Corentin (ville de), I, 96; II, 156.
Quinquet (le P. Sébastien), I, 274, 275, 369, 370.

R

Radziwill (Bogeslas, prince), I, 342; III, 194.
Raffetot (Angélique et Catherine de Canouville de), I, 220.
Ragotzky. Voy. Rakoczy.
Raguier de Poussé (Antoine), III, 9, 16, 261.
Rakoczy (Frédéric, prince), II, 357, 370; III, 42, 197.
Rancé (Armand Bouthillier de), II, 332.
Randan (duché de), II, 247.

TABLE GÉNÉRALE. 303

Raoul de la Guibourgère (Jacques), II, 338.
Raoult (Gilles), II, 335.
Rappels de ban, I, 392; II, 61.
Rappels des galères, I, 203, 294; II, 59, 60, 67.
Raray (Nicolas de Lancy, marquis de), II, 251.
Rasse (N.), II, 162.
Ratabon (Antoine), I, 50.
Ratibor.Voy.Oppeln et Ratibor.
Ratisbonne (diète de). Voy. Diète générale de l'Empire.
Ravensbergue (village de), II, 50.
Ravestein (comté de), I, 332, 344, 345; II, 20, 36, 37, 279.
Ré (ile de), I, 392.
Réassomption de diète, II, 121, 272, 274, 275.
Rebais (abbaye de Rebé ou), II, 318.
Récollets (religieux), II, 35.
Recourt de Lens (Philippe-Charles-Barthélemy de), II, 88, 90.
Recouvrements par la voie militaire, I, 184, 187; II, 35, 41, 53.
Réformation des habits, I, 316, 318, 319, 327.
Réforme des troupes, I, 19, 28-30, 71, 92, 129, 134, 148-150, 165, 167; II, 14, 35, 40, 148-150, 153, 154, 245.
Réformés protestants (les), I, 88, 121, 124, 284, 286, 287; II, 60-62, 67-69, 185, 257, 259, 268, 338; III, 10, 11, 16, 31, 32, 36, 39, 51, 53-55, 65, 97-101.
Régale (droit de), I, 202, 205, 206, 393; II, 335-337.
Reggio (duché de), I, 223.
Règlement de juges, II, 2, 6.
Régusse (Charles Grimauld, marquis de), I, 152, 155, 157, 198, 288, 346, 347.
Reims (ville et archevêché de), I, 85, 93, 251, 254, 255, 257; II, 34, 38-40; III, 88, 113, 114.
Reine (la), navire, I, 239, 304.

Reines de France (les deux), I, 259, 296, 299; II, 82; III, 157, 158.
Relégations, I, 92, 93, 96, 97, 118, 119, 140, 148, 153-156, 168, 171, 172, 174, 177, 182, 192, 227, 230, 231, 262, 265, 288-290, 300, 324, 346-348, 391, 392; II, 46, 54, 71, 79, 91, 131, 147, 148, 180, 202, 212, 213, 223, 244, 249; III, 17.
Religieux (ordres), I, 72, 75, 177, 179, 180, 194, 201, 232, 233, 235, 236, 257, 260, 271, 272, 301, 302, 309, 310; II, 4, 11, 17, 18, 35, 45, 47, 80, 85. Voy. Bénédictines, Bénédictins, Capucins, Carmes, Célestins, Citeaux (ordre de), Dominicains, Minimes, Récollets, Ursulines, Visitation (filles de la).
Religion (affaires de la), I, 13-15, 18, 19, 25-27, 29, 45, 58, 59, 72, 74, 101, 104, 109, 110, 121, 124, 125, 146, 168, 169, 187, 284, 287; II, 12. Voy. Bénéfices, Clergé, Formulaire, Jansénistes, Réformés, etc.
Remontrances des Cours, I, 83, 118, 119, 154, 184, 186; II, 46, 238.
Rennes (ville et parlement de), I, 71-75; II, 103, 104, 180.
Renommée (la), navire, II, 303, 304.
Rentes à fonds perdu, I, 122, 126; II, 196-198.
Réparations diplomatiques, II, 267-279; III, 140-175.
Représailles, I, 232, 234, 235; II, 33, 34, 55, 79, 162, 169, 182, 191-193; III, 34, 84.
Résidence des évêques et ecclésiastiques, I, 110-112; II, 58.
Résidents diplomatiques, I, 19, 27, 123; II, 291-299; III, 19, 24. Voy. Ministres.
Résignations de bénéfices, II, 79, 255, 256.
Ressan (Jean-Baptiste), II, 133.

Ressons (abbaye de), I, 263.
Retard (Renée), I, 221.
Rethel (duché de), I, 357; II, 269.
Retz (Jean-François-Paul de Gondy, cardinal de), archevêque de Paris, I, 19, 25-28, 66, 69, 70, 118, 203-205, 222, 224, 226, 228-230, 255, 261, 263, 326, 361, 391; II, 25, 83, 91, 102, 158, 236, 237, 281; III, 12, 257.
Revues de troupes, II, 76.
Rheinberg (ville de), I, 330, 332, 340; II, 19, 20, 279.
Rhin (alliance ou ligue du), I, 18, 22-25, 63, 167, 168, 188-190, 300, 307, 331, 342; II, 15, 24, 33, 96, 97, 114, 116, 118-130, 146, 215, 227, 263, 272, 273, 275, 276, 278, 294, 295, 373; III, 19, 28, 29, 116, 256.
— (comtes palatins du), I, 338. Voy. Bavière, Palatin.
Riants (Armand de), I, 219, 221.
Richelieu (Armand, cardinal-duc de), I, 197, 308, 314, 359; II, 7, 254, 320-323.
— (Emmanuel-Joseph de Vignerot, abbé de), II, 333.
— (Jean-Baptiste-Amador du Plessis, marquis de), II, 1, 4, 5.
— (Jeanne-Baptiste de Beauvais, marquise de), II, 5.
Richelieu et Fronsac (Armand-Jean de Vignerot, duc de), I, 227, 247; II, 35, 41, 70, 71, 80, 86, 201, 209.
Riga (port de), II, 311.
Riom (généralité de), I, 324; II, 225. Voy. Auvergne.
Robelio (canton de), II, 139, 146; III, 260.
Robert (Jean de), 1, 285, 288.
— (Geneviève), I, 220.
— de la Fortelle (Louis), I, 103.
Robin (Antoine), II, 255.
Robin de Convalu (Jacques), II, 255, 256.

Roboly (Henri), II, 294.
Rochebonne (N. de), I, 66, 69; III, 255.
Rochebrune. Voy. Rochebonne.
Rochefort (François de Rosay, comte de), I, 263.
Rochelle (évêché de la), II, 337, 338.
— (ville et port de la), I, 153, 193; II, 148, 268; III, 10, 16, 17, 31, 35-37, 97, 102, 260.
Roi (régiment du), I, 190, 192; III, 74. Voy. Royal-Infanterie.
Rome (cour de), I, 14, 17, 37, 68, 103, 104, 109, 130, 192, 196, 222-224, 256-259, 262, 271-275, 280-282, 293, 301, 310, 327, 335-337; II, 3, 8-10, 80, 85, 86, 101, 102, 107, 108, 123-130, 232, 236, 297, 298; III, 25, 88, 89, 111-118, 140-144, 260. Voy. Papes.
Rominhac (Pierre de), I, 311-314; II, 168, 171-173 292.
Roncevaux (le Pas de), I, 278.
Ronciglione (ville de), I, 199.
Roquépine (Charles du Bouzet, abbé de), I, 261, 263; II, 340.
Ros (Antonio), II, 107.
Rose (Toussaint), I, 84. Voy. Lettres de la main du Roi.
Rospigliosi (Jacques, cardinal), I, 236.
Rospigliosi-Pallavicini (palais), II, 9.
Rotterdam (l'Echevin de), II, 33.
Roubaix (ville de), II, 193.
Rouen (cour des aides de), I, 227, 230.
— (parlement de), I, 132, 140, 141, 205, 227, 230, 321, 322; II, 16, 146, 147.
— (ville et église de), I, 132, 133, 140, 141, 173, 176, 227, 269-271; II, 25, 26, 83, 156, 158; III, 15, 63.
Rouergue (pays de), II, 202.
Rouleau ou Roulleau (Hilaire), I, 202, 392.
Roure (Scipion de Grimoard, comte du), I, 250, 252.

TABLE GÉNÉRALE. 305

Roure (N.), III, 38.
Roussillon (province et gouvernement de), I, 118, 120, 163, 164, 257; II, 51, 52, 102, 107, 201, 208; III, 87-89, 113, 118.
— (royale audience de), I, 258, 269, 270; II, 163-165, 208, 255, 256. Voy. Perpignan (conseil souverain de).
Royal-Infanterie (régiment de), I, 190, 192, 210, 285, 288, 345; II, 75.
Royale (la), navire, II, 302-306.
Rozières (salines de), I, 210.
Rubentel (Denis-Louis de), II, 203, 214.
Rubercy (église de), II, 335.
Rue (ville de), II, 241.
Ruffec (marquisat de), II, 6.
Russie (empire de). Voy. Moscovie.
— (palatinat de), III, 180.
Rutherford (André), I, 131, 138, 348, 349; II, 71, 72; III, 2, 4, 5, 25.
Ruvigny (Henri de Massué, marquis de), III, 31, 40.

S

Sabazan ou Sebazan (N. de), II, 71, 72.
Sablé (Madeleine de Souvré, marquise de), II, 257-260.
Sacré-Collège (le), I, 255, 295; II, 40. Voy. Cardinaux.
Sacy (Louis-Isaac Le Maistre de), II, 28.
Saignon (Guillaume-François de Cardebas de), 1, 67, 71, 253; III, 258.
Saillant (château du), II, 222.
Saint-Aignan (François de Beauvillier, comte de), II, 6, 253.
— (Pierre de Beauvillier, abbé de), II, 338.
Saint-Albans (Henri Jermyn, comte de), I, 4, 134, 148, 151, 237; II, 99, 104, 141, 161, 167, 169-171, 225, 231, 265, 266, 281, 282, 323; III, 5, 75, 82-84.
Saint-Aoust (chapelle de), II, 255, 256.
— (Louis-Armand de Fradet de), II, 255, 256.
Saint-Arnoul (abbaye), à Metz, I, 301, 302; II, 81.
Saint-Aubin (paroisse de), I, 292.
Saint-Augustin (chanoines de), II, 255.
Saint-Aunez (Henri de Bourcier de Barry, marquis de), I, 311, 314; II, 132-135, 148, 158.
Saint-Avout (pays de), III, 44, 45.
Saint-Clément (abbaye), à Metz, I, 301.
Saint-Dyé (village de), III, 97.
Saint-Éloy (abbaye), III, 3, 7.
Saint-Epvre (église de), à Toul, I, 310; II, 23.
Saint-Eslan (Joachim et Henri-Auguste de), I, 202, 205, 393.
Saint-Esprit (ordre du), I, 290; III, 12, 114.
Saint-Étienne (Claude-Charles de Beaumont, marquis de), II, 215, 220, 221.
Saint-Florent (abbaye), à Saumur, I, 112, 275, 276; III, 126, 258.
Saint-Geniès (ville de), II, 213.
Saint-Germain (François d'Aglié, abbé de), III, 92, 95.
— (Octavien de Saint-Martin, marquis de), III, 92, 94.
Saint-Germain-des-Prés (abbaye et faubourg de), à Paris, I, 43, 72, 258; II, 203, 213; III, 9, 15.
Saint-Germain-en-Laye (capitainerie de), I, 131, 136, 137; II, 1, 5.
Saint-Germain-l'Auxerrois (église de), à Paris, I, 346; II, 336.
Saint-Glin. Voy. Singlin.
Saint-Gothard (bataille de), II, 130.

Saint-Hippolyte (ville de), II, 231, 239.
Saint-Honorat-de-Lérins (abbaye de), I, 258, 310.
Saint-Hubert-en-Ardenne (abbaye et domaine de), III, 29, 30, 32-34.
Saint-Jacques (faubourg), à Paris, II, 78, 80, 257.
Saint-Jean (fort), à Marseille, I, 67; III, 258.
Saint-Jean-de-Luz (ville de), III, 22.
Saint-Jean-Pied-de-Port (ville de), I, 275, 278.
Saint-Louis (fête de la), III, 104.
Saint-Louis (le), navire, II, 19, 279, 302-306; III, 62.
Saint-Luc (François d'Espinay, marquis de), II, 180, 184-186, 197, 202, 203; III, 1, 48-51, 96, 98.
Saint-Lucien (abbaye), à Beauvais, I, 200, 203.
Saint-Magloire (prison de), à Paris, II, 203, 213.
Saint-Mandé (maison de), I, 352, 353.
Saint-Mansuy (abbaye), à Toul, I, 258, 301, 302, 309, 310; II, 23.
Saint-Marc (Jean de), I, 190, 192.
Saint-Marcellin-d'Isère (ville de), II, 35.
Saint-Martin (N. de), II, 297.
— (abbaye), à Laon, I, 295.
— (prieuré de), à Sablé, 1, 263.
Saint-Martin-de-Bienfaite (église de), II, 336.
Saint-Martin-des-Champs (prieuré de), à Paris, I, 130, 135.
Saint-Maurin (abbaye), II, 157, 158.
Saint-Michel (forêt de), I, 244.
— (ordre de), I, 265, 289, 290.
Saint-Mihiel (chambre de), I, 244.
Saint-Nicolas-du-Port (bourg de), I, 239, 244, 293, 315; III, 41.
Saint-Omer (ville de), II, 50, 55, 89, 242; III, 3, 7.

Saint-Philippe (le), navire, II, 304.
Saint-Pierre-aux-Monts (abbaye), II, 338.
Saint-Pierre-de-Préaux (abbaye), I, 295.
Saint-Pol (ville et comté de), I, 55, 270; II, 37, 178, 179, 262, 269.
Saint-Pouenges (Jean-Baptiste Colbert de), I, 31, 36, 130, 134, 207, 211, 239, 244, 251, 282, 283, 289, 291, 292, 311, 314, 315, 318, 323, 348; II, 41, 65, 66, 72, 73, 75, 148, 149, 152, 153, 199, 204, 205; III, 40, 41, 43, 45, 53, 58, 60, 103, 104.
Saint-Prest (Jean-Yves de), I, 21, 179; II, 284.
Saint-Quentin (abbaye), à Beauvais, I, 295.
— (Jean-François Bigot de), II, 49, 52, 249; III, 1.
— (ville de), I, 291; II, 60, 67.
Saint-Remy (abbaye), à Lunéville, II, 255, 256.
— (ville de), en Provence, II, 113; III, 11.
Saint-Sébastien (le), navire, II, 303, 304, 318.
Saint-Simon (Claude, duc de), III, 72, 81, 82, 86.
Saint-Sulpice (église de), à Paris, I, 47; III, 9, 16.
Saint-Sylvain (domaine de), II, 337.
Saint-Symphorien (abbaye), en Beauvaisis, II, 332.
— (abbaye), à Metz, I, 301.
Saint-Thomas (le), navire, I, 276.
Saint-Vaast (abbaye), à Arras, I, 66-68, 262; II, 17, 18, 29, 30, 155, 156.
Saint-Vanne (abbaye de), I, 130, 135, 175.
Saint-Venant (chapelle de), II, 342.
— (gouvernement et ville de), I, 85, 234; II, 240.
Saint-Vénérand (prieuré de), I, 392.

Saint-Victor (abbaye), à Marseille, I, 258, 310.
Saint-Victor-de-Chrétienville (église de), II, 336.
Saint-Vincent (abbaye), à Metz, I, 301.
Saint-Vincent-des-Landes (chapelle de), I, 392.
Saint-Wulmer (abbaye), II, 339.
Sainte-Anne (la), navire, II, 303-306.
Sainte-Beuve (la dame de), II, 80.
Sainte-Croix (prieuré de), II, 34, 40.
— (religieux de), I, 260.
Sainte-Marie (filles de), II, 87. Voy. Visitation.
Sainte-Marie-aux-Mines (ville de), II, 59, 64-66, 234, 239.
Sainte-Marie-Magdeleine-de-Lanne (prieuré de), I, 393.
Sainte-Marthe (Claude de), II, 28.
Sainte-Maure (Charles de Ménisson, comte de), II, 115, 118.
Sainte-Menehould (gouvernement de), II, 115-118.
Sainte-Suzanne (baronnie de), I, 319.
Saintonge (province de), III, 100.
Saints-Lieux (les), III, 112, 117.
Saisons (ballet des), II, 246, 247, 267; III, 8, 54.
Sala (abbé), II, 191.
Salé (corsaires de), I, 245; II, 315, 318.
Salival (abbaye de), II, 334.
Salomon de Virelade (Henri-François de), I, 262, 265; III, 49, 50.
Salpêtres, II, 93.
Saluts en mer, I, 98, 99, 277; II, 169.
Sambre-et-Meuse (pays d'entre), II, 155.
Samer (abbaye de), II, 339.
Sandomir (diète de), III, 177.
Santo-Gemini (Jean-Antoine Orsini, duc de), I, 335.
Sapieha (Paul), III, 244.
Sarazin (N.), II, 60.
Sarlat (présidial de), II, 222.

Sarre (rivière de), II, 114; III, 40.
Sarrebourg (gouvernement et place de), I, 33, 86; II, 199, 207; III, 54, 102.
Sarron-Champigny (François Bochart de), I, 59, 153, 156, 260; II, 29, 109, 147; III, 31, 32, 39, 53, 54, 96.
Sault (Philibert du), II, 180, 186.
Saumur (ville de), I, 253, 275; III, 126.
Sausoy (N. du), II, 340.
Sauvat (Louis), II, 334.
Sauxillanges (prieuré de), II, 169, 176.
Savoie (duché et maison de), II, 138, 145, 298, 321; III, 6, 54, 58, 91, 93-95.
— (Charles-Emmanuel Ier, duc de), II, 145; III, 78.
— (Charles-Emmanuel II, duc de), I, 194, 214, 238, 244, 253, 254, 268; II, 138, 139, 145, 146, 355, 375; III, 91, 92, 95, 260.
— (Catherine d'Autriche-Espagne, duchesse de), II, 138, 145.
— (Chrétienne de France, duchesse mère de). Voy. Madame Royale.
Saxe (Jean-Georges, électeur-duc de), I, 214, 266-268; II, 115, 117, 139, 145, 146, 273.
— (Ermuth-Sophie, princesse de), I, 208; II, 138, 139, 145, 146; III, 260.
Saxe-Weimar (Bernard, duc de), II, 117.
Saxe-Weimar et Iéna (princes de), I, 267.
Scarron de Longne. Voy. Longne.
Scel au secret (le), III, 62. Voy. Grand sceau.
Scellés, II, 248-250.
Schaffembourg. Voy. Aschaffenbourg.

308 TABLE GÉNÉRALE.

Schlippenbach (comte de), III, 226.
Schmissing (Mathieu), I, 63, 166, 167.
Schönberg (Charles, maréchal de), II, 154.
— (Frédéric-Armand, comte de), I, 42.
Schönborn père et fils (MM. de), I, 343; II, 295. Voy. Mayence.
Schulemberg (Jean, maréchal de), I, 128, 129, 270; II, 24, 242, 322; III, 71, 73.
Schwerin (Otto, baron de), I, 190; II, 272.
Scotia (N.), II, 133.
Sebazan. Voy. Sabazan.
Séchamps (village de), III, 41, 42.
Secrétaires d'ambassade, II, 280, 289, 290-291, 297, 299, 325.
Secrétaires d'État, I, 1, 6, 46, 60, 61, 88, 139, 142, 145; II, 2, 93, 330, 331; III, 8, 134, 136, 138. Voy. Brienne, du Plessis-Guénegaud, La Vrillière, Le Tellier.
Secrétaires-interprètes, II, 299.
Sectes religieuses, II, 268.
Sedan (conseil souverain de), II, 179, 183; III, 30, 33.
— (présidial de), I, 81, 287.
— (ville et principauté de), II, 155, 156, 225, 231.
Séditions et troubles, I, 44, 52, 53, 74, 75, 185, 187, 227, 290-292; II, 60, 132, 133, 178, 180, 183-186, 189, 202, 211, 213, 233, 237; III, 10, 16, 31, 33-37, 96, 98-100, 102.
Segni (Alexandre Sforza, duc de), I, 335.
Séguier (Jacques), II, 235; III, 14.
— (Pierre), chancelier, I, 1, 6, 46, 61, 132, 152, 201, 287, 290, 316, 352-355, 361; II, 14, 62, 77, 89, 149, 222, 223; III, 120, 124, 125.
Séguiran (N. Reynaud de), II, 58, 63.

Seignelay (Jean-Baptiste Colbert, marquis de), III, 139.
Seiguier (Pierre), II, 68.
Sélim II, sultan de Barbarie, I, 312.
Sels et salines, 1, 30, 36, 80, 208, 210, 238, 239, 244, 317, 320; II, 53, 59, 63, 65, 79, 84, 112, 113, 211, 212; III, 9, 11, 41.
Semblançay (Jacques de Beaune de), III, 138.
Séminaires, II, 14, 16.
Senantes (François de Havard de), III, 92, 94.
Senart (forêt de), 1, 323, 325.
Senecey (Marie-Catherine de La Rochefoucauld, marquise de), II, 247.
Sénéchaux, II, 2.
Sénégal. Voy. Gambie, Guinée.
Senlis (diocèse de), II, 342.
Sens (archevêque de). Voy. Gondrin.
Sergents-majors, II, 76.
Serment prêté au Roi, I, 224, 233, 234; II, 168, 174, 183, 193-196.
Serre (N. de), III, 43.
Serroni (Hyacinthe), évêque d'Orange, I, 76, 79.
Servient (Abel), III, 135.
— (Ennemond), I, 194, 251, 253, 279, 297; II, 47, 75, 76, 83, 138, 139, 145, 203, 239, 298, 394; III, 6, 51, 55, 88, 91-95, 132.
— (Justine de Bressac, dame), III, 91, 94.
— (abbé), II, 341.
Servigny (village de), III, 34.
Seudre (port de la), II, 301, 302.
Sève de Châtignonville (Alexandre de), prévôt des marchands de Paris, III, 129.
Sève de Rochechouart (Guy de), I, 392.
Sévigné (Bernard, chevalier de), II, 257, 258.
Seyne (Claude de), I, 392.
Seyron (Jean de), II, 115, 118.

Siamé. Voy. Samer.
Siècle de Louis XIV (le), III, 143, 144.
Sierck (gouvernement de), I, 33, 86, 93; II, 239; III, 3, 40, 41, 43, 103, 104.
Silhon (Jean de), I, 360.
Silvecane (Constant de), II, 66, 111, 113, 114, 260.
Simmeren (Louis-Philippe de Bavière, duc de), I, 339. Voy. Bavière.
Singlin (Antoine), I, 226, 228, 262, 265, 270; II, 27; III, 257.
— (Marie-Angélique), I, 221.
Siron (Thomas), II, 111.
Sobieski (Jean), III, 185, 219.
Sociétés commerciales, II, 141.
Sogne (ville de), III, 43.
Soissonnais (pays de), II, 35, 41.
Soissons (chapitre de), I, 271.
— (Thomas de Savoie, prince de), I, 252.
— (Eugène-Maurice de Savoie, comte de), I, 19, 250, 252, 296-298, 307; III, 18, 21-24.
— (Olympe Mancini, comtesse de), I, 252, 297.
Solde des troupes, I, 77, 90, 128, 130, 134, 151; II, 35, 72, 75, 76, 93-95, 254; III, 2, 6, 259.
Soleil (le), navire, II, 304-306, 317.
Soleure (ville et canton de), II, 298.
Solidarité de taxes, I, 291.
Solliès (marquis de), II, 53, 112.
Sorbonne (la maison de), à Paris, I, 153, 156, 188, 189, 201; II, 16, 102.
Sorel de Souvigny (Charles), III, 144.
Soubize (port de), II, 304, 305, 309, 310.
Soule (pays de), II, 184, 233, 237.
Sourches (Jean du Bouschet, marquis de), I, 75.
Sourdis (Henri d'Escoubleau de), archevêque de Bordeaux, I, 197.
Sourdis (le), navire, I, 276.
Souvigny (Jean de Gangnières, comte de), II, 94.
Spada (Bernardin, cardinal), I, 194, 224, 272-275.
Spire (chambre impériale de), II, 20, 231.
Stathouders (les), III, 61.
Stenay (comté de), I, 196, 197, 312, 316; II, 47; III, 55.
Stockholm (cour de), I, 286, 298, 311. Voy. Suède.
Strozzi (comte), III, 146, 147.
— (Louis, abbé), II, 290, 294.
Subsides et pensions, II, 80, 84, 146; III, 19, 28.
Subvention, imposition, I, 186; II, 211.
Suède (royaume de), I, 22, 143, 147, 148, 190, 305, 306, 308, 309, 333, 334, 345; II, 24, 63, 101, 144, 145, 162, 224, 226-228, 298, 311, 313, 345, 358, 359, 365; III, 26, 42, 131, 148-151, 175, 190, 191, 198, 200, 211, 215, 222, 224, 226-228, 240, 249.
— (Charles XI, roi de), I, 18, 21, 22.
Suisse (république de), I, 300, 307; II, 79, 80, 84, 102, 108, 239, 298.
Suisses (troupes), I, 66, 71, 249, 250, 252; II, 35, 102, 108, 201, 211, 234, 239.
Sulzbach (Philippe de Bavière, prince de), II, 96-98, 119, 133.
Sund (détroit du), III, 207.
Suppôts de l'Université, II, 148, 151.
Surintendant (le). Voy. Fouquet (Nicolas).
Surséances de procédure ou d'exécution, I, 284; II, 2, 3, 60, 67.
— de recouvrement, I, 128, 183, 185, 186; II, 197, 198.
Syndics, II, 132, 133.
Synodes protestants, I, 124; II, 69; III, 31, 38, 39.

310

TABLE GÉNÉRALE.

T

Tagnac (N. de), II, 244, 251.
Taignier (Claude), 1, 166, 168.
Tailles (les), I, 133, 318; II, 48.
Talhouët-Boisorhand (Louis-Redon de), I, 95; II, 146-148, 156-158.
Tallemant (Pierre), III, 206.
Talon (Claude), dit du Quesnoy, I, 52, 105, 113, 231, 233, 234, 238, 242, 243, 259; II, 2, 18, 30, 32, 33, 47, 79, 90, 109, 116, 204, 234, 239-241, 244, 248; III, 1-7, 74, 156, 257, 260.
— (Denis), II, 238, 244, 248.
— (Jean), 1, 234.
— (Paul), I, 234.
Talon de la Maison-Blanche (Pierre), 1, 257, 260.
— (Élisabeth du Lac, dame), I, 257, 260.
Tamarit (Philippe de), II, 204, 208.
Tanger (ville de), II, 188, 327; III, 169.
Tanier. Voy. Taignier.
Tapisseries (manufacture de), III, 9, 15.
Tardieu (Jacques), I, 166, 168.
Tarente (Henri-Charles de La Trémoïlle, prince de), III, 122, 175.
Taxes de frais, II, 157, 158, 207.
Temple (le), à Paris, II, 93-95.
Temples protestants, II, 60; III, 53-57.
Terlon (Hugues, chevalier de), I, 123, 147, 148, 286, 305, 309, 341; II, 294, 298; III, 228, 256.
Terre-Neuve (colonie de), II, 72, 77, 78.
Terrel (Jean), II, 256.
Terron. Voy. Colbert de Terron.
Terron (le), navire, II, 303, 304.
Tête-Noire (la), navire, II, 305.
Texier (le P. Claude), I, 84, 391.
Théologal (dignité de), II, 232, 235.

Théologie (faculté de). Voy. Sorbonne.
Thevin (Anne), 1, 224.
Thionville (gouvernement de), I, 86, 287; II, 88, 91, 163, 164, 259; III, 40, 41, 71, 74.
Thois (Antoine de Gouffier, marquis de), I, 111, 115.
Thomas (saint), III, 109.
Thoreau (Mathieu), évêque de Dol, I, 261, 263, 290.
Thou (Jacques-Auguste, président de), I, 47, 183-185, 218, 225, 227, 283, 284, 296, 298, 302, 303, 328-333, 337, 347; II, 32, 35-37, 56, 57, 62, 99, 100, 105, 106, 136, 139-141, 157, 158, 161, 162, 181, 182, 187, 190, 191, 225, 229-232, 264, 267, 268, 276-279, 295, 339; III, 18, 19, 21, 23, 27, 58-60, 62, 81, 142, 175, 260.
— (Louis-Auguste et Jacques-Auguste, abbés de), II, 339-341.
Thoynard (Nicolas), I, 172, 175, 225.
Ticquet (Angélique-Nicole Carlier, dame), I, 43.
Tigre (le), navire, I, 239; II, 306.
Titres nobiliaires, 1, 88. Voy. Érection (lettres d').
Toiles (fabrication des), 1, 173.
Tonkin (missions du), II, 4, 12.
Tonneliers (corporation des), III, 10, 31, 100, 101.
Toscane (Ferdinand III, grand-duc de), I, 78, 280; III, 93.
— (Côme III de Médicis, prince de Florence ou de), 1, 76, 79, 152, 153, 156, 202, 206.
— (Mathieu, prince de), II, 364.
— (princesse de). Voy. Orléans (Marguerite-Louise d').
Tott (Claude, comte), I, 22, 286, 300, 305, 306; II, 101, 162, 224, 227, 246, 312, 359; III, 131, 132, 182, 212, 215, 226.
Toul (ville et évêché de), I, 301, 302; II, 15, 23, 255.

Toulon (ville de), I, 2, 71, 165, 324; II, 301, 309, 317.
Toulonjon (Antoine de), I, 278.
Toulouse (archevêque de), I, 166, 226. Voy. Marca.
— (parlement de), I, 45, 87, 88, 181, 308, 321, 322; II, 56, 95-97, 136; III, 50.
— (ville de), I, 110, 265; II, 97.
Touraine (province de), I, 262; II, 108.
Tours (église de), I, 271.
Toussaints (abbaye de), à Angers, I, 263.
Traitants (les), I, 187, 263.
Trancas ou Tranquars (René Lequeux de), I, 178, 180; III, 256, 257.
Transylvanie (pays de), I, 305; II, 129; III, 42, 113.
Trésor des chartes (le), à Paris, I, 196, 200, 301; III, 104.
Trésoriers de la marine et des fortifications, I, 250.
Trésoriers de France (les), I, 173, 285; II, 51, 197, 198, 200.
Trèves (Charles-Gaspard de Leyen, archevêque-électeur de), I, 94-96, 99; II, 114-116; III, 19, 28, 29, 40.
— (métropole de), III, 29.
Trichâteau (château de), III, 125.
Trinité-du-Mont (couvent de la), à Rome, I, 194, 222-224, 272-275.
Triomphe (le), navire, II, 303-306.
Tripoli (corsaires de), I, 245; II, 318.
Triton (le), navire, II, 303, 304.
Trivelin (le comédien), II, 229.
Trois-Évêchés (les), I, 77, 81, 95, 183, 185, 186, 223, 236, 280, 282, 283, 302, 309; II, 66, 211, 262; III, 29.
Troubles publics. Voy. Séditions.
Troupes du Roi (les), I, 29, 30, 35, 77, 90, 128-130, 134, 148-150, 153, 184, 187, 196, 197, 238, 256, 257, 260, 327; II, 35, 53-55, 72, 75-77, 93-95, 200, 202, 203, 208, 213, 214, 254; III, 2, 3, 6, 71, 72, 74, 75, 96, 98, 100.
Troupes étrangères, I, 131, 137-139.
Troupes françaises à l'étranger, II, 219-221; III, 19, 59, 61.
Trubert (François), II, 173.
Truchements, II, 265.
Tschudi (Laurent), II, 293.
Tubin de Chamdoré (Étienne), I, 290.
Tulle (ville de), II, 87, 90.
Tunis (royaume de), I, 62, 66, 245; II, 8, 293, 318; III, 255.
Turcs (guerre et ligue contre les), I, 62-64, 66, 69, 99, 101-103, 213, 214, 222, 258, 305, 306, 339; II, 3, 10, 118-130, 217, 218, 364, 365, 372-374, 381; III, 42, 198, 249.
Turenne (Henri de La Tour, vicomte et maréchal de), I, 3, 19, 31, 40, 46, 67, 103, 242, 345, 347, 362; II, 36, 130, 170, 242; III, 27, 62, 127, 140, 142.
Turin (cour de), I, 254; II, 298; III, 91, 93, 94.
— (archevêché de), III, 58.
Turquie (empire de), II, 127-129. Voy. Turcs.

U

Université de Paris, II, 148, 151.
Urbain VIII, pape, I, 194, 226, 254, 262, 271; II, 9.
Urgel (évêché d'), I, 334, 335; II, 64.
— (Jean-Manuel de Espinosa, évêque d'), I, 328, 334, 335.
Ursin (cardinal). Voy. Orsini.
Ursins (maison des), I, 335.
Ursulines (religieuses), II, 78, 80.
Ustensile des troupes, II, 17,

29, 88, 90, 91, 234, 239, 262, 269; III, 2, 6, 70.
Utrecht (bailliage d'), I, 337; II, 268.
Uxeaux (village d'), III, 57.

V

Vagabonds, I, 72; II, 59, 67.
Vagnozzi (Dominique), II, 297.
Vaisseaux du Roi (les), I, 239, 240, 245, 246, 248, 249, 302-305. Voy. Marine.
Vaisseaux-Provence (régiment des), I, 183, 195, 197, 234, 241, 349; II, 93, 94.
Vaisselle d'argent, II, 15.
Val-de-Lièvre (pays de), II, 59, 65, 234, 239.
Valclusion (vallée de), III, 58.
Valdendorf. Voy. Waldersdorf.
Valentin (palais du), à Turin, III, 94.
Valets de pied du Roi, I, 96, 174.
Vallot (Antoine et Édouard), II, 157, 158.
Valois (Françoise-Madeleine d'Orléans, dite Mademoiselle de), II, 69, 70, 82.
Valperga (Antoine-Maurice), I, 276, 279, 280, 292; II, 73.
Valvassori (le P. Jérôme), II, 85.
Vandy (Claude-Absalon-Jean-Baptiste d'Aspremont, marquis de), II, 88, 90, 91; III, 52.
Varadin (place de), III, 113.
Vardes (François-René, marquis de), I, 82.
Varennes (Joseph-Alexandre de Nagu, marquis de), I, 72, 75, 391.
Varsovie (ville de), I, 300; II, 298.
Vauban (Sébastien Le Prestre de), I, 225, 245, 314; II, 74.
Vaucelle (abbaye de), I, 263.
Vaux-le-Vicomte (château de), II, 166; III, 73, 97, 120, 133, 137.
Vedoa (Paul), II, 299, 367.

Vénalité des charges et offices, I, 71, 73, 125, 250, 252.
Vendôme (César, duc de), I, 19, 257, 258; II, 46, 48, 132.
— (Philippe, chevalier de), I, 258, 310.
Vendôme (le), navire, II, 304.
Veniat (ordres de), I, 29, 44, 85, 91, 93, 152, 154, 157, 192, 193, 311; II, 45, 96, 97, 110, 157, 180, 181, 203, 214.
Venise (ville et république de), I, 99-103, 178, 292; II, 24, 96-98, 119, 127, 129, 135, 299, 367, 373; III, 18, 21-25, 72, 86, 113, 116, 117, 145, 148, 175, 258.
Verdun (évêché de), I, 302.
Vérification des lettres patentes, II, 96.
Verthamon (François de), I, 84, 86; III, 256.
Vervins (traité de), III, 77.
Vialart (le P. Charles de Saint-Paul), I, 360.
Vic (ville de), III, 44, 45.
Vicgale (Jérôme), I, 182.
Victoire (la), navire, I, 239; II, 303-306.
Vidoni (Pierre, cardinal), II, 102, 108; III, 259, 260.
Vieil-Palais (le), à Rouen, I, 227, 231.
Vieillards invalides, I, 276.
Vienne (cour des aides de), I, 80.
— (ville de), en Autriche, II, 216, 219, 299.
Vieux et petits-vieux corps (les), I, 282; II, 14, 16, 42, 43, 80, 153, 154, 245, 252.
Vieuxpont (Henri de), II, 131-133.
Vigé (N.), II, 68.
Vignolles (Jacques de), III, 34, 38.
Villa (Ghiron-François, marquis de), I, 193, 194, 238, 251, 327.
Villarceaux (Louis de Mornay, marquis de), I, 66, 68, 69.
Villefranche (port et droit de), III, 95.

Villelegat (Catherine-Thérèse et Françoise de), I, 221.
Villemontée (François de), II, 35, 41; III, 93.
Villequoy (François, abbé de), II, 334, 335.
Villeroy (Nicolas de Neufville, maréchal-duc de), 1, 3, 19, 44, 49, 69, 103, 361; III, 127, 129, 139, 142.
Villers (N. de), II, 4.
Villevallier (paroisse de), I, 292.
Villevion (paroisse de), I, 292.
Vilna (archevêché et palatinat de), III, 181, 185.
Vimmenon. Voy. Wimmenum.
Vincennes (château de), I, 2, 3, 11, 353-356.
— (traité de), I, 31, 35-38, 95, 104, 160, 211; II, 65, 114.
Vincent de Paul (M.), I, 278.
Vins, III, 74.
Vioguié (le Frère), II, 85.
Viole (Pierre), I, 240, 246, 247, 283.
— (la présidente), I, 247.
Violences publiques. Voy. Séditions.
Visitation de Sainte-Marie (filles de la), II, 87, 90.
Vitoria (ville de), II, 266, 282, 283.
Vivandiers des troupes, II, 235, 240.
Vivier-en-Brie (chapelle royale de N.-D. du), II, 334.
Vivonne (Louis-Victor de Rochechouart, duc de), II, 210.
Voisin (abbé Joseph de), I, 45, 56, 57, 121, 125.
Vols, II, 203, 213.
Vuoerden (Michel-Ange, baron de), et son *Journal*, I, 3, 8, 9, 15, 16, 19, 20, 26, 32, 40-42, 47, 52, 54, 55, 61, 67, 68, 79, 95, 106-108, 126-129, 151, 154, 176, 223, 234, 243; II, 37, 198; III, 34.

W

Waldersdorf (Wildric, baron de), II, 263, 274, 275.
Warmie (archevêque de). Voy. Wydzga.
Watteville (Charles, baron de), III, 18, 20-26, 72, 75, 86, 140-175.
Werth (Jean le ou de), II, 304, 310.
Westminster (traité de), II, 277, 278.
Westphalie (pays de), 1, 300.
Whitehall (palais de), III, 24.
Wicquefort (Abraham de), 1, 209, 210, 212-215, 218, 267, 340; II, 35, 36, 62, 139, 186, 187, 239, 276, 277, 295; III, 27, 60, 62, 63, 70, 84, 144, 174, 175.
Willart (Michelle), I, 221.
Wimmenum (Amélis van der Bouchorst de), II, 225, 229-231.
Witt (Jean de), I, 332, 339, 344, 363; II, 22, 23, 62, 105, 148, 159, 268; III, 27, 59, 61, 62, 64, 82, 101, 156, 169, 170.
Würtenberg (pays de), II, 24.
Würtzbourg (ville de), I, 342.
Wydzga (Jean-Étienne), évêque de Warmie, II, 376; III, 190.

Y

York (Jacques Stuart, duc d'), I, 242; III, 25, 62, 81, 84.

Z

Zélande (province de), II, 139, 159, 268.
Zell (Christian-Louis, duc de), II, 104, 272.
Ziérikzée (ville de), I, 47.
Zulcham et Zulskom. Voy. Zulichem.
Zulichem (Constantin Huygens, baron de), II, 157, 160, 190.

TABLE DU TOME III.

	Pages
Séances du 1ᵉʳ août au 3 septembre.	1
APPENDICE :	
I. Lettre de Brienne fils au P. Duneau.	105
II. Projet matrimonial du duc de Lorraine.	109
III. Lettres sur les affaires de Rome.	111
IV. La chute du surintendant Foucquet.	119
V. Le conflit Estrades-Watteville et la préséance de la France.	140
VI. La succession au trône de Pologne (*suite et fin*).	176
SOMMAIRES DES SÉANCES.	251
ERRATA GÉNÉRAL	255
TABLE ALPHABÉTIQUE	263

Nogent-le-Rotrou, imprimerie DAUPELEY-GOUVERNEUR.

Ouvrages publiés par la Société de l'Histoire de France
depuis sa fondation en 1834.

In-octavo à 9 francs le volume, 7 francs pour les Membres de la Société.

Ouvrages épuisés.

L'Ystoire de li Normant. 1 vol.
Lettres de Mazarin. 1 vol.
Villehardouin. 1 vol.
Histoire des Ducs de Normandie. 1 vol.
Beaumanoir. Coutumes de Beauvoisis. 2 vol.
Mémoires de Coligny-Saligny. 1 vol.
Mémoires et Lettres de Marguerite de Valois. 1 vol.
Comptes de l'argenterie des rois de France. 1 vol.
Mémoires de Daniel de Cosnac. 2 vol.
Journal d'un Bourgeois de Paris sous François Ier. 1 v.
Chroniques des comtes d'Anjou. 1 vol.
Lettres de Marguerite d'Angoulême. 2 vol.
Joinville. Hist. de Saint Louis. 1 vol.
Chronique de Guillaume de Nangis. 2 vol.
Histoire de Bayart. 1 vol.

Ouvrages épuisés en partie.

Grégoire de Tours. Histoire ecclésiast. des Francs. 4 vol.
Œuvres d'Éginhard. 2 vol.
Barbier. Journal du règne de Louis XV. 4 vol.
Mémoires de Ph. de Commynes. 3 vol.
Registres de l'Hôtel de Ville de Paris pendant la Fronde. 3 vol.
Procès de Jeanne d'Arc. 5 vol.
Bibliographie des Mazarinades. 3 vol.
Choix de Mazarinades. 2 vol.
Histoire de Charles VII et de Louis XI, par Th. Basin. 4 vol.
Grégoire de Tours. Œuvres diverses. 4 vol.
Chron. de Monstrelet. 6 vol.
Chron. de J. de Wavrin. 6 vol.
Journal et Mémoires du Marquis d'Argenson. 9 vol.
Œuvres de Brantôme. 11 v.
Commentaires et Lettres de Blaise de Monluc. 5 vol.
Mém. de Bassompierre. 4 vol.

Ouvrages non épuisés.

Mém. de Pierre de Fenin. 1 v.
Orderic Vital. 5 vol.
Correspondance de Maximilien et de Marguerite. 2 v.

Richer. Hist. des Francs. 2 v.
Le Nain de Tillemont. Vie de Saint Louis. 6 vol.
Mém. de Mathieu Molé. 4 v.
Miracles de S. Benoît. 1 vol.
Chronique des quatre premiers Valois. 1 vol.
Mém. de Beauvais-Nangis. 1 v.
Chronique de Mathieu d'Escouchy. 3 vol.
Choix de pièces inédites relatives au règne de Charles VI. 2 vol.
Comptes de l'hôtel des Rois de France. 1 vol.
Rouleaux des morts. 1 vol.
Œuvres de Suger. 1 vol.
Mém. et corresp. de Mme du Plessis-Mornay. 2 vol.
Chron. des églises d'Anjou. 1v.
Introduction aux chroniques des comtes d'Anjou. 1 vol.
Chroniques de J. Froissart. T. I à XI. 13 vol.
Chroniques d'Ernoul et de Bernard le Trésorier. 1 v.
Annales de S.-Bertin et de S.-Vaast d'Arras. 1 vol.
Histoire de Béarn et de Navarre. 1 vol.
Chroniques de Saint-Martial de Limoges. 1 vol.
Nouveau recueil de comptes de l'argenterie. 1 vol.
Chanson de la croisade contre les Albigeois. 2 vol.
Chronique du duc Louis II de Bourbon. 1 vol.
Chronique de J. Le Fèvre de Saint-Remy. 2 vol.
Récits d'un ménestrel de Reims au XIIIe siècle. 1 v.
Lettres d'Ant. de Bourbon et de Jeanne d'Albret. 1 vol.
Mém. de La Huguerye. 3 vol.
Anecdotes et apologues d'Étienne de Bourbon. 1 vol.
Extraits des auteurs grecs concern. la géographie et l'hist. des Gaules. 6 vol.
Mémoires de N. Goulas. 3 v.
Gestes des évêques de Cambrai. 1 vol.
Les Établissements de Saint Louis. 4 vol.
Chron. normande du XIVe s. 1 v.
Relation de Spanheim. 1 vol.
Œuvres de Rigord et de Guillaume le Breton. 2 v.
Mém. d'Ol. de la Marche. 4 v.
Lettres de Louis XI. T. I à IX.
Mémoires de Villars. 6 vol.

Notices et documents, 1884. 1 v.
Journal de Nic. de Baye. 2 v.
La Règle du Temple. 1 vol.
Hist. univ. d'Agr. d'Aubigné. T. I à IX.
Le Jouvencel. 2 vol.
Chroniques de Louis XII, par Jean d'Auton. 4 vol.
Chronique d'Arthur de Richemont. 1 vol.
Chronographia regum Francorum. 3 vol.
L'Histoire de Guillaume le Maréchal. 3 vol.
Mémoires de Du Plessis-Besançon. 1 vol.
Éphéméride de La Huguerye. 1 vol.
Hist. de Gaston IV, comte de Foix. 2 vol.
Mémoires de Gourville. 2 vol.
Journal de J. de Roye. 2 vol.
Chron. de Richard Lescot. 1 v.
Brantôme, sa vie et ses écrits. 1 vol.
Journal de J. Barrillon. 2 v.
Lettres de Charles VIII. 5 v.
Mém. du Chev. de Quincy. 3 v.
Chron. de Morosini. 4 vol.
Documents sur l'Inquisition. 2 vol.
Mém. du vicomte de Turenne. 1 vol.
Chron. de Perceval de Cagny. 1 vol.
Journal de J. Vallier. T. I.
Mém. de Saint-Hilaire. T. I et II.
Journal de Fauquembergue. T. I.
Chron. de Jean Le Bel. 2 v.
Mémoriaux du Conseil de 1661. 3 v.
Chron. de Gilles Le Muisit. 1 vol.
Rapports et Notices sur les Mém. du card. de Richelieu. T. I.
Mémoires de Souvigny. T. I et II.

SOUS PRESSE :

Lettres de Louis XI. T. X.
Mém. du card. de Richelieu. T. I.
Journal de J. Vallier. T. II.
Mémoires de Martin du Bellay. T. I.
Mém. de Saint-Hilaire. T. III.

ANNUAIRES, BULLETINS ET ANNUAIRES-BULLETINS (1834-1907).

In-18 et in-8°, à 2 et 5 francs.

Pour la liste détaillée, voir à la fin de l'Annuaire-Bulletin de chaque année.)

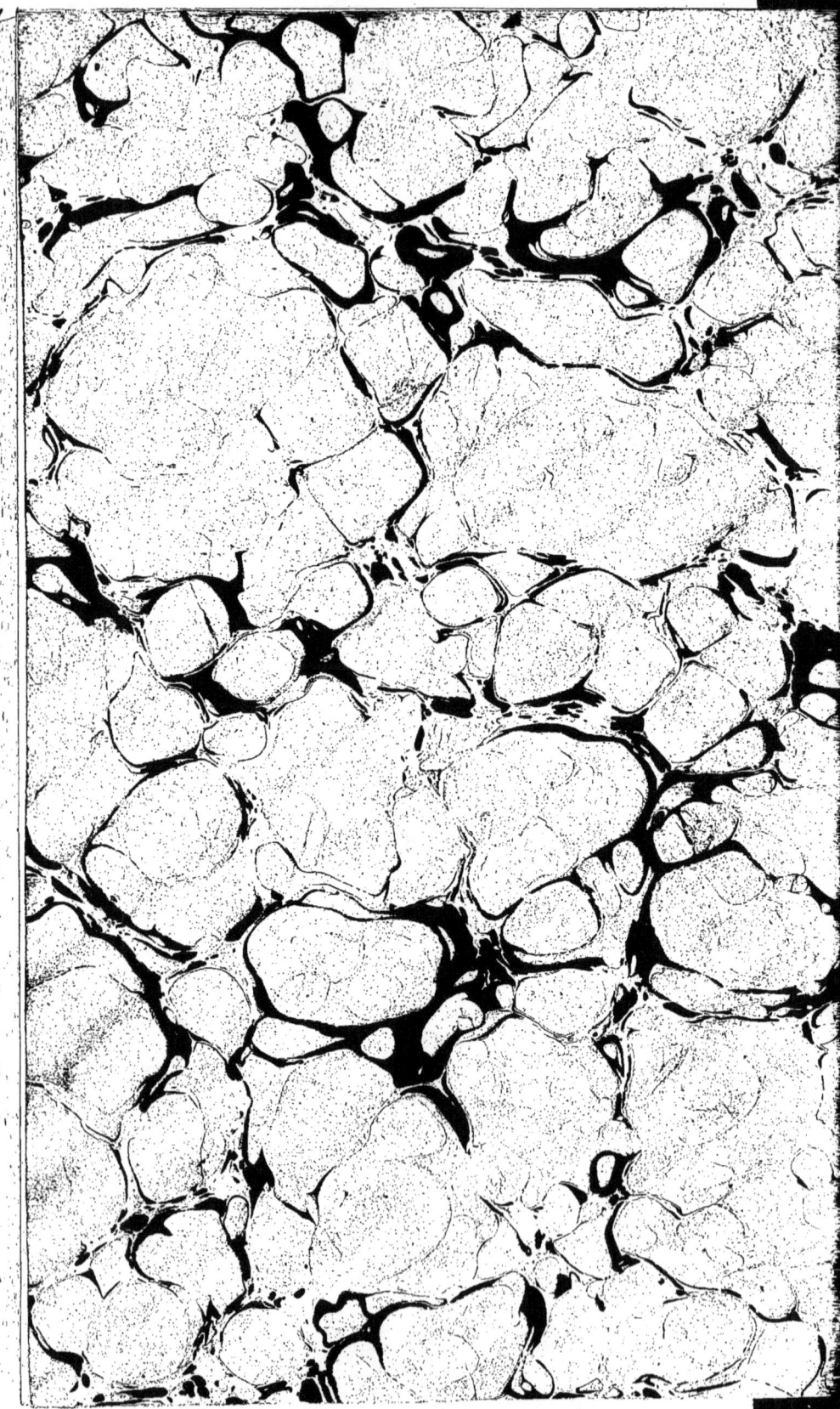

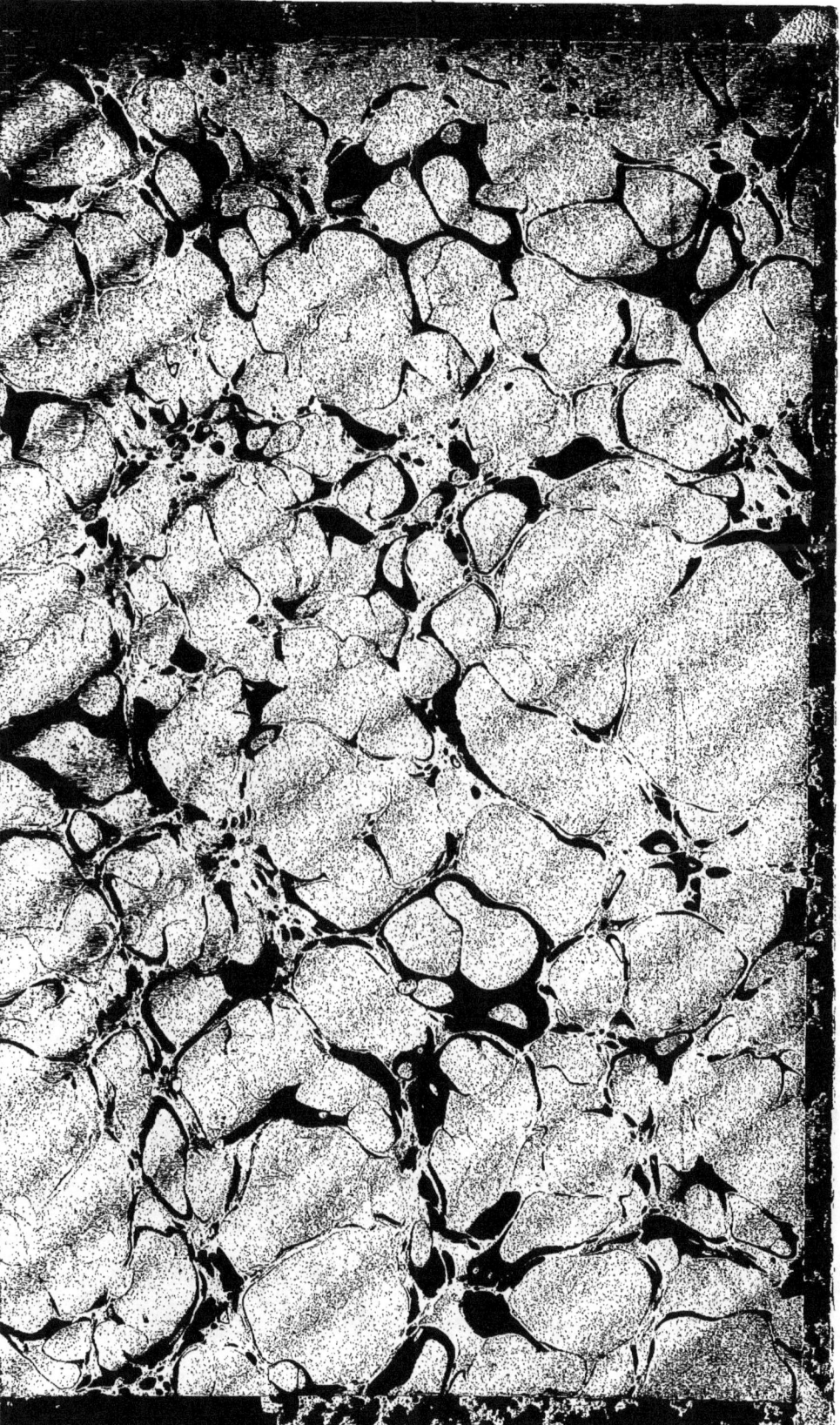

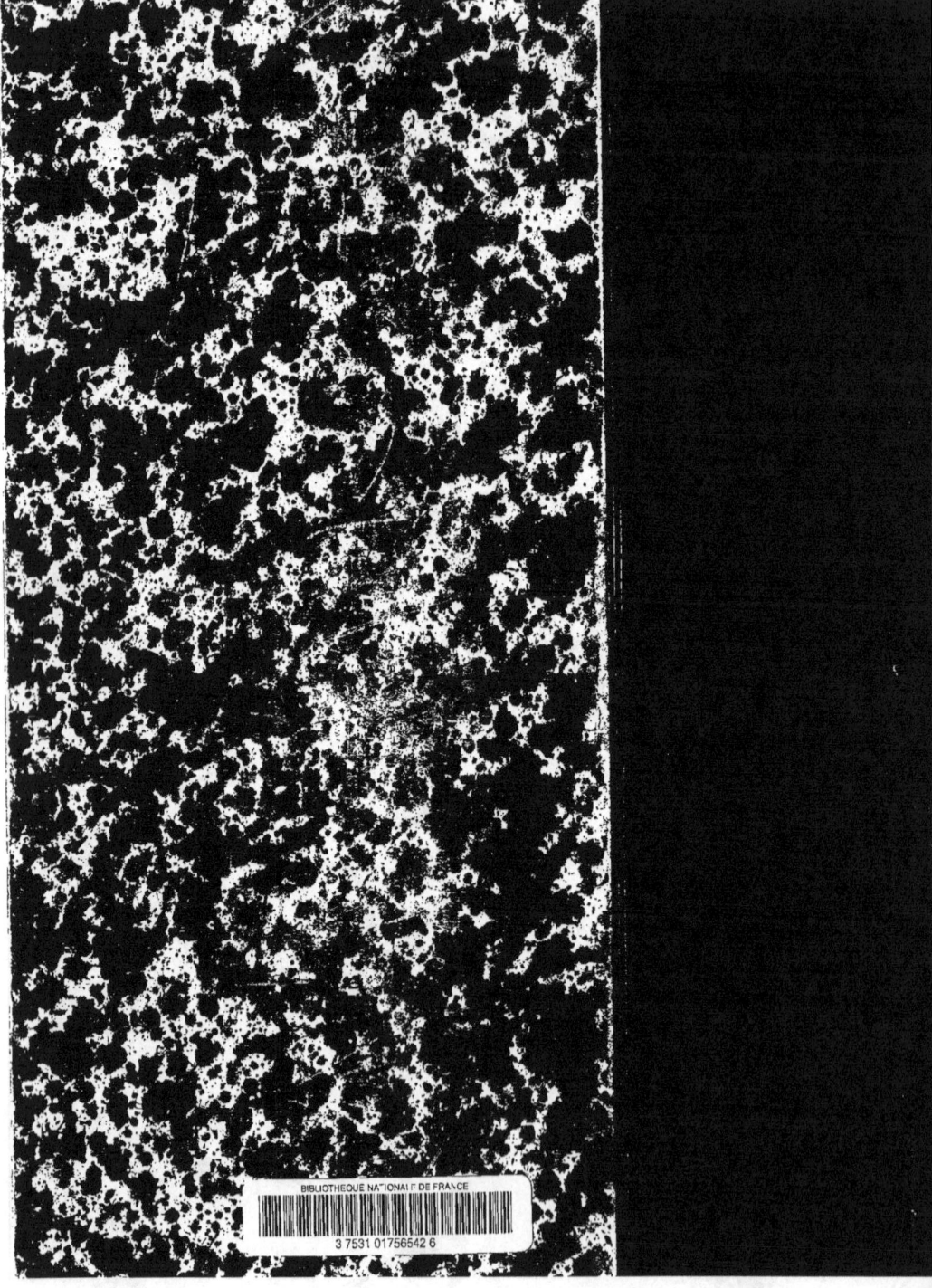

www.ingramcontent.com/pod-product-compliance
Lightning Source LLC
Chambersburg PA
CBHW072021150426
43194CB00008B/1196